前言

PREFACE

本书结构说明

整套课程一共分为15章，共分为5大部分。

第1部分：讲解美工设计的基础知识、配色基础知识及版式设计基础知识。

让读者对淘宝美工的基础知识和淘宝美工软件及相关理论知识有一个全面的认识与了解。

第2部分：讲解图片处理的方法和字体的设计与处理方法。

在图片处理部分，列举数十种图片处理的方法和技巧，让读者轻松掌握淘宝美工常用的图片处理技巧；通过毛笔字体和3D字体设计案例的讲解，让读者快速掌握并学会电商中一些常见的字体制作，同时也对如何运用CorelDRAW这个软件制作字体，以及如何保存PSD分层文件以便导入Photoshop进行后期合成的核心步骤进行有效的掌握。

第3部分：从店招到产品主图，再到电商海报、店铺背景的制作，最后到宝贝详情页的制作及发布。

目的是希望读者能够充分了解与掌握店铺装修后台的使用技巧和方法。

第4部分：针对优惠券、客服中心栏、页尾图的设计、代码安装与发布，以及如何上传视频到淘宝网店并进行发布等一些美工设计主要工作内容以外的知识点做了全面的讲解。

目的是希望读者能够对美工设计有一个全面的认识、了解与把握。

第5部分：针对手机淘宝网页的装修进行了全面系统的讲解。

目的是希望读者能将自己学到的知识学以致用，做出能够迎合市场需求的设计。

文件路径

针对每个案例的源文件、素材文件在文件夹中的具体位置，在案例开头都有特别说明。扫描封底上的二维码，关注“有艺”公众号，在“有艺学堂”的“资源下载”中可获取下载链接。

实战：通过简单的实例练习巩固工具和命令的用法。

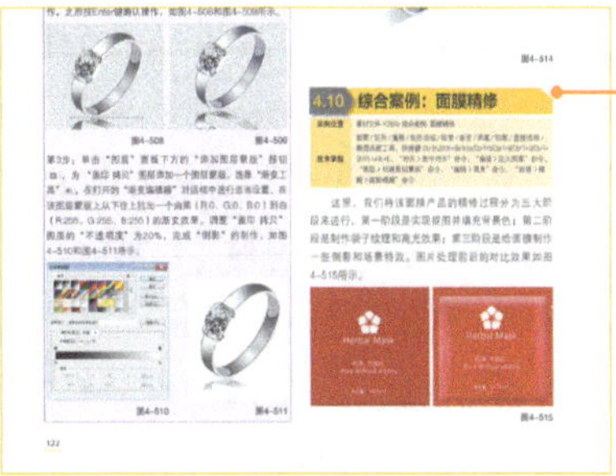

综合案例：通过实例练习巩固工具和命令的用法。

强调与说明

在讲解过程中必要的部分配置技巧提示、疑难问答及技术专题等内容，帮助读者理解，以便更加深入地学习与掌握电商美工设计的方法与技巧。

本书为一本综合性的以实操为主的教程，需要灵活运用这些案例的方法，掌握核心步骤及一些常用命令的快捷键操作。在学习教程后，需要对案例进行实际操作，再融会贯通、举一反三地使用。关于参数的设置，并没有做严格的规定，而是根据产品图片来决定参数的设置。另外，淘宝后台系统会随时更新升级，因此本书关于此方面的一些知识点可能会存在一些偏差，但基本原理和使用方法基本是相同的，希望读者能在阅读使用时灵活运用。

技巧与提示：针对软件的使用技巧和实例操作中的难点进行重点提示。

疑难问答：针对初学者最容易疑惑的问题进行解答。

技术专题：针对软件的使用技巧和实例操作中的难点进行重点提示。

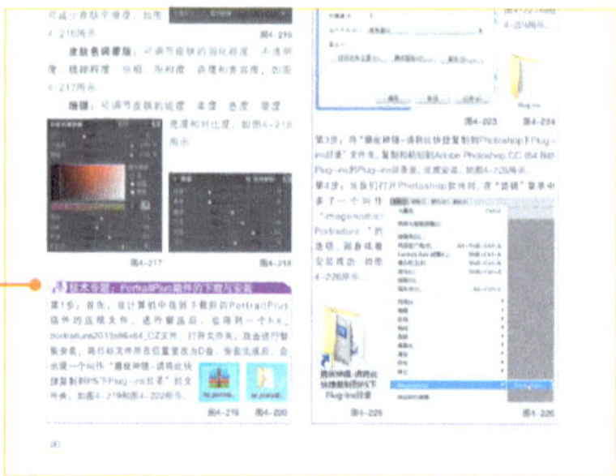

步骤讲解

有对案例的操作方法详细的文字讲解，也有清晰的配图示意说明。

操作步骤

作者建议

如果想要迅速掌握淘宝美工的实际本领，一定要从实际案例着手。因此，全书主要以实操演练为主，基础理论知识为辅，希望能够真正满足大家的学习需求。

在学习本书之前，大家最好具备一些Photoshop软件的基础知识，这样可以更快地上手，知识点吸收也会更充分。针对本书的学习，只要按照书中的步骤演示一步步进行训练操作即可。但是书本的讲解毕竟有限，因此在训练的同时，希望大家能够针对一个案例反复地去实践练习，养成独立思考的学习习惯，然后学会触类旁通，举一反三，将学到的知识更好地运用到实际工作中，以解决工作过程中所遇到的设计问题。

由于时间和个人的经验有限，难免会有讲解不周全的地方，望大家谅解。如果觉得本书对大家有帮助，或有什么问题，欢迎加入“新时尚电商交流群”（群号475453500）参与讨论。另外，如果想成为VIP进行更深入的学习，欢迎加入“淘宝美工VIP群”（群号581254317）做进一步的交流。

淘宝美工进阶教程

设计基础+店铺后台+详情页+手机装修+视频制作一本就够

子若老师 · 编著

電子工業出版社
Publishing House of Electronics Industry
北京·BEIJING

内容简介

本书是一本以淘宝美工综合技法案例实操教学为主的书。全书结构按照“基础—基本技法—实例讲解”的流程，全面地讲解美工设计师需具备的电商设计基本功底与美工实战技巧。以美工设计会涉及的软件、装修后台、配色及版式设计等基础知识和图片的处理、字体的设计与排版等基本技法为支撑，依次对淘宝店标、主图、电商海报、店铺首页背景、宝贝详情页、优惠券、客服中心栏、页尾图、无线视频，以及手机淘宝店铺的制作与安装等知识点进行全方位的实战演练与讲解，化难为易，聚散成整，让想要学习美工设计的读者能够通过本书得到系统的学习与提升。

本书适合基础薄弱的淘宝美工初学者，或者正在从事网店美工设计的设计师，以及对店铺装修感兴趣的淘宝网店卖家、设计爱好者阅读。

图书在版编目（CIP）数据

淘宝美工进阶教程：设计基础＋店铺后台＋详情页＋手机装修＋视频制作一本就够 / 子若老师编著. -- 北京：电子工业出版社，2019.7
ISBN 978-7-121-35427-4

Ⅰ. ①淘… Ⅱ. ①子… Ⅲ. ①网店—设计—教材 Ⅳ. ① F713.361.2

中国版本图书馆 CIP 数据核字 (2018) 第 255422 号

责任编辑：赵英华
印　　刷：北京虎彩文化传播有限公司
装　　订：北京虎彩文化传播有限公司
出版发行：电子工业出版社
　　　　　北京市海淀区万寿路 173 信箱　　邮编：100036
开　　本：787×1092　1/16　印张：17　字数：493.2 千字
版　　次：2019 年 7 月第 1 版
印　　次：2021 年12月第 4 次印刷
定　　价：98.00 元

凡所购买电子工业出版社图书有缺损问题，请向购买书店调换。若书店售缺，请与本社发行部联系，联系及邮购电话：（010）88254888，88258888。
质量投诉请发邮件至 zlts@phei.com.cn，盗版侵权举报请发邮件至 dbqq@phei.com.cn。
本书咨询联系方式：（010）88254161 ~ 88254167 转 1897。

读者服务

读者在阅读本书的过程中如果遇到问题，可以关注“有艺”公众号，通过公众号与我们取得联系。此外，通过关注“有艺”公众号，您还可以获取更多的新书资讯、书单推荐、优惠活动等相关信息。

扫一扫关注“有艺”

资源下载方法：关注“有艺”公众号，在“有艺学堂”的“资源下载”中获取下载链接，如果遇到无法下载的情况，可以通过以下三种方式与我们取得联系。

1. 关注“有艺”公众号，通过“读者反馈”功能提交相关信息；
2. 请发邮件至 art@phei.com.cn，邮件标题命名方式：资源下载＋书名；
3. 读者服务热线：（010）88254161~88254167 转 1897。

投稿、团购合作：请发邮件至 art@phei.com.cn。

本书精彩案例

实战：用色彩范围抠取人像　　48页

实战：用色彩范围结合调整边缘抠取人像　　53页

实战：用多个命令与操作抠取发丝　　55页

实战：用色彩范围结合混合模式抠取人像　　57页

实战：去除图片中多余的花朵　　60页

实战：去除画面中多余的帆船　　60页

实战：利用Alt键复制图像　　61页

本书精彩案例

实战：去除图像中多余的树叶 62页

实战：去除密码箱产品图中的水印 64页

实战：去除茶叶图片中的水印 63页

实战：去除白色茶杯图片中的水印 65页

实战：去除素材图片中的水印 67页

实战：去除挎包产品图中的链接 66页

实战：去除折扇产品图中的水印 67页

实战：修复人物脸部的瑕疵 68页

实战：人物脸部的光滑磨皮处理 69页

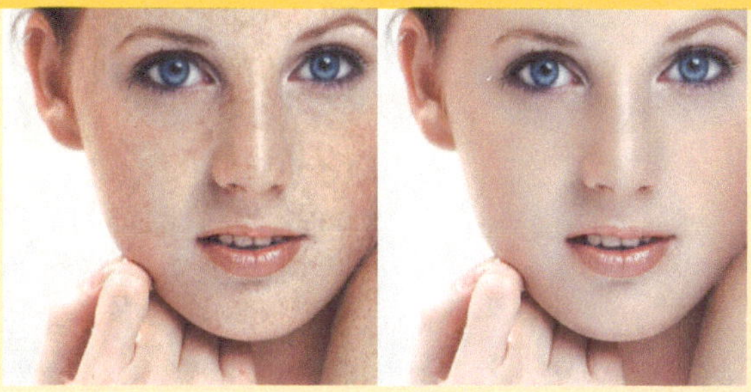

本书精彩案例

实战：半身人像的滤镜磨皮处理 71页

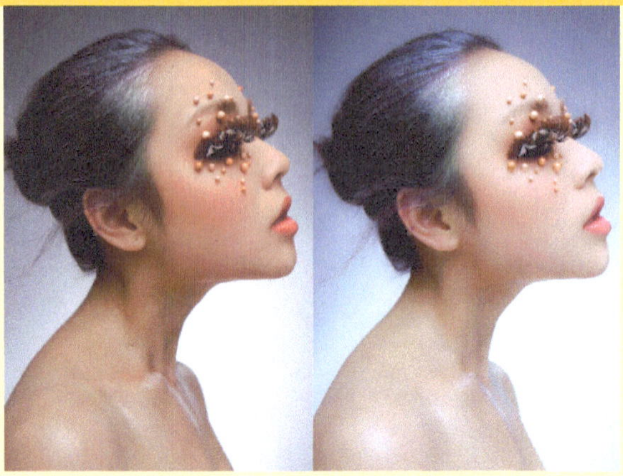

实战：半身人像的润色美白磨皮处理 75页

实战：女包产品图的过曝问题处理 76页

实战：女包产品图的过暗问题处理 77页

实战：苹果产品图的校色处理 78页

实战：女包产品图的换色处理 80页

实战：唯美淡青色风格调色 81页

本书精彩案例

实战：怀旧复古风格调色 83页

实战：男鞋产品图的阴影绘制与表现 92页

实战：日系淡色风格调色 88页

实战：茶杯产品图的阴影绘制与表现 93页

实战：顶光投射阴影效果的绘制与表现 94页

实战：侧光投射阴影的绘制与表现 94页

实战：纸箱水平倒影的制作与表现 96页

实战：女鞋产品图的批处理 98页

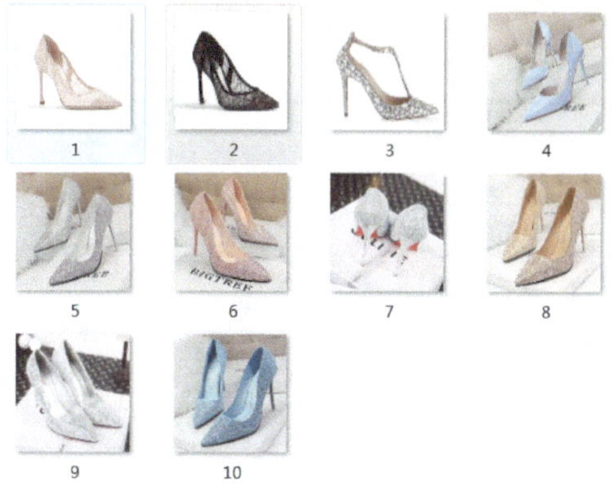

本书精彩案例

实战："电吹风"创意主图的制作 142页

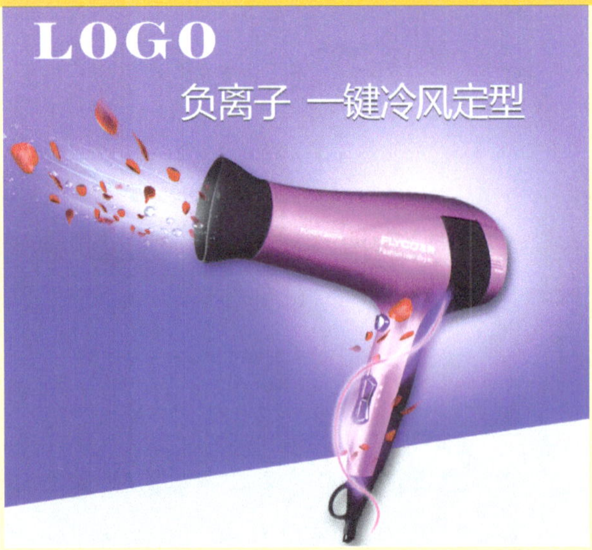

实战："水云凝露晚霜"直通车主图的制作 151页

实战：彩妆品牌的全屏海报制作 160页

实战：女鞋店铺首页移动背景的制作 172页

本书精彩案例

实战：运动鞋品牌的促销海报制作 166页

实战：女鞋店铺首页固定背景的制作 175页

实战：制作一张女装店铺优惠券 202页

实战：用Photoshop制作客服中心栏背景 210页

实战：用Dreamweaver制作客服中心栏背景 212页

实战：女鞋店铺页尾图的设计、代码安装与发布 216页

本书精彩案例

实战：女鞋产品详情页的制作 183页

15.3 综合案例：手机淘宝女鞋店铺的首页装修与发布 235页

目录

CONTENTS

01

美工设计的基础知识

概述

认识Photoshop软件

认识CorelDRAW软件

认识Dreamweaver软件

关于店铺装修后台的了解

1.1 概述

随着时代的发展和互联网行业的迅猛崛起，一批被称为“淘宝美工”的电商行业从业者应运而生。淘宝美工，即网店页面美化设计人员。目前电子商务占据着市场的主导地位，所以电商行业对于“淘宝美工”的需求也非常迫切，可以说这也是行业发展的必然趋势。而且，“淘宝美工”光从薪资这块来看，也是非常可观的。

那么，作为一名“淘宝美工”，都应该具备哪些职业技能呢？首先最基本的是需要有Photoshop基础，而且能够熟练掌握与平面设计相关的一些其他主流软件，如Illustrator、CorelDRAW和Dreamweaver等。具体实操包括主图设计、直通车主图设计、详情页设计及特效制作等。除此之外，还要掌握色彩的基础理论知识，熟悉淘宝前后台操作，懂得代码的安装及运用。这些工作内容都掌握之后，才能算得上是一名合格的美工。

可以说，“淘宝美工”也是一门计算机相关的学科。美工行业是一个终生学习的行业，如果我们踏入了这个行业，就要报有终生学习的心态，不断提升自己的工作技能，多去学习一些同行的优秀设计，去揣摩、去思考别人好的地方，把它融入自己的作品中。并且，要学会在设计上勇于创新，配色上大胆尝试，敢于发挥自己的想象力，才能更好地胜任淘宝美工这个岗位，充分发挥自己的能力，进而不断提升和成就自己。

此外，从经验来看的话，在电商行业从业年限较长的高级美工，高薪是必然的，这也是我们每一个从事美工行业的人所追求的目标。

1.2 认识Photoshop软件

针对Photoshop软件，这里要介绍的是Adobe Photoshop CC (32 bit) 绿色精简版本，如图1–1所示。

Adobe Photoshop CC 是Adobe Creative Cloud系列里的图像编辑与合成工具，它的诞生也直接宣告Adobe CS系列软件的终结，也就是说以后看不到Adobe Photoshop CS7的诞生了。Photoshop CC相比老版本Photoshop CS4、Photoshop CS5和Photoshop CS6来说，功能更强大，体积也更大。

图1–1

1.2.1 界面的基本介绍

下面以Adobe Photoshop CC为例，给大家做一下界面介绍，如图1–2所示。

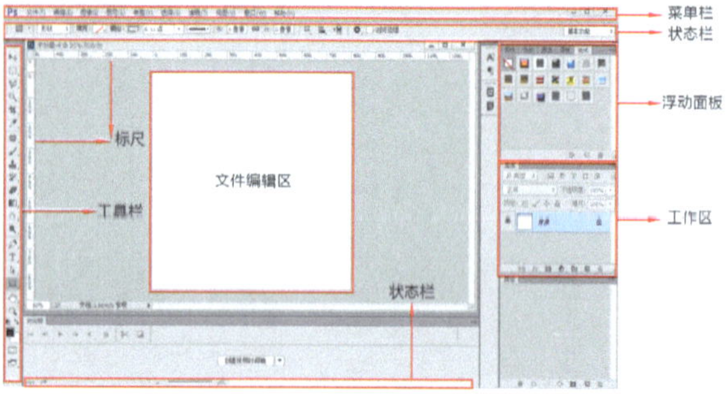

图1–2

针对以上界面中的这些版块，主要对菜单栏、工具栏和浮动面板做一下介绍。

菜单栏：逐个单击菜单栏里的选项，会在下拉菜单中出现一些相关选项供我们使用，如图1–3所示。

工具栏：当我们将鼠标放在某个工具上不动时，会显示相关工具的属性信息。然后用鼠标右键单击指定工具右下角的“三角按钮”，会出现同属性的一些其他工具，可以单击进行选择和使用，如图1–4所示。

图1–3

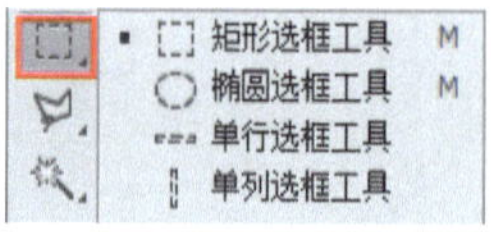

图1–4

浮动面板：浮动面板也可以叫作活动面板。在浮动面板中，包括图层、动作、颜色、历史记录、样式、调整、路径等子面板，如图1–5~图1–11所示。

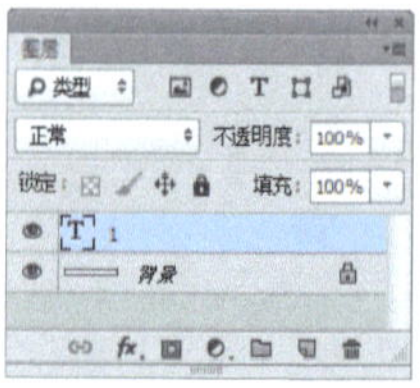

图1–5

图1-6

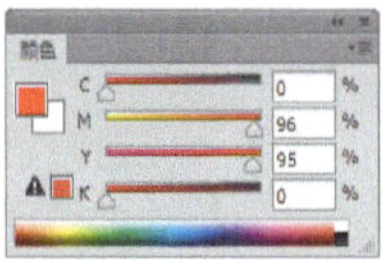

图1-7

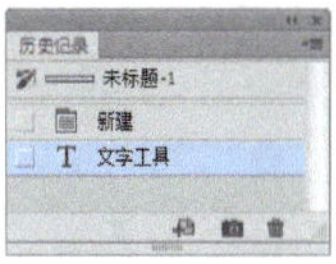

图1-8

图1-9

图1-10

图1-11

TIPS

如果在Photoshop中，想要找回一些操作或动作记录，在菜单栏的“窗口”功能中勾选“历史记录”面板，就可以显示出来了。

浮动面板不是锁死的。单击面板上方的“双三角”按钮，当显示“折叠为图标”字样时，单击它可将面板最小化，而单击面板上方的“关闭”按钮，面板直接进入“关闭”状态，如图1-12所示。

图1-12

同时，浮动面板是可以随意拖动的。在拖动操作后，一般屏幕会看着有些乱。此时如果我们想要将其恢复原来的整齐效果，可以在菜单栏中执行“窗口 > 工作区 > 复位基本功能”命令，即可恢复默认的活动面板效果，如图1-13和图1-14所示。

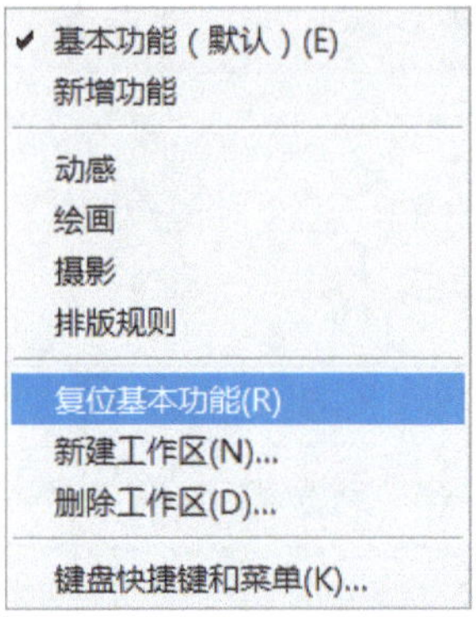

图1-13

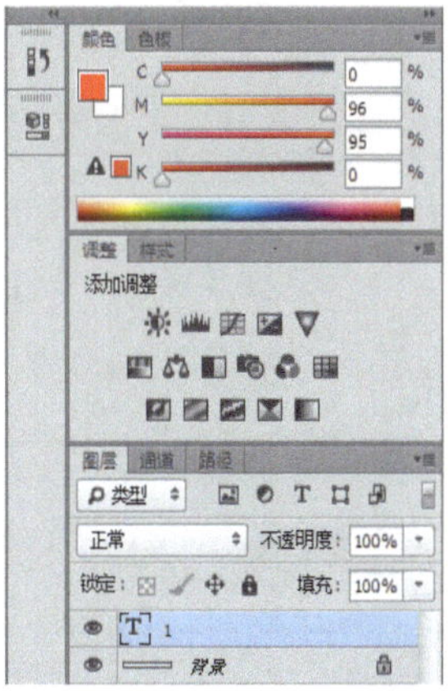

图1-14

针对浮动面板，可以通过菜单栏中的“窗口”功能选择关闭或启用某个活动面板。针对菜单栏的“窗口”下拉菜单中的面板，带“√”样式的则表示已被打开，单击去掉“√”样式则表示关闭这些面板，如图1-15所示。

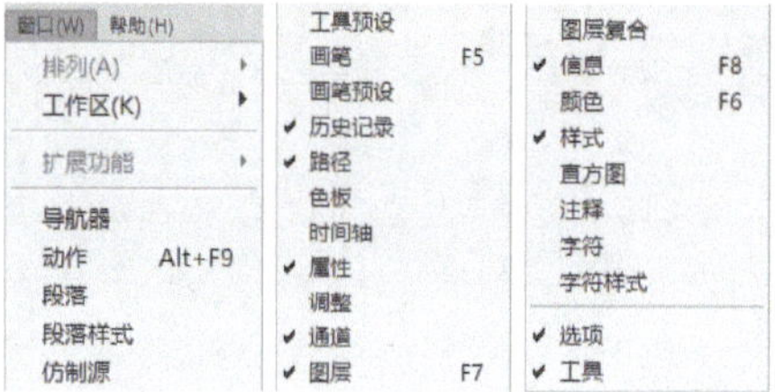

图1-15

1.2.2 基础命令的介绍

1. 文件编辑区

编辑区即软件界面中间空白的部分，这里是进行绘图操作的主要区域。双击文件编辑区，即可快速打开图片文件；按快捷键Ctrl+N，可快速新建画布，即建立文件编辑区。在文件编辑区，可以主要使用界面左侧工具栏中的工具制作出不同的图像效果，如图1-16所示。

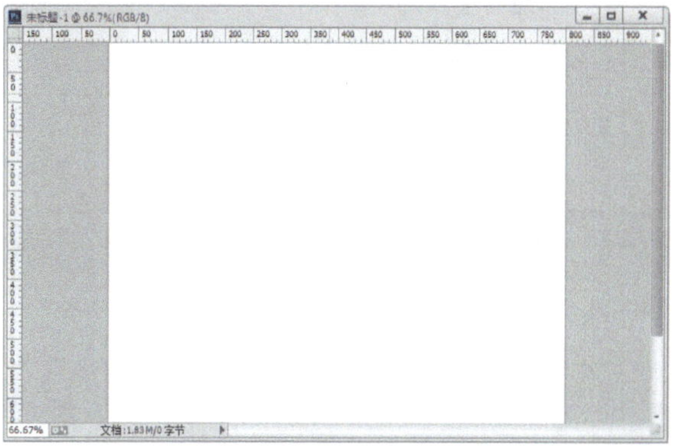

图1-16

2. “图层”面板

图层在设计中起着至关重要的作用，其主要用来表示设计的元素，同时还用来显示文本框、图像、背景、内容，以及更多其他元素的基底。

“图层”面板是自由独立于Photoshop工作空间中的一个面板。在这个面板中，可以对图像进行缩放、更改颜色、设置图层样式、改变透明度及改变明暗等操作。一个图层代表了一个单独的元素，设计师可以在指定图层对某个元素进行任意更改，如图1-17所示。

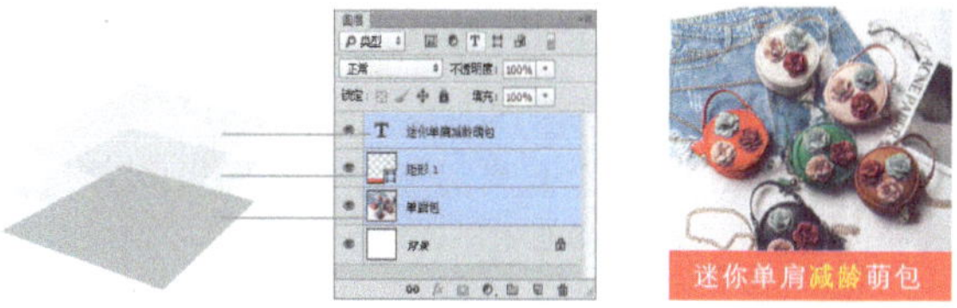

图层　　主图文件

图1-17

1.3 认识CorelDRAW软件

CorelDRAW是由加拿大的Corel公司开发的一款绘图与排版为一体的软件，广泛应用于商标设计、标志制作、模型绘制、插图描画、排版及分色输出等诸多领域。而在美工设计当中，CorelDRAW主要用于设计我们需要的字体，如图1–18所示。

图1–18

1.3.1 界面的基本介绍

针对该软件，我们以CorelDRAW X4 为例，给大家做一下界面介绍，如图1–19所示。

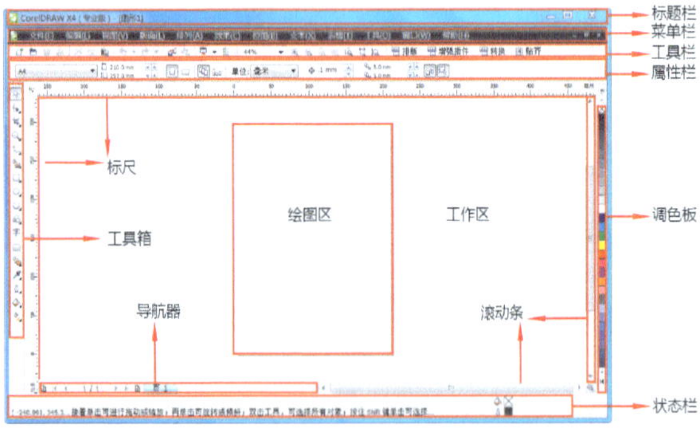

图1–19

菜单栏：由“文件”“编辑”“视图”“版面”“排列”“效果”“位图”“文本”“表格”“工具”“窗口”“帮助”这12个选项组成，如图1–20所示。

图1–20

工具栏：包含设计操作中的一些常用功能选项，并且通过命令按钮的形式体现出来。同时，这些功能选项大多数都是从菜单中挑选出来的，如图1–21所示。

图1–21

属性栏：提供操作中选择对象和使用工具时的一些相关属性。并且，通过对属性栏中的相关属性进行设置，可以控制对象产生相应的变化。当没有选中任何对象时，系统默认的属性栏中则仅仅提供文档的一些版面布局信息，如图1–22所示。

图1–22

工具箱：在系统默认状态下位于工作区的左侧。在工具箱中包含常用的一些工具，将功能近似的工具以展开的方式归类组合在一起，从而确保我们的操作能够更加灵活和方便，如图1–23所示。

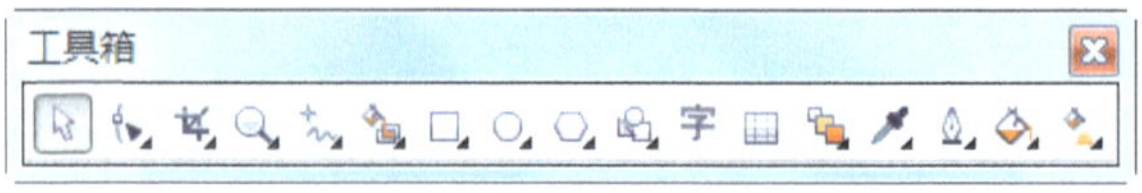

图1–23

状态栏：一般显示当前工作状态的相关信息。如被选中对象的基本属性、工具使用状态提示，以及鼠标坐标位置等信息，如图1–24所示。

图1–24

导航器：其显示的是文档当前活动页面的页码和总页数。可以通过单击页面标签或箭头来选择需要的页面，适合多文档操作时使用，如图1–25所示。

图1–25

工作区：又被称为桌面。是指绘图页面以外的区域。在绘图过程中，用户可以将绘图页面中的对象拖曳到工作区进行存放。类似于一个剪贴板，它可以存放不止一个图形，使用起来很方便，如图1–26所示。

图1–26

调色板：在系统默认状态下位于工作区的右侧。利用调色板，可以快速选择轮廓颜色和填充颜色，如图1–27所示。

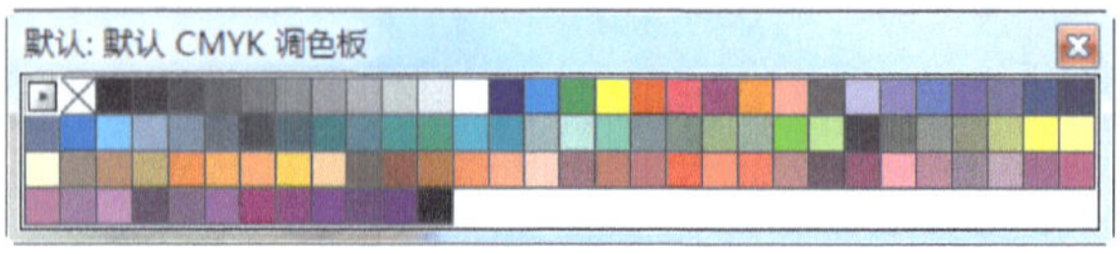

图1–27

1.3.2 基础命令的介绍

1. 新建（Ctrl+N）

双击CorelDRAW图标，启动后，按快捷键Ctrl+N

或者在“文件”菜单中选择“新建”命令，可以新建一个空白文档，如图1–28所示。

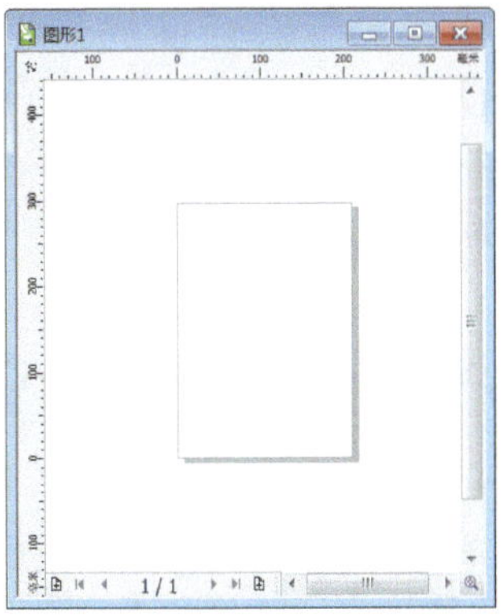

图1–28

2. 导入文件（Ctrl+I）

在新建好的空白文档中，按快捷键Ctrl+I或者单击菜单栏上的“导入”按钮，会弹出一个“导入”对话框，然后导入我们想要使用的图片，如图1–29所示。

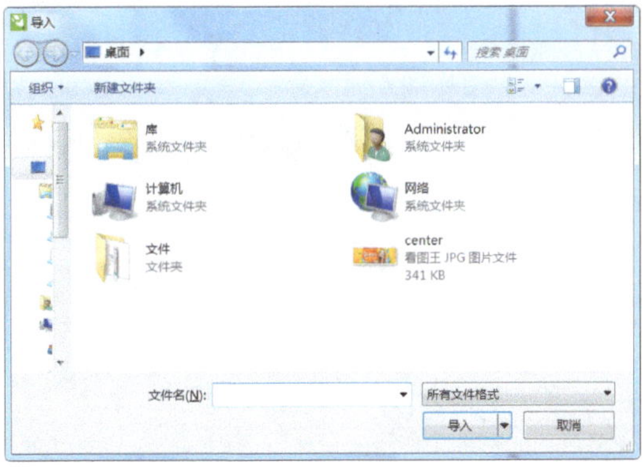

图1–29

3. 导出文件（Ctrl+E）

按快捷键Ctrl+E或单击菜单栏上的“导出”按钮，会弹出一个“导出”对话框，此时可以在对话框中选择需要保存的文件类型，然后再导出图片，如图1–30所示。

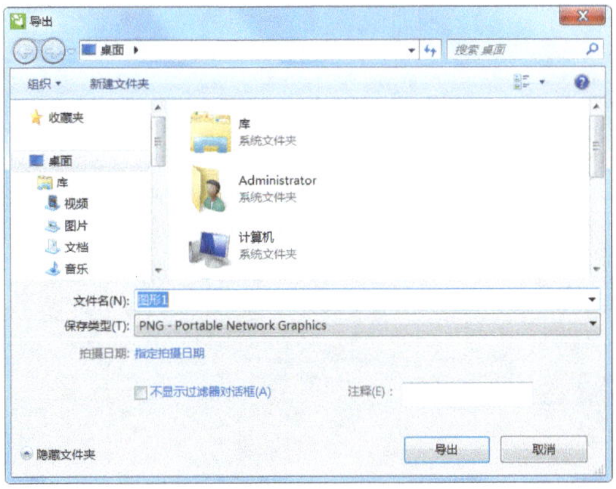

图1–30

4. 保存文件（Ctrl+S）

按快捷键Ctrl+S或者在“文件”菜单中选择“保存”命令，可以保存当前正在编辑的文件。如果此文件还从未保存过，则会弹出“保存绘图”对话框，如图1–31所示；如果此文件已经保存过，则不会弹出“保存绘图”对话框，系统会自动以新文件覆盖旧文件。

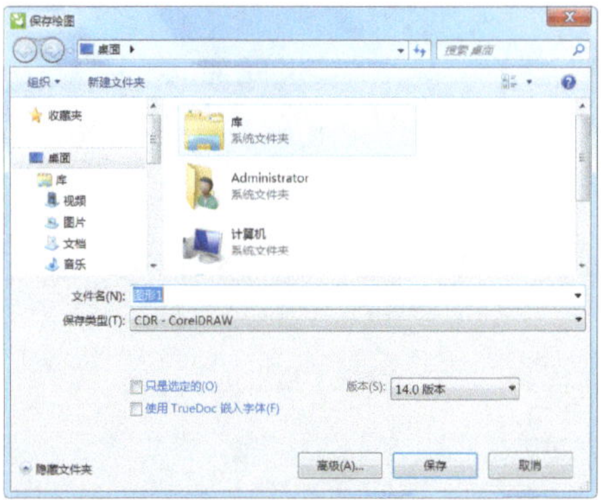

图1–31

TIPS

CorelDRAW与Photoshop都属于平面设计软件，区别在于CorelDRAW是矢量图软件，而Photoshop是位图软件。CorelDRAW主要针对图形绘制，而Photoshop主要针对图像处理，这是这两款软件的主要不同之处。

有时候必要的情况下需要将两款软件结合起来使用，这样可以更好地将它们运用在实际的设计工作当中，发挥各自软件的优势，做出更好的设计。

1.4 认识Dreamweaver软件

Adobe Dreamweaver，简称DW，中文名称“梦想编织者”。它是美国MACROMEDIA公司开发的一款集网页制作和管理网站于一身的网页编辑器，也是一款针对专业网页设计师特别开发的视觉化网页开发工具。

在电商设计中，可以利用Dreamweaver进行代码制作，并通过复制代码将其运用到淘宝店铺装修中，如图1–32所示。

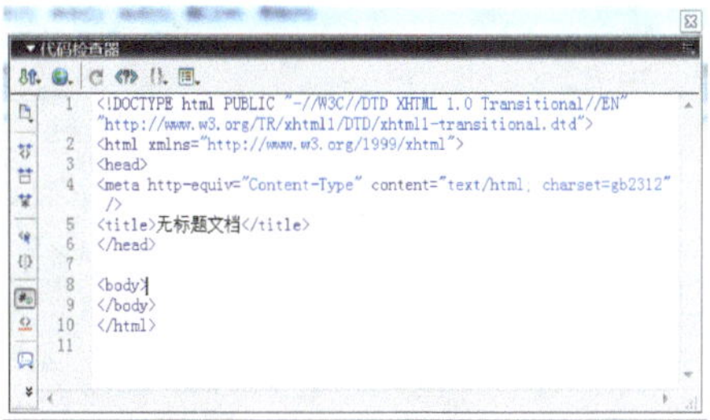

图1–32

下面，我们来简单了解一下Dreamweaver软件的一些基础功能。

目前，Dreamweaver的最高版本为Dreamweaver CC，由于CS及以上的版本对电脑的性能要求更高一些，这里介绍的是Dreamweaver 8，如图1-33所示。

Dreamweaver 8为使用者提供以开放标准为基础的强大开发方式，并增强了专业性的基本工具。同时，Dreamweaver 8也是继CS前的最后一个版本，给图片加热点、更换图像等操作都比较直观，如图1-34所示。

图1-33

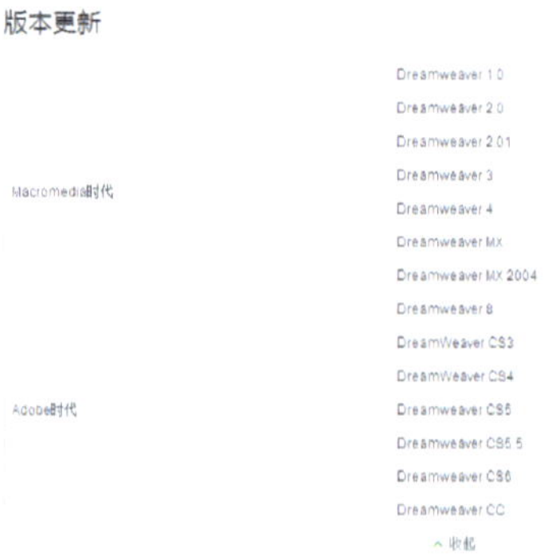

图1-34

1.4.1 Dreamweaver的编辑环境介绍

1. 新建站点

在Dreamweaver界面中双击“打开”选项，选择Dreamweaver 8文件，然后选择HTML选项，在菜单栏中执行“站点>新建站点”命令，如图1-35和图1-36所示。

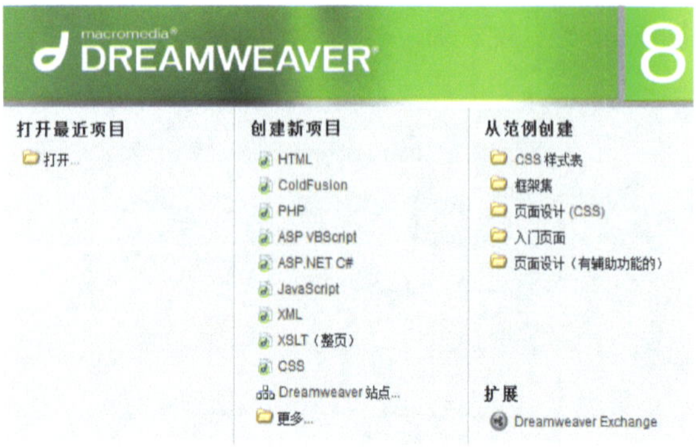

图1-35

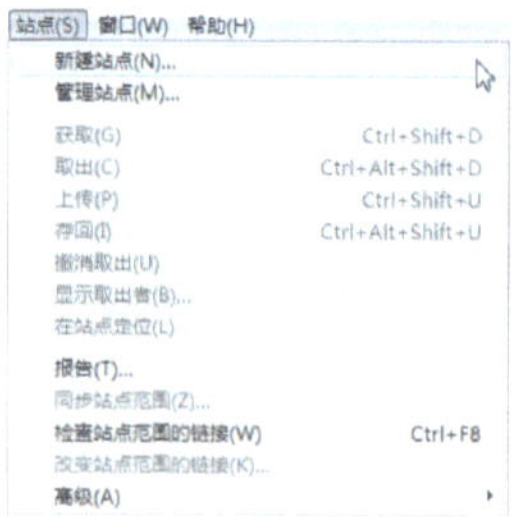

图1-36

之后会弹出一个“站点定义”对话框。此时可以在“您打算为您的站点起什么名字？”下方输入“DZ”字样，然后单击“下一步”按钮，选择“否，我不想使用服务器技术。”选项，接着再单击“下一步”按钮，选择“编辑我的计算机上的本地副本，完成后再上传到服务器”选项，在“您将把文件存储在计算机上的什么位置？”下方选择文件存储路径，并继续单击“下一步”按钮，如图1-37~图1-39所示。

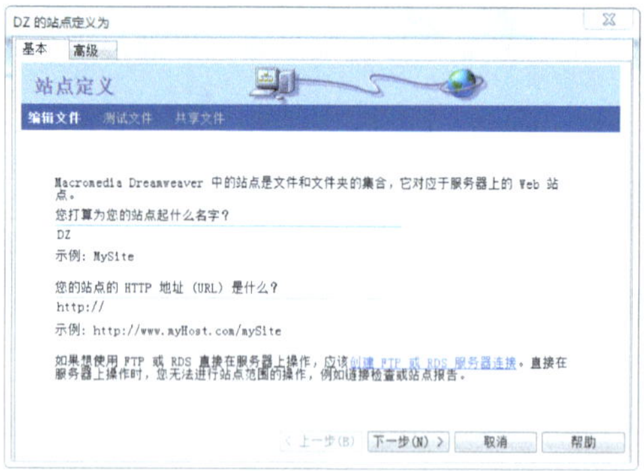

图1-37

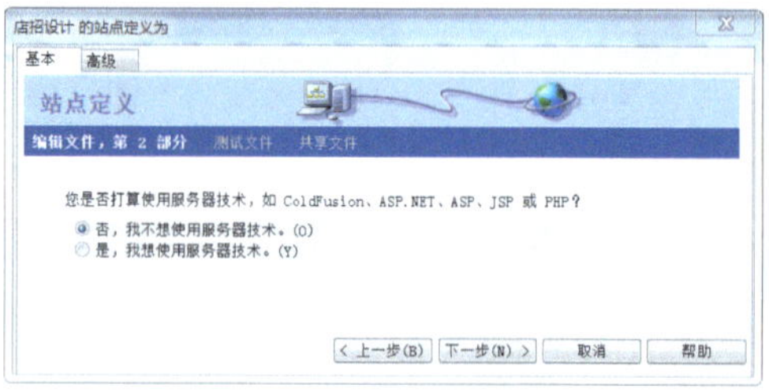

图1-38

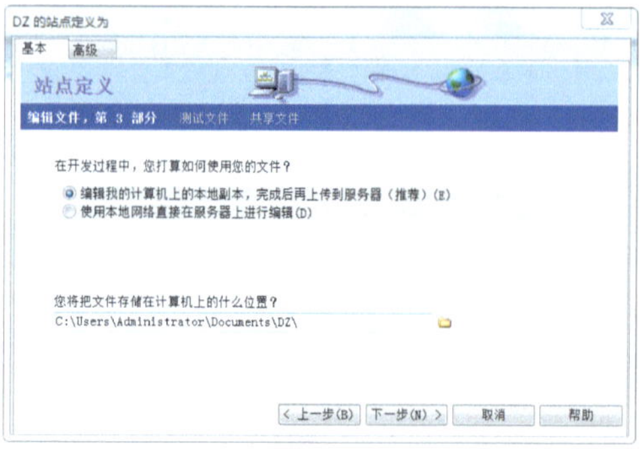

图1-39

接着上一步，在“您打算将您的文件存储在服务器上的什么文件夹中？”下方单击“文件夹”图标，然后在DZ文件夹下方建立一个image文件（文件名称请用英文命名），接着单击“下一步”按钮，默认选择“否，不启用存回和取出。”选项，继续单击“下一步”按钮，在弹出的对话框中单击“完成”按钮，即可完成站点的创建，如图1-40~图1-42所示。

图1-40

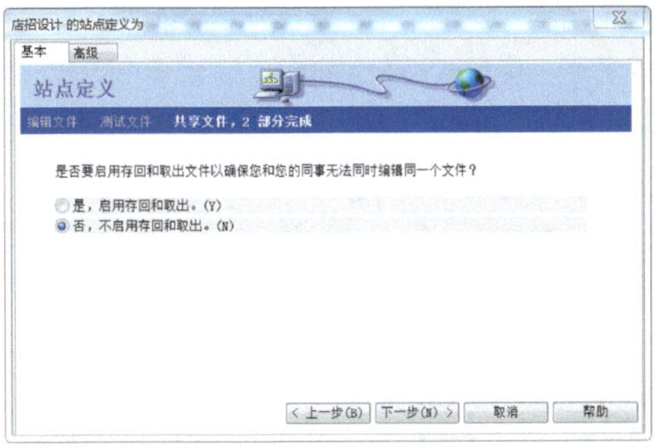

图1-41

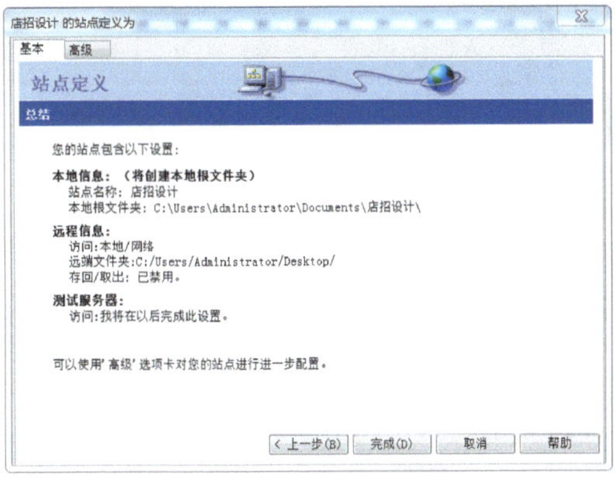

图1-42

当站点新建好之后，整体观察Dreamweaver 8的界面，此时会看到界面由“标题栏”“菜单栏”“插入栏”“文档工具栏”“标签选择器”“属性检查器”“面板组”“文档窗口”“文件面板”“状态栏”等版块组成，如图1-43所示。

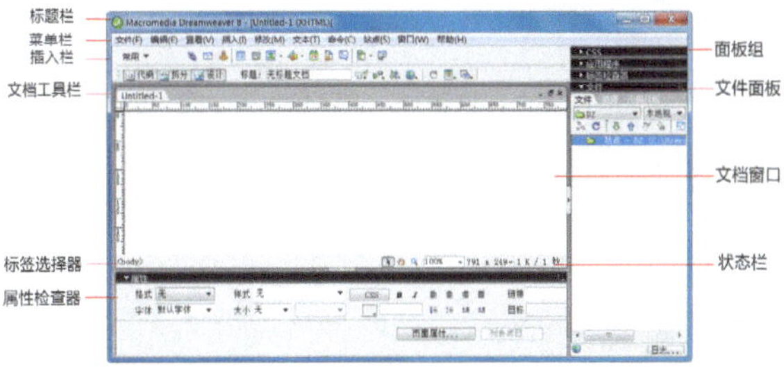

图1-43

TIPS

插入栏：制作网页时常用的工具按钮，用于创建不同类型的对象，如图像、表格等，如图1-44所示。

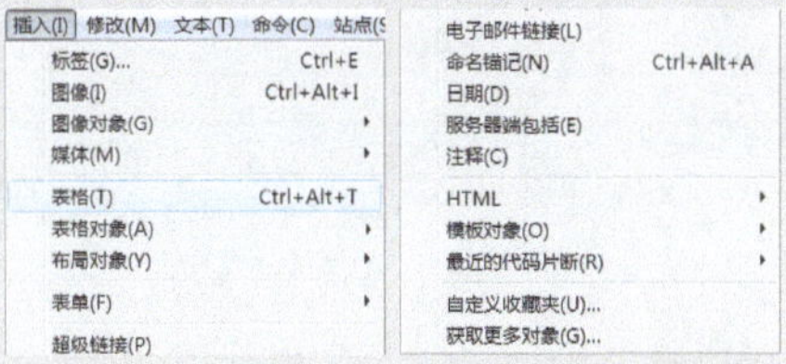

图1-44

“属性”面板：用来设置表格和文本对象属性，也是做淘宝装修生成代码时的常用命令，如图1-45所示。

图1-45

2. 站点的文件管理

当我们将“站点”创建好之后，单击“窗口”菜单下的“文件”命令（快捷键F8）会在界面右侧弹出一个“文件”面板，该面板可用于管理本地磁盘上的全部文件，如图1-46和图1-47所示。

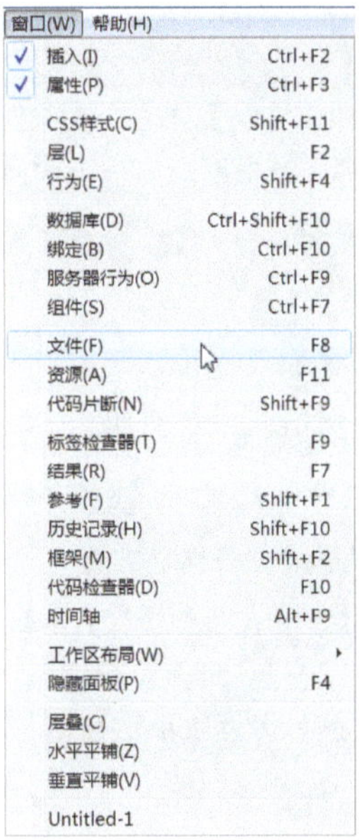

图1-46

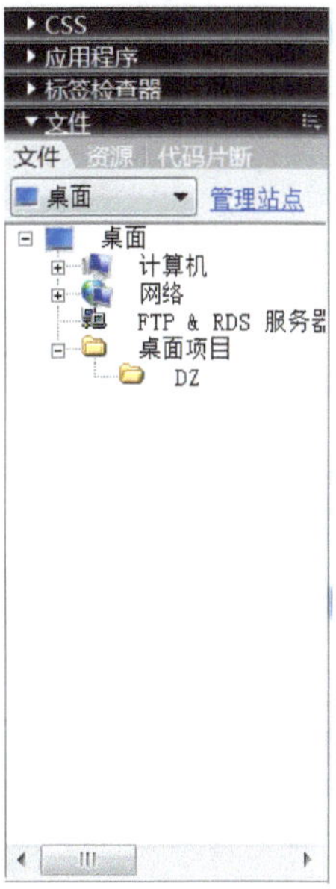

图1-47

3. 隐藏文件面板

在菜单栏中执行“窗口 > 隐藏面板”命令（快捷键F4），可以对“文件”面板进行隐藏操作，如图1-48所示。然后在菜单栏中执行“窗口 > 显示面板”命令（再次按快捷键F4），可以对“文件”面板进行显示操作，如图1-49所示。

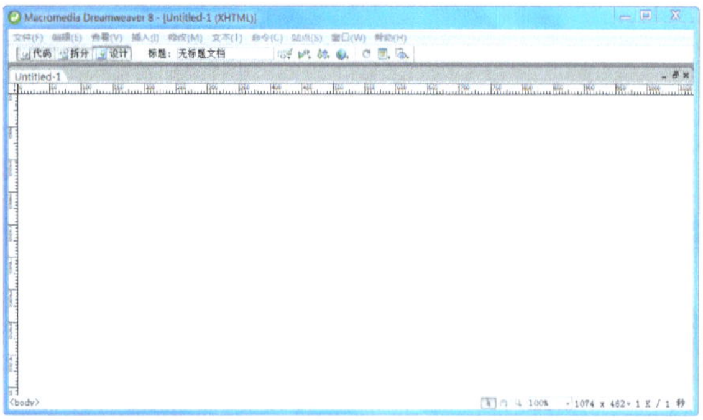

图1-48

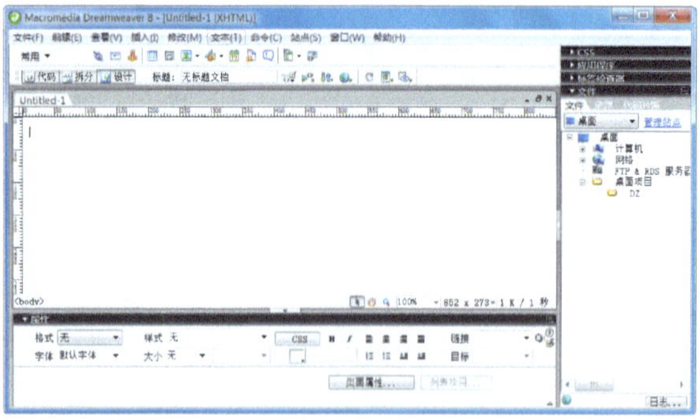

图1-49

1.4.2 Dreamweaver的基本功能介绍

在这里，我们只针对店铺网页装修中常用到的一些基础功能，包括插入表格、输入文字、插入图像、文本建立超链接、文字属性和页面属性修改等做简单的介绍和讲解。

1. 插入表格并输入文字

启动Dreamweaver 8软件，在主页中新建一个空白的XHTML文档，默认“文件名称”为Untitled-1，然后在菜单栏中执行“插入 > 表格”命令，选择目标文件（文件路径：DZ/image/DZ.JPEG），在弹出的“表格”对话框中设置“行数”为1、“列数”为1、“表格宽度”为950像素，设置完成后单击“确定”按钮，如图1-50所示。

图1-50

选中“文档”窗口中的“表格”，然后在下方的“属性”面板中单击“对齐”选项，并选择“居中对齐”方式，此时表格就居中显示在文档窗口中了。这时候，输入文字（按快捷键Shift+Enter可以进行文字换行），完成表格文字的添加，如图1-51和图1-52所示。

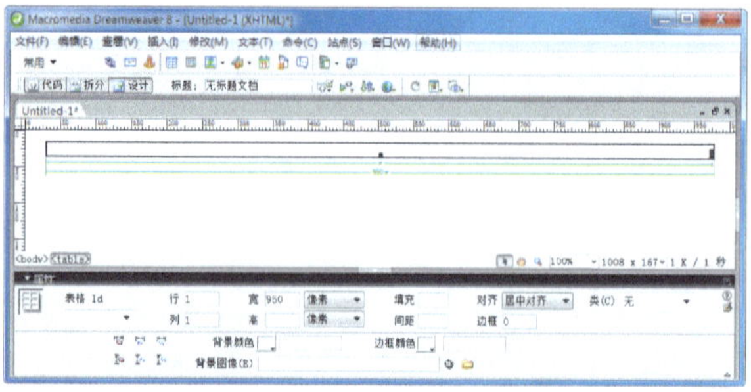

图1-51

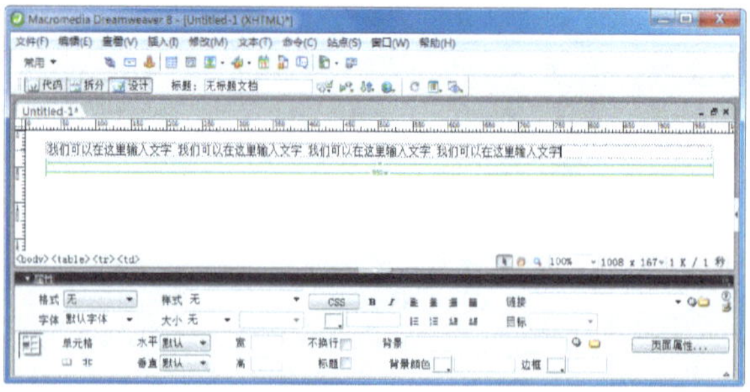

图1-52

2. 如何给文本添加超链接

文本超链接的建立和添加，可以通过“属性”面板来完成。用鼠标框选所需链接的文字，然后在“属性”面板的“链接”文本框中，输入指定需要的网址。此时，我们会看到加入超链接的文字下方有一条蓝色的下画线，且文字也显示为蓝色，表示文字已完成“超链接”设置，如图1-53和图1-54所示。

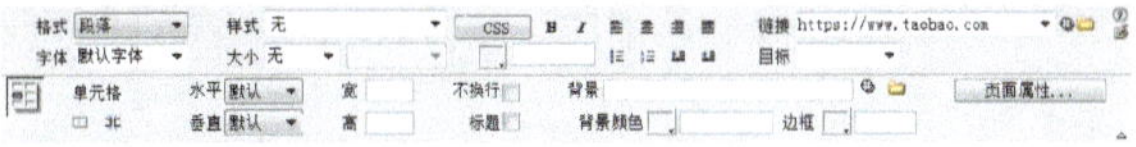

图1-53

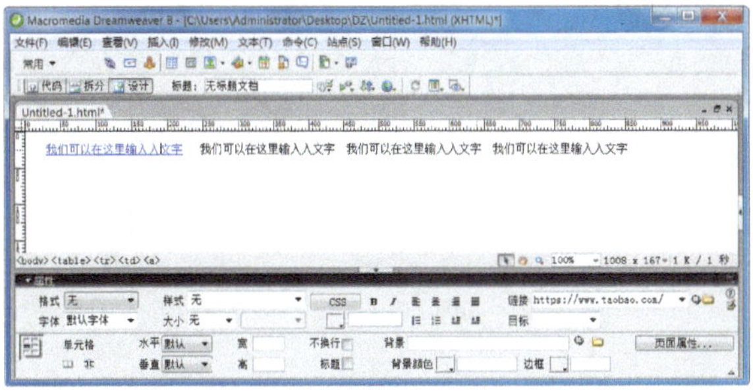

图1-54

当完成文字的“超链接”设置之后，按快捷键F12，会弹出一个“是否将改动保存到Untitled-1？”的提示框，此时单击“是”按钮，将完成对Untitled-1的 HTML文件的保存，同时预览Untitled-1文件的页面效果，如图1-55和图1-56所示。

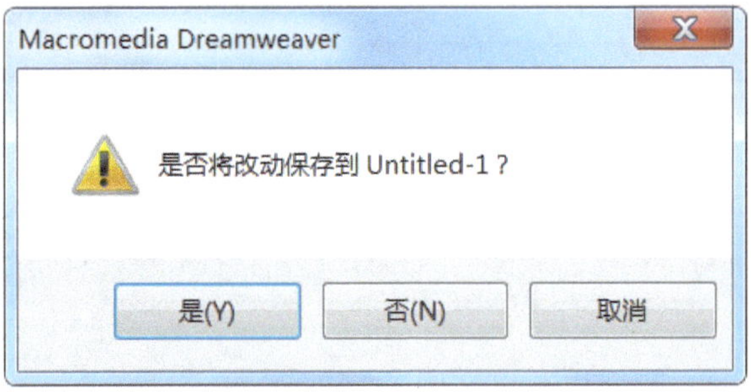

图1-55

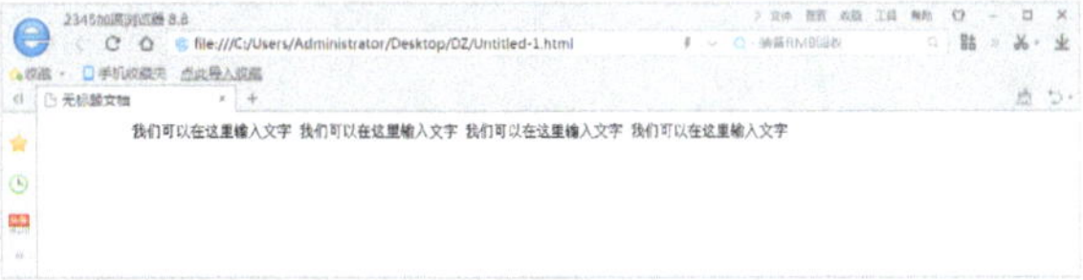

图1-56

TIPS

要注意的是，由于此时我们没有另存并更改HTML文档名，因此网页默认的文档标题名为“无标题文档”。

将鼠标光标放到“无标题文档”页面“我们可以在这里输入文字”字样上，此时会出现一个“手指”图标，说明文字已加入了超链接。单击该文字后，我们会看到画面将跳转到淘宝首页链接指定的页面上，如图1-57所示。

图1-57

3. 插入图像

接下来，我们在“表格”内文字下方插入图像。将鼠标光标移动至“表格”下方，在菜单栏中执行“插入＞图像”命令（快捷键Ctrl+Alt+I），并在弹出的“选择图像源文件”对话框中选择目标文件（文件路径：images/DZ.JPEG），然后单击“确定”按钮，插入图像，如图1-58和图1-59所示。

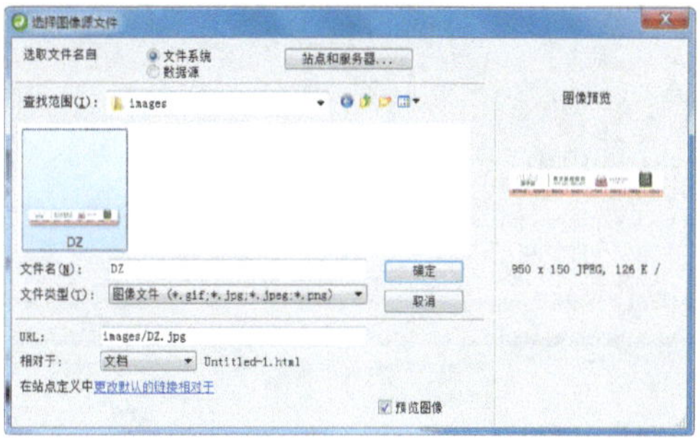

图1-58

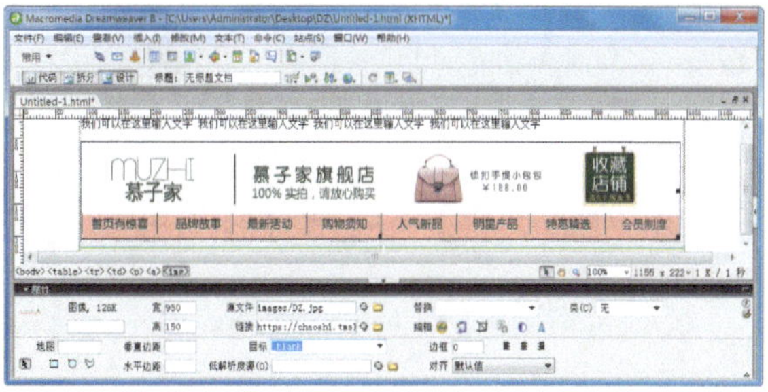

图1-59

4. 如何给图像添加超链接

选中所需添加“超链接”的图像（文件路径：images/DZ.JPEG），在下方的“属性”面板的“链接”文本框中输入指定需要的网址，如天猫超市首页链接，然后在“目标”下拉列表中选择“_blank”选项，如图1-60所示。

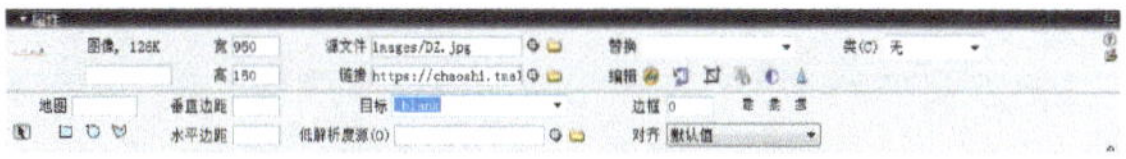

图1-60

当“图像”完成“超链接”设置之后，按快捷键F12，此时会弹出一个“是否将改动保存到Untitled-1？”的“提示框”，单击“是”按钮，将完成对“Untitled-1”的HTML文件的保存，同时预览“Untitled-1”文件的页面效果，如图1-61和图1-62所示。

图1-61

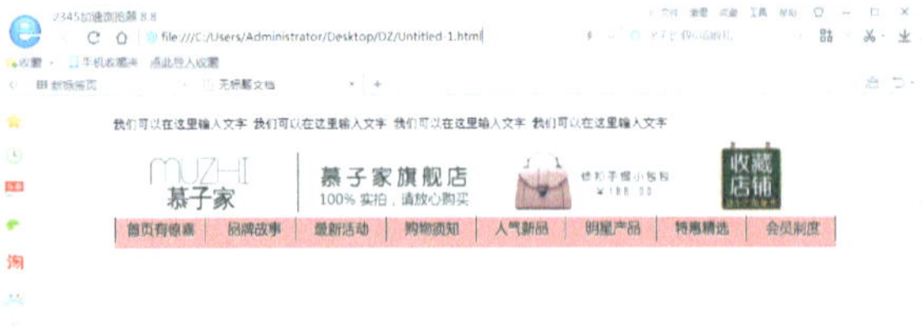

图1-62

接下来，将鼠标光标放到“无标题文档”页面的图像上，此时会出现一个“手指”图标，说明图像已加入了超链接。单击该图像，我们会看到画面将跳转到天猫超市首页链接指定的页面上，如图1-63所示。

图1-63

5. 文字属性和页面属性

在“属性”面板的选项中，还可以对文字的字体、样式、大小、颜色、对齐方式、文字链接及图像“打开目标”方式等属性进行设置，如图1-64和图1-65所示。

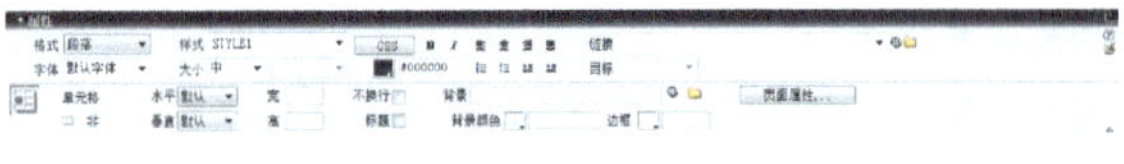

图1-64

图1-65

单击面板中的“页面属性”选项，或者在菜单栏中执行“修改>页面属性”命令，在弹出的“页面属性”对话框中可以对页面字体的选择、字体的大小、文本颜色、背景颜色、背景图像及背景排列方式、链接颜色、页边距等进行设置与修改，如图1-66所示。

图1-66

6. 如何给图片添加热点链接

单击选中“文档内容”窗口文字下方的图像，此时图像四周出现黑色的边线，表示图像被选中，如图1-67所示。将当前图像选中后，在下方的属性栏中会出现“热点”图标，如图1-68所示。

图1-67

图1-68

单击选择“椭圆热点工具”，在图像上“花朵”部位绘制一个“椭圆热区”图形，然后选择“矩形热点工具”，沿着图像的文字区域绘制一个“矩形热区”图形，这时就在图像上完成了两个“热点”效果的添加，如图1-69所示。

图1-69

选中“椭圆热区”图像，然后在“属性”面板的“链接”文本框中输入淘宝首页链接字样，并在下方的“目标”文本框中输入“_blank”字样，如图1-70和图1-71所示。

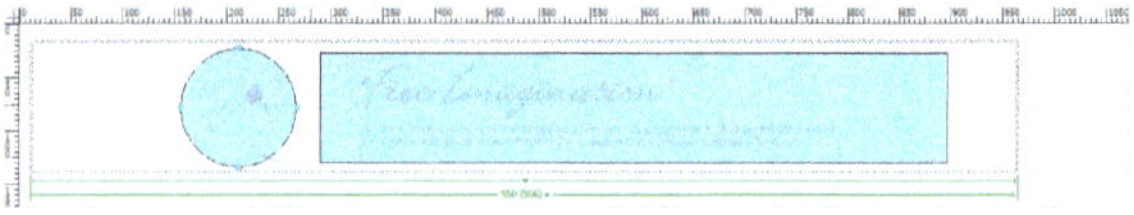

图1-70

图1-71

选中“矩形热区”图像，然后在“属性”面板的“链接”文本框中输入淘宝首页链接字样，并在下方的“目标”文本框中输入“_blank”字样，如图1-72和图1-73所示。

图1-72

图1-73

当为两个“图像”完成“超链接”设置之后，按快捷键F12，此时会弹出一个“是否将改动保存到Untitled-2？”的提示框，单击“是”按钮，将完成对“Untitled-2”的HTML文件的保存，同时预览“Untitled-2”文件的页面效果，如图1-74和图1-75所示。

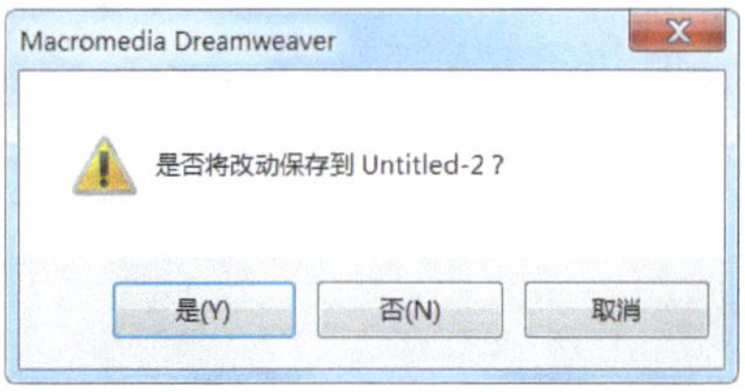

图1-74

图1-75

将鼠标光标放到“花朵”图像上方，会出现一个“手指”图标，此时单击该图像，会看到画面将跳转到https://www.taobao.com/链接指定的页面上，说明图像已经加入了超链接，如图1-76和图1-77所示。

图1-76

图1-77

将鼠标光标放到“文字区域”上方，会出现一个“手指”图标，此时单击该图像，会看到画面将跳转到https://www.tmall.com/ 链接指定的页面上，说明该文字已经添加了超链接，如图1-78和图1-79所示。

图1-78

图1-79

TIPS

针对“热区工具”的使用，既可以在图片上直接做热区分块的添加，也可根据当前图像形状来选择对应的热点工具。

我们经常会看到淘宝首页里的同一张图片，可以单击跳转到两个或两个以上不同的链接页面，而这就是通过“热点添加”的方式制作出代码来完成的。

1.5 关于店铺装修后台的了解

店铺装修，主要是从后台设置模块并做安装，然后发布完成的。针对店铺装修后台，需要涉及的装修内容包括店铺首页、店铺详情页和店铺列表页这三大版块，如图1-80所示。

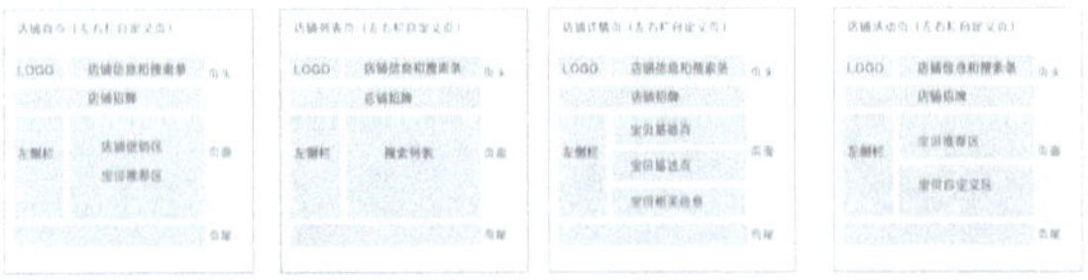

图1-80

1.5.1 店铺首页的装修

淘宝店铺装修后台更新升级速度较快，这里我们以2017年的“淘宝旺铺专业版”后台为例来为大家进行讲解（大多数中小型卖家都在使用这个版本）。

1. 首页装修后台的打开方式

首先打开淘宝网https://www.taobao.com/，输入用户名和密码，进行登录，然后在导航栏上方单击“卖家中心”选项，进入“卖家中心”界面，并在该页面左侧依次选择“店铺管理>店铺装修”选项，进入“店铺装修后台”界面，如图1-81~图1-84所示。

图1-81

图1-82

图1-83

图1-84

2. 首页模块的添加

单击“店铺装修后台”界面左侧的“模块”按钮，会在对应的菜单中看到一些关于“模块”尺寸的信息。其中，1920这个尺寸是需要升级续费才可以使用的“模块”，950、190和750这三个尺寸是“淘宝旺铺专业版”后台页面可以通用的尺寸，如图1-85所示。

例如，当我们选择950模块尺寸的时候，会在下方看到“宝贝推荐”“自定义区”“图片轮播”等基础模块，这些都是可以直接使用的模块，并且使用时只需要根据需求拖动相应的模块到首页编辑区进行安装即可，如图1-86所示。

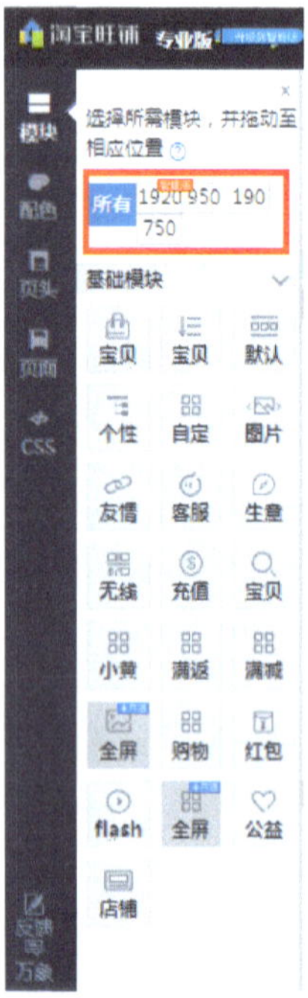

图1-85

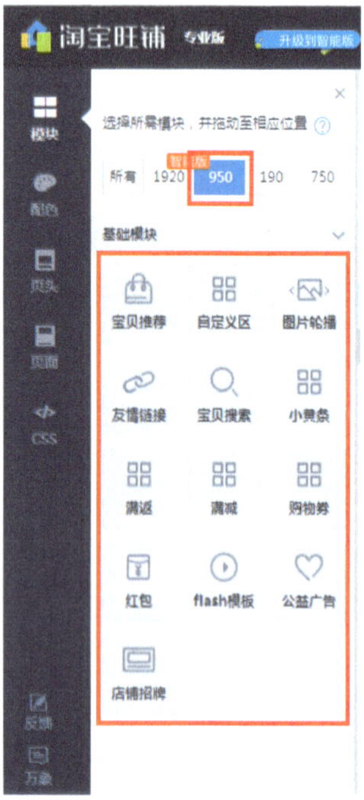

图1-86

用鼠标拖动“宝贝推荐”模块到对应的首页编辑区里，会出现黄绿色的“松开鼠标，模块会放到这里”的提示框，此时松开鼠标，“宝贝推荐”模块就成功建立在页面上（如果事先上传好宝贝，此时在“宝贝推荐”区会显示宝贝图片），如图1-87和图1-88所示。

图1-87

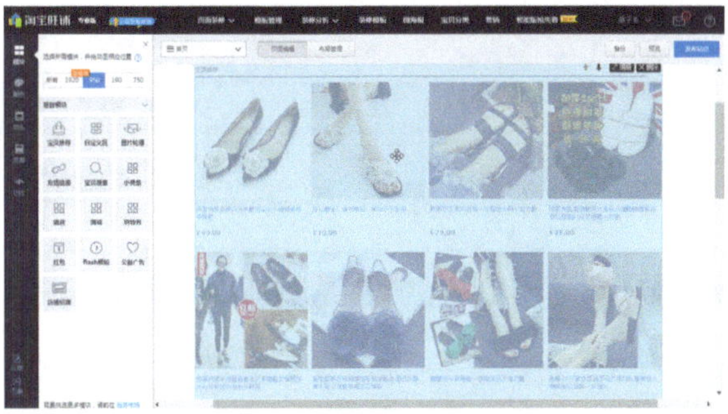

图1-88

打开“宝贝推荐”区上方的“编辑”按钮，在对应界面的编辑区域里，会出现“宝贝设置”和“电脑端显示设置”两个选项栏，如图1-89和图1-90所示。

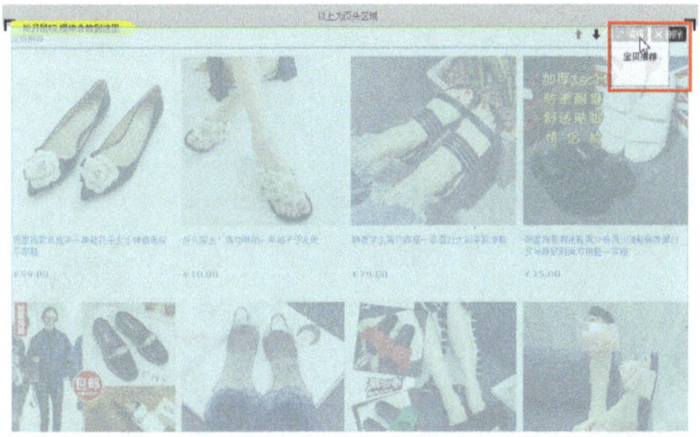

图1-89

图1-90

在“宝贝设置”一栏中，可以对宝贝的推荐方式、自动推荐排序、宝贝分类和关键字等进行设置。当设置完成后，单击“保存”按钮，即可完成编辑，如图1-91所示。

图1-91

在“电脑端显示设置”一栏中，可以对宝贝是否显示标题、宝贝展示方式、是否显示折扣价等进行设置，如图1-92所示。

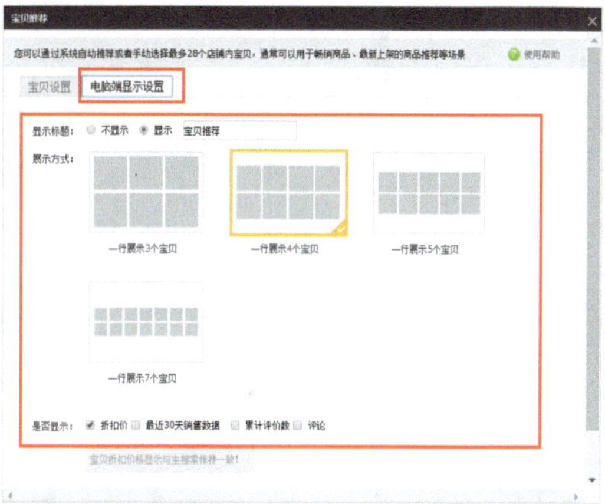

图1-92

将“自定义区”模块拖动到对应的首页编辑区，会出现黄绿色的“松开鼠标，模块会放到这里”的提示框，此时松开鼠标，“自定义区”模块也就成功建立在页面上，如图1-93和图1-94所示。

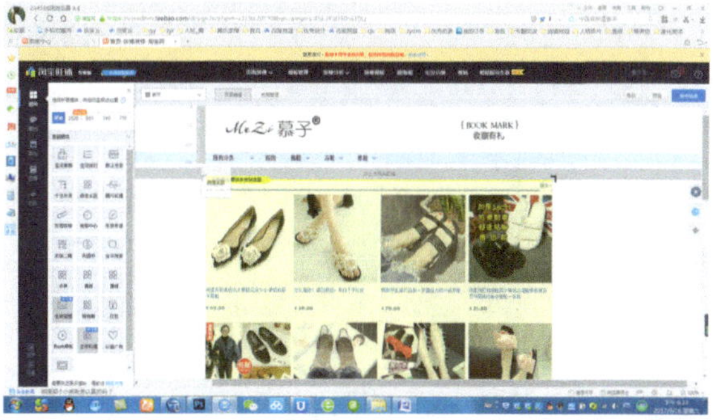

图1-93

图1-94

单击“自定义内容区”界面上方的“编辑”按钮，进入“自定义内容区”编辑界面。在这个编辑区域内，可进行文字编辑或修改、插入图片等操作。当操作完成后，单击“确定”按钮，即可完成编辑，如图1-95和图1-96所示。

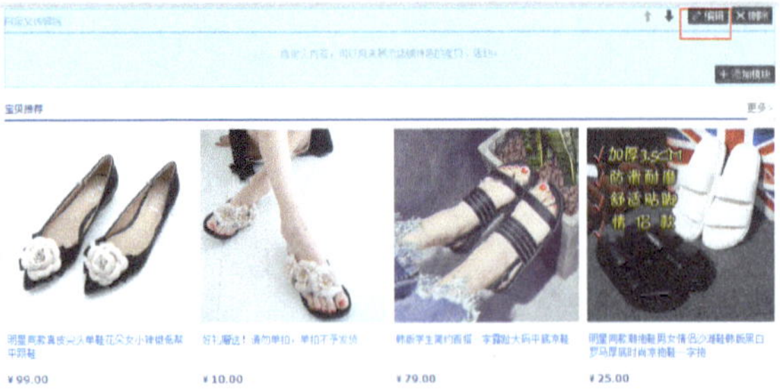

图1-95

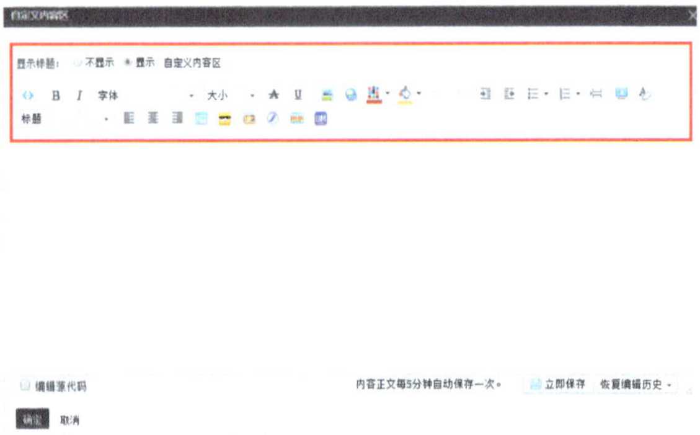

图1-96

3. 导航栏的颜色添加

进入“店铺装修后台”界面，单击界面左侧的“配色”按钮，会看到当前页面中只有两种可选的配色方案——“橙色皮肤”和“蓝色皮肤”，如图1-97所示。

图1-97

如果选择“蓝色皮肤”配色选项，再单击页面右上角的“发布站点”按钮，会出现一个“是否确认发布全部电脑端页面”的提示框，此时单击提示框中的“确认发布”选项，页面会显示“发布成功”的提示信息，之后单击“查看店铺”按钮，就可以看到页面的导航栏显示为蓝色，如图1-98~图1-101所示。

图1-98

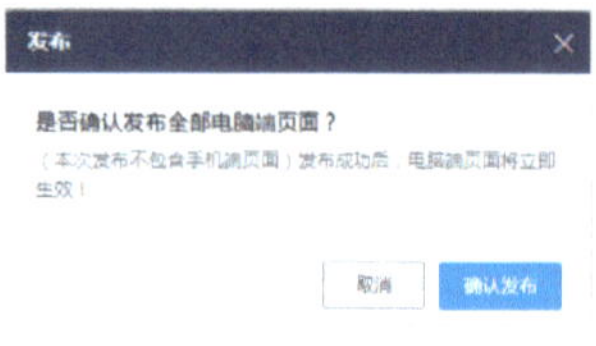

图1-99

图1-100

图1-101

4. 页头（店招）模块的添加

在这里，页头也就是设计中的“店招”版块。进入“店铺装修后台”界面，单击界面左侧的“页头”按钮，在对应的界面中可以对页头的背景色、页头背景图、页头背景显示的方式等进行设置，如图1-102所示。

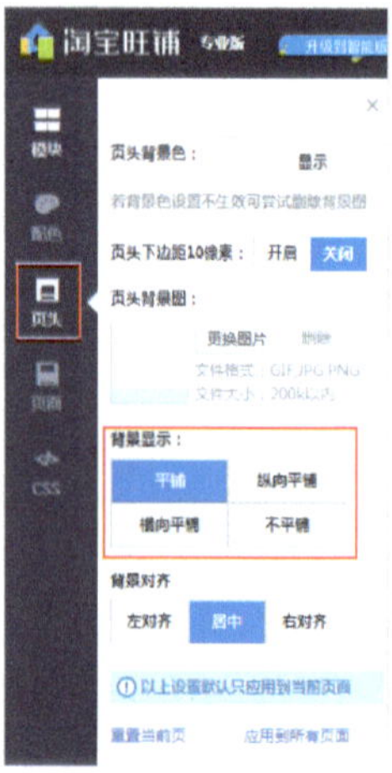

图1-102

5. 页头背景颜色的设置

单击“页头背景色”后的颜色块，在弹出的“调色器”面板中选择需要的颜色，可以更换页头背景颜色。如果选择蓝色，单击“确定”按钮，勾选“显示”选项，这时店招两端的颜色就变成蓝色了，如图1-103~1-105所示。

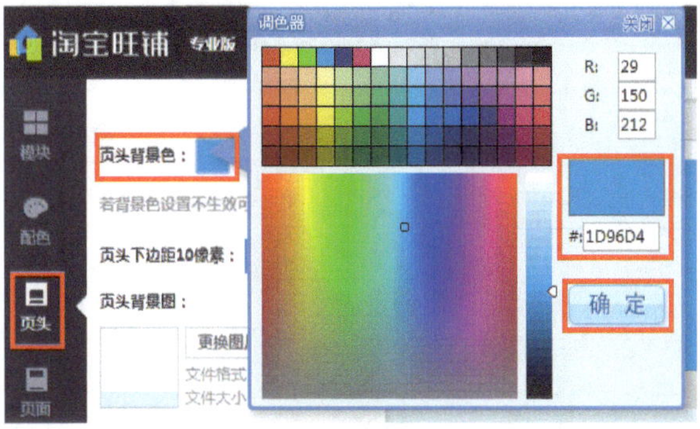

图1-103

图1-104

图1-105

TIPS

这里只是针对店招颜色背景的设置做了讲解。以此类推，在后面的课程中，我们会对全屏店招的制作及安装过程做详细的讲解。

这里要提醒大家的是，如果页面背景已经设置了图片，那么页面背景色由于被图片遮挡住了，就不会显示我们所选的颜色。这时，可以试着对前面所讲解的“页头背景图”进行删除，并在“页面背景色”一栏中勾选“显示”选项，就可以在店招部分显示我们所选择的页头背景色了。

在页头背景效果设置中，可以设置“页头下边距10像素”是“开启”或者“关闭”。

若单击“开启”按钮，该按钮会显示为蓝色，表示“开启”成功，如图1-106所示，此时页头背景预览效果如图1-107所示。

图1-106

图1-107

若单击“关闭”按钮，该按钮会显示为蓝色，表示“关闭”成功，此时页头背景预览效果如图1-108和图1-109所示。

图1-108

图1-109

6. 页头背景图的设置

针对页头背景图的上传格式，一般GIF、JPEG和PNG都适用，上传图片的大小在200KB以内。例如，单击“更换图片”按钮，在弹出的“打开”对话框中的“页头背景图”文件夹里找到我们事先制作好的“yd.jpg”文件，然后单击“打开”按钮，页头背景图即可上传成功，如图1-110~图1-112所示。

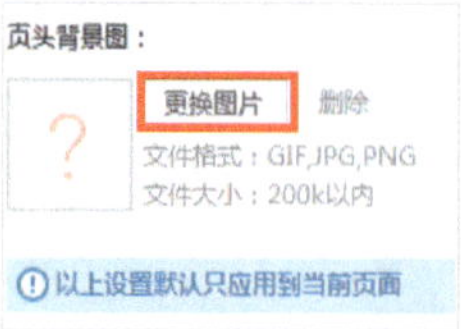

图1-110

图1-111

图1-112

7. 页面背景图的更换

如果想要对页头原有的图片进行更换，进入“店铺装修后台”界面，单击界面左侧的“页面”按钮，在对应界面中，可以对页头图片进行更换，如图1-113所示。

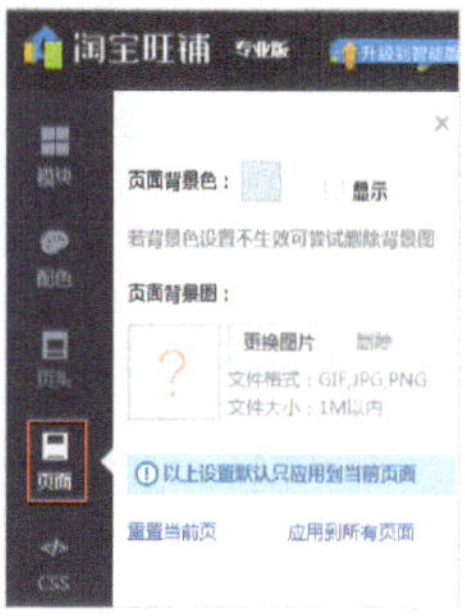

图1-113

只需要在“页面”界面中单击“更换图片”按钮，然后在弹出的“打开”对话框中选择“bj.jpg”背景素材图片，同时取消勾选上方的“显示”选项，单击“确定”按钮，页面背景即可上传成功，如图1-114所示。

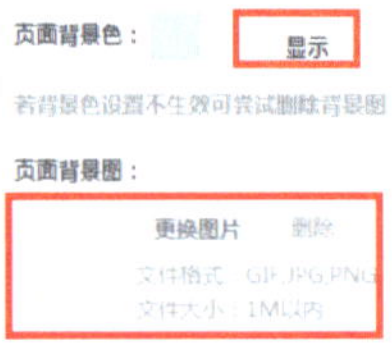

图1-114

TIPS

对于“页面背景色”和“页面背景图”下方的“背景显示”及“背景对齐”等的设置，一般保持默认状态即可。这里，为了能让大家看到一个比较完整的显示效果，另外添加几个“宝贝推荐”模块，然后再更换图片。更换设置方式与最终预览效果，如图1-115和图1-116所示。

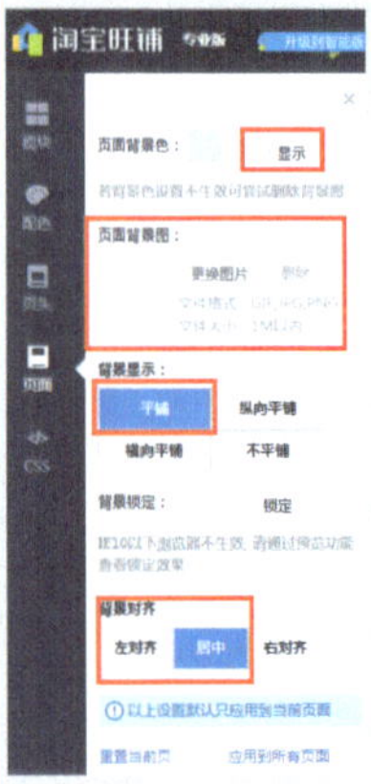

图1-115

图1-116

8. CSS模块的添加方法

进入“店铺装修后台”界面，单击界面左侧的CSS按钮。由于没有开通智能版功能，在单击该按钮后，一般会显示一个“立即订购”提示框，此时只需要续费进行升级，就可以使用该模块，如图1-117所示。

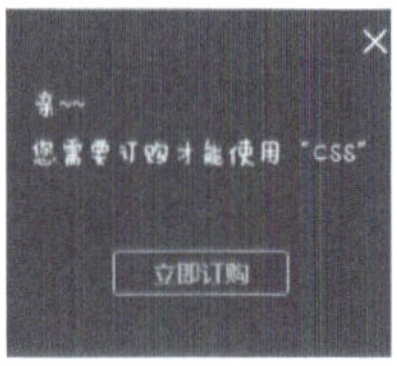

图1-117

TIPS

由于目前旺铺智能版的常规功能即可满足我们的普通装修，此模块很少使用到，因此大家只需要做简单了解即可，这里不做过多描述。

1.5.2 店铺详情页的装修

1. 店铺详情页的编辑界面介绍

在导航栏上方单击“卖家中心”选项，进入“卖家中心”界面，并在该页面左侧依次选择“店铺管理>店铺装修”选项，进入“店铺装修后台”界面，接着在该界面的菜单栏中选择“首页”选项，并单击下拉菜单，找到“宝贝详情页>默认宝贝详情页”入口，并单击打开界面，然后进行设置，如图1-118所示。

图1-118

在“首页”按钮旁，还有“页面编辑”和“布局管理”两个选项栏。在“页面编辑”一栏中可以看到“基础页”“宝贝详情页”“宝贝列表页”“活动页”等编辑栏；在“布局管理”一栏中可以看到页面的布局结构图，如图1-119和图1-120所示。

图1-119

图1-120

如果想选择默认的宝贝详情页样式，可以依次选择“宝贝详情页>默认的宝贝详情页”选项，在打开的编辑界面中包含“宝贝分类”和“宝贝基础信息”等设置功能模块，可以根据需要做相应的设置，如图1-121所示。

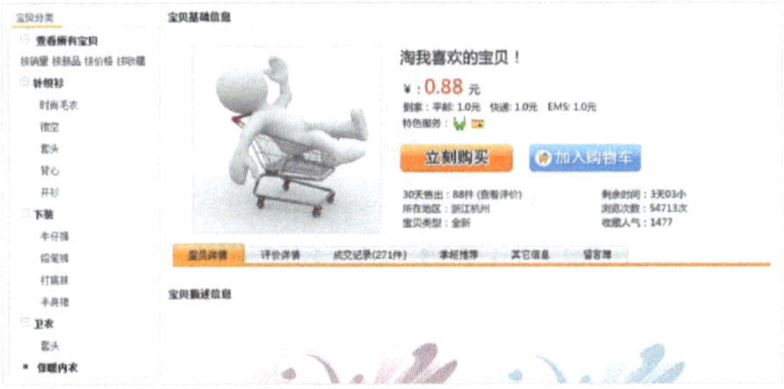

图1-121

2. 190尺寸模块的添加方法

进入“店铺装修后台”界面，选择190模块尺寸，下方会出现“宝贝推荐”“宝贝排行”“默认分类”“店铺活动”“个性分类”等基础模块，这些都是可以直接使用的模块，并且使用时只需要根据需求拖动相应的模块到首页编辑区进行安装即可，如图1-122所示。

例如，当我们在190尺寸模块设置界面中将“客服中心”模块拖动到左侧的“页面编辑”区域时，会出现“松开鼠标，模块会放到这里”的黄绿色提示框，此时松开鼠标，190尺寸的“客服中心”模块便被成功建立在左侧的页面中了，如图1-123和图1-124所示。

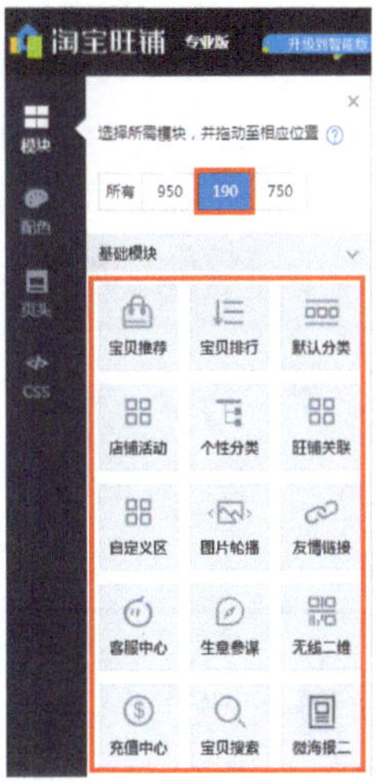

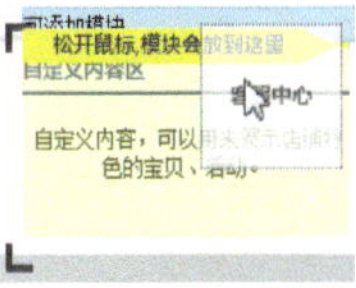

图1-123

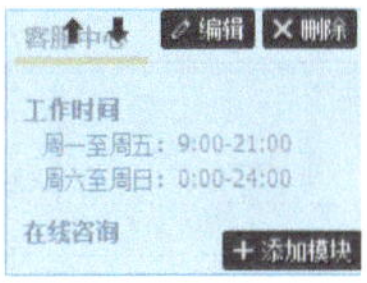

图1-122　图1-124

当我们在190尺寸模块设置界面中将“宝贝排行榜”模块拖动到“客服中心”下面的模块区域时，会出现“松开鼠标，模块会放到这里”的黄绿色提示框，此时松开鼠标，190尺寸的“宝贝排行榜”模块在左侧的“客服中心”下方便被成功建立了，如图1-125和图1-126所示。

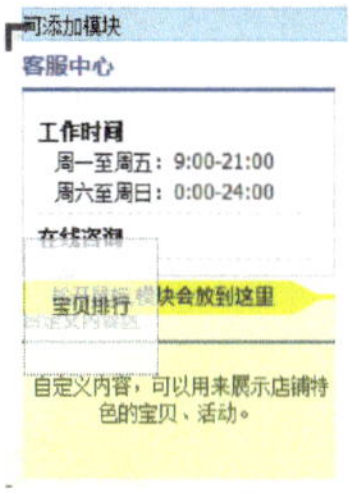

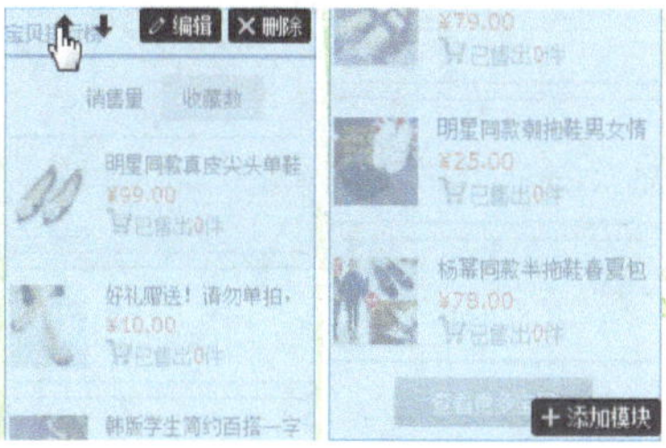

图1-125　图1-126

单击190尺寸的“宝贝推荐”模块上方的“编辑”按钮，可以对“宝贝设置”方式和“电脑端显示设置”方式进行调整，如图1-127和图1-128所示。

图1-127

图1-128

3. 750尺寸模块的添加方法

进入“店铺装修后台”界面，选择750模块尺寸，下方会出现“旺铺关联”和“自定义区”两个基础模块，这些都是可以直接使用的模块，并且使用时只需要根据需求拖动相应的模块到首页编辑区进行安装即可，如图1-129所示。

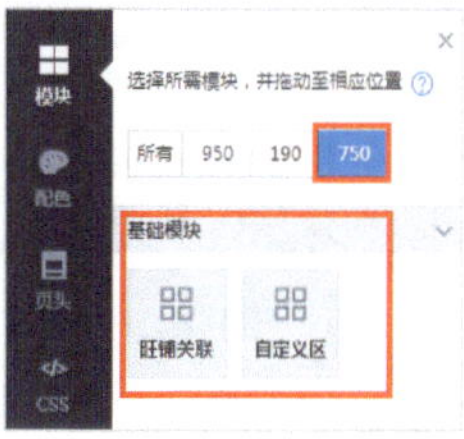

图1-129

例如，当我们在750尺寸模块设置界面中将“自定义区”模块拖动到左侧“宝贝描述信息”界面的下方区域时，会出现“松开鼠标，模块会放到这里”的黄绿色提示框，此时松开鼠标，750尺寸的“自定义区”模块便被成功建立在页面中了，如图1-130和图1-131所示。

图1-130

图1-131

单击“自定义区”上方的“编辑”按钮，进入“自定义内容区”编辑界面。在这个编辑区域内，可进行文字编辑或修改、插入图片等操作。当操作完成后，单击“确定”按钮，即可完成编辑，如图1-132所示。

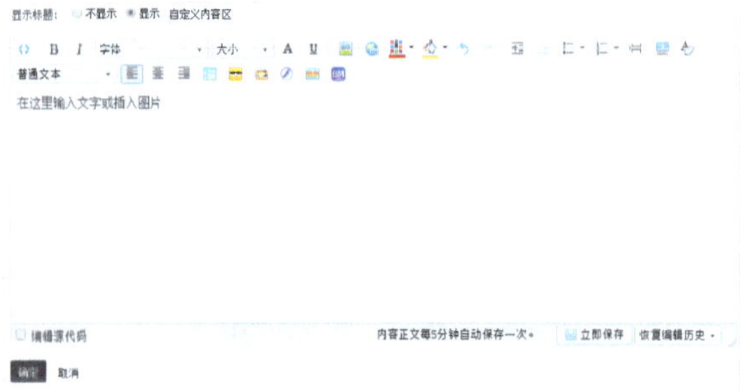

图1-132

TIPS

以上所指的编辑区和前面提到的首页上的950编辑区域是完全相同的，不同之处在于两者设置完成之后的效果在对应页面中的显示尺寸不同。

完成“默认宝贝详情页”所需的190尺寸和750尺寸模块的添加之后，单击页面右上角的“发布站点”按钮，会出现一个“是否确认发布全部电脑端页面”的“发布”提示框，此时单击“确认发布”按钮，会提示“发布成功！”，接着单击“查看店铺”按钮，可以看到此时页面就以当前我们所选择的方式显示了，如图1-133~图1-135所示。

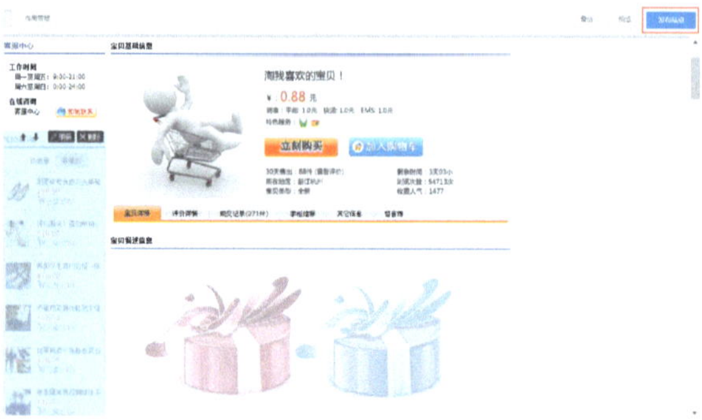

图1-133

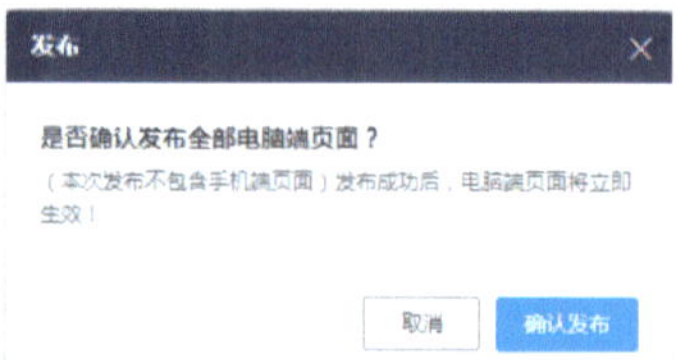

图1-134

图1-135

1.5.3 宝贝列表页的装修

1. 后台“宝贝列表页”的打开方式

在导航栏上方单击“卖家中心”选项，进入“卖家中心”界面，并在该页面左侧依次选择“店铺管理>店铺装修”选项，进入“店铺装修后台”界面，接着在该界面的菜单栏中选择“首页”选项，并单击下拉菜单，找到“宝贝列表页>默认宝贝分类页”入口，单击并进行打开，如图1-136所示。

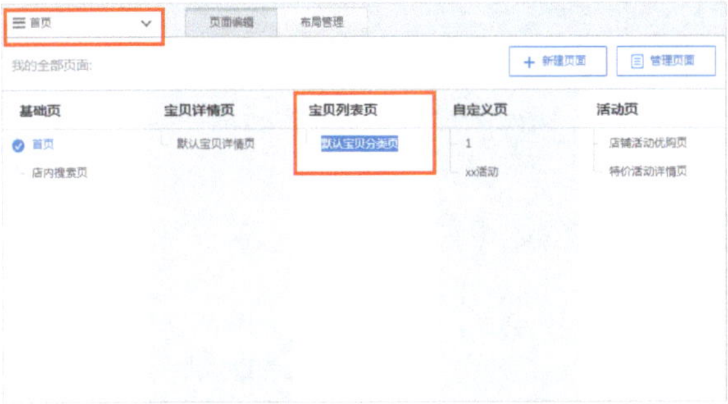

图1-136

单击“默认的宝贝分类页”上方的“编辑”按钮，我们会看到一个“显示设置”的编辑区域。这些设置功能非常人性化，显示一目了然，在这里可以根据自己的需要对默认宝贝的分类显示方式进行设置，然后单击“保存”按钮即可，如图1-137和图1-138所示。

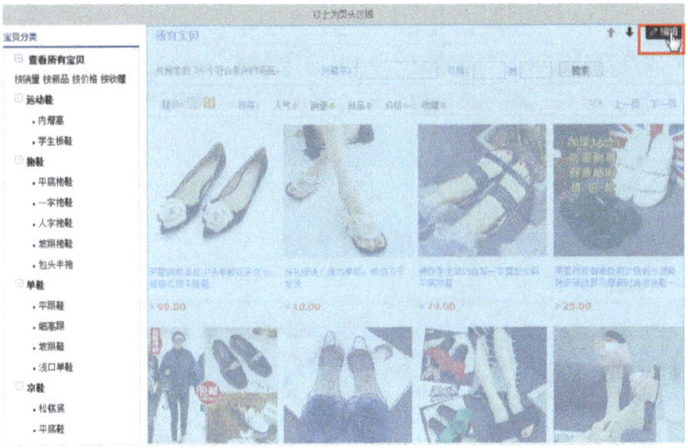

图1-137

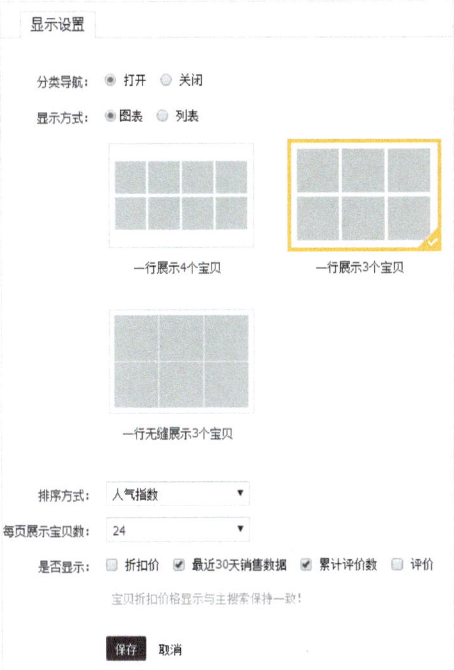

图1-138

2. 190尺寸模块的添加方法

进入“店铺装修后台”界面，选择190模块尺寸，下方会出现“宝贝推荐”“宝贝排行”“默认分类”“店铺活动”“个性分类”等基础模块，这些都是可以直接使用的模块，并且使用时只需要根据需求拖动相应的模块到首页编辑区进行安装即可，如图1-139所示。

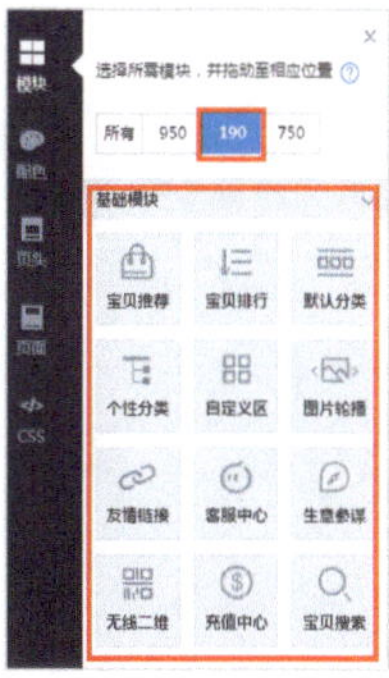

图1-139

例如，单击并拖动“友情链接”模块到左侧的“宝贝分类”上方时，会出现黄绿色的“松开鼠标，模块会放到这里”的提示框，此时松开鼠标，“友情链接”模块也就成功建立在左侧了，如图1-140和图1-141所示。

图1-140

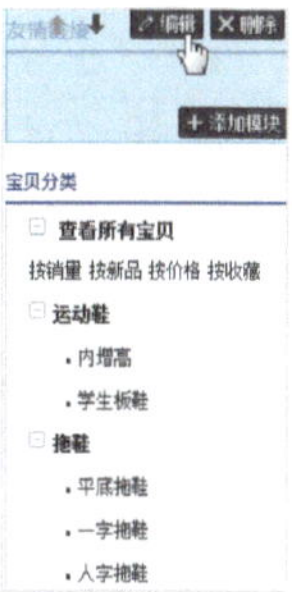

图1-141

单击190尺寸的“友情链接”上方的“编辑”按钮，此时在编辑界面中的“内容设置”一栏里可以针对“链接名称”“链接地址”“链接说明”等信息进行设置，如图1-142所示，完成添加后的效果如图1-143所示。若是单击“显示设置”一栏，还可以针对标题是否显示进行设置，如图1-144所示。

图1-142

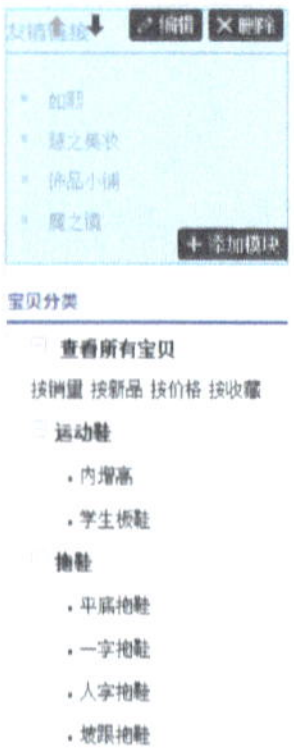

图1-143

图1-144

3. 750尺寸模块的添加方法

进入“店铺装修后台”界面，选择750模块尺寸的时候，会在下方显示“宝贝推荐”“自定义区”“图片轮播”“宝贝搜索”等基础模块。这些模块都可以直接使用，且使用时只需根据需求拖动相应的模块到“宝贝列表页”编辑区进行安装即可，如图1-145所示。

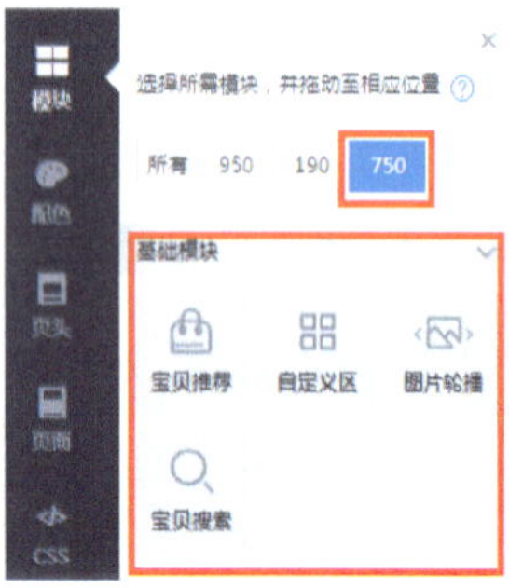

图1-145

例如，单击并拖动“宝贝推荐”模块到左侧的“所有宝贝”下方时，会出现“松开鼠标，模块会放到这里”的黄绿色提示框，此时松开鼠标，750尺寸的“宝贝推荐”模块便成功建立在页面上了，如图1-146所示。

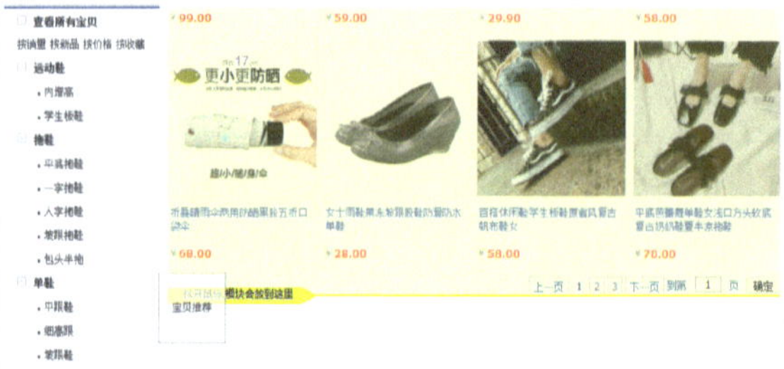

图1-146

单击“宝贝推荐”区上方的“编辑”按钮，可以对“宝贝设置”和“电脑端显示设置”进行设置调整。设置完成后单击“保存”按钮，即可完成编辑，如图1-147~图1-149所示。

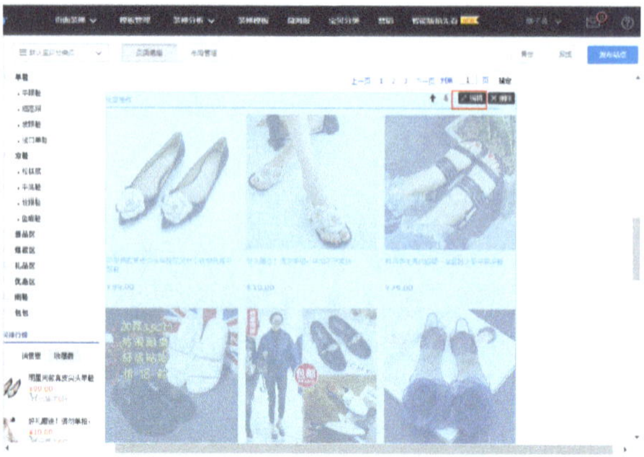

图1-147

图1-148

图1-149

TIPS

在以上店铺装修后台知识的讲解中，我们介绍的都是一些平日设计工作中常涉及且比较重要的功能模块，希望大家能认真领会。同时值得一提的是，由于淘宝后台经常会更新，所以书中所演示的界面可能会与大家实际看到的界面稍有不同，但是整体的结构和布局是一样的。

02

配色的基础知识

认识色彩

色彩的三要素

色彩心理学

店铺色彩的搭配技巧

2.1 认识色彩

色彩是一种涉及光、物与视觉的综合现象，也是电商设计中一门不可忽视的学问。细心留意就会发现，我们每天的生活都被色彩所包围着，从自然界的动植物到生活中的衣食住行各个方面，色彩无处不在，如图2-1所示。

图2-1

色彩与人的情感有着千丝万缕的联系，例如用户在深入了解一个产品之前，通常会先注意到产品的色彩，且产品的色彩所传递出来的情绪也会无意识地感染到用户，从而用户也会通过色彩来判断产品的好坏。

TIPS

色彩认识是电商设计行业中必不可缺的一个知识环节。在设计中，色彩是构成视觉的重要元素之一，它对设计产生着巨大的影响，且发挥着不可替代的作用。因此，只有当我们对色彩理论知识有一定的了解与认知之后，才能更好地将其充分运用和发挥到我们的设计当中。

2.1.1 色彩的来源

色彩来源于光。假设在夜晚如果没有光的照射，那我们看到的将会是一片漆黑。因此说：“有光才有色。”

三棱镜将太阳光分解成七种颜色即红、橙、黄、绿、青、蓝、紫的光。而这就是我们所说的“可见光谱”。人们看到的色彩一般来自三个光源渠道，一是光源光，二是透射光，三是反射光，如图2-2所示。

图2-2

2.1.2 色彩模式的显示方式

色彩模式是数字世界中表示颜色的一种算法。启动Photoshop软件，在“图像>模式”菜单中可以看到多种色彩模式，位图、灰度、双色调、索引颜色、RGB颜色、CMYK颜色、Lab颜色和8位/通道等模式，如图2-3所示。

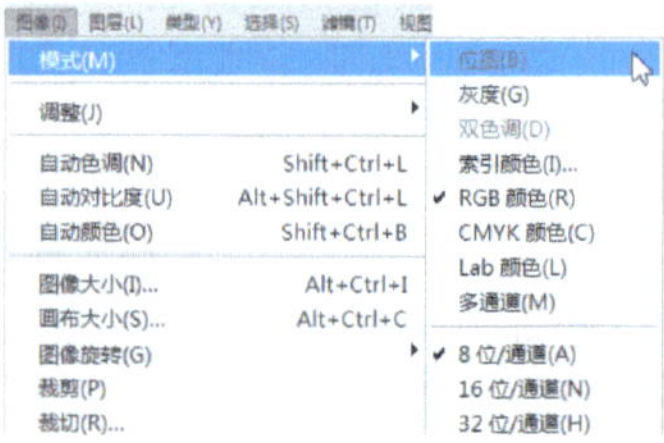

图2-3

下面，我们针对RGB颜色模式、CMYK颜色模式和HSB颜色模式来做一下介绍。

2.1.3 RGB颜色模式

RGB指屏幕显示的颜色模式，也是色彩学最基本的原理。自然界中所有的颜色都可以用红、绿、蓝(RGB)这三种颜色波长的不同强度组合而得，而这就是人们常说的“三基色原理”。因此，这三种光也常被人们称为“三基色”或“三原色”。

RGB颜色模式适用于显示器、投影仪、扫描仪、数码相机等。电视机和电脑的监视器都是基于RGB颜色模式来创建其颜色的。RGB颜色模式是显示器的物理色彩模式，这就意味着无论在软件中使用何种色彩模式，只要是在显示器上显示的，图像最终是以RGB方式出现的。因此使用RGB颜色模式进行设计操作时软件运行也是最快的，因为此时计算机不需要处理额外的色彩转换工作，如图2-4所示。

图2-4

在Photoshop中打开任意一张图片，然后按F8键或从菜单栏的“窗口”中调出“信息”面板，可以看到电脑屏幕上的所有颜色，都是由红、绿、蓝这三种色光按照不同的比例混合而成的，而且这也是人眼最敏感的三种颜色。用“吸管工具”单击图片的任何区域，此时我们看到的屏幕上的任何一种颜色都可以由一组RGB值来记录和表达，如图2-5所示。

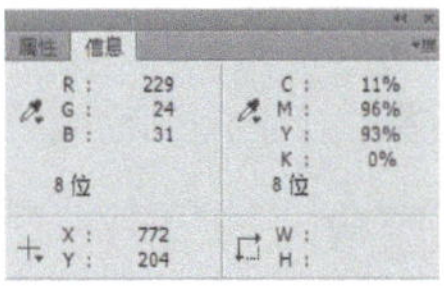

图2-5

RGB用英文表示分别为R(Red)、G(Green)和B(Blue)。这里我们可以把RGB想象为中国菜里面的糖、盐和味精，任何一道菜都是用这三种调料混合而成的，因此红色、绿色和蓝色又称为三原色光。三原色中的任意一色都不能由另外两种颜色混合产生，色彩学上将这三种独立的颜色称为三原色，也是色彩学的基本原理。而其他颜色可由这三种颜色按照一定的比例混合出来，例如绿色+蓝色=青色，红色+蓝色=品红，红色+绿色+蓝色=白色，如图2-6所示。

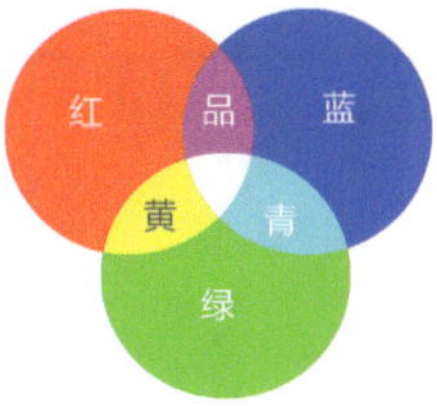

图2-6

2.1.4 CMYK颜色模式

CMYK颜色模式是一种印刷模式。其四个字母分别是指青（Cyan）、洋红（Magenta）、黄（Yellow）和黑（Black），在印刷中代表常见的四种油墨颜色。

CMYK模式适用于打印机、印刷机等。CMYK的K取的是Black的最后一个字母，之所以不取首字母，是为了避免与蓝色(Blue)混淆。从理论上来说，在印刷中只需要C、M和Y三种油墨就足够了，它们三个加在一起就能得到黑色。但是由于目前制造工艺还不能造出高纯度的油墨，也就是说C、M和Y相加的结果实际上得到的不是纯黑油墨。所以我们看到的印刷品中的黑色并不是完全的纯黑色，如图2-7和图2-8所示。

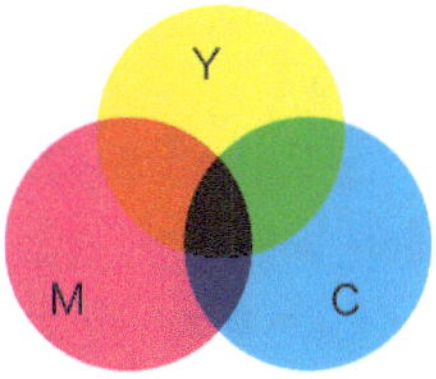

图2-7

图2-8

在Photoshop中单击“窗口”菜单下的“颜色”选项，在弹出的“颜色”面板中，单击面板上的“小三角”按钮，在菜单中调整C、M、Y、K滑块，此时会看到CMYK值是以百分比来表示的，相当于油墨的浓度，如图2-9和图2-10所示。

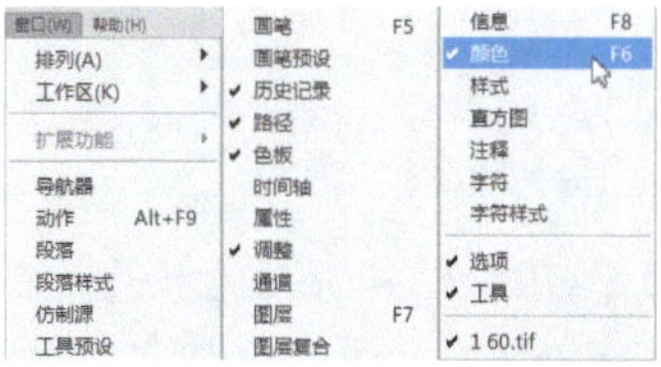

图2-9

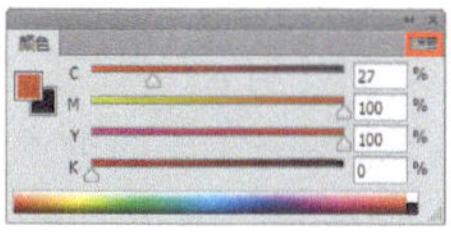

图2-10

此外，CMYK还是一种依靠反光的色彩模式。在这里可以回想一下在日常生活中我们是怎样阅读报纸内容的？答案是由阳光或灯光照射到报纸上，再反射到我们眼中，然后才让我们看到报纸上的内容。

因此，在阅读报纸时我们需要借助外界光源，而且还是借助反光。试想一下，如果你处在一个黑暗房间里，那是无法阅读报纸的。也可以说，只要是在印刷品上看到的图像，就是以CMYK颜色模式表现的。例如期刊、杂志、报纸和宣传画等，如图2-11所示。

图2-11

2.1.5 HSB颜色模式

HSB颜色模式是由RGB三基色转换为Lab模式，再在Lab模式的基础上考虑了人对颜色的心理感受这一因素而转换成的一种色彩模式。从心理学的角度来讲，HSB颜色模式包含三个要素即色相(Hue)、饱和度(Saturation)和亮度(Brightness)。HSB颜色模式是基于人对颜色的心理感受的一种颜色模式，因此这种颜色模式比较符合人的视觉感受，给人的情绪传达也会更加直观一些。

TIPS

在HSB颜色模式中，当我们改变色彩亮度的时候，其饱和度和色相也会跟着一起变化，因为它们彼此之间是会相互影响的。

执行“窗口>颜色”命令（快捷键F6），打开“颜色”面板。然后分别移动H、S和B滑块，即可调整图片的色相、饱和度和亮度，如图2-12和图2-13所示。

图2-12

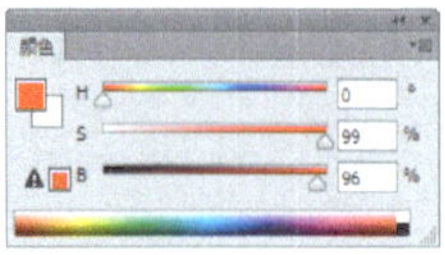

图2-13

接下来，我们来看一下Photoshop的拾色器。双击工具栏中的前景色，会弹出一个“拾色器”对话框，拾色器的H方式其实就是HSB取色方式。色谱就是色相，而大框就包含了饱和度和明度（横向是饱和度0°～360°，竖向是明度0°～100°），如图2-14和图2-15所示。

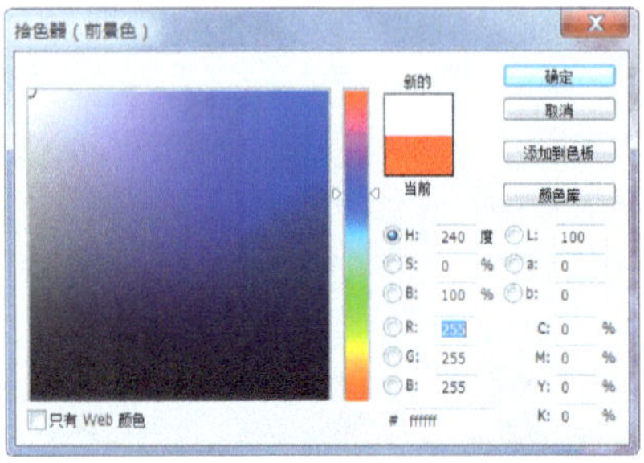

图2-14

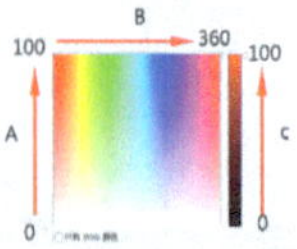

图2-15

从0°的红色开始，当逆时针增加角度时，60°是黄色，180°是青色，然后360°又回到红色。由于在Photoshop的HSB模式中只能输入整数，因此能够选择的色彩数量仅有360万种。虽然其在色彩数量上不及RGB模式，但对于我们来说也足够使用了，如图2-16所示。

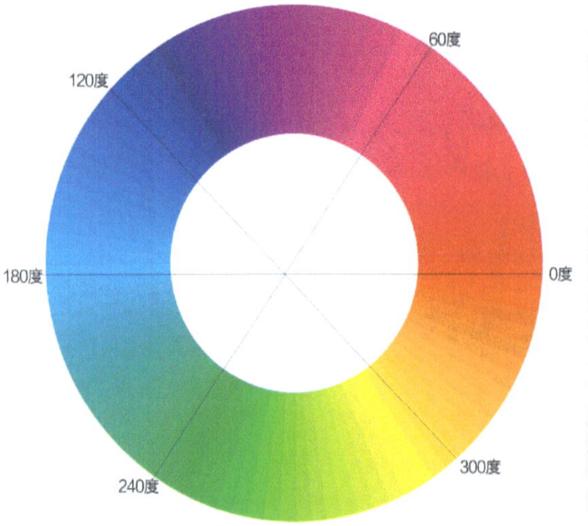

图2-16

H是指色相，它是区分色彩种类的名称，如红、黄、蓝等。色相使用色相环表示，H为0°时，颜色为纯红；H为30°时颜色为橙色，（30°即可变一种色相）；H为360°时颜色和红色重合，如图2-17～图2-19所示。

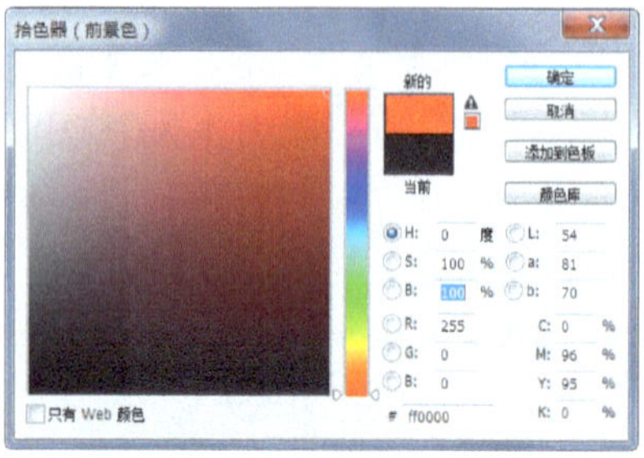

图2-17

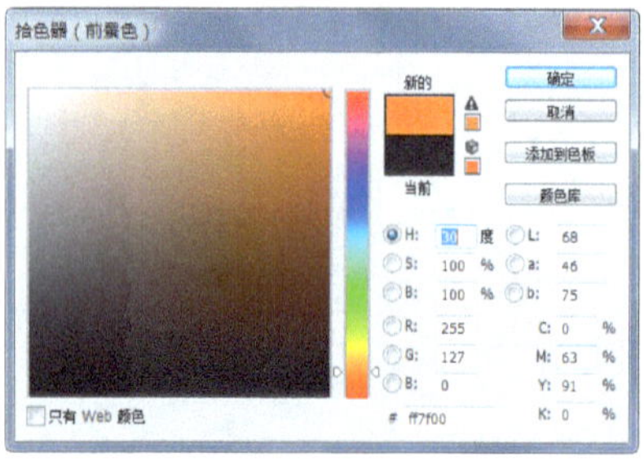

图2-18

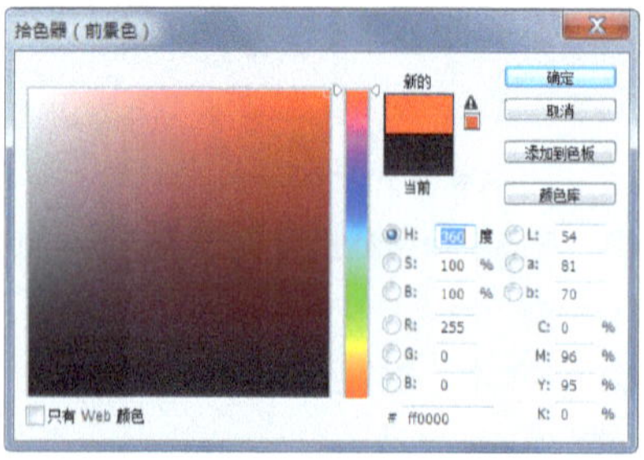

图2-19

S是指饱和度（纯度），即色彩的鲜艳程度。在所有的色相里红色的纯度是最高的，而且颜色也最鲜艳，蓝绿色纯度最低。饱和度低，色彩就偏灰。饱和度值从0%到100%变换，数值越大，颜色就越鲜艳；数值越小，颜色就越柔和。例如S为100%时，颜色为绿色；S为50%时，颜色为浅绿色；S为0%时，颜色为白色，如图2-20～图2-22所示。

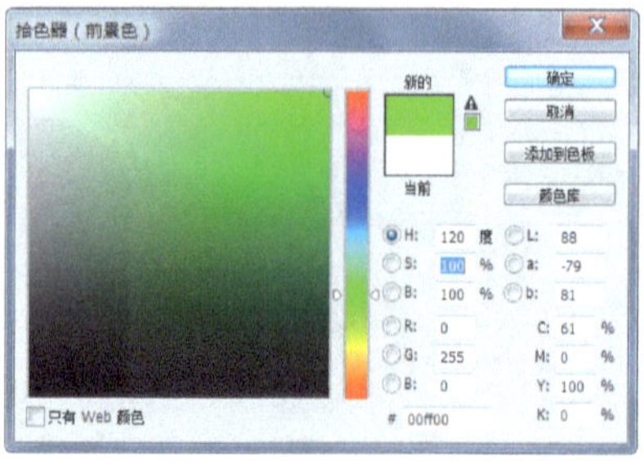

图2-20

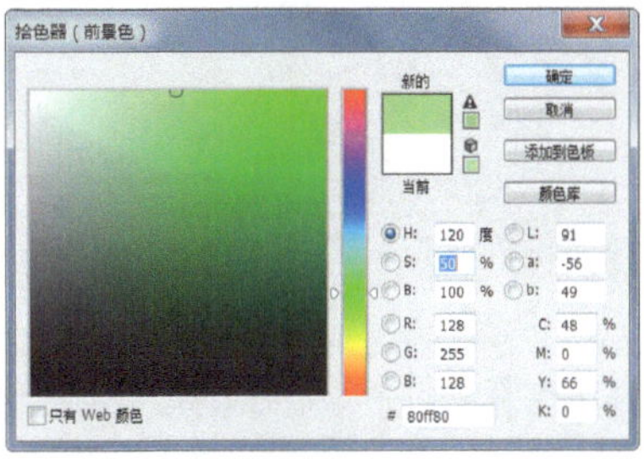

图2-21

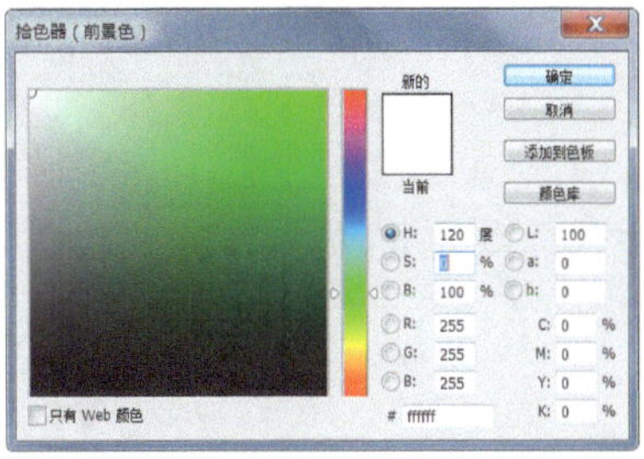

图2-22

B是指亮度（也称明度），即色彩的明亮程度。白色明度最高，黄色次之，紫色明度最低。亮度从0%到100%变换，数值越大，颜色就越明亮；数值越小，颜色就越暗沉。例如B为0%时，颜色为黑色，明度较低；B为50%时，颜色为灰色，明度为中间调；B为100%时，颜色为白色，明度较高，如图2-23~2-25所示。

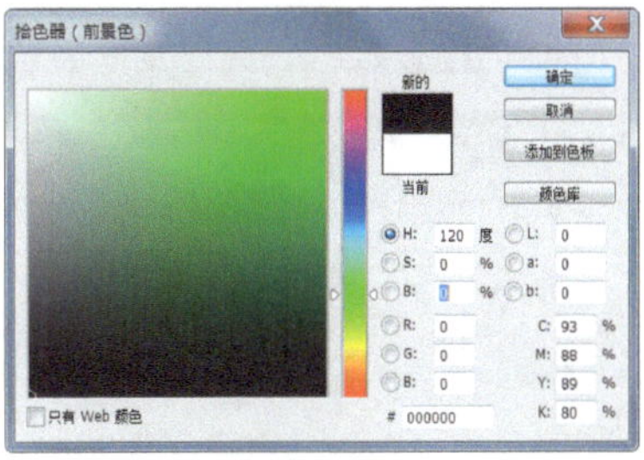

图2-23

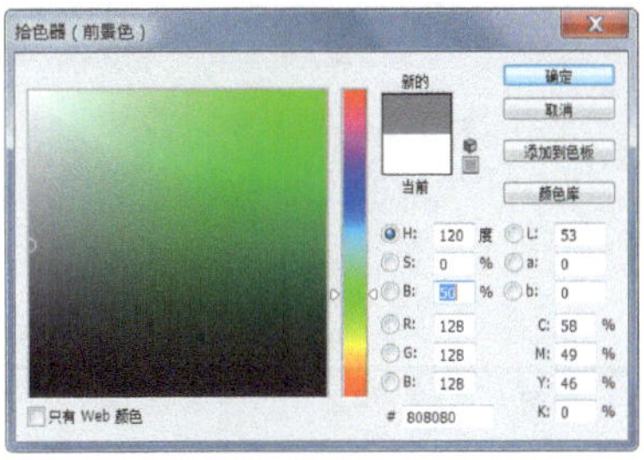

图2-24

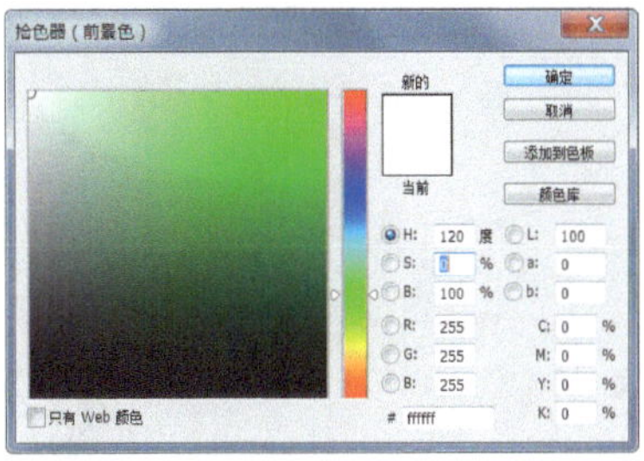

图2-25

2.2 色彩的三要素

学习色彩，最终需要学会配色。所谓配色，就是通过色彩的色相、明度和纯度的对比，来控制视觉刺激，从而达到配色的效果。学习配色必须要了解色彩的三要素即色相、明度和饱和度（彩度）。在日常生活中，我们人眼看到的任一彩色光都是这三种色彩特性的综合效果。

2.2.1 色相

色相是色彩的首要特征，是区分各种不同色彩的最准确的标准。事实上任何黑白灰以外的颜色都有色相的属性，而色相也就是由原色、间色和复色来构成的。在色彩学中，最初的基本色相有六种，即红、橙、黄、绿、蓝、紫，不同的色相会给人传递不同的感觉。世间万物的颜色，也都是由这六种基础色调配而成的，如图2-26示。

红色 橙色 黄色 绿色 蓝色 紫色

图2-26

不同的颜色是带有不同的性格特征的，因而不同的颜色对人的情绪影响也是不一样的，如图2-27~图2-32所示。

红色：代表着热烈、喜悦、果敢、奋扬。在电商设计中可以体现一种节日气氛，喜庆热闹。

图2-27

橙色：代表着欢快、活泼。在电商设计中多用于零食和水果等产品的促销海报的制作，容易给人营造一种平易近人的生活感和廉价的促销感。

图2-28

黄色：代表着年轻、活泼和时尚。在电商设计中，往往用来营造一种文艺而又不失时尚的产品氛围。

图2-29

绿色：代表着健康、活泼、生气和发展。绿色本身就有“生态环保”的特征，因此在电商设计中常用于家装家居、户外用品及茶饮等产品的视觉表现中。

图2-30

蓝色：代表着幽静、深远。蓝色也代表天空和大海的颜色，因此在电商设计中，多用于护肤品一类的产品视觉表现，这样既可以营造出一种清爽、干净、生态的产品氛围，又能在某种程度上体现出产品的质感。

图2-31

紫色：代表着神秘、高贵、脱俗，能消除紧张情绪。在电商设计中多用于女鞋、化妆品等产品的视觉表现，目的是凸显一种优雅高贵气质的同时，营造一种魔幻神秘的产品氛围。

图2-32

TIPS

对于学习淘宝美工的人来说，对不同色相的颜色性格特征的了解是很有必要的，这样有助于我们在设计中有效地确定出设计时需要的主体颜色，保证合理有效的设计。

2.2.2 明度

明度是指色彩的亮度或者深度，即色彩的深浅和明暗变化，而且不同的颜色明度高低也不同。

在无彩色中，明度最高的颜色为白色，明度最低的颜色为黑色，中间存在一个从亮到暗的灰色系列，如图2-33所示。

图2-33

在有彩色中，任何一种纯度色都有着自己的明度特征，例如浅蓝、蓝和深蓝都属于蓝色。明度越高，颜色越浅；明度越低，颜色越深，如图2-34所示。

图2-34

在电商设计中，高明度的色彩搭配常见于厨房家电、中国风产品、零食、数码产品、家居、女士化妆品和女士服饰等店铺设计当中，如图2-35~2-42所示。

图2-35

图2-36

图2-37

图2-38

图2-39

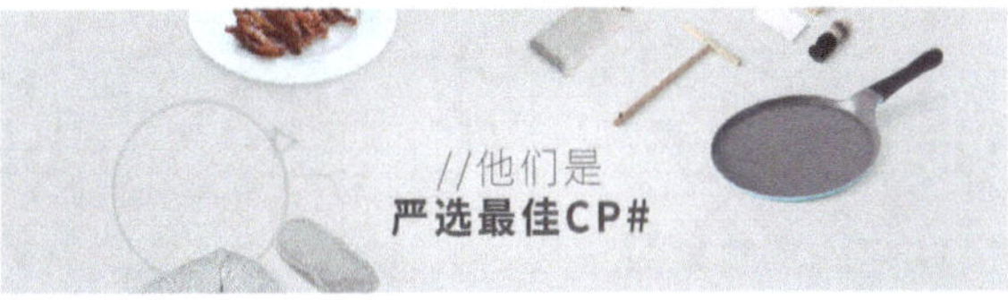

图2-40

图2-41

图2-42

高明度的颜色搭配可以表现出产品的清透感，同时给人一种年轻、干净、纯洁和优雅的感觉，页面上会呈现一种平静、舒适、惬意祥和的氛围，如图2-43和图2-44所示。

图2-43

图2-44

同时，高明度也可以展示出产品的质感，这种质感不同于低明度的色彩表现。在化妆品类的店铺设计中，高明度的色彩搭配可以展示出化妆品的质感，并且让化妆品呈现一定的视觉冲击力，给用户一种清爽、阳光的感觉，如图2-45和图2-46所示。

图2-45

图2-46

在电商设计中，低明度的色彩搭配常见于厨房家电、科技数码类、男士化妆品、运动类等一些想要表现气质格调的高端产品店铺设计当中。

由于低明度的色彩搭配较显深重，富有力量感，而且较偏向男性的性格特点，因此在男性化妆品的店铺设计中会经常用到，以表现产品的质感，如图2-47~2-49所示。

图2-47

图2-48 图2-49

同时，由于低明度的色彩搭配可以很好地表现产品质感、品牌感和价值感，因此也常被运用在一些想要表现奢华的国际大牌女性化妆品官网设计当中，如图2-50~2-52所示。

图2-50

图2-51

图2-52

2.2.3 饱和度

饱和度也称纯度，指色彩的鲜艳程度。饱和度越高，颜色越鲜艳，视觉冲击力就越强，反之亦然，如图2-53所示。

图2-53

一般情况下，饱和度高低取决于对应颜色中含色成分和消色成分（灰色）比例的比重大小。含色成分的比例越高，饱和度越高；消色成分的比例越高，饱和度越低。

高饱和度的色彩搭配在电商海报制作中较为常用，其容易给人以热情、活力、健康和年轻刺激的感觉，而且非常具有视觉冲击力和震撼力，因而也多出现在促销海报的设计当中，如图2-54~图2-58所示。

图2-54

图2-55

图2-56

图2-57

图2-58

2.3 色彩心理学

人类视觉中最敏感的元素是色彩，它可以快速传递印象。

从色彩心理学角度来讲，色彩有冷暖、重量（深色感觉较重，浅色感觉较轻）、远近（暖色调有前进感，冷色调有后退感）、大小（暖色浅色的物体有膨胀感，冷色深色的物体有收缩感）、味道（五颜六色容易让人联想到食物的味道）之分，如图2-59所示。

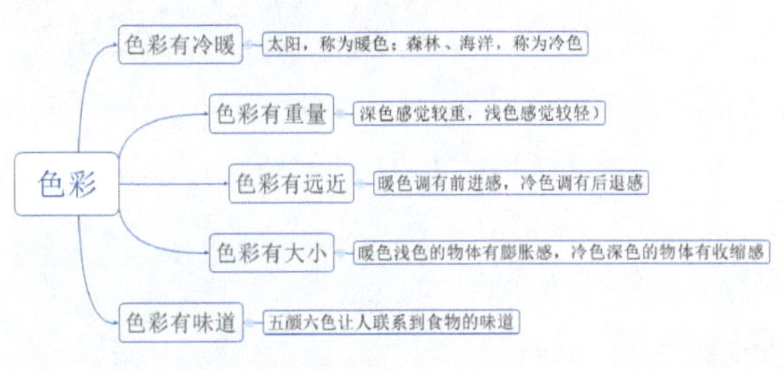
色彩
色彩有冷暖
太阳，称为暖色；森林、海洋，称为冷色
色彩有重量
深色感觉较重，浅色感觉较轻）
色彩有远近
暖色调有前进感，冷色调有后退感
色彩有大小
暖色浅色的物体有膨胀感，冷色深色的物体有收缩感
色彩有味道
五颜六色让人联系到食物的味道

图2-59

2.3.1 色彩有冷暖

色彩是有冷暖的。如果在色相环上把冷暖的两极即蓝色和橙色相互连线，就可以清楚地区分出冷暖两组色彩，其中暖色包括紫红、黄绿、红、黄和橙，冷色包括紫、绿、蓝紫、青绿和蓝，如图2-60所示。

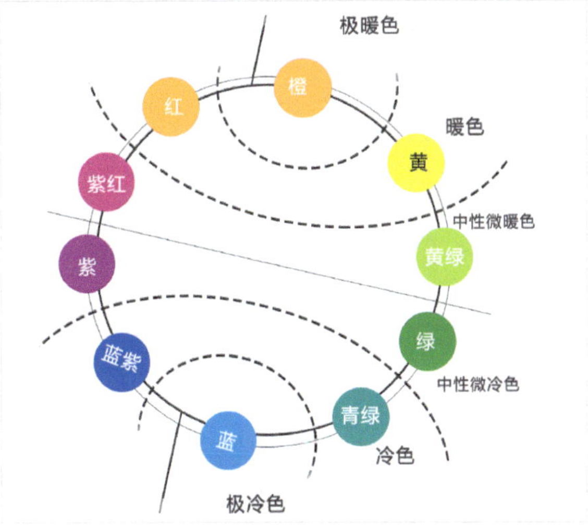
极暖色
橙
红
暖色
黄
紫红
中性微暖色
黄绿
紫
绿
蓝紫
中性微冷色
青绿
蓝
冷色
极冷色

图2-60

从心理学角度讲，色彩的冷暖受到个人生理、心理和固有经验等多方面因素的制约，是一个相对感性的问题。色彩的冷暖是互为依存的两个方面，相互联系，也互为衬托，而且主要通过它们之间的互相映衬和对比体现出来。

当暖色光投射到一个物体上时，物体受光部分的色彩会偏暖一些，而背光部分相对则会偏冷一些；当冷色光投射到一个物体上时，物体受光部分的色彩会偏冷一些，而背光部分则会相对偏暖一些，如图2-61所示。

图2-61

色彩的冷暖是相对的。在同色系中，含暖光成分多的色彩偏暖，含冷光成分较多的色彩偏冷。

例如，红、橙、黄常使人联想起东方旭日和燃烧的火焰，因此有温暖的感觉，所以也称为“暖色”，如图2-62和图2-63所示。

图2-62

图2-63

蓝色常使人联想起高空的蓝天和冰天雪地中的积雪，因此有寒冷的感觉。同时，绿色、蓝色和紫色容易使人联想到森林和海洋，所以它们被称为冷色，如图2-64~2-66所示。

图2-64

图2-65

图2-66

再来看下面这组图。通过对比，是不是感觉左边“暖色调的大树”图片相比右边“冷色调的森林”图片看着更温暖呢？这就是色彩对人的心理产生的作用，如图2-67和图2-68所示。

图2-67

图2-68

2.3.2 色彩有重量

色彩是有重量的。不过这里要说明的是，色彩的重量其实指的是一种感觉，而色彩自身是没有重量的。

从心理学角度上来讲，当我们看到一些深色或冷色的物体时，就会感觉到重，如石头、金属等；当我们看到一些浅色或暖色的物体时，就会感觉到轻，如纸等。

一般情况下，即使是同样的物体，色彩明度较低的物体会比明度较高的物体看着更重。

先来看第一组图的对比，如图2-69所示。同样重量的马克杯，我们是不是感觉深色的杯子要比浅色的杯子重呢？

图2-69

再看第二组图的对比，如图2-70所示。同样品种的花朵，是不是感觉深色的花朵要比浅色的花朵重呢？

图2-70

最后来看第三组图的对比，如图2-71所示。同样质地的毛巾，是不是感觉深色的围巾要比浅色的重呢？

图2-71

2.3.3 色彩有远近

色彩是有远近的。从心理学角度讲，色彩的远近感是指色相、明度、纯度及面积等多种对比而造成的错觉。例如在同一位置，偏冷色调的物体（如青色、蓝色或绿色等物体）会给人一种后退感，因而此类颜色也称后退色，偏暖色调（如红、橙和黄等）的物体会给人一种迫近感，因而此类颜色也称前进色。

这里以如图2-72所示的玫瑰花为例。通过对比，是不是感觉暖色花朵离我们要更近，而冷色花朵离我们更远呢？

图2-72

同时，色彩给人的远近感可归纳为：暖的近，冷的远；明的近，暗的远；纯的近，灰的远；鲜明的近，模糊的远；对比强烈的近，对比微弱的远，如图2-73所示。

图2-73

> **TIPS**
>
> 之前我们说，色彩的远近和进退效果在画面上可以制造出一定的空间感和层次感。因而在电商设计中，运用色彩的该原理可以突出产品主体或想要表达的产品主题。

2.3.4 色彩有大小

色彩是有大小的。从心理学角度来讲，同一大小的物体，偏深色冷色的物体会给人一种收缩感，偏浅色暖色的物体会给人一种膨胀感。

以下面这组图为例。通过观察和对比，我们会发现，同样大小的物体，偏深色的会让人感觉小一些，偏浅色的会让人感觉大一些，如图2-74~图2-76所示。

图2-74

图2-75

图2-76

2.3.5 色彩有味道

色彩是有味道的。从心理学角度来讲，当我们看到不同的与食物特征相关的色彩时，就容易联想到食物的不同味道。例如红色容易让人联想到番茄，绿色容易让人联想到青菜，黄色容易让人联想到香蕉，橙色容易让人联想到鲜橙等。同时，不同的颜色会让人联想到不同的食物，那么就会产生出不同味道的联想。例如金黄色容易让人联想到烤面包的香味，淡黄色则容易让人联想到柠檬的酸味，如图2-77~图2-79所示。

图2-77

图2-78

图2-79

综上所述，可以将色彩的功能总结为以下6点。

第1点：明度较高的颜色给人向前的感觉，明度较低的颜色给人后退的感觉。

第2点：冷与暖是对立统一的。冷色调的亮度越高，越偏暖；暖色调的亮度越高，越偏冷。

第3点：纯度较高的颜色给人向前的感觉，纯度较低的颜色给人后退的感觉。

第4点：色彩清晰有向前的感觉，色彩不清晰，边缘虚有后退的感觉。

第5点：面积较大的颜色给人向前的感觉，面积较小的颜色给人后退的感觉。

第6点：形状规则的颜色给人向前的感觉，形状不规则的颜色给人后退的感觉。

2.4 店铺色彩的搭配技巧

色彩作为第一视觉语言，其作用是字体与图像等其他要素所无法替代的。色彩是一种最本能、最普通的美感，同时它对观者的影响也是最为直接的。

从心理学角度来讲，好的色彩搭配能够很好地集中观者的眼光，从而达到突出主体或主题的目的。

因此，色彩具有影响人们心理、唤起人们感情的作用。当不同的色彩搭配在一起时，色相、明度和饱和度的不同所起到的作用会使色彩的效果产生不同的变化。当两种或者多种浅色搭配在一起时，不会产生很强烈的对比效果，如图2-80所示。

图2-80

同样地，当两种或多种深色搭配在一起时，也不会产生强烈的对比效果，如图2-81所示。

图2-81

不过，当一种深色或多种浅色和一种浅色或多种深色混合在一起时，就会使浅色显得更浅，深色显得更深，从而达到很强烈的视觉对比效果，如图2-82和图2-83所示。

图2-82

图2-83

有位日本设计师曾经针对色彩的配色提出“70%(底色)+25%(主色)+5%(强调色)”的配色比例方式，如图2-84所示。通常情况下，底色是需要大面积使用的颜色，而主色和强调色则可以利用互补色的特性，将主色和强调色衬托出来。

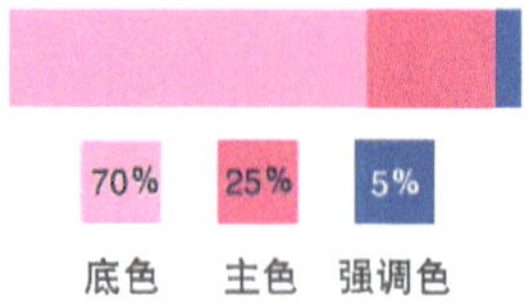

图2-84

TIPS

在电商设计中，一般来说建议颜色用得越少越好。颜色越少，画面就越简洁，也更容易突出产品主体或我们想要表达的产品主题，同时颜色越少，在设计中也越容易控制画面。

此外，假如我们以色相为基础来进行配色，那么往往是需要以色相环为基础来进行配色思考的。在电商设计中，当我们利用色相环上距离较近的颜色进行配色时，可以得到稳定而统一的画面视觉效果；当我们利用色相环上距离较远的颜色进行配色时，则可以得到对比较强烈的画面视觉效果。

可以说，色彩搭配就是不同色相之间相互呼应和相互调和的一个过程。色彩之间的关系取决于色彩在色相环上的位置。色相和色相之间距离角度越近，则对比越弱；色相和色相之间距离角度越远，则对比越强，如图2-85所示。

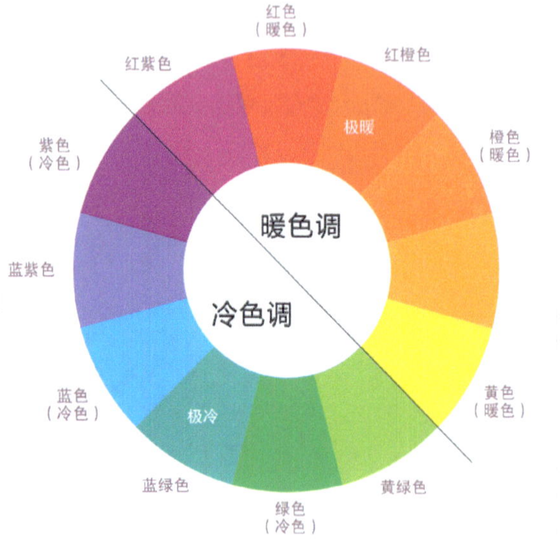

图2-85

2.4.1 互补色搭配

色轮中相隔180°的两种颜色称为互补色。在12色轮中，相隔180°的一组颜色为互补色。根据红、橙、黄、绿、蓝、紫的顺序，可以将其分为红+绿、橙+蓝、黄+紫这三组常用的互补色搭配色系。

此种搭配方式通常会给人非常强烈的视觉冲击力，表现出一种力量、气势与活力，因此也是现代时尚且常用的搭配方式，如图2-86和图2-87所示。

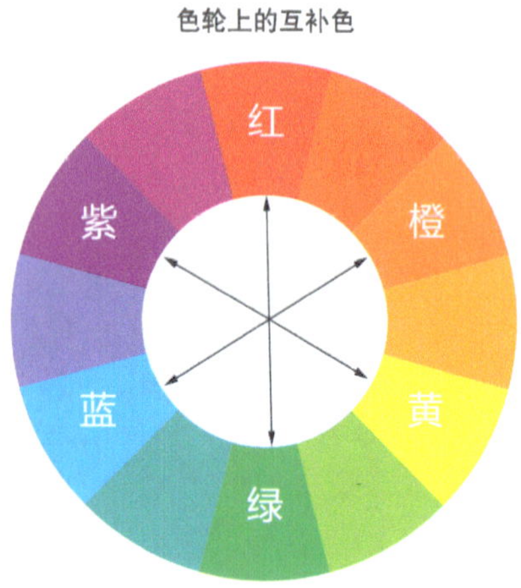

图2-86 图2-87

下面我们以一组互补色搭配的电商海报设计为例。在电商设计当中，常用的互补色搭配分为以下几种形式。

01 红色+绿色。此种颜色搭配要注意控制好画面的色彩比例。一般来说，互补色搭配很容易呈现强烈的视觉效果。因此，为了突出产品主体或我们想要表达的产品主题，通常是将一种颜色作为主色调，然后另一种颜色作为点缀或者辅助色来使用，如图2-88所示。

图2-88

02 橙色+蓝色。此种颜色搭配需要通过明度或饱和度的调整来控制画面。在电商设计中，为了减少互补色中的两种颜色所产生的对抗性，使其产生一种明暗对比效果，通常是将一种颜色的明度或饱和度降低，然后将另一种颜色的明度或饱和度调高或者保持不变，如图2-89所示。

图2-89

03 紫色+黄色。此种颜色搭配要通过黑色和白色调和画面。在电商设计中，同样为了减少互补色中的两种颜色所产生的对抗性，有时候我们会选择在画面中加入黑色和白色来进行调和，如图2-90所示。

图2-90

TIPS

注意，综上所述的这些配色基本规律是需要我们牢记掌握的。在日常的电商设计练习当中，我们要多欣赏一些好的海报，找出其中的配色规律，然后多总结，之后再摸索出一套属于自己的搭配经验。

2.4.2 邻近色搭配

在12色轮中，相隔90°的一组颜色为邻近色。根据红、橙、黄、绿、蓝、紫的顺序，邻近色一般分为冷色和暖色两大范围，其中绿、蓝、紫属于冷色范围，红、橙、黄属于暖色范围。

对于邻近色来说，它们之间往往存在一种“你中有我，我中有你”的关系，例如朱红+橘黄的搭配，朱红以红色为主，里面含有少量的黄色，橘黄以黄色为主，里面含有少量的红色。虽然邻近色在色相上有很大差别，但在视觉上却比较接近。因而在电商设计当中，其具有视觉上的一致性，也更容易被用户所接受，同时在设计上画面也较好控制一些，如图2-91和图2-92所示。

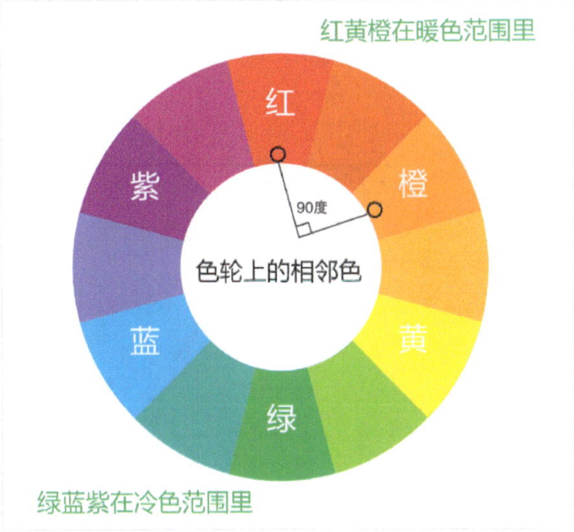

图2-91

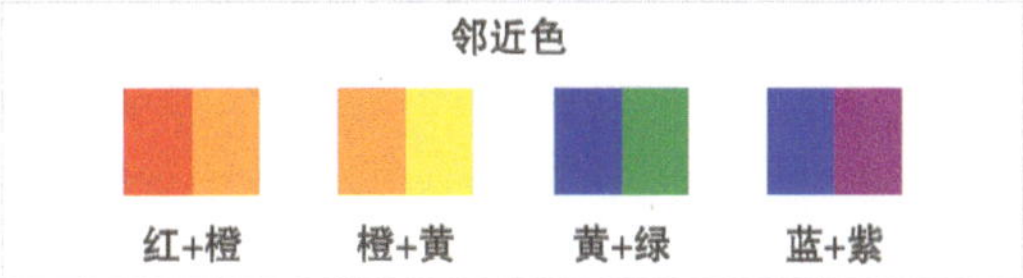

图2-92

在电商设计当中，常用的邻近色搭配分为以下4种形式。

第1种： 红色+橙色。此种搭配方式容易让人感觉到华丽、节庆的气息，因而常被运用于节日活动海报的设计当中，如图2-93所示。

图2-93

第2种： 橙色+黄色。橙色和黄色由于在色相上与红色相似，因此此种搭配方式与红色+橙色的搭配有着一些相同的特点，属于比较安全、和谐和统一的色彩搭配方式，同时也具有华丽、喜庆的气息，因此也常作为节日活动海报的搭配手法来使用，如图2-94所示。

图2-94

第3种： 蓝色+绿色。它属于平静、安全的色彩搭配方式，因此在电商设计中常被运用在食品、儿童产品及健康环保家居日用产品的设计当中，如图2-95和图2-96所示。

图2-95

图2-96

第4种：蓝色+紫色。此种搭配方式可以给人一种舒适、平稳的感觉，画面非常和谐统一，视觉冲击力较弱，因而在电商设计中常常被运用在一些比较高端奢侈的品牌官网设计当中，如图2-97和图2-98所示。

图2-97

图2-98

2.4.3 间隔色搭配

在12色轮中，相隔120°的一组颜色为间隔色。根据红、橙、黄、绿、蓝、紫的顺序，可以将其分为红+黄、蓝+黄、蓝+红和紫+绿这四组常用的间隔色搭配色系。

间隔色因色彩的特征差异，在设计中能造成鲜明的视觉对比，有一种“相映”或“相拒”的力量使之平衡，因而也能产生一定的调和感，如图2-99和图2-100所示。

TIPS

间隔色与邻近色相比较而言，差别在于色轮上的相隔远近。通过对比我们知道，间隔色视觉冲击力强于邻近色。它不仅没有互补色对抗性那么强，设计运用时画面也易控制一些，同时又比邻近色多了一些明快活泼的感觉，因而在电商设计中运用得较多，特别是红黄蓝三原色之间的相互搭配，应用会相当广泛。所以，对于此种颜色的搭配，一定要引起重视，做到多学多练。

图2-99

图2-100

在电商设计中，针对间隔色的搭配主要分为以下4种形式。

第1种：红色+黄色。此种搭配可谓是促销海报设计中常用又经典的色彩搭配手法。其特点是能做到视觉上非常抢眼，同时又具有廉价的促销感，如图2-101所示。

图2-101

第2种：蓝色+黄色。此种搭配方式可以让画面显得非常明快和时尚，如图2-102所示。这里文字采用了白色作为调和色，背景和一些元素采用了蓝色，目的是为了体现出一种科技的格调。

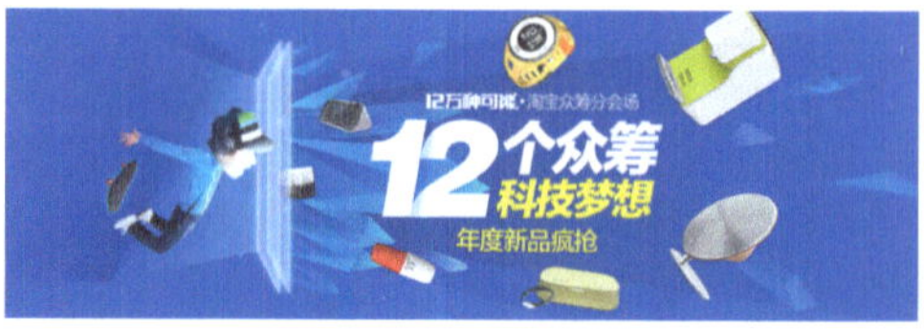

图2-102

第3种：蓝色+红色。蓝色是冷色，红色是暖色，冷色趋于后退，暖色趋于迫近，因而在电商设计中，可以利用此关系突出产品主体或想要表达的产品主题，如图2-103所示。

图2-103

第4种：绿色+紫色。此种搭配方式最大的特点就是明快，是一种传统的常用电商设计搭配方式，如图2-104所示。

图2-104

TIPS

仔细观察可以发现，在以上的每个电商海报案例中，都添加了白色作为调和色。而在电商设计中，白色和黑色都是万能的调和色。同时在间隔色的搭配中，同样要控制好间隔两色之间的比例，不要让色彩看起来过于均衡。一般来说，主色在画面中占比较大，副色次之；主色在画面中的明度和饱和度较高，副色次之。

03

版式设计的基础知识

3.1 什么是版式设计

版式设计是设计艺术的一种，也是视觉传达的一种重要手段，更是技术与艺术的高度统一。

版式设计是设计师通过专业的审美角度，将有限的视觉元素进行有机的排列组合、视觉调整和布局优化，以提高阅读者的兴趣，将内容通过版式的变化区隔重点与次要的关系，以达到内容本身的展现清晰、美观为目的，将内容个性化地表现出来，这是作为设计师所必备的基本功之一，如图3-1所示。

图3-1

版式设计的范围，涉及报纸、刊物、杂志、书籍（画册）、产品样本、唱片封套、挂历、招贴画和网页页面等平面设计多重领域，如图3-2所示。

报纸

杂志

产品样本

唱片封套

挂历

招贴画

图3-2

3.2 平面的构成原理

平面构成设计是一门视觉艺术，也是现代美术设计不可缺少的训练手段之一，平面构成是视觉元素在二次元的平面上，按照美学和力学的原理进行编排和组合。它以理性和逻辑推理来创造形象，研究形象与形象之间的排列方法，是理性和感性相结合的产物。

3.2.1 点

点表示位置，没有厚度和宽度，是一条线的开始或终点。在几何学上点是没有大小和方向的，仅存在位置。但在造型设计上，点却有形状、大小和位置之分，而且越小的点作为点的感觉越强烈。作为平面构成里的形态构成要素之一，点是造型艺术中最小的构成单位，如图3-3所示。

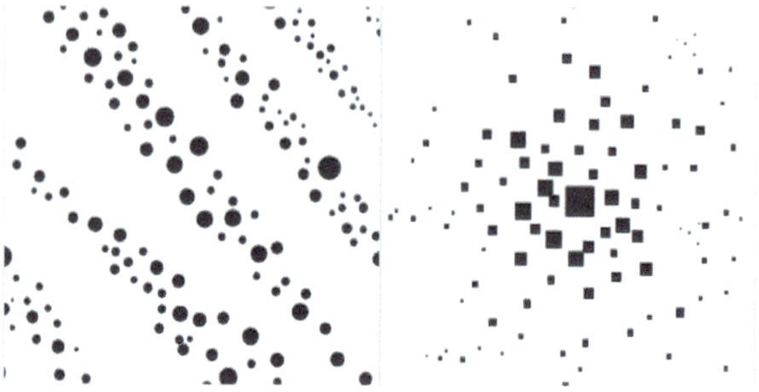

图3-3

点一般被认为是平面构成中最小的元素，而且是圆形的。但实际上，点的形式是多种多样的，有圆形、方形、三角形、梯形以及不规则图形等，如图3-4所示。

由于点与点之间存在着张力，因此当点与点靠近时会形成线的感觉，例如我们平时画的虚线就是这种感觉，如图3-5所示。

图3-4

图3-5

1. 点的构成形式

点的构成，主要包括散点式、线化式、旋律式、排列式、动态式及活泼式这6种形式，如图3-6所示。

散点式：不同大小、疏密的点混合排列。

线化式：将大小一致的点按一定的方向进行有规律的排列，给人的视觉留下一种由点移动而产生线化的感觉。

旋律式：以由大到小的点，按一定的轨迹和方向进行变化，使之产生一种优美的韵律感。

排列式：将大小不同的点按有序形式进行排列，会产生点的变化的感觉。

动态式：将大小一致的点以相对的方向逐渐重合排列，会产生微妙的动态视觉。

活泼式：将大小不同的点以不规则形式排列，能形成活泼的视觉效果。

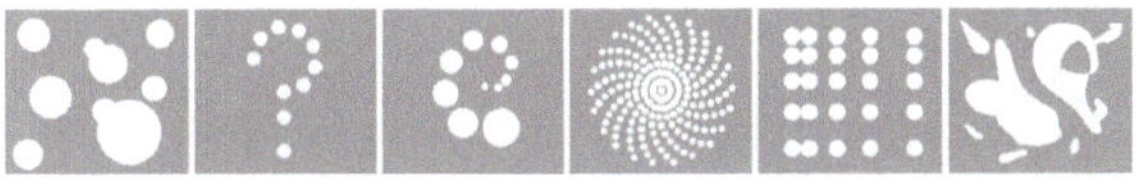

图3-6

> **TIPS**
>
> 在生活当中，实际上自然界中的任何形态的事物缩小到一定程度都能产生不同形态的点。

2. 点的视觉特征

当画面中同时出现两个大小不同的点时，大一些的点首先会引起人们的注意，但慢慢地，人的视线会习惯从大的点转移到小的点，最后集中到小的点上。因此，较大的点具有面的性质，而且越大的点越显空乏，越小的点积聚力越强，如图3-7所示。

图3-7

当单个的点在画面中的位置不同时，给人产生的心理感受也是不同的。当点的位置居中时会给人一种平静和集中感；当点的位置偏上时会给人一种不稳定感，形成自上而下的视觉流程；当点的位置偏下时会给人一种安定感，但容易被忽略；当点位于画面2/3偏上的位置时，最易吸引人的注意力，如图3-8所示。

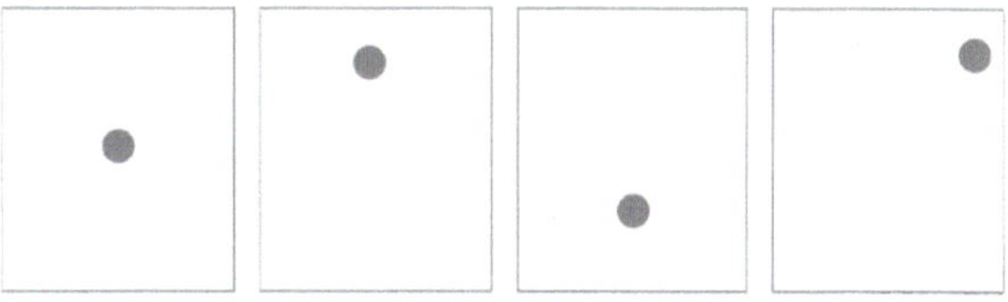

图3-8

3.2.2 线

线是点移动的轨迹。在几何学定义中，线只有位置、长度，而没有宽度和厚度。从平面构成的角度讲，线既有长度，也有宽度和厚度。线是千变万化的，在设计中是不可缺少的元素之一，如图3-9所示。

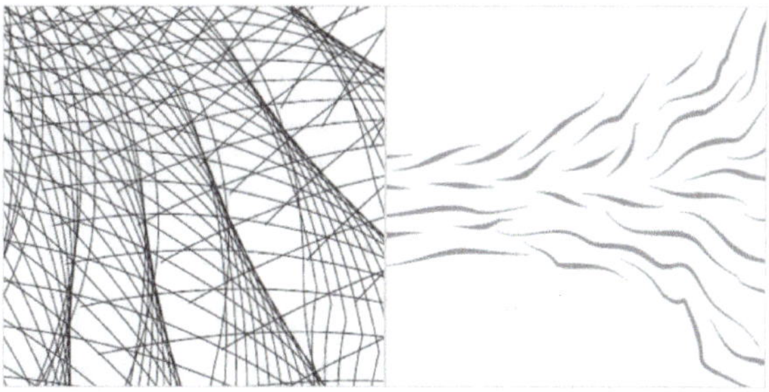

图3-9

1. 线的构成形式

线的构成形式，主要包括面化的线、疏密变化的线、粗细变化的线、错觉化的线、立体化的线及不规则的线。

面化的线：等距密集排列的线。

疏密变化的线：按不同距离排列，透视空间的视觉效果，前疏后密产生深度，前面的越疏，后面的越密越远，这样就形成了远近空间。

粗细变化的线：虚实空间的视觉效果。

错觉化的线：将原来较为规范的线条排列做一些切换变化。

立体化的线：线条在立体构成中起到了框架和造型的作用。

不规则的线的线：顾名思义，就是指杂乱无规律的线，构成的画面较活泼且富有情感。

由于画时手法或者笔法不同产生很多偶然的效果，如图3-10所示。

图3-10

2. 线的视觉特征

线善于表现动和静的视觉形态，总体上分为直线和曲线。直线侧重于静，曲线侧重于动；直线容易给人一种安定的感觉，曲线则相反；直线富有男性化的特征，给人一种力量、稳定之感；曲线富有女性化的特征，给人一种丰满、柔软、优雅、浑然之感，如图3-11和图3-12所示。

图3-11

图3-12

3.2.3 面

面是线的连续移动至终结而形成的，面有长度、宽度，没有厚度之分。

直线平行移动可形成方形的面，直线旋转移动可形成圆形的面，斜线平行移动可形成菱形的面，直线一端移动可形成扇形的面，如图3-13所示。

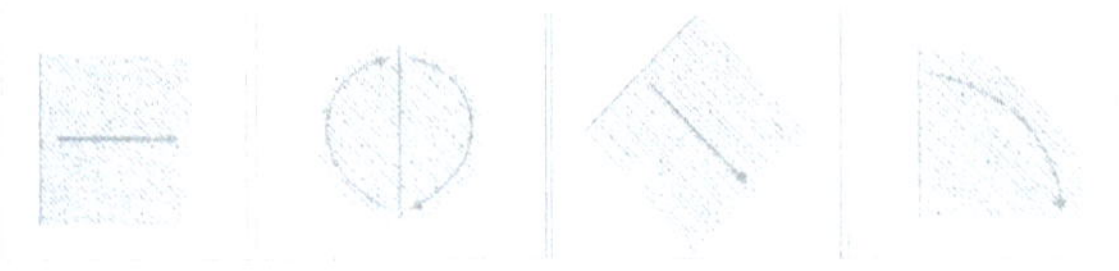

图3-13

1. 面的构成形式

面的构成，主要包括几何形成的面、自然形成的面、徒手形成的面、有机形成的面、偶然形成的面及人造形成的面这6种形式，如图3-14所示。

几何形成的面：表现规则、平衡、较为理性的视觉效果（等距离密集排列）。

自然形成的面：不同外形的物体以面的形式出现后，给人以更为生动的视觉效果。

徒手形成的面：给人随意、亲切的感性特征。

有机形成的面：得出柔和、自然、抽象的面的形态。

偶然形成的面：自由、活泼而富有哲理性。

人造形成的面：较为理性的人文特点。

图3-14

2. 面的视觉特征

面的形态是多种多样的，不同形态的面在视觉上有不同的作用和特征。例如，直线型的面具有秩序感和男性的特征；曲线型的面具有浏览轻松、饱满和女性的特征；偶然形成的面，例如水和油墨混合，产生的随意形态的面会显得比较自然和生动，如图3-15~图3-17所示。

图3-15

图3-16

图3-17

3.3 版式设计的原则

版式设计不能像绘画创作那样以表现内心情感为首要目的，在用其传达具体信息的行为过程中，应当根据版式本身的功能性需求，依照版式设计的原则来办事。所谓艺术化的创造，也应当以符合原则为前提，这是版式艺术和特殊性所决定的。版式设计是一种艺术享受的需要，也是减轻视觉疲劳，提高阅读效率和趣味性的需要，同时也是设计者表达个性、体现特色的需要。

优秀的版式设计，既能引导并左右人们的视线，又能让人在接受它所传递的信息的同时，受到情趣的感染或创意的启迪。平面设计离不开版式设计，而且版式设计也是平面设计的基础。版面的组成要素包括图形、线条、文字和色彩等，如图3-18所示。

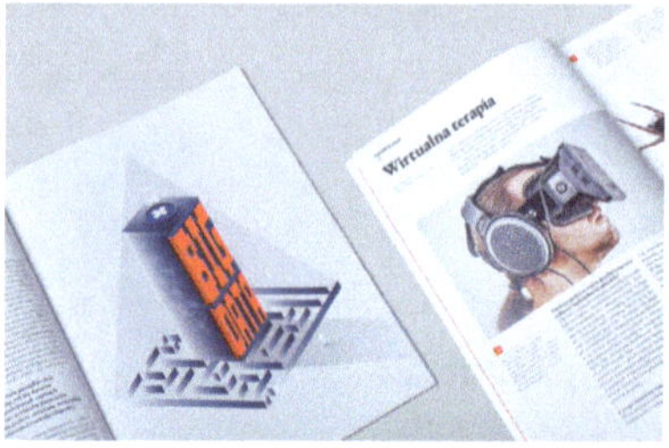

图3-18

TIPS

在版式设计中，我们需要把握以下4个基本要素。

（1）直观动人

一个版面仅仅能让人阅读是不够的，它还必须设法去打动阅读者的内在情感才可以。

（2）简明易读

版式设计切忌过分繁杂凌乱。没有一个阅读者会愿意在阅读过程中遭遇辨认的折磨，能在轻松愉悦的状态中获得信息是人人都很乐意的事情。

（3）主次分明

版式设计所选用的素材有主次之别，主次分明，才有利于版面信息的有效传递。主次分明，就是基本素材的角色轻重在版式设计中视觉重心上的执行与贯彻。

（4）概念清楚

指视觉信息传达目标的明确性。面对眼前的版面，面对手中的素材，何为主何为次？图文并重，还是各有侧重？只有当设计者明确了传达目标后，对此才能得出清楚的概念，从而较好地把握版式设计的分寸，才能真正做到概念分明，传达准确。

3.3.1 思想性与单一性

版面的装饰是由文字、图形、色彩等元素通过点、线、面的组合与排列构成的，并采用夸张、比喻、象征的手法来体现视觉效果，既美化了版面，又增强了传达信息的功能。产品与文字的完美结合，可以显示其独特的装饰魅力。同时，优秀的版式设计能使视觉传达更具有条理性与趣味性，如图3-19所示。

图3-19

3.3.2 艺术性与装饰性

版面构成是传播信息的桥梁，其所追求的完美形式必须符合主题的思想内容，这是版面构成的根基。只讲表现形式而忽略内容，或只求内容而缺乏艺术表现，版面都是不成功的。只有把形式与内容合理地统一，强化整体布局，才能彰显版面构成中独特的社会和艺术价值，如图3-20所示。

图3-20

3.3.3 趣味性与独创性

排版设计中的趣味性，主要是指形式的趣味性。这是一种活泼性的版面视觉语言。如果版面本来没有多少精彩的内容，就要靠制造趣味取胜，这也是在构思中调动了艺术手段所起的作用。版面充满趣味性，使传媒信息如虎添翼，起到了画龙点睛的传神功力，从而更吸引人、打动人。趣味性可采用寓意、幽默和抒情等表现手法来获得。

独创性原则实质上是突出个性化特征的原则。鲜明的个性，是排版设计的创意灵魂。试想，一个版面多是单一化与概念化的大同小异，人云亦云，可想而知，它的记忆度有多少，而出奇制胜就更谈不上了。因此，要敢于思考，敢于别出心裁，敢于独树一帜，在排版设计中多一点个性而少一些共性，多一点独创性而少一点一般性，才能赢得消费者的青睐，如图3-21和图3-22所示。

图3-21

图3-22

3.4 版式设计的类型

3.4.1 骨骼型

骨骼型是规范的、理性的分割方法。常见的骨骼有竖向通栏、双栏、三栏和四栏等。而在实际的骨骼型排版中，一般以竖向分栏为多。图片和文字的编排上，严格按照人体骨骼比例进行编排配置，如此能给人一种严谨、和谐和理性而又不失活泼的弹性美，如图3-23所示。

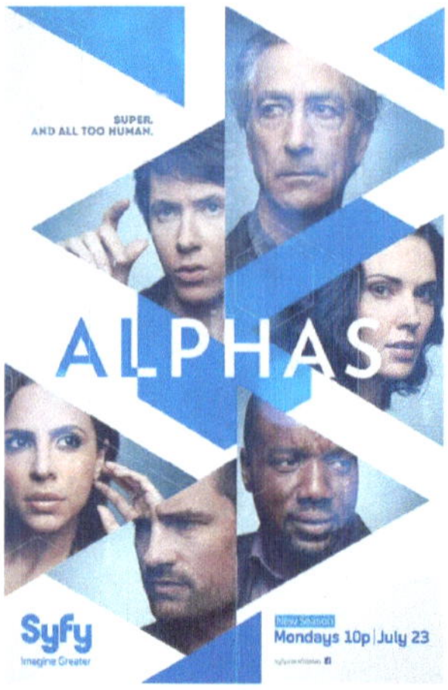

图3-23

3.4.2 满版型

该种类型的版式在运用过程中通常以图片充满整个版面，然后将文字摆放在图片的上下、左右或居中（通常为顶部居中）位置，视觉传达直观而强烈，给人一种大方、简洁的视觉效果，如图3-24所示。

图3-24

3.4.3 左右分割型

左右分割型排版是指在排版过程中将整个版面分割为左右两部分，然后分别配置上文字和图片，目的是让左右两部分形成强弱对比，如图3-25所示。

图3-25

3.4.4 上下分割型

上下分割型排版是指在排版过程中将整个版面分割为上下两部分，然后一部分配置图片，另一部分则配置文字。在配置图片的页面部分，感性而有活力，文字部分则更多呈现的是理性和静止的效果，如图3-26所示。

图3-26

3.4.5 中轴型

中轴型排版是指在排版过程中将产品以水平方向或垂直方向进行排列，此种排版方式易给人稳定、安静、平和含蓄之感，如图3-27所示。

图3-27

3.4.6 倾斜型

倾斜型排版是指在排版过程中将版面主体形象或多幅图像做倾斜编排，造成版面强烈的动感和不稳定的视觉效果，从而引人注目，如图3-28所示。

图3-28

3.4.7 曲线型

曲线型排版是指在排版过程中将图片和文字按照曲线流向的形式进行排版，此种排版方式易产生具有韵律与节奏的视觉效果，如图3-29所示。

图3-29

3.4.8 对称型

对称型排版，顾名思义，就是在排版过程中将所需要的文字和图片以对称的形式进行排列，它给人的感觉主要是稳定和理性。

对称型排版还分为绝对对称和相对对称，在实际设计运用中我们一般多采用相对对称手法，以避免过于严谨。此外，在对称方向上一般是以左右对称居多，如图3-30所示。

图3-30

3.4.9 重心型

重心型版式是指在版式设计过程中将画面中想要突出的文字或图片信息作为重心来进行摆放，此种版式已形成鲜明的视觉焦点，从而使想要表达的信息更加突出，如图3-31所示。

图3-31

TIPS

针对重心型版式设计，具体来说主要有以下3种运用方式。

（1）中心式：直接以独立而轮廓分明的形象占据版面中心。

（2）向心式：视觉元素向版面中心聚拢的运动。

（3）离心式：犹如石子投入水中，产生一圈一圈向外扩散的弧线的运动。

3.4.10 三角型

三角型排版是指在排版过程中利用三角形元素，或者直接将文字或图片以三角形式进行摆放，此种排版方式易给人一种安全、稳定的视觉效果，如图3-32和图3-33所示。

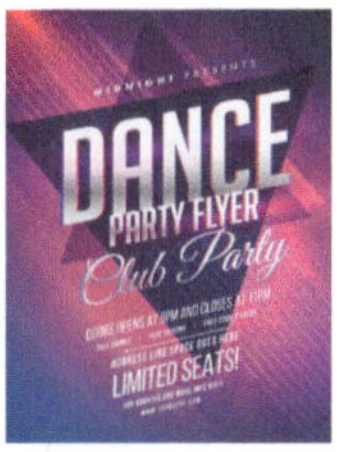

图3-32

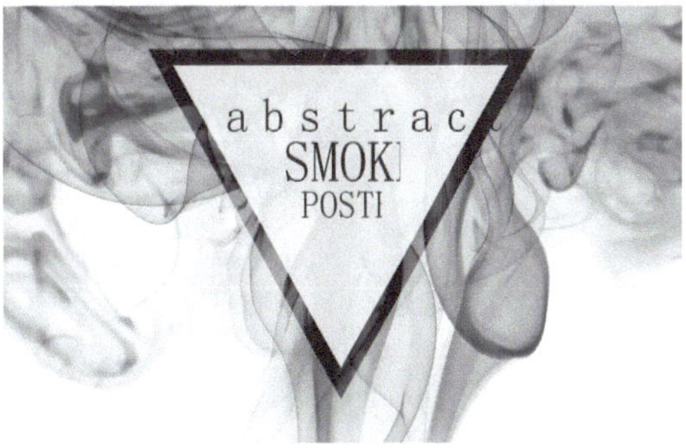

图3-33

3.4.11 并置型

并置型排版是指将相同或不同的图片以大小相同但位置不同的形式做重复式摆放，此种版面形式给人的感觉往往有比较、解说的意味，且能给予原本复杂喧闹的版面一定的秩序、安静、调和和节奏感，如图3-34和图3-35所示。

图3-34

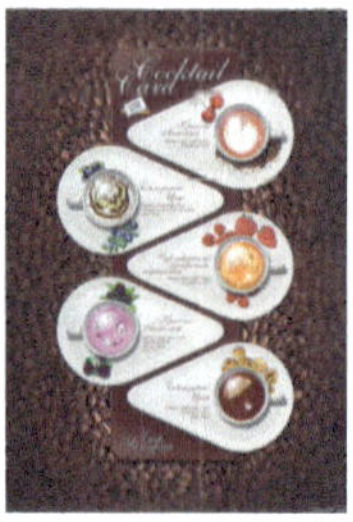

图3-35

3.4.12 自由型

自由型排版是指将画面中的图片和文字以无规律、随意的形式进行摆放，目的是给人一种轻松、活泼的感觉，如图3-36所示。

图3-36

3.4.13 四角型

四角型排版指的是在排版过程中将画面中的文字和图片以连接四角的对角线结构形式进行编排，给人一种严谨、规范的视觉效果，如图3-37所示。

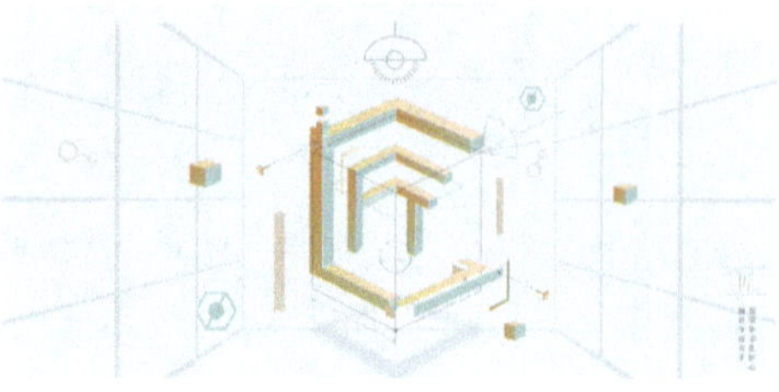

图3-37

3.5 电商设计中的元素表现

3.5.1 重复

在电商海报元素的表现上，重复是指在同一设计中相同的图像在页面中出现两次或两次以上。并且，这里所说到的重复，主要包括形状、颜色、大小等方面的重复。

重复是设计中常用的手法之一，它能加强页面给人的印象，形成有规律的节奏感，从而使画面统一，如图3-38~图3-40所示。

图3-38

图3-39

图3-40

3.5.2 类似

在电商海报元素的表现上，近似是指在同一设计中，页面中的图像在形状、大小、色彩及肌理等方面有着共同特征，此种元素的表现形式旨在在相对统一中呈现生动变化的视觉效果。

在具体表现形式上，图像的近似程度可大可小。近似程度大，重复感更强，反之亦然，如图3-41~图3-43所示。

图3-41

图3-42

图3-43

3.5.3 渐变

渐变，或渐移，是以类似的基本形式或骨骼，循序渐进地逐步变化，呈现一种阶段性的、可调和的秩序。渐变是我们的生活场景中经常会见到的一种视觉现象，在自然界中能亲身体验到，例如在笔直且整齐种植有树木的道路上，我们往往会看到树木由近到远、由大到小的渐变效果，如图3-44和图3-45所示。

图3-44

图3-45

3.5.4 对比

在电商海报元素的表现上，对比有时候可能是形态上的对比，有时候又可能是色彩和质感上的对比。对比的元素表现形式，可产生明朗、肯定和强烈的视觉效果，给人深刻的视觉印象，如图3-46和图3-47所示。

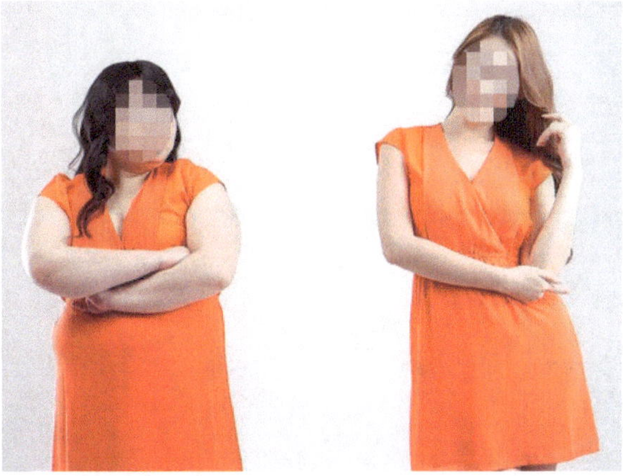

图3-46

图3-47

3.5.5 密集

密集在电商设计中是一种常用的组织图面的元素表现手法，其基本形在整个构图中可自由散布，有疏有密。同时，其最疏或最密的地方常常成为整个设计的视觉焦点。从另外一个层面来讲，这也是属于对比的一种表现情况。一般情况下，元素越密集的地方，给人感觉距离越远，反之越近，如图3-48和图3-49所示。

图3-48

图3-49

3.5.6 发射

发射在我们的日常生活中是一种常见的自然现象，例如太阳四射的光芒等。

发射具有方向的规律性，发射中心为最重要的视觉焦点，所有的形象均向中心集中，或由中心散开，有时可造成光学动感，会产生爆炸的感觉，具有较强烈的视觉效果，如图3-50和图3-51所示。

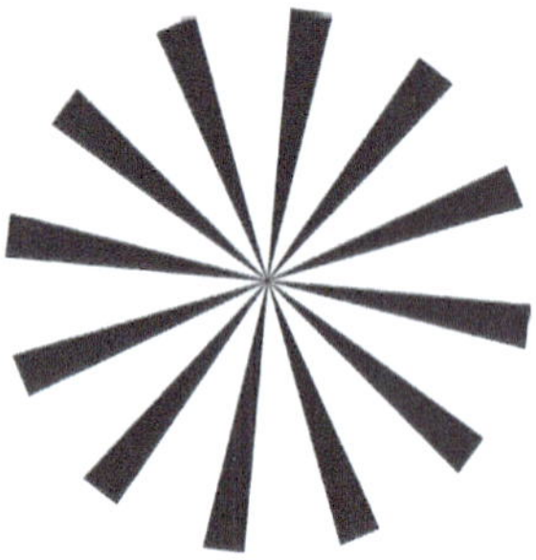

图3-50

图3-51

3.5.7 空间

我们在生活中所接触的空间为三维空间，而在平面构成中我们所研究的是如何在二维平面上去体现这些三维空间，所以说这里的二维空间并不是真实的空间，而是用来反映真实空间的造型空间。在造型空间内，我们通过点、线、面的布局来设计和创造实际空间的构成力，如图3-52和图3-53所示。

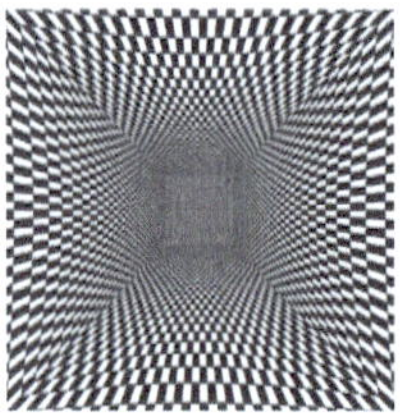

图3-52

图3-53

3.5.8 分割

空间的分割是最基本的行为和艺术手段，它是用一些构形元素把一个限定的空间，按一定的方法划分成若干个状态，获得新的空间内容，如图3-54和图3-55所示。

图3-54

图3-55

3.6 电商海报的排版技巧

电商海报设计涉及的主要元素包括文案、产品/人物、背景/辅助元素。在电商设计中，海报的主要作用是宣传、展示产品和准确传达产品的信息。

在电商海报设计过程中，一般画面中都要保持30%以上的留白，这样画面不会给人“窒息”的感觉。要注意的是，设计中的留白区域不局限于白色，这里留白的“白”指的不是颜色，而是空白的“白”。具体来说是指某一区域无额外元素装饰，处于空白的状态，如图3-56和图3-57所示。

图3-56

图3-57

3.6.1 对齐

任何元素都不能在页面上随意摆放，每个元素都应该与页面上的另一元素存在某种视觉联系。在设计中统一性是一个十分重要的概念，对齐的根本目的是使页面有清晰的外观，统一而有条理。在电商海报的排版设计过程中，其对齐方式分为左对齐、右对齐、居中对齐和上下对齐4种表现形式。

- **左对齐和右对齐**

在画面中可以形成一条无形的线，使文案左右对齐，给人一种统一的感觉，这是最基础也是最常见的排版方式，如图3-58所示。

图3-58

- **居中对齐**

排版方式比较适合女装、促销活动等的海报制作，如果再配合一点特效渲染，就能给人一种高端、大气的感觉，如图3-59所示。

图3-59

- **上下对齐**

产品的位置不靠近，但在视觉上统一且相关，易给人一种平稳和首尾呼应的视觉感受，如图3-60所示。

图3-60

3.6.2 对比

在电商海报的排版设计中，对比排版形式有大小、粗细和疏密之分。利用对比形式进行排版时，要避免页面上的元素太过相似。如果元素的字体、颜色、大小、线宽、形状、空间等不相同，那建议干脆将它们表现得都截然不同。

电商海报设计中人物及装饰形状大小的对比可以让画面更生动、更有层次。同时，字体粗细的对比可以让文案结构更加清晰，阅读目标也更加明确。字体的疏密对比，可以让字体变得更紧凑，使文字搭配更加协调、平衡和主次分明，如图3-61~图3-63所示。

图3-61

图3-62

图3-63

3.6.3 重复

在电商海报设计中，重复的排版形式有颜色、形状、材质、空间、线宽、字体、大小、图片、肌理之分。利用重复的手法来进行排版，既能增加海报页面信息的条理性，还可以加强统一性，如图3-64所示。

图3-64

3.6.4 亲密

在电商海报设计中，可以将彼此相关的信息元素相互靠近，归组在一起，从而让页面信息更有组织性、条理性，让所要表达的内容更加清晰，如图3-65所示。

图3-65

TIPS

若海报页面中出现的商品信息太多，可以把相同的文案信息组合在一起进行摆放，在视觉上可以让海报内容更加富有条理性，便于阅读，且段落分明。既展示很多信息，又不显得零乱，也让海报整体变得更加整洁和易读。

04

图片处理的方法

几种常见的产品抠图方法

如何去除/复制图像元素

如何去除图片中的水印

用污点修复工具去除瑕疵

如何完成人物的磨皮处理

产品图的调色处理和方法

产品投影效果的制作

产品批处理的方法

4.1 几种常见的产品抠图方法

抠图，就是把图片或影像的某一部分从原始图片或影像中分离出来成为单独的图层。因而，抠图又称去背或退底。抠图也是美工必须掌握的重要技能之一，在电商设计中，其主要功能是为后期的合成做准备。

在讲解具体如何抠图之前，我们先来针对不同的图片形式，适合使用哪种类型的抠图方法做一下介绍。

钢笔工具：属于比较常用的抠图工具。主要通过绘制路径，载入选区，以矢量图的方式来进行抠图，适用于轮廓比较清晰的产品图片处理。

魔棒工具：该工具操作起来简单、快速和有效，适用于背景单一，图像和背景色色差明显，图像边界清晰的产品图片处理，也是Photoshop中最方便初学者学习的一种抠图工具。不过在实际使用过程中，初学者抠出来的图像边缘往往会留下不必要的边。

套索工具：分为三种类型，即套索工具、多边形套索工具和磁性套索工具。其中，磁性套索工具较好用一些，其适用于所抠图对象与背景颜色反差大，边缘明显的图像。在具体操作时，我们还可以利用磁性套索工具手动绘制选区，而其原理主要是根据颜色变化智能绘制选区。

通道：严格来说，通道功能并不完全是为了抠图，但是如果使用它来抠取头发、羽毛，则非常有效。

色彩范围：该抠图方法主要是利用图片背景色来进行抠图，适用于所抠图对象和背景色色差明显、背景色单一或图像中无背景色的图片处理。

除此之外，抠图的方法其实还有很多种，这里不一一举例了。下面，我们来为大家讲解几个在电商设计中具有代表性且比较常用和棘手的抠图案例，通过案例的详细操作与解析，带领大家迅速掌握透明和半透明产品、人像、发丝和火焰的抠图技巧。通过实操讲解，希望大家能够融会贯通，举一反三。

4.1.1 婚纱人像的抠取

针对该类产品的抠取，这里主要使用到的是“色彩范围”命令。该方法主要是利用图片背景色来进行抠图，适用于所抠图对象和背景色色差明显、背景色单一或图像中无背景色的图片处理。

实战：用色彩范围抠取人像

实例位置	素材文件 >CH04> 实战：用色彩范围抠取人像
技术掌握	快捷键 Ctrl+O/Ctrl+J/Shift+F5、“色彩范围”命令、快速选择 / 矩形选框 / 吸管 / 画笔工具、图层蒙版

原图是一张偏灰色背景的半透明婚纱照片，从照片中可以清楚地看到飘起来的白纱呈透明状，同时可以从透明白纱里看到黑色的背景。现在，我们要实现的就是将透明白纱抠取出来，并换一个干净的背景，同时又保留婚纱的完整和半透明质感。图片处理前后的对比效果如图4-1所示。

图4-1

- 操作步骤

01 复制图层。启动Photoshop软件，按快捷键Ctrl+O打开图像。抠图前，按快捷键Ctrl+J将“背景”图层复制一层，并命名为“婚纱人物”，如图4-2所示。

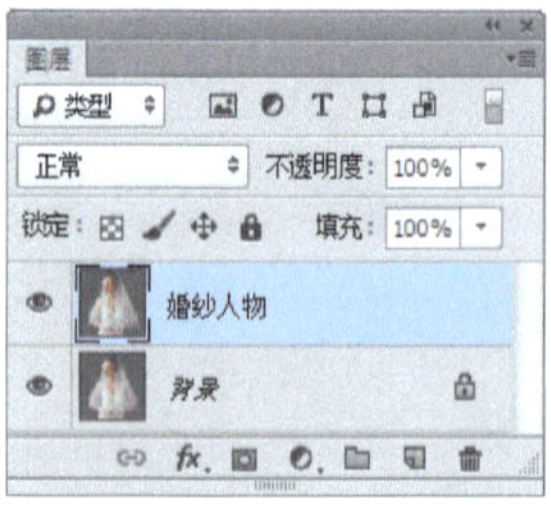

图4-2

TIPS

在Photoshop中处理一张图片之前，建议养成备份原始图片的习惯，之后的修改都在新建图层上进行，以避免原始图层遭到破坏。

02 创建选区。选择工具栏中的“快速选择工具”，然后将图片中的人物和婚纱选中，这时我们会看到婚纱人像边缘出现了蚂蚁线，即为被选中的状态，如图4-3所示。

图4-3

疑难问答

问：如何正确使用“快速选择工具”？

答：在使用“快速选择工具”选取图片局部时，如果选区超出所要选取的内容范围，可以用“从选区减去工具”来进行减选；如果选区小于所要选取的内容范围，可以用“添加到选区工具”进行加选。如此，我们便能精确地选中需要选取的内容部分。

03 更换背景颜色。按快捷键Ctrl+J复制“婚纱人物”图层，并命名为“抠图”。然后选中“婚纱人物”图层，单击“图层”面板下方的“创建新图层”按钮，在该图层上方再次新建一个图层（作为检验备用图层），并命名为“蓝色背景”。按快捷键Shift+F5，调出“填充”对话框，在“使用”下拉列表中选择“颜色”选项，在弹出的“拾色器”对话框中为该图层填充蓝色（R:105、G:159、B:233），最后单击“确定”按钮，完成图层操作，如图4-4~图4-6所示。

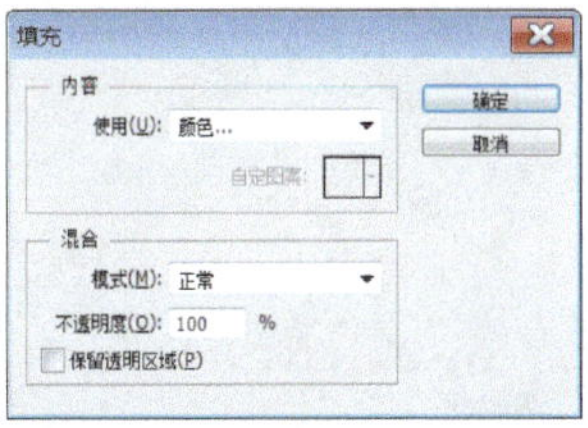

图4-4

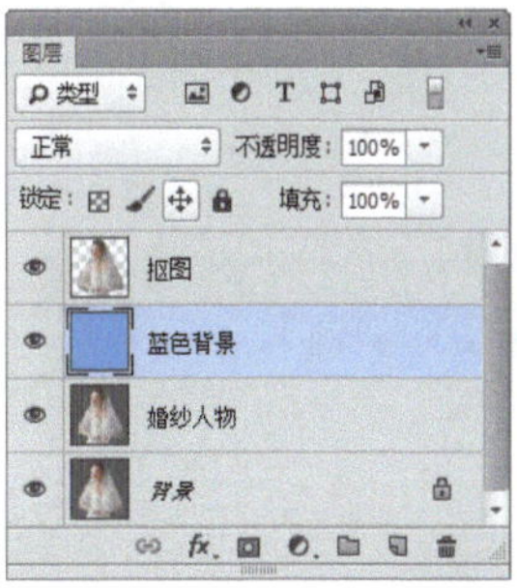

图4-5

图4-6

04 去除杂质和黑底。完成上一步之后，仔细观察图片，会发现图像上存在一些杂质和黑底，需要处理掉。选择工具栏中的“矩形选框工具”，在人物图像上单击鼠标右键，在弹出的快捷菜单中选择“色彩范围”选项。然后在工具栏中选择“吸管工具”，吸取婚纱上白色，并设置“颜色容差”为161、“范围”为100%（此时数值越大，被载入的白色范围越多），此时预览图上所显示的就是婚纱被选中的部分，如图4-7和图4-8所示。

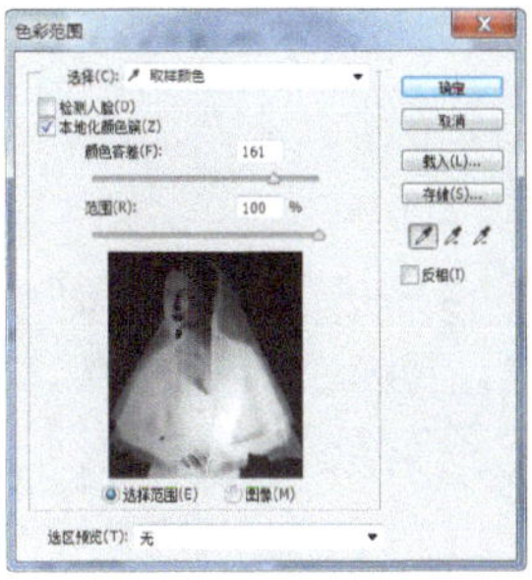

图4-7

图4-8

05 填充白色。选中“蓝色背景”图层，单击“图层”面板下方的“创建新图层”按钮，然后在“蓝色背景”图层上方新建一个图层，并命名为“白色填充”。按快捷键Shift+F5，调出“填充”对话框，在“使用”下拉列表中选择“颜色”选项，在弹出的“拾色器”对话框中，选择颜色为纯白（R:255、G:255、B:255），单击“确定”按钮，完成图层操作。隐藏“抠图”图层，来看一下效果，如图4-9~图4-11所示。

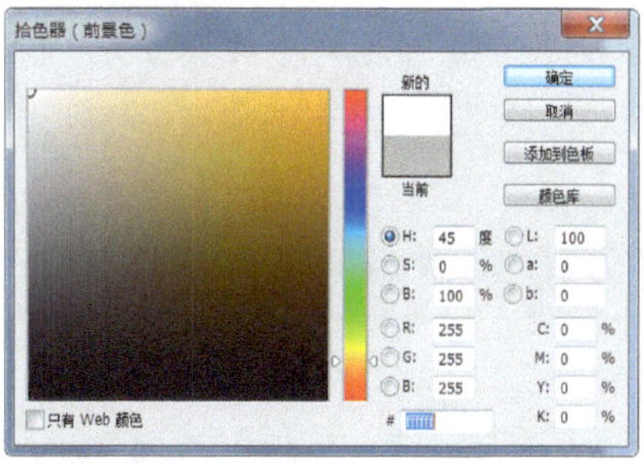

图4-9

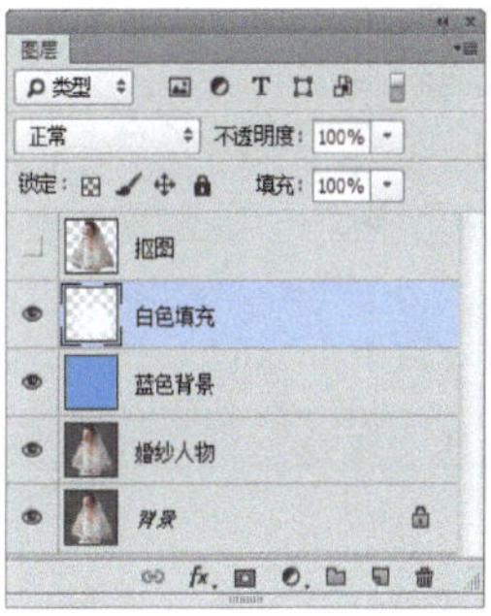

图4-10

图4-11

06 添加蒙版。按快捷键Ctrl+D取消选区，显示“抠图”图层，并选择该图层，单击“图层”面板下方的“添加蒙版”按钮，给“抠图”图层添加一个蒙版。然后在工具栏中选择“画笔工具”（画笔参数可根据当时图像的需要进行调整，没有固定数值），同时设置“前景色”为黑色。选中“抠图”图层的蒙版，对图像上的黑色杂质进行擦除（注意不要擦到人物的头发和脸部），完成后将“白色填充”图层的“不透明度”调整为60%，完成抠图，如图4-12和图4-13所示。

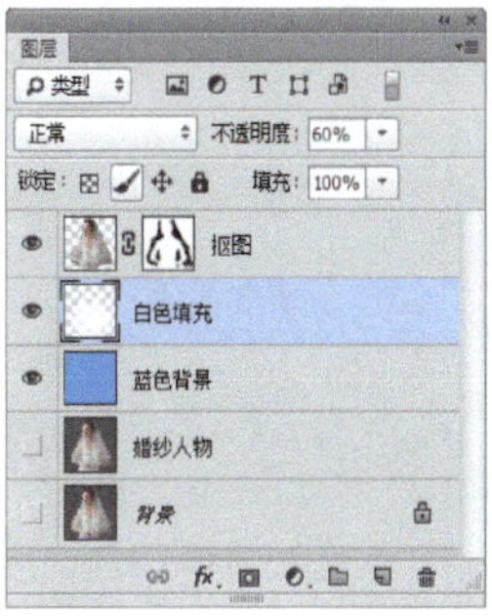

图4-12

图4-13

疑难问答

问：添加图层蒙版的好处是什么?

答：蒙版的选区是一种特殊的选区，蒙版的选区功能跟常规的选区功能有所不同。常规的选区表现了一种操作趋向，可以对选中的区域进行操作和处理；蒙版的选区却恰好相反，它是对所选区域进行保护，让其免于操作，然后方便我们对非掩盖的地方进行操作。

那么，添加图层蒙版进行操作的好处在于在操作步骤中如果出现操作错误，可以再返回去，重新操作，同时不至于破坏原来的图层。

4.1.2 透明玻璃杯的抠取

针对该类产品的抠取，可以主要利用“通道”命令，并结合混合模式的设置来进行处理。

实战：用通道抠取透明玻璃杯

实例位置	素材文件>CH04>实战：用通道抠取透明玻璃杯
技术掌握	快捷键Ctrl+D/Ctrl+Delete、“窗口>通道”命令、“选择>反相”命令、混合模式

在该案例中，原图是透明玻璃杯，从照片中可以清楚看到玻璃杯后面的白色背景，现在我们要在不使用“钢笔工具”的情况下，将图中的透明玻璃杯与白色背景完全分离。这里需要用到一个非常强大的功能——“通道”命令。图片处理前后的对比效果如图4-14所示。

图4-14

- **操作步骤**

01 复制图层。按快捷键Ctrl+O打开图像，按快捷键Ctrl+J将“背景”图层复制一层，并命名为“玻璃杯”，如图4-15所示。

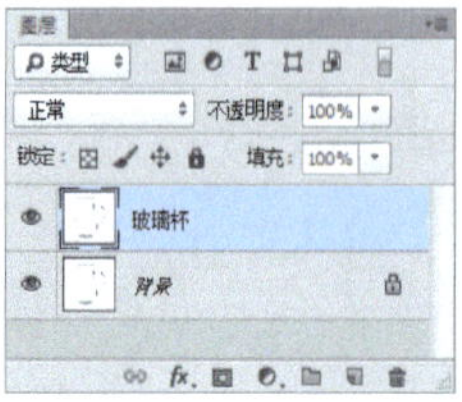

图4-15

02 打开“通道”面板。在菜单栏中执行“窗口>通道”命令，打开“通道”面板，可以看到在该面板中有红（R）、绿（G）、蓝（B）单色通道以及RGB复合通道，如图4-16和图4-17所示。

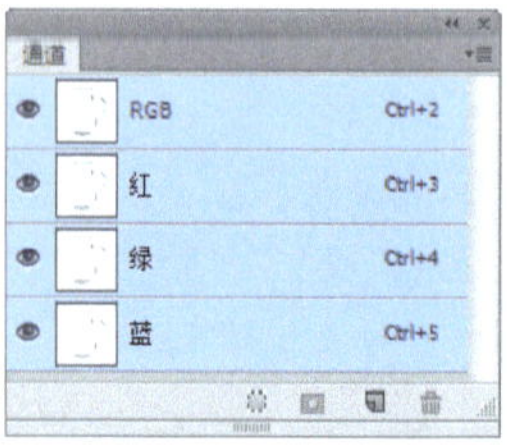

图4-16　图4-17

疑难问答

问：Photoshop中的“通道”命令的原理是什么?

答：在Photoshop中，“通道”命令具有存储选区的作用。通常情况下，我们看到的RGB模式的图像都是由R、G、B这三个通道构成的，而其他颜色都是由这三种颜色按照不同的比例混合而获得的。

而在利用“通道”命令进行抠图操作时，只需要通过存储三者的选区来得到一个完整的影像，从而完成抠图的操作。

03 设置“红”通道。在“通道”面板中，选择“红”通道，单击“通道”面板下方的“将通道作为选区载入”按钮，将“红”通道载入选区。此时图像中的“玻璃杯”会显示为被选中状态，如图4-18和图4-19所示。

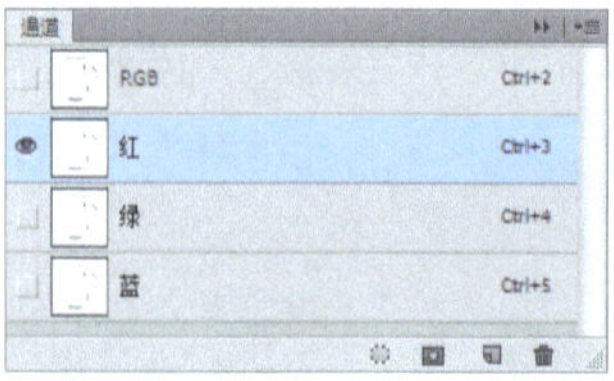

图4-18　图4-19

04 在菜单栏中执行“选择>反相”命令（快捷键Ctrl+I），选中“红”通道，然后单击RGB通道，回到“玻璃杯”图层，按快捷键Ctrl+J复制一个图层，并命名为“红色”。此时画面中会出现“红”通道，最后按快捷键Ctrl+D取消选区，如图4-20~图4-22所示。

图4-20

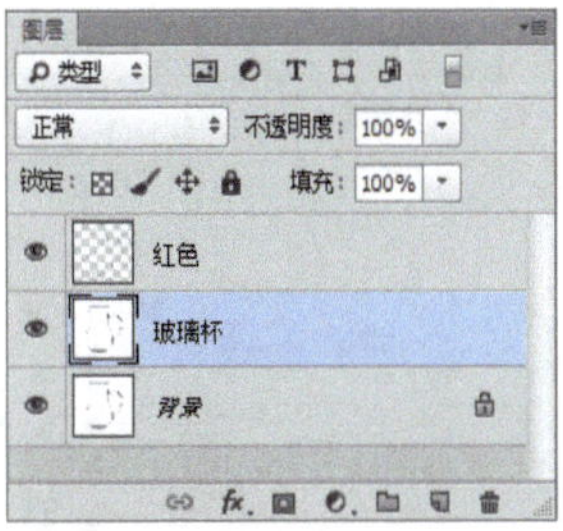

图4-21　图4-22

05 设置“绿”通道。在“通道”面板中，选择“绿”通道，单击“通道”面板下方的“将通道作为选区载入”按钮，将“绿”通道载入选区。此时玻璃杯会再次显示为被选中状态，如图4-23和图4-24所示。

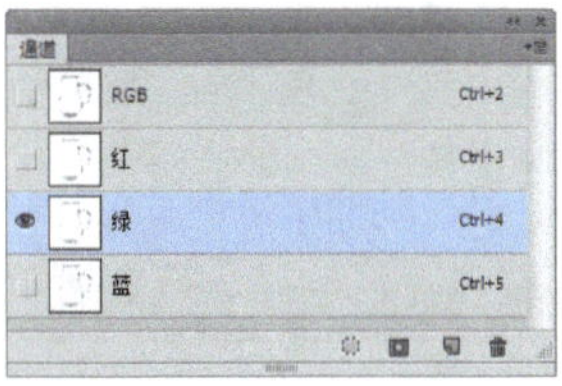

图4-23　图4-24

06 在菜单栏中执行“选择>反相”命令（快捷键Ctrl+I），选中“绿”通道，然后单击RGB通道，回到“玻璃杯”图层，按快捷键Ctrl+J复制一个图层，并命名为“绿色”。此时画面中会出现“绿”通道选区中的图像，最后按快捷键Ctrl+D取消选区，如图4-25~图4-27所示。

图4-25

图4-26　图4-27

07 设置“蓝”通道。在“通道”面板中，选择“蓝”通道，单击“通道”面板下方的“将通道作为选区载入”按钮，将“蓝”通道载入选区。此时玻璃杯会再次显示为被选中状态，如图4-28和图4-29所示。

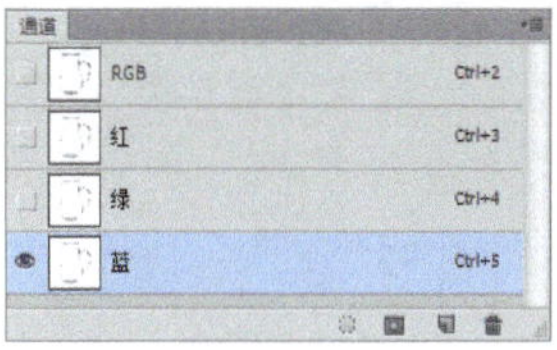

图4-28　图4-29

08 在菜单栏中执行“选择>反相”命令（快捷键Ctrl+I），选中“蓝”通道，然后单击RGB道通，回到“玻璃杯”图层，按快捷键Ctrl+J复制一个图层，并命名为“蓝色”。此时画面中会出现“蓝”通道选区中的图像，最后按快捷键Ctrl+D取消选区，如图4-30~图4-32所示。

图4-30

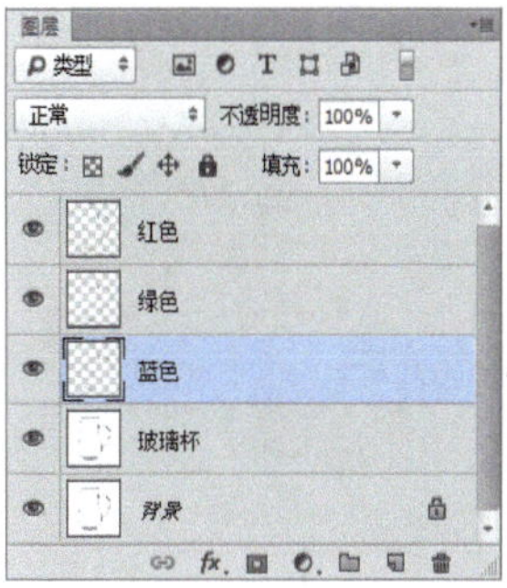

图4-31　图4-32

09 填充背景色。回到“图层”面板，选中“玻璃杯”图层，单击“图层”面板下方的“创建新图层”按钮 ，然后在该图层上方新建一个图层，并命名为“检验层”。接着在工具栏中设置“前景色”为白色（R:255、G:255、B:255），同时按快捷键Ctrl+Delete对玻璃杯的背景色进行填充，可检验上方3个图层，此时可以看到通过选区抠出来的3个图层的状态，如图4-33~图4-35所示。

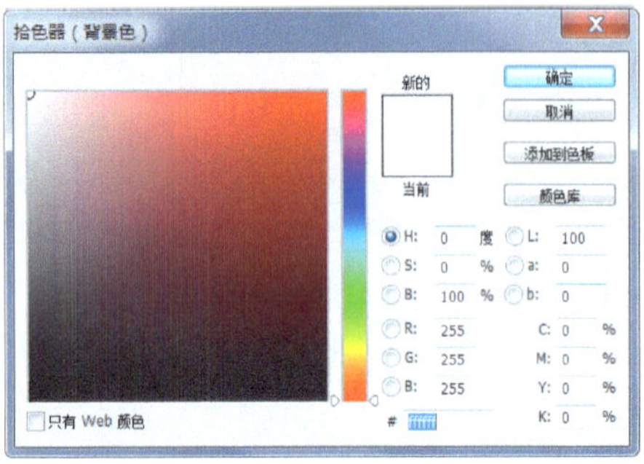

图4-33

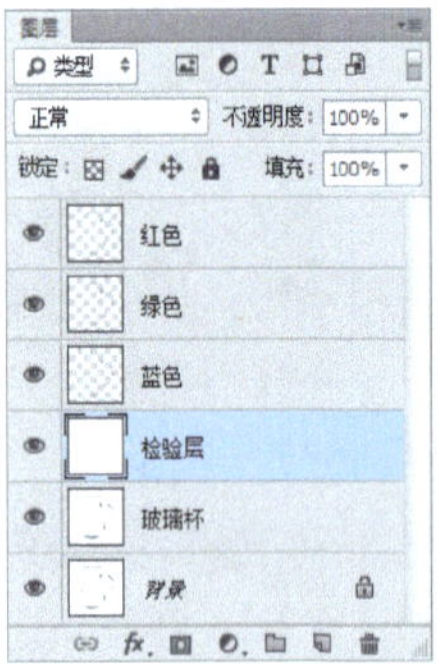

图4-34　　图4-35

10 置入素材图片。按快捷键Ctrl+O打开一张“西红柿”背景素材，然后将“西红柿”背景素材拖到“检验层”图层的上方，并命名为“素材背景”。接着按快捷键Ctrl+T执行“自由变换”命令，将该素材在画面中缩放到合适大小。之后将图像移动到“玻璃杯”后面合适的位置，如图4-36和图4-37所示。

图4-36　　图4-37

11 设置混合模式。为了让图像更为完整地显示，这一步需要分别对“红色”、“绿色”和“蓝色”图层进行“混合模式”的设置，分别设置为“正片叠底”、“滤色”和“滤色”，如图4-38~图4-41所示。

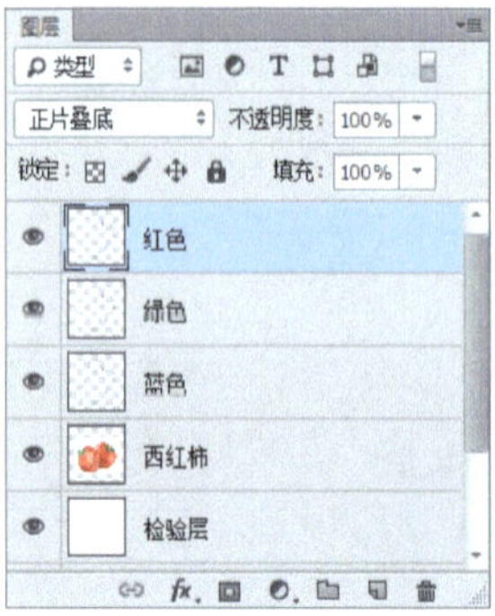

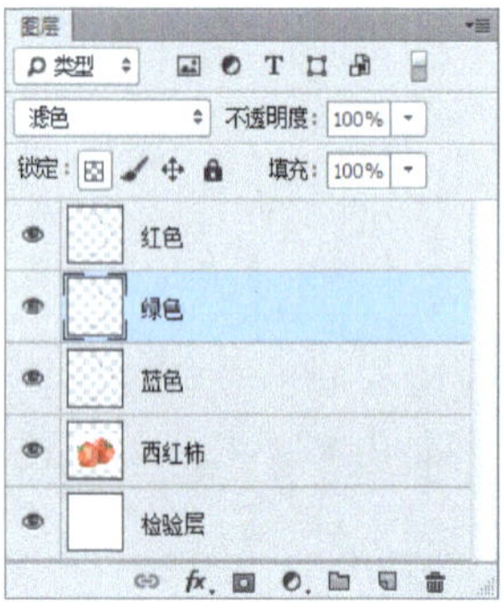

图4-38　　图4-39

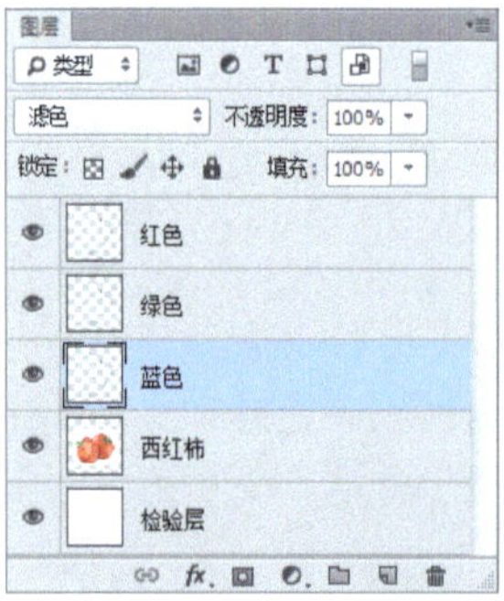

图4-40　　图4-41

TIPS

这里我们之所以要分别对每个图层进行“混合模式”的设置，是因为在对混合模式进行设置的时候，要结合当前的图像来进行调整。一些细微的图像差别，要结合实际的运用，采用不同的方法来解决问题，从而达到理想的图像状态。

疑难问答

问：“颜色叠加”功能的工作原理是什么?

答：在运用“颜色叠加”功能时，各种颜色都可以由红（R）、绿（G）、蓝（B）这三种颜色叠加而成。当这三种颜色以相同的比例混合时，就会出现白色；当这三种颜色都不存在时，就会出现黑色；灰色是由一定量的白色和一定量的黑色混合而成的。因此也可以说，图像中比较亮的部分掺杂了白色，而比较暗的部分则掺杂了黑色。

4.1.3 纯色背景人像的抠取

针对该类图片的抠取，这里为大家介绍一个目前比较前沿和常用的抠图方法，即结合使用“色彩范围”命令与“调整边缘”命令。利用“色彩范围”命令抠图，可以创建带有羽化的选区，将图像中的“人物”和“水花”与背景进行分离，从而完成抠图。

实战：用色彩范围结合调整边缘抠取人像

实例位置	素材文件>CH04>实战：用色彩范围结合调整边缘抠取人像
技术掌握	快捷键Ctrl++/Ctrl+I/Shift+F6、矩形选框/套索/吸管工具、“色彩范围”/“调整边缘”命令

原图是一张人物与背景结合的图像。在这里需要结合使用“色彩范围”命令与“调整边缘”命令，将图像中的“人物”和“水花”与背景进行分离，从而将其从图片中完整地抠取出来。图片处理前后的对比效果如图4-42所示。

图4-42

- **操作步骤**

01 复制图层。按快捷键Ctrl+O打开图像。抠图前，按快捷键Ctrl+J将“背景”图层复制一层，并命名为“背景1”，如图4-43所示。

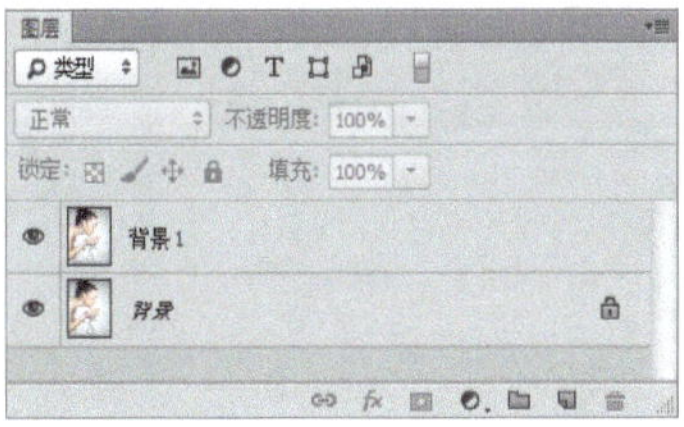

图4-43

02 设置色彩范围。在菜单栏中执行“选择>色彩范围”命令，打开“色彩范围”对话框。在“选择”下拉列表中“取样颜色”选项，勾选“本地化颜色簇”选项，并将“颜色容差”设置为7。然后选择“加色取样吸管工具”，在对话框的窗口区域单击人物背景上的黑色部分进行颜色取样，直到图像变成黑白状态（在这里，“白色”区域表示选区，“黑色”区域则表示不被选中的部分），单击“确定”按钮，显示出选区效果，如图4-44和图4-45所示。

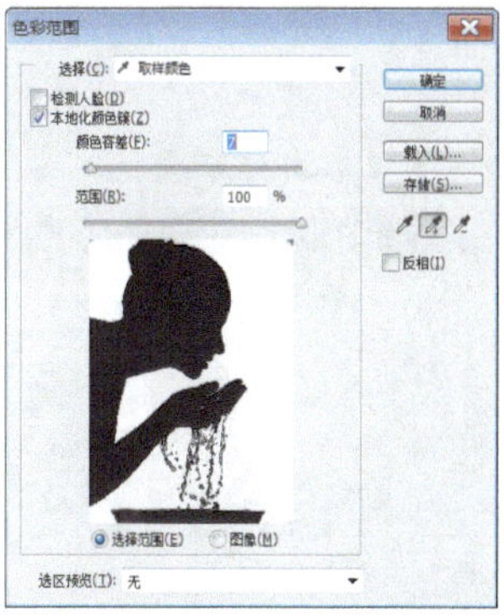

图4-44

图4-45

TIPS

关于取样吸管的使用方法说明。

选择普通吸管（左），在“色彩范围”对话框的窗口区域单击需要取样的颜色部分，此时与取样点颜色在同一容差范围内的图像部分都会被选取到。

普通吸管（左）：只选择当前取样的图像。

加色吸管（中）：每次选择都有效，选区可叠加。

减色吸管（右）：当产生选区后，可以用它来去掉某种颜色。

03 选中人像主体。按住快捷键Ctrl++，将当前图像放大到100%的视图状态，然后整体选中人像主体，如图4-46所示。

04 减去选区。由于高光的原因，我们看到人物的手和耳朵部位也会存在一些选区，此时如果不对这些细微的地方予以处理，那么抠出的图像中这些地方的像素将会丢失。在工具栏中选择“套索工具”，选中菜单栏上方的“从选区中减去”按钮，按住Alt键，将人物的手和耳朵部位的选区去掉，如图4-47所示。

图4-46

图4-47

TIPS

在进行选区减少的操作时，按住Alt键的同时，向上滑动鼠标滚轮，可以将画布放大；按住Alt键的同时，向下滑动鼠标滚轮，可以将画布缩小；按住空格键的同时，单击并拖动鼠标，可以移动画布。

此外，如果想要增加选区，则可以通过按住Shift键来完成。

05 复制图层。按快捷键Ctrl+I执行“反相”命令，选中“人物”部分，然后按快捷键Ctrl+J复制抠取的人物图像，并将图层命名为“人物”，如图4-48所示。

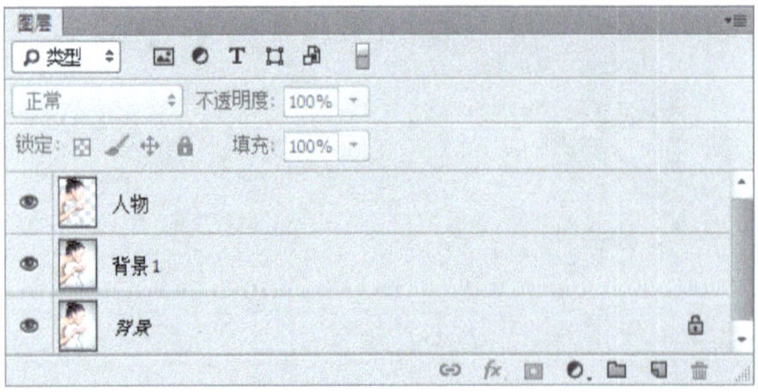

图4-48

06 设置检验层。按快捷键Ctrl+D取消选区。选中“图层1”，单击“图层”面板下方的“创建新图层”按钮，在该图层上方新建一个图层，并命名为“人物”。在工具栏中设置“前景色”为粉色（R:255、G:176、B:176），目的是为了检验上方人物抠图的效果。可以看到人物已经通过“色彩范围”命令基本抠取出来了。仔细观察画面，会发现人物轮廓上还存在一些杂边需要处理，如图4-49~图4-51所示。

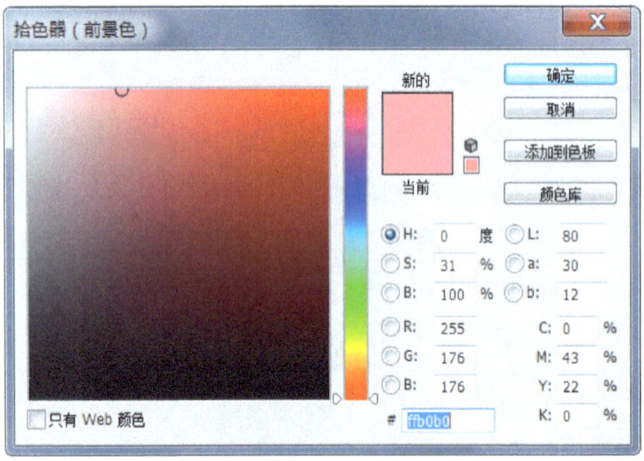

图4-49

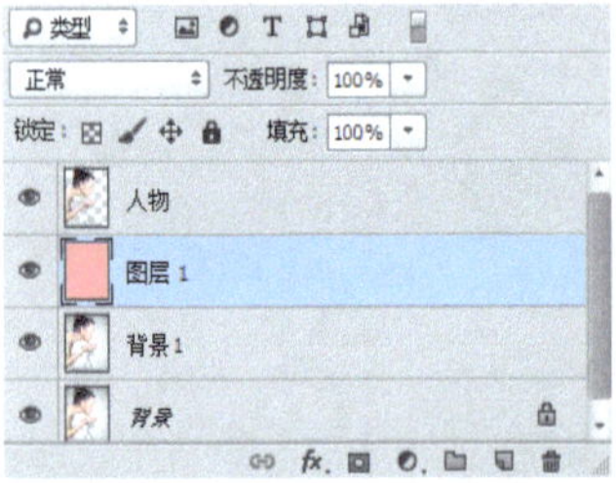

图4-50　图4-51

07 细节处理。按住Ctrl键单击鼠标右键，将“人物”图层载入选区。在工具栏中选择“矩形选框工具”，此时选项栏上会出现一个“调整边缘”按钮 调整边缘...，如图4-52和图4-53所示。

图4-52　图4-53

08 设置边缘效果。单击“调整边缘”按钮，在弹出的“调整边缘”对话框中做如下设置。在“边缘检测”选项组中勾选“智能半径”选项，设置“半径”为89.9像素；在“调整边缘”选项组中设置“平滑”为43、“羽化”为0.0像素、“对比度”为7%、“移动边缘”为+7%；在“输出”选项组中勾选“净化颜色”选项，设置“数量”为82%，在“输出到”下拉列表中选择“新建带有图层蒙版的图层”选项，最后勾选“记住设置”选项，单击“确定”按钮，完成设置。此时可以看到“图层”面板上出现带有图层蒙版的“人物”图层，如图4-54和图4-55所示。

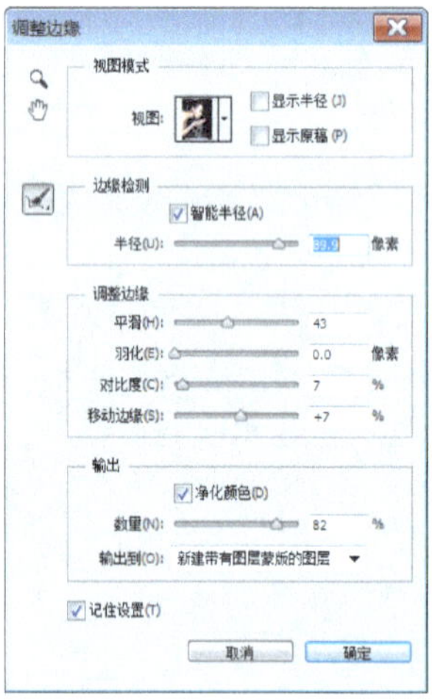

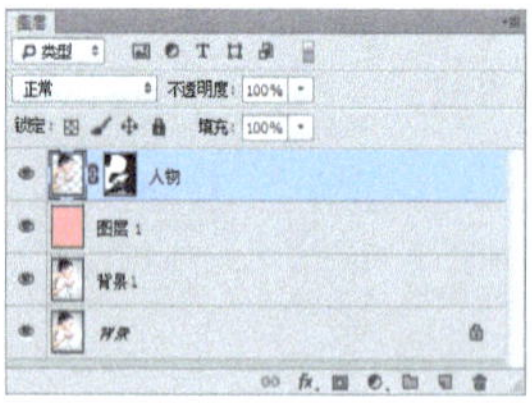

图4-54　图4-55

> **TIPS**
>
> 调整边缘的参数设置并不是一个固定的值，同样是需要结合当前图像的实际情况来进行参数设置的。也就是说，不同的图像，调整的参数也会略有不同，但是操作方法是一样的，希望大家能够灵活掌握。

09 羽化处理。按住Ctrl键，单击“人物”图层，将其载入选区，按快捷键Ctrl+I执行“反相”命令。接着按快捷键Shift+F6打开“羽化选区”对话框，设置“羽化半径”为1像素，单击“确定”按钮，并按Delete键对

“人物”边缘进行删除。按快捷键Ctrl+D取消选区，这时人物边缘轮廓变得更柔和、自然了，说明人物已经被完整地从背景中分离抠取出来，同时显示为另一个背景下的效果。这时，还可以将人物的背景更换为任意素材，如图4-56~图4-59所示。

图4-56

图4-57

图4-58

图4-59

4.1.4 人物发丝的抠取

要把头发从纯色背景中分离出来，需要利用“通道”和“画笔工具”。先是利用“通道”将人物、发丝与背景形成一个黑白关系，其中，“白色”区域代表的是被选中的部分，“黑色”区域代表的是没有选中的部分。然后利用载入选区的方法，将人物与发丝从背景中很好地分离出来，从而完成抠取。

下面，我们要抠取的是女模特的发丝。图片处理前后的对比效果如图4-60所示。

实战：用多个命令与操作抠取发丝

实例位置	素材文件>CH04>实战：用多个命令与操作抠取发丝
技术掌握	快捷键Ctrl+L/Ctrl+M/Ctrl+Shift+I、画笔/渐变/调整半径/矩形选框工具、“反相”/“曲线”命令、“窗口>通道”命令

图4-60

- **操作步骤**

01 复制图层。按快捷键Ctrl+O打开图像，按快捷键Ctrl+J将“背景”图层复制一层，并命名为“人物发丝”，如图4-61所示。

02 打开“通道”面板。在菜单栏中执行“窗口>通道”命令，打开“通道”面板。通过观察三个单通道图层的情况，选择一个黑白对比较明显且颜色信息比较丰富的通道，这里选择“绿”通道，如图4-62所示。

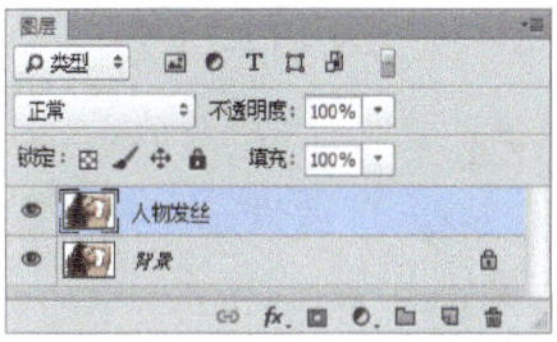

图4-61

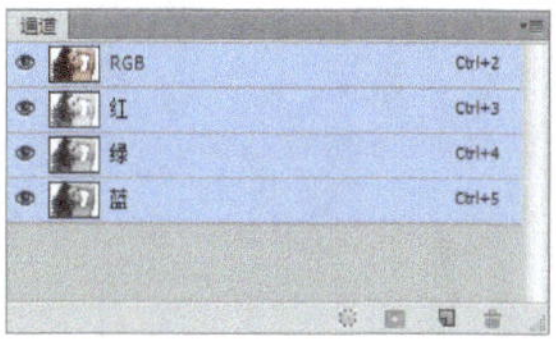

图4-62

03 调整色阶。复制“绿”通道得到“绿 拷贝”通道。选中该通道，然后按快捷键Ctrl+L，打开“色阶”对话框，调整“中间调”为0.17、“高光”为244，使暗部更暗、亮部更亮，如图4-63~图4-65所示。

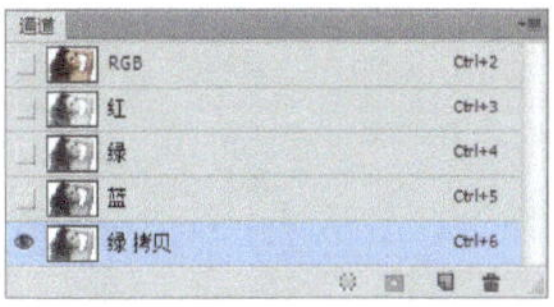

图4-63

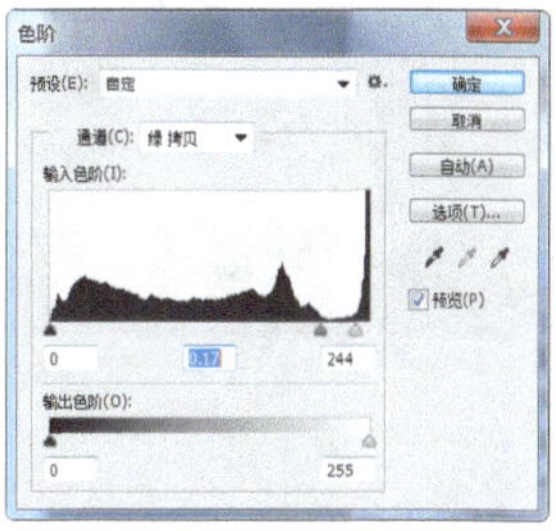

图4-64

图4-65

04 对头发进行涂黑处理。在工具栏中单击双向箭头，设置“前景色”为黑色。选择“画笔工具”，在对应的菜单栏中设置画笔类型为“柔边圆”、“流量”为100%。画笔大小可根据实际需求进行调节，调节时可按住键盘上的 [键和] 键进行缩小和放大操作，完成设置后将人物头发及身体涂抹成黑色，如图4-66所示。

图4-66

> **TIPS**
>
> 在涂黑过程中，特别是在涂抹人物边缘的时候，需要将图像放大后仔细观察再进行操作。如果出现涂抹到外面的情况，可以利用“橡皮擦工具”对其进行修复处理。

05 对图片进行提亮处理。在“通道”面板中选中“绿拷贝”通道，单击“通道”面板下方的“将通道作为选区载入”按钮，将“绿”通道载入选区。待绿色信息显示为选中状态时，按快捷键Ctrl+Shift+I执行“反选”操作，将黑色信息全部选中。然后按快捷键Ctrl+D取消选区，同时按快捷键Ctrl+I执行“反相”命令，让图像呈现黑白对比关系。这时按快捷键Ctrl+M调出“曲线”对话框，在该对话框中对图像整体进行提亮，如图4-67~图4-69所示。

图4-67

图4-68

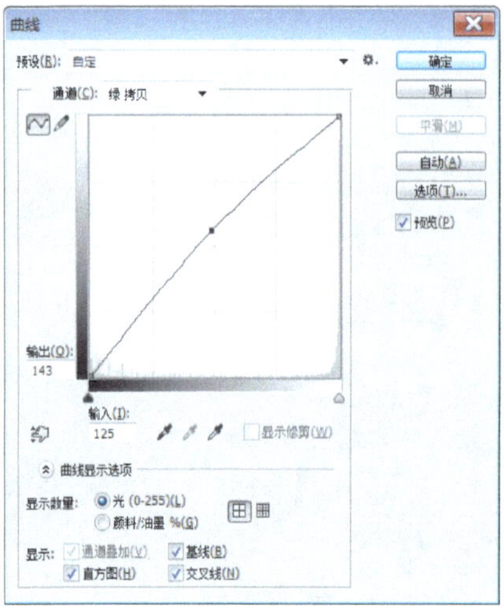

图4-69

06 设置“绿”通道。选中“绿”通道，按住Ctrl键的同时单击该图层，将白色人物部分载入选区，然后选中RGB复合通道。回到“图层”面板，选中“人物发丝”图层，并按快捷键Ctrl+J复制图层，再按快捷键Ctrl+D取消选区，并将复制图层命名为“抠图”，如图4-70~图4-72所示。

图4-70

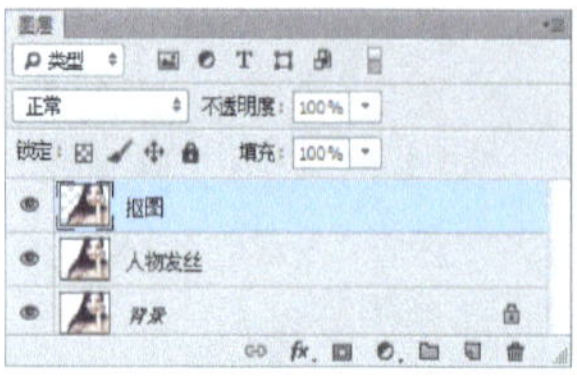

图4-71

图4-72

07 制作渐变效果。选中“人物发丝”图层，单击“图层”面板下方的“创建新图层”按钮，然后在“人物发丝”图层上方新建一个图层。在工具栏中选择“渐变工具”，从下往上拉出一个由灰（R:202、G:202、B:20）到白（R:255、G:255、B:255）的渐变，并将该图层命名为“检验层”，目的是方便检验抠图效果，如图4-73和图4-74所示。

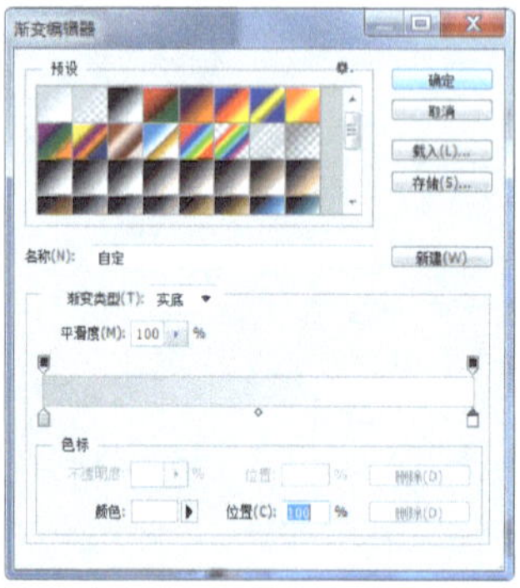

图4-73

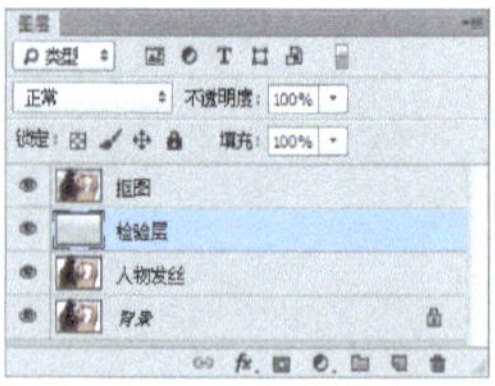

图4-74

08 观察图像。到这里，虽然将“人物”抠取出来了，但通过检验图层可以看到，人物的发丝上还有许多杂质，可以通过“调整边缘”命令来去除（当然，如果直接用白底是看不见的），如图4-75所示。

09 设置边缘效果。将“人物发丝”图层载入选区，然后单击工具栏中的“矩形选框工具”，此时在选项栏上会出现“调整边缘”按钮，如图4-76和图4-77所示。

图4-75

图4-76

图4-77

10 单击“调整边缘”按钮，在弹出的“调整边缘”对话框中，勾选“智能半径”选项，单击“画笔工具”下面的小三角，在下拉菜单中选择“调整半径工具”选项，再勾选“记住设置”选项，单击“确定”按钮。使用该工具对人物的发丝边缘进行涂抹，以去除人物发丝上的杂质，此时可以看到“图层”面板上多了一个带有图层蒙版的“抠图 拷贝”图层，如图4-78~图4-81所示。

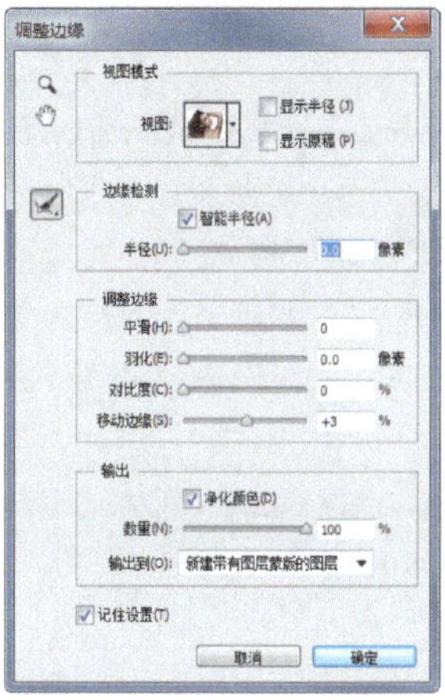

图4-78

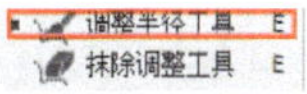

图4-79

图4-80

图4-81

11 完善发丝细节。仔细观察图像，发现人物发丝的杂质减少了。为了让人物头发细节更加理想，单击“图层”面板下方的“创建新的填充或调整图层”按钮，创建一个“可选颜色”调整图层，调整“黑色”值为+22%。此时可以看到人物发丝细节更加清晰了，最后可以根据需要适当变换一下背景，这样也可以避免出现一些瑕疵，如图4-82和图4-83所示。

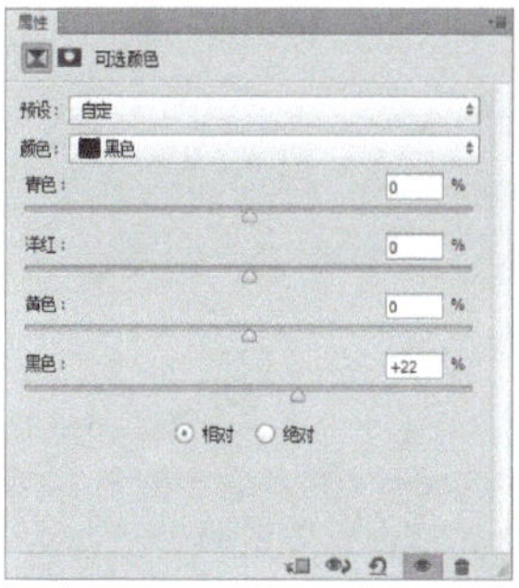

图4-82

图4-83

4.1.5 火焰的抠取

将五颜六色的火焰从背景中分离出来，并保持原有的色彩不受破坏。这里同样将使用“通道”功能，分别将红、绿、蓝三个通道载入选区，然后回到RGB图层，填充红、绿、蓝三种纯色，接着再分别将三个图层的混合模式改为“滤色”，完成火焰的抠取，使之完好地从背景中分离，从而完成抠图。

实战：用色彩范围结合混合模式抠取人像

实例位置	素材文件>CH04>实战：用色彩范围结合混合模式抠取人像
技术掌握	快捷键 Shift+F5/Ctrl+D、“窗口>通道”命令、“填充”命令、混合模式

这是一张五颜六色的火焰图片，那么在接下来的操作中，我们需要将这些火焰从原图背景中分离出来。图片处理前后的对比效果如图4-84所示。

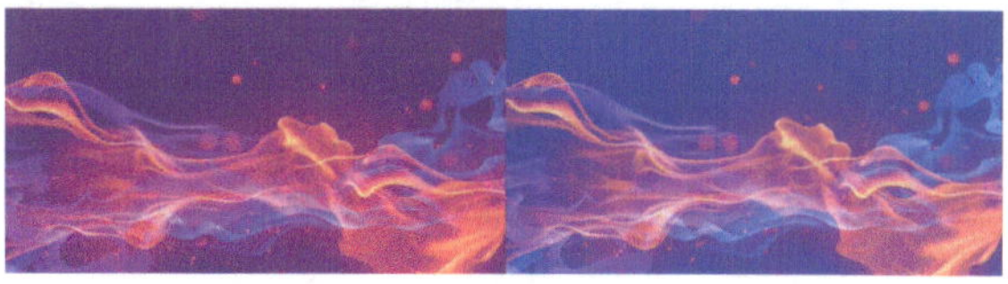

图4-84

- **操作步骤**

01 复制图层。按快捷键Ctrl+O打开图像。抠图前，按快捷键Ctrl+J将“背景”图层复制一层，并命名为“火焰”，如图4-85所示。

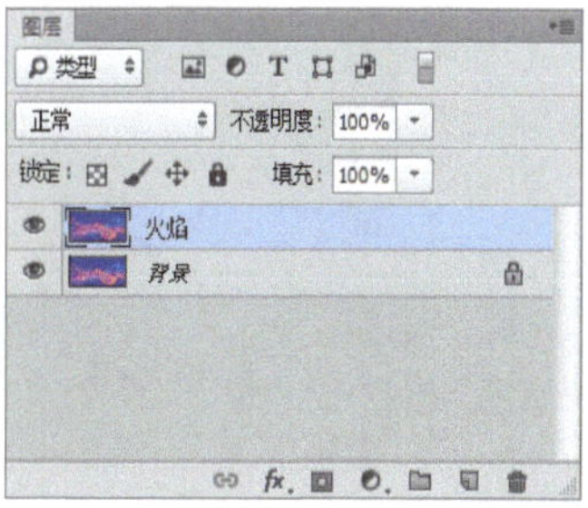

图4-85

02 打开“通道”面板。在菜单栏中执行“窗口>通道”命令，打开“通道”面板，如图4-86所示。

03 拷贝图层。在“通道”面板中，将“红”通道拖动到“创建新通道”按钮上，复制出“红 拷贝”通道，之后按照同样的方法复制出“绿 拷贝”通道和“蓝 拷贝”通道，如图4-87所示。

图4-86　　图4-87

04 设置红色通道。在“通道”面板中选中“红 拷贝”通道，然后单击“通道”面板下方的“将通道作为选区载入”按钮，将该通道载入选区。此时图像中的红色信息会显示为选中状态，如图4-88所示。

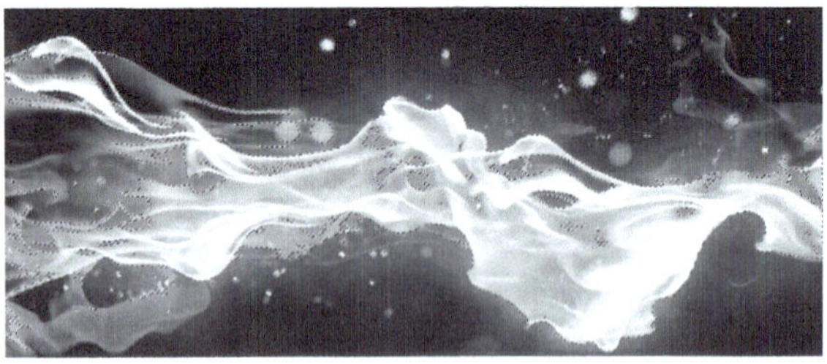

图4-88

05 回到“图层”面板，选中“火焰”图层，单击“图层”面板下方的“创建新图层”按钮，在该图层上方新建两个图层，并分别命名为“红”和“紫背景”（由于“紫背景”图层是作为后续检验使用的，这里还用不上，因此可暂时关闭该图层前面的“小眼睛”）。按快捷键Shift+F5调出“填充”对话框，在“使用”下拉列表中选择“颜色”选项，在弹出的“拾色器”对话框中设置颜色为纯红（R:255、G:0、B:0），单击“确定”按钮。按快捷键Ctrl+D取消选区，此时“红”图层对应显示的即为图像中的红色信息，如图4-89~图4-92所示。

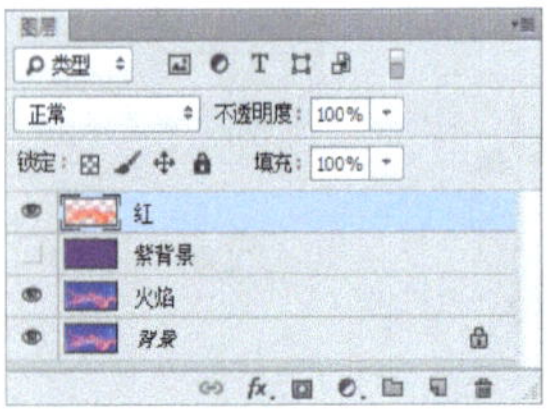

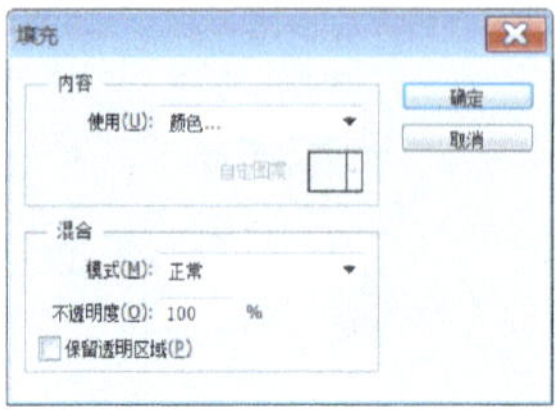

图4-89　　图4-90

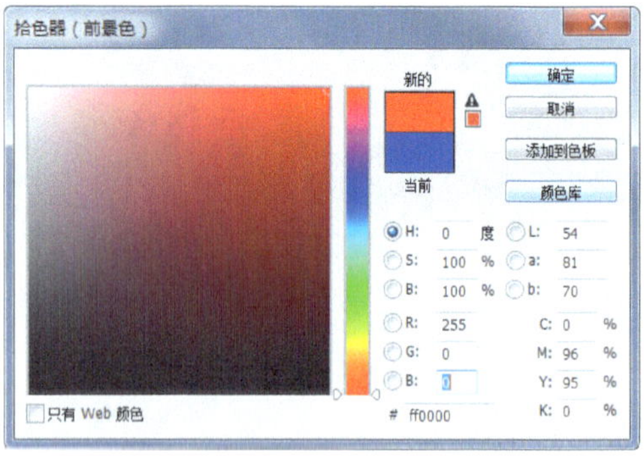

图4-91

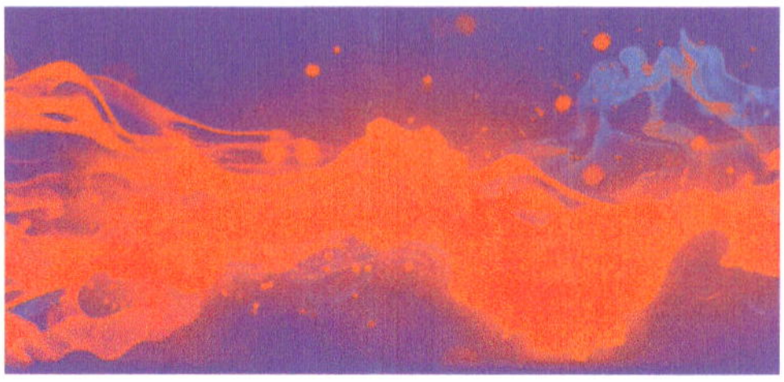

图4-92

06 设置绿色通道。在“通道”面板中选中“绿 拷贝”通道，然后单击“通道”面板下方的“将通道作为选区载入”按钮，将该通道载入选区。此时图像中的绿色信息会显示为选中状态，如图4-93所示。

图4-93

07 回到“图层”面板，选中“火焰”图层，单击“图层”面板下方的“创建新图层”按钮，然后在该图层上方新建一个图层，并命名为“绿”。按快捷键Shift+F5调出“填充”对话框，在“使用”下拉列表中选择“颜色”选项，在弹出的“拾色器”对话框中填充颜色为纯绿（R:0、G:255、B:0），单击“确定”按钮。按快捷键Ctrl+D取消选区，此时“绿”图层对应显示的为图像中的绿色信息，如图4-94~图4-97所示。

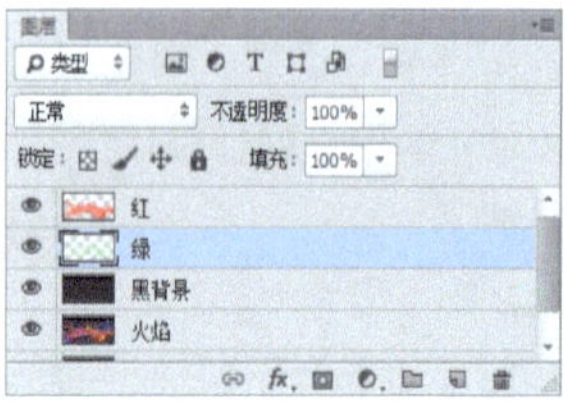

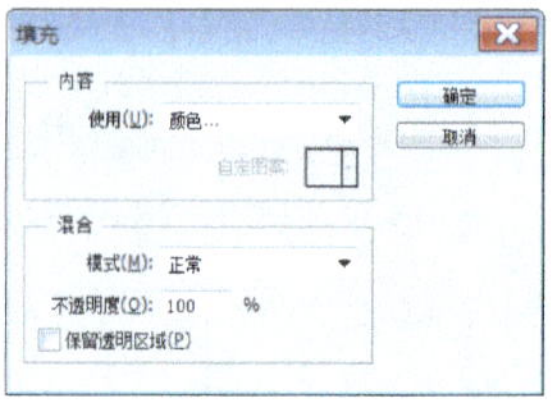

图4-94　　图4-95

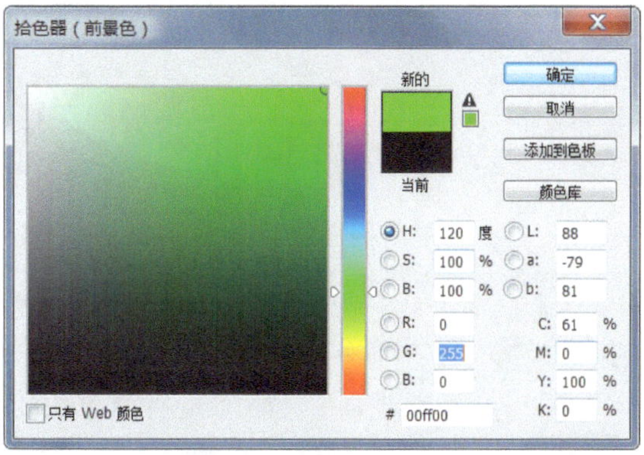

图4-96

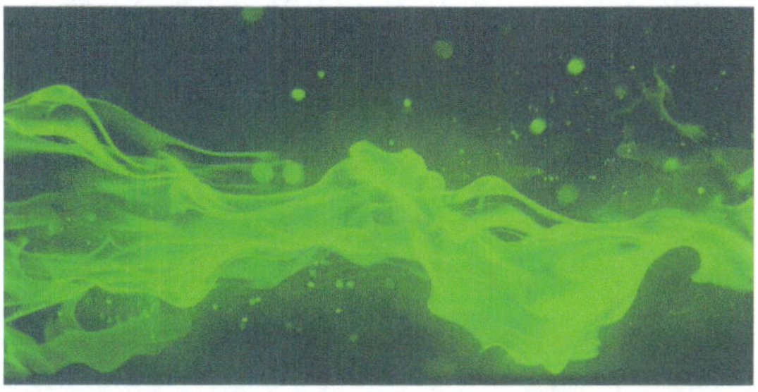

图4-97

08 设置蓝色通道。使用相同的方法创建一个“蓝”图层。按快捷键Shift+F5调出“填充”对话框，在“使用”下拉列表中选择“颜色”选项，并在弹出的“拾色器”对话框中填充颜色为蓝色（R:0、G:0、B:255），单击“确定”按钮。按快捷键Ctrl+D取消选区，此时“蓝”图层对应显示的为图像中的蓝色信息，如图4-98~图4-101所示。

图4-98

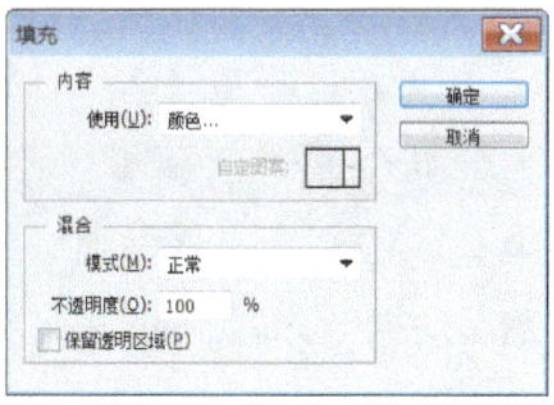

图4-99

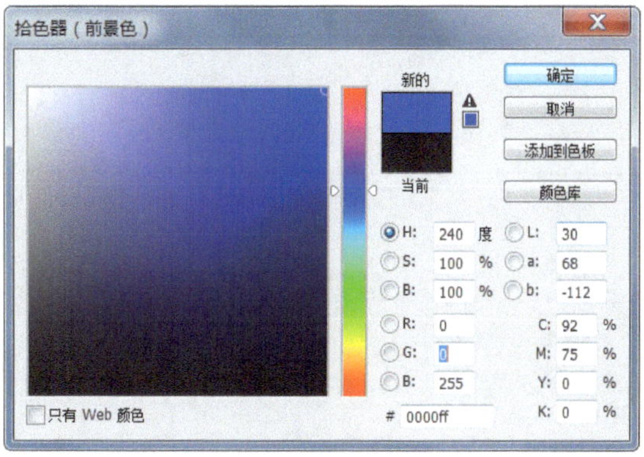

图4-100

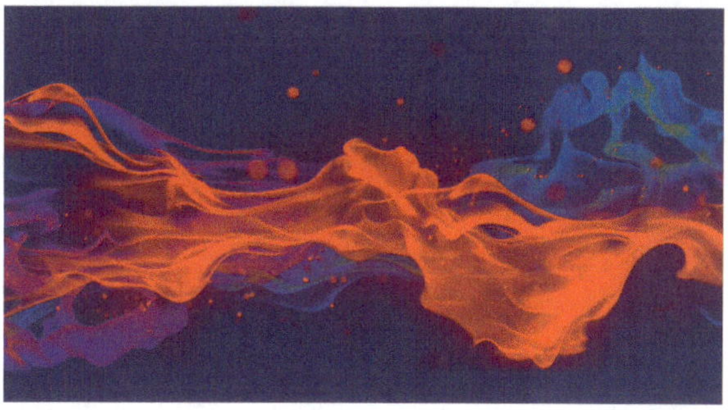

图4-101

09 设置混合模式。完成以上三个图层的创建和设置之后，可以看到画面效果并不太理想。在这一步，需要分别将这三个图层的“混合模式”设置为“滤色”，目的是让画面变得更通透一些。最后，可以打开“紫背景”图层对图像进行检验，此时火焰已经被完整抠取出来。虽然看上去抠取出来的火焰图像和原图几乎相同，但此时图像中的火焰已经变成可以移动的“透明图层”了，如图4-102和图4-103所示。

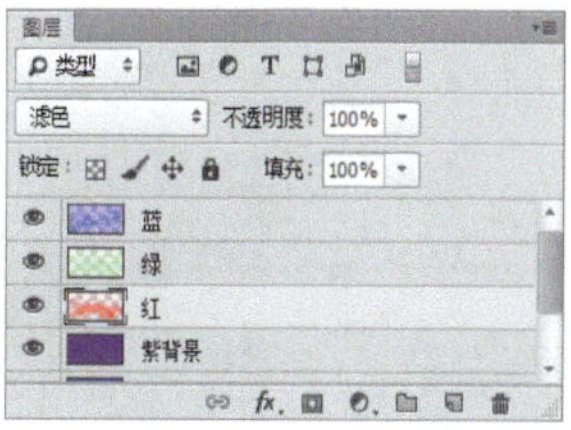

图4-102

图4-103

疑难问答

问：滤色的作用是什么？

答：用一句话来概括，滤色主要用于提高图片的亮度。

这里我们举一个简单的例子。针对一张比较暗的图像，在Photoshop中可以复制这个图像的“背景”图层，然后将复制图层的“混合模式”修改为“滤色”，此时图片的亮度就会得到一定的提升。

Photoshop中滤色的作用结果和正片叠底刚好相反，它是将两种颜色的互补色的像素值相乘，然后除以255得到最终色的像素值。通常设置滤色模式后的图像颜色都较浅。

4.2 如何去除/复制图像元素

“去除图像”就是将图像中不需要的部分移除掉，但又不能破坏原图，做到无痕去除。此类处理方法有很多，这里主要讲解利用“仿制图章工具”去除图像元素。

“复制图像”就是指在画面中添加图像，但又不破坏原图，做到无痕添加。此类处理方法也有很多，而这里主要讲解利用“修复画笔工具”复制图像元素。

4.2.1 用仿制图章工具去除图像

“仿制图章工具”的操作原理很简单，就是将图片中A点的内容进行复制，然后覆盖到B点，点的范围可由操作前设置的图章形状和大小而定。并且，图章的形状和大小可以理解为画笔的形状和大小。

“仿制图章工具”使用时有以下两点基本要求，第一点是取点的位置要准确，第二点是画笔的透明度、硬度调整要适当。

该工具操作中最大的难点，在于需要在图像中寻找最合适的像素组来对修复目标进行修复。在修复过程中，首先需要找到目标，按下Alt键的同时单击，确定出适合修复目标的像素组，然后将鼠标光标移至需要修复的位置，并按下鼠标就可以实现修复了。当修复好一个目标后，就需要再重新找寻下一个合适的像素组，然后对下一个目标进行修复。

实战：去除图片中多余的花朵

实例位置	素材文件 >CH04> 实战：去除图片中多余的花朵
技术掌握	仿制图章工具、Alt 键

这里，我们来学习一下如何利用“仿制图章工具”将地板上的花朵去除，同时保持地板的完整性。图片处理前后的对比效果如图4-104所示。

图4-104

- **操作步骤**

01 复制图层。按快捷键Ctrl+O打开图像。处理图像前，按快捷键Ctrl+J将“背景”图层复制一层，并命名为“背景素材”，如图4-105所示。

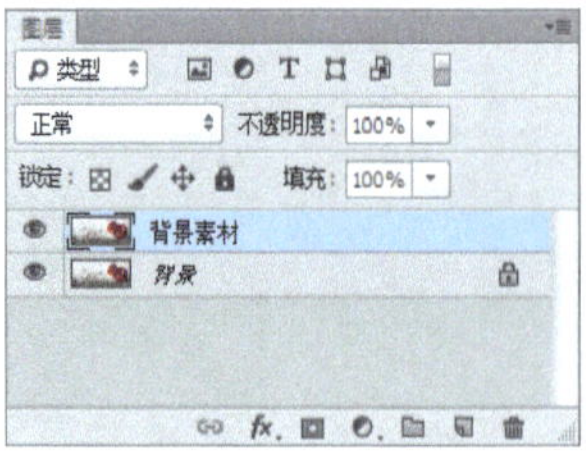

图4-105

02 调整画笔参数。单击工具栏中的“仿制图章工具”，然后在选项栏中设置属性，设置画笔类型为“柔边圆”、大小为57像素、“模式”为“正常”，并勾选“对齐”选项，其他参数保持默认状态，如图4-106所示。

图4-106

03 执行去除操作。选中“背景素材”图层，将鼠标光标移动至“花朵”图像周围，按住Alt键的同时，单击获取相应位置的像素组。接着沿玫瑰图像的上方往下覆盖涂抹，反复操作多次，直至将玫瑰图像完全覆盖为止，如图4-107和图4-108所示。

图4-107

图4-108

4.2.2 用修复画笔工具去除图像

“修复画笔工具”利用图像中的样本像素，以去除的形式修复图像，使修复的效果自然地融入图像中。其特点是能将样本像素的纹理、光照、透明度和阴影与所修复的像素进行匹配，从而使修复的图像不会出现明显的人工痕迹。

> **TIPS**
>
> “修复画笔工具”去除或复制图像的效果与画面的融合度和画笔硬度有关，因此在操作前可先在选项栏中根据当前图像的需求设置画笔的大小和不透明度，从而实现精确修复。

实战：去除画面中多余的帆船

实例位置	素材文件 >CH04> 实战：去除画面中多余的帆船
技术掌握	修复画笔工具、Alt 键

利用“修复画笔工具”，可以去除画面中多余的图像。当遇到画面中有水平线的图像时，需要拖拉出

辅助线，进行对齐，然后进行“修复画笔工具”的操作，复制得到另一幅图像。处理前后的对比效果如图4-109所示。

图4-109

- **操作步骤**

01 复制图层。按快捷键Ctrl+O打开图像。处理图像前，按快捷键Ctrl+J将“背景”图层复制一层，并命名为“帆船”，如图4-110所示。

图4-110

02 调整画笔参数。在工具栏中选择“修复画笔工具”，在选项栏中设置画笔“大小”为61像素、“模式”为“正常”、“源”为“取样”，其他参数保持默认状态。之后在“属性”面板中设置画笔“硬度”为50%、画笔“间距”为25%，如图4-111和图4-112所示。

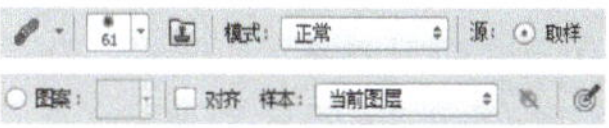

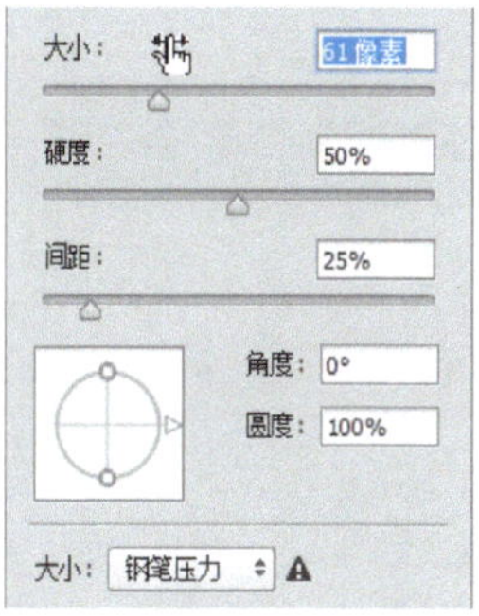

图4-111　图4-112

03 执行涂抹操作。按住Alt键的同时，单击“帆船”周围空白的地方，作为仿制源，然后从右边“帆船”图像的底部往上开始进行涂抹。涂抹过程中，不断单击周围相似的图像作为仿制源进行涂抹，直到帆船图像完全消失，画面呈现出自然完整的状态，如图4-113和图4-114所示。

图4-113　图4-114

4.2.3 利用修复画笔工具复制图像

“修复画笔工具”是利用图像中的样本像素，以复制的形式修复图像，使修复的效果自然地融入图像中。其特点同样是能将样本像素的纹理、光照、透明度和阴影与所修复的像素进行匹配，从而使修复的图像不出现明显的人工痕迹。

实战：利用Alt键复制图像

实例位置	视频文件>CH04>实战：利用Alt键复制图像
技术掌握	修复画笔工具、Alt键

这里主要讲解如何利用“修复画笔工具”并结合Alt键，复制出另一个热气球，并且让复制出的图像与周围的图像得到很好的融合。图片处理前后的对比效果如图4-115所示。

图4-115

- **操作步骤**

01 复制图层。按快捷键Ctrl+O打开图像。处理图像前，按快捷键Ctrl+J将“背景”图层复制一层，并命名为“热气球”，如图4-116所示。

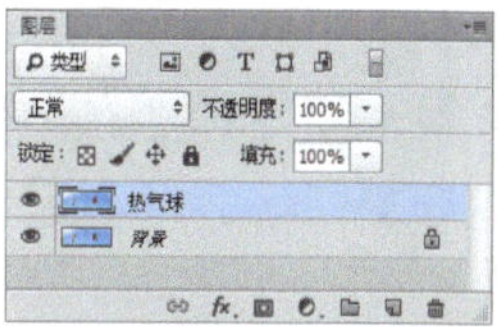

图4-116

02 调整画笔参数。在工具栏中选择“修复画笔工具”，在选项栏中设置画笔“大小”为61像素、“模式”为“正常”、“源”为“取样”，其他参数保持默认状态，并在对应的“属性”面板中设置画笔“硬度”为50%、“间距”为25%，如图4-117和图4-118所示。

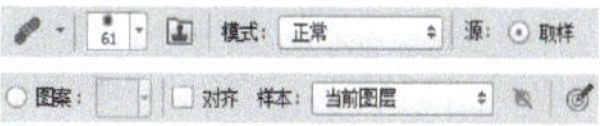

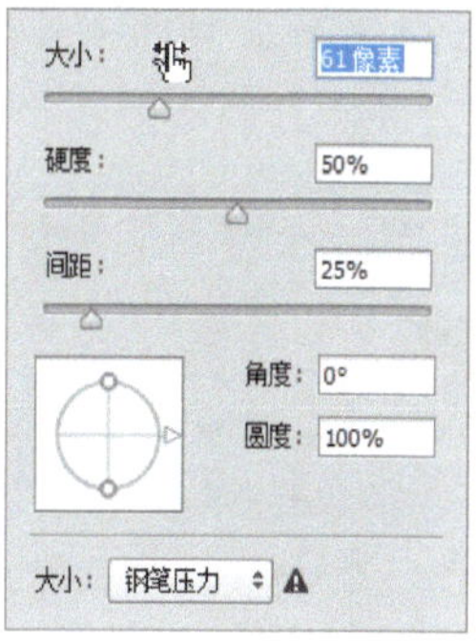

图4-117　图4-118

03 执行涂抹操作。按住Alt键的同时，单击选择图像中最大的热气球，作为仿制源，然后在原图像的左侧从左到右进行涂抹，直到涂抹出完整的热气球图像，同时保持图像之间处于自然融合的状态，完成操作，如图4-119所示。

图4-119

4.2.4 用消失点功能去除杂物

在我们的现实生活中存在着近大远小的透视现象，例如两棵差不多大小的树，距离我们较近的树往往看起来会比较大，距离我们较远的树则看上去相对较小。而“消失点”功能的操作便是通过透视平面来模拟近大远小的效果来实现修图的。

“消失点”功能一般用于处理有方格透视元素的图像，例如一些透视效果较强的画面（如地板），如铺有地砖的地面等。通过“创建平面工具”，创建一个有透视效果的矩形网格，进行覆盖图像的操作。

实战：去除图像中多余的树叶

实例位置	素材文件>CH04>实战：去除图像中多余的树叶
技术掌握	“滤镜>消失点”命令、矩形选框工具、羽化功能

下面来讲解一下，如何利用“消失点”功能，将具有透视效果的地板上的树叶去除。图片处理前后的对比效果如图4-120所示。

图4-120

- **操作步骤**

01 复制图层。按快捷键Ctrl+O打开图像。处理图像前，按快捷键Ctrl+J将“背景”图层复制一层，并命名为“木地板”，如图4-121所示。

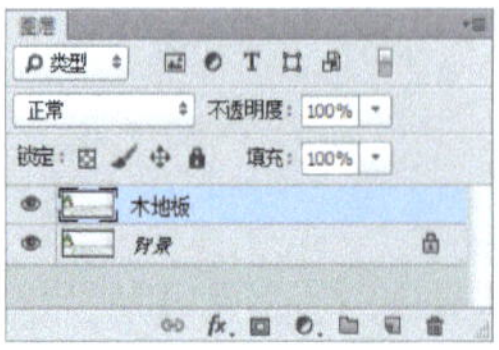

图4-121

02 绘制网格，确定覆盖范围。在菜单栏中执行“滤镜>消失点”命令（快捷键Alt+Ctrl+V），进入“消失点”编辑界面，选择“创建平面工具”，（界面左侧工具栏中的第2个按钮），从地板砖缝交汇处开始，沿着缝隙依次单击出4个点，形成一个有透视效果的矩形网格，然后拖动其边线向右方及下方扩展，直到完全覆盖树叶为止，如图4-122所示。

图4-122

疑难问答

问：如何判断绘制出来的透视网格是否正确?

答：在将透视网格绘制出来之后，若界面中出现的网格线呈现蓝色，说明网格的透视效果是正确的；若界面中出现的网格线呈现黄色或红色，说明网格的透视效果是不正确的，需要重新绘制，或者按住Ctrl键进行调整。

03 选择工具并设置参数。在“消失点”编辑界面中选择“矩形选框工具”，在选项栏中设置“羽化”为7、“修复”为“明亮度”、“移动模式”为“目标”，如图4-123所示。

图4-123

04 去除周边的树叶。框选没有树叶的空白区域，按住Alt键的同时，向上拖动光标对树叶做覆盖去除处理，如图4-124所示。

图4-124

05 去除右边的树叶。按快捷键Ctrl+D取消选区，同时单击界面右上方的“确定”按钮，完成该处的覆盖去除操作。之后以同样的方法，继续在界面左侧绘制一个透视网格，将左侧的树叶遮盖住，如图4-125所示。

图4-125

06 在“消失点”编辑界面中选择“矩形选框工具”，保持选项栏中的参数设置不变，按住Alt键的同时，向上拖动光标对树叶做覆盖去除处理，完成后按快捷键Ctrl+D取消选区，如图4-126和图4-127所示。

图4-126

图4-127

TIPS

相比“仿制图章工具”来说，“消失点”功能对于以上问题的处理非常实用，在刚开始操作时可能会感觉不太顺手，但只要多练习就能慢慢领会和熟悉，需要用心掌握。

4.3 如何去除图片中的水印

下面我们来讲解如何利用“修补工具”去掉图片上的网址水印。如果图片的背景色彩或图案比较一致，使用修补工具就比较方便。

4.3.1 用修补工具去除水印

“修补工具”用于修改有明显裂痕、污点或者水印等瑕疵问题的图像。操作时只需框选需要修复的选区，然后将其拖动到附近完好的区域即可实现修补。

在具体使用过程中，“修补工具”更适合用于修复照片中例如褶皱、背景比较干净的水印等一些大面积瑕疵问题，如果是处理细节则还是需要使用“仿制图章工具”。

不过，“修补工具”带有“自动匹配颜色”功能，使用它修复出的效果能与周围的色彩更自然地融合，这是“仿制图章工具”所不具备的功能。

实战：去除茶叶图片中的水印

实例位置	素材文件>CH04>实战：去除茶叶图片中的水印
技术掌握	修补工具、快捷键Ctrl+D

下面我们来讲解，如何利用“修补工具”将茶叶图片上的网址水印去除。图片处理前后的对比效果如图4-128所示。

图4-128

- **操作步骤**

01 复制图层。按快捷键Ctrl+O打开图像。处理图像前，按快捷键Ctrl+J将“背景”图层复制一层，并命名为“修补工具去水印”，如图4-129所示。

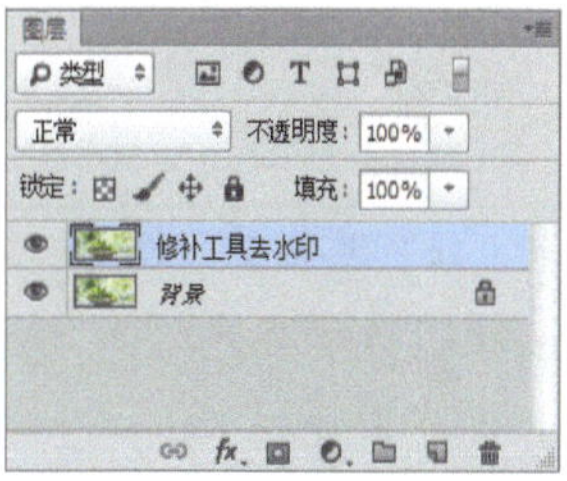

图4-129

02 选择工具并调整参数。在工具栏中选择“修补工具”（快捷键为J），选项栏中的参数设置保持默认状态，如图4-130所示。

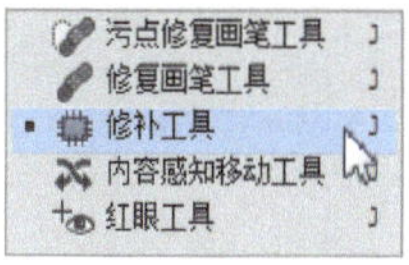

图4-130

03 执行修补操作。将鼠标光标移至需要修补的地方，并按住鼠标左键，选中需要修补的地方，此时需要修补的区域会变成蚂蚁线，然后将鼠标光标拖到相似区域，再松开鼠标。按快捷键Ctrl+D取消选区，完成修补，如图4-131～图4-133所示。

图4-131

图4-132

图4-133

4.3.2 用矩形选框工具去除水印

使用"矩形选框工具"去除水印非常简单和方便，特别适合处理不是纯色背景的图像。在使用过程中，只需利用"矩形选框工具"在图像中创建选区，然后复制图像对有水印的位置进行覆盖，即可完成去除水印的操作。

实战：去除密码箱产品图中的水印

实例位置	素材文件 >CH04> 实战：去除密码箱产品图中的水印
技术掌握	矩形选框工具、快捷键 Shift+Ctrl+ ↓

下面讲解一下如何利用"矩形选框工具"，对密码箱产品图中的网址水印进行去除。图片处理前后的对比效果如图4-134所示。

图4-134

- **操作步骤**

01 复制图层。按快捷键Ctrl+O打开图像。处理图像前，按快捷键Ctrl+J将"背景"图层复制一层，并命名为"矩形选区去水印"，如图4-135所示。

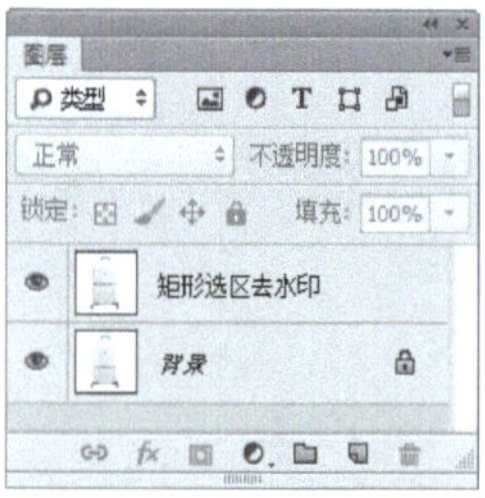

图4-135

02 选择工具并调整参数。在工具栏中选择"矩形选框工具"，在密码箱产品图中的网址字样区域上方框选出一个矩形选区，生成选区时设置"羽化"为1像素，目的是让边缘过渡更加柔和，如图4-136所示。

图4-136

TIPS

这一步操作需注意的是，选区宽度需大于文字的宽度，并且高度应高于要覆盖的文字。

03 按快捷键Shift+Ctrl+↓，将选区效果向下移动，直至选区将网址字样完全覆盖，结束移动操作。按快捷键Ctrl+D取消选区，完成修复，如图4-137和图4-138所示。

图4-137

图4-138

TIPS

此外，针对有些背景色为垂直线性渐变颜色的图片，也可以利用"矩形选框工具"完成水印修复处理。

4.3.3 用借图法去除水印

借图法，一般适合于处理具有对称或相似元素的图像。按快捷键Ctrl+J复制出新的图层，直接覆盖有瑕疵的地方，可以快速将图片水印无痕地去除。

实战：去除白色茶杯图片中的水印

实例位置	素材文件 >CH04> 实战：去除白色茶杯图片中的水印
技术掌握	快捷键 Ctrl+Shift+]、橡皮擦工具

左图是印有网址的杯子，右图是没有水印的杯子，需要选取右图中与左图相似的图像，对其进行复制，然后再将复制出的图像移到左图上进行覆盖，完成杯子水印的去除。图片处理前后的对比效果如图4-139所示。

图4-139

- **操作步骤**

01 复制图层。按快捷键Ctrl+O打开图像，然后按快捷键Ctrl+J复制图层，得到一个“右图 拷贝”图层，并按快捷键Ctrl+Shift+]将其移至最上方，如图4-140和图4-141所示。

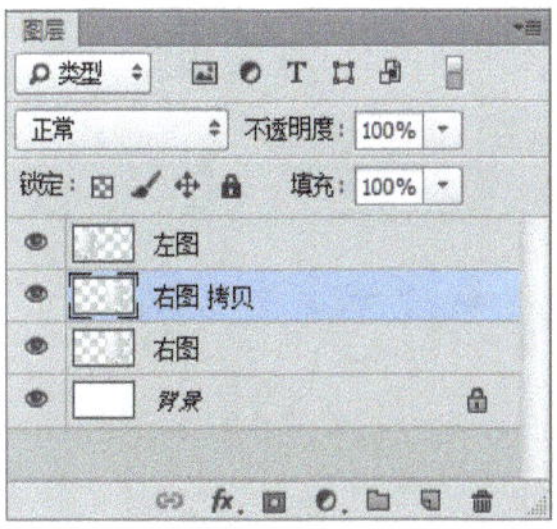

图4-140

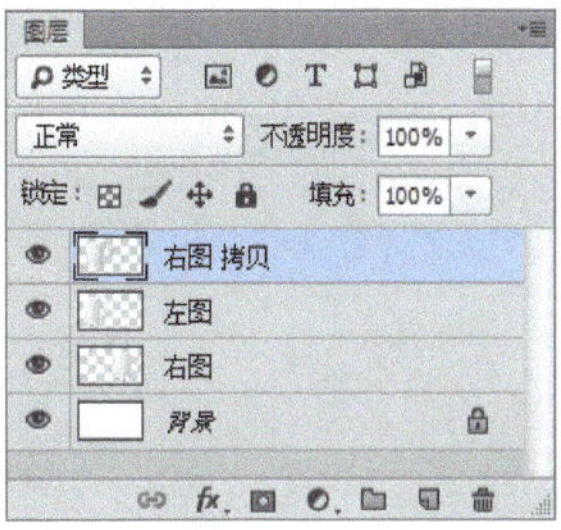

图4-141

02 复制图像，并进行移动。按住Shift键，将复制出来的“右图 拷贝”图层进行水平移动，移至左图有水印的杯子区域，如图4-142所示。

图4-142

03 选中“左图”和“右图 拷贝”两个图层，然后在菜单栏中分别设置这两个图层的对齐样式为“水平居中对齐”和“左对齐”，同时将两个图层进行对齐，并保证其完全重叠，如图4-143所示。

图4-143

04 擦除多余的水印。选中“左图”，单击工具栏中的“橡皮擦工具”，去除左图中的“水印网址”，完成操作，这时可以看到两个一模一样的水杯，如图4-144所示。

图4-144

4.3.4 利用选区+色阶+仿制图章工具去除水印

“选区”是指Photoshop中所划定的图片操作范围。一般来说，在划定的图片操作范围边缘形成一圈闪动的虚线，俗称“蚂蚁线”，如图4-145所示。

图4-145

"色阶"就是用直方图描述整张图片的明暗信息，如图4-146所示。图中从左至右是从暗到亮的像素分布，黑色三角代表较暗的地方(纯黑)，白色三角代表较亮的地方(纯白)，灰色三角代表中间调。

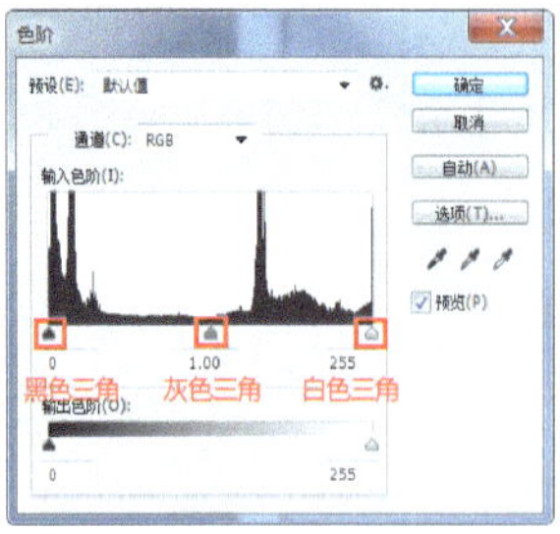

图4-146

实战：去除挎包产品图中的链接

实例位置	素材文件 >CH04> 实战：去除挎包产品图中的链接
技术掌握	快捷键 Ctrl+L、"色阶"命令、仿制图章工具

在电商设计中，我们总会遇到需要的一些产品图被打上了水印LOGO，而如何在保证产品本身效果不被破坏的情况下，去掉水印，对于初学电商设计的人来说，就变成了比较棘手的一项工作。下面介绍一种去水印的方法。利用"选区+色阶+仿制图章工具"将图片上的LOGO去掉。图片处理前后的对比效果如图4-147所示。

图4-147

- **操作步骤**

01 复制图层。按快捷键Ctrl+O打开图像。处理图像前，按快捷键Ctrl+J将"背景"图层复制一层，并命名为"去水印"，如图4-148所示。

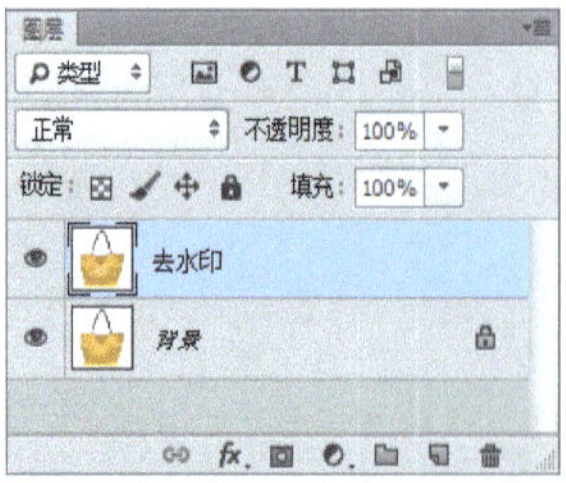

图4-148

02 复制并移动图像。拖入一张已经做好的产品LOGO图片，将画布放大后一边观察，一边将"LOGO"图层与"去水印"图层上的LOGO做完全重叠处理。处理时可以适当调整图层的透明度，并观察图层效果，直至将两个LOGO图案完全对齐之后，结束操作，如图4-149和图4-150所示。

图4-149

图4-150

TIPS

针对此类表面带有纹理的产品，其水印其实是比较难以直接去除的。因此在这里，需要通过使用一模一样的LOGO去对原LOGO进行覆盖。而在大多情况下，产品图中所出现的水印一般都是该产品的品牌LOGO或网址，这些都比较容易在网上直接找到。如果实在找不到，一些比较简单的LOGO，也可以自己制作一个，然后再使用。

03 建立选区。在"LOGO"图层上建立选区，同时选中"LOGO"图层，按住Ctrl键的同时单击鼠标右键，将其载入选区，此时就得到了一个LOGO选区，最后关闭"LOGO"图层前面的"小眼睛"按钮，同时保留LOGO选区，如图4-151和图4-152所示。

图4-151

图4-152

04 调整色阶。选中"去水印"图层，按快捷键Ctrl+L调出"色阶"对话框，将对话框中"输入色阶"窗口左侧的黑色三角滑块移向中间位置，同时观察图像的变化。新建一个"色阶调整"图层，将"输入色阶"右侧的三角滑块往左拖动，直到看不到水印留下的黑影为止，接着单击"确定"按钮，并按快捷键Ctrl+D取消选区。此时图片中的水印已基本看不到了，LOGO部位还有一些杂色存在，可以使用"仿制图章工具"对其做相应处理，如图4-153和图4-154所示。

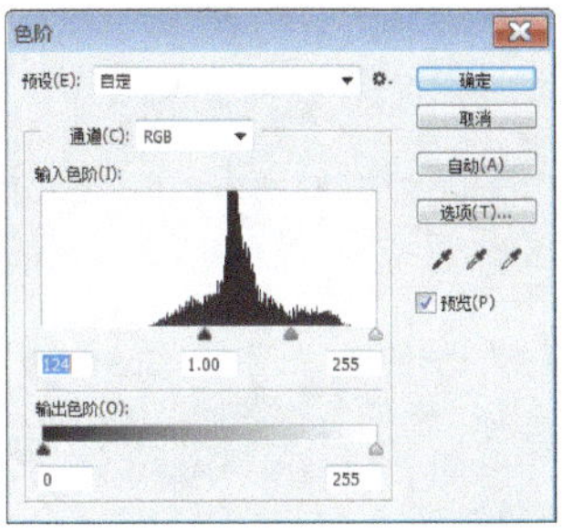

图4-153

图4-154

4.3.5 用内容识别功能去除水印

“内容识别”功能非常智能，当我们对图像的某一区域执行覆盖填充时，由软件主动分析四周图像的特点，对图像进行拼接组合后填充在该区域并进行融合。

一般先是针对图片中有水印的地方建立选区，然后选择选区边缘部分的颜色或图案进行智能构图，然后合成相似的图像内容对选区进行覆盖填充，从而快速得到无缝的拼接效果。

实战：去除素材图片中的水印

实例位置	素材文件 >CH04> 实战：去除素材图片中的水印
技术掌握	快捷键 Ctrl+D、矩形选框工具、“编辑 > 填充”命令

下面我们来学习一下，如何利用“内容识别”功能对图片上的水印进行去除。图片处理前后的对比效果如图4-155所示。

图4-155

- **操作步骤**

01 复制图层。按快捷键Ctrl+O打开图像。处理图像前，按快捷键Ctrl+J将“背景”图层复制一层，并命名为“去水印”，如图4-156所示。

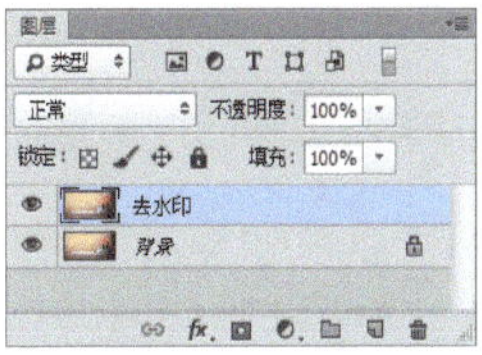

图4-156

02 建立选区。在工具栏中选择“矩形选框工具”，然后框选图像上的链接字样，形成选区，如图4-157所示。

图4-157

03 完善细节。在菜单栏中执行“编辑>填充”命令，或按快捷键Shift+F5打开“填充”对话框。在“使用”下拉列表中选择“内容识别”选项，单击“确定”按钮。按快捷键Ctrl+D取消选区，完成操作，如图4-158和图4-159所示。

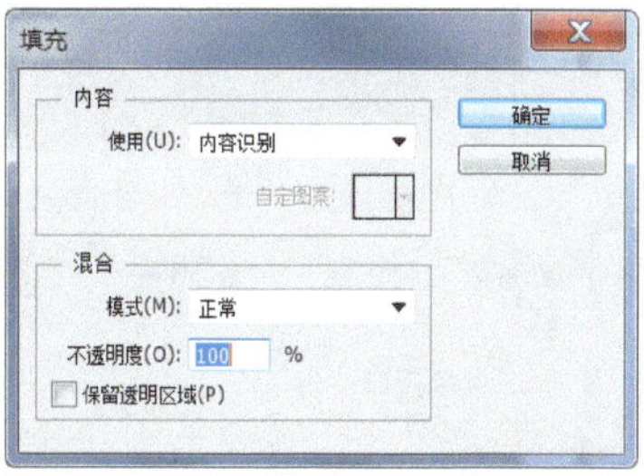

图4-158

图4-159

TIPS

Photoshop的“内容识别”功能是基于“选区”来进行操作的，如果图像中没有选区，那么“内容识别”命令则将呈现灰色不可用状态。

4.3.6 用魔棒工具去除水印

魔棒工具的工作原理是利用每个像素的颜色差别来创建选区，因此魔棒工具适合处理颜色差别比较大的图片。主要通过选取图像中颜色相近或大面积单色区域来完成，一般对于选区的精确度要求不是很高。

TIPS

这里要特别注意一点的是，魔棒工具不能在位图模式下使用。

实战：去除折扇产品图中的水印

实例位置	素材文件 >CH04> 实战：去除折扇产品图中的水印
技术掌握	魔棒工具、“添加到选区”命令

下面为大家讲解如何利用“魔棒工具”去除真丝扇上的“苏州真丝扇”水印字样，如图4-160所示。

图4-160

- **操作步骤**

01 新建并调整图层。按快捷键Ctrl+O打开图像。在处理图像前，按快捷键Ctrl+J将“背景”图层复制一层，并命名为“苏州真丝扇”。由于水印在扇子的中间部位，因此在保证将水印去除掉的同时，不会破坏扇子中间的纹理，打开一张和扇子纹理一致的“扇子1”素材，如图4-161所示。

02 将“扇子1”素材置于“苏州真丝扇”图层的下方，并将“苏州真丝扇”图层的“不透明度”设置为50%，并让该图层与“扇子1”图层居中对齐，如图4-162所示。

图4-161

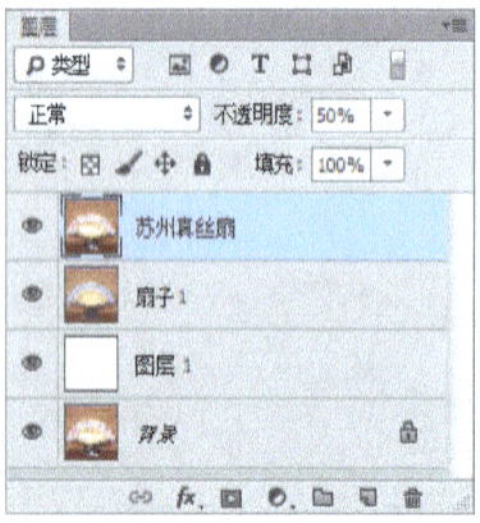

图4-162

03 选择工具并调整参数。选中“苏州真丝扇”图层，将图层的“不透明度”调整为100%。在工具栏中选择“魔棒工具”，并在选项栏中选择“添加到选区”按钮，设置“取样大小”为“取样点”、“容差”为30，同时勾选“消除锯齿”和“连续”选项，如图4-163所示。

图4-163

04 建立选区。按住Alt键的同时，向上滚动鼠标滚轮，将画布放大。按住Shift键，对图像中的文字进行点选，直至将文字全部载入选区，如图4-164所示。

图4-164

05 删除水印字样。连续单击Delete键5~6次，会看到选区中的文字已经全部去掉了，之后按快捷键Ctrl+D取消选区，完成操作，如图4-165所示。

图4-165

4.4 用污点修复工具去除瑕疵

“污点修复画笔工具”是使用Photoshop处理照片时常用的工具之一。利用“污点修复画笔工具”可以快速移除照片中的污点和其他不理想的瑕疵部分。

在使用“污点修复画笔工具”时，不需要定义原点，只需确定需要修复的图像位置，然后调整好画笔大小，并移动鼠标光标在确定需要修复的位置自动匹配并实现修复即可。

实战：修复人物脸部的瑕疵

实例位置	素材文件 >CH04> 实战：修复人物脸部的瑕疵
技术掌握	污点修复画笔工具

下面为大家讲解如何利用“污点修复画笔工具”对人物脸上的斑点进行修复，让人物脸部皮肤达到理想的状态。图片处理前后的对比效果如图4-166所示。

图4-166

- **操作步骤**

01 复制图层。按快捷键Ctrl+O打开图像。处理图像前，按快捷键Ctrl+J将“背景”图层复制一层，并命名为“人物”，如图4-167所示。

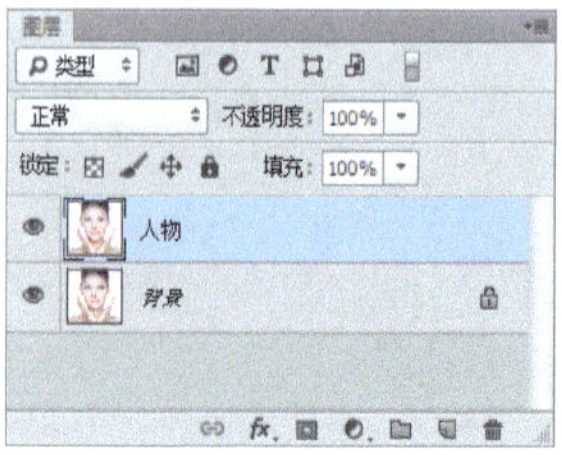

图4-167

02 **选择工具，并调整参数。**在工具栏中选择“污点修复画笔工具”（快捷键J），画笔大小可根据需要进行设置，如图4-168所示。

图4-168

03 **执行修复操作。**在需要修复的位置单击，并拖动鼠标光标，此时“污点修复画笔工具”会自动在图像上进行取样，同时将取样的像素与需要修复的内容部分的像素相匹配。之后可以看到“人物”图层上的污点都消失了，而且人物脸部的皮肤肌理也保持完好，如图4-169所示。

图4-169

4.5 如何完成人物的磨皮处理

磨皮几乎是人像处理时的必备技能，在进行磨皮操作时，注意数值不可设置得过大，要观察图像的变化，保持一定的真实性，使经过磨皮的人像不失真，看上去更加真实、自然。

4.5.1 光滑磨皮

此方法主要是利用“高斯模糊”滤镜对人物图片进行整体模糊处理，然后用图层蒙版控制好模糊的范围，即需要处理的皮肤部分，这样可以快速消除皮肤部分的杂色与瑕疵。

实战：人物脸部的光滑磨皮处理

实例位置	素材文件 >CH04> 实战：人物脸部的光滑磨皮处理
技术掌握	快捷键 Ctrl+Alt+2/Ctrl+M/Ctrl+Alt+Shift+E/Ctrl+T、画笔 / 钢笔工具、“滤镜 > 模糊 > 高斯模糊”命令、图层蒙版

本案例讲解的是利用“滤镜>模糊>高斯模糊”命令，对人物图片整体进行高斯模糊处理，然后添加黑色图层蒙版，控制好模糊的范围，即需要处理的皮肤部分，并快速消除皮肤部分的杂色和瑕疵，实现磨皮处理。此种方法适合脸部雀斑比较明显、密集的人像修饰。图片处理前后的对比效果如图4-170所示。

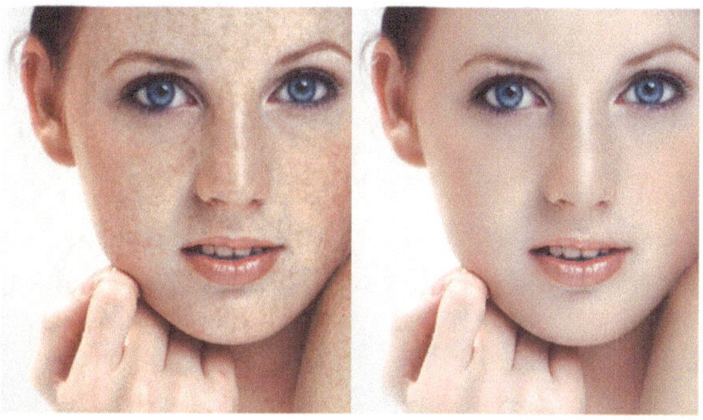

图4-170

- **操作步骤**

01 **复制图层。**按快捷键Ctrl+O打开图像。处理图像前，按快捷键Ctrl+J将“背景”图层复制一层，并命名为“女孩”，如图4-171所示。

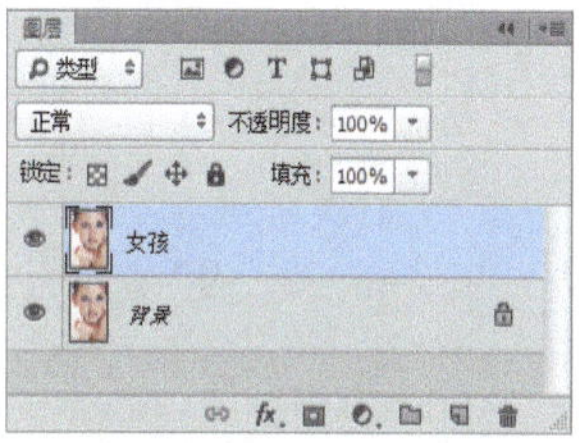

图4-171

02 **提亮肤色。**选中“女孩”图层，按快捷键Ctrl+Alt+2调出高光选区，同时按快捷键Ctrl+M调出“曲线”对话框，并分别对红通道(输出值为128，输入值为140)、绿通道（输出值为133，输入值为125）和蓝通道（输出值为130，输入值为122）进行调整，以对肤色做进一步提亮处理，如图4-172~图4-176所示。

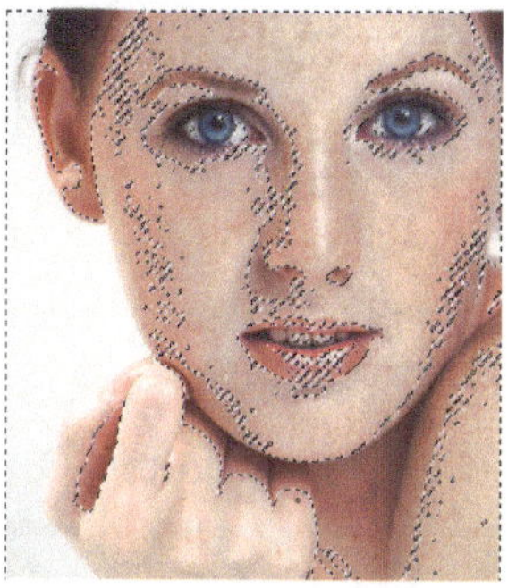

图4-172

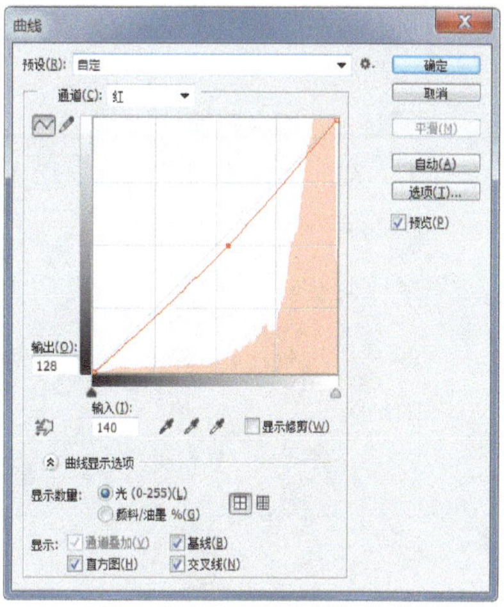

图4-173

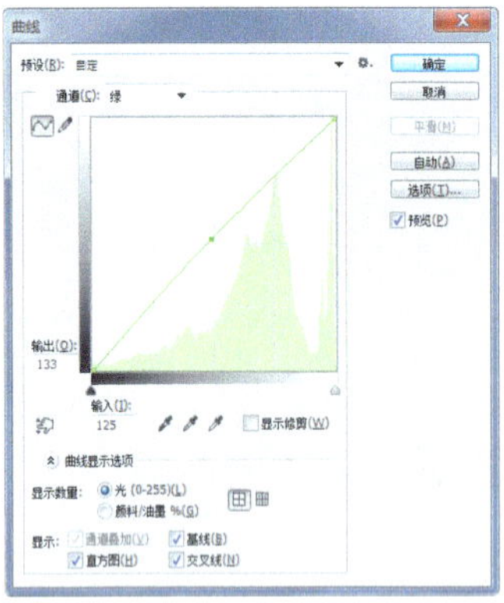

图4-174

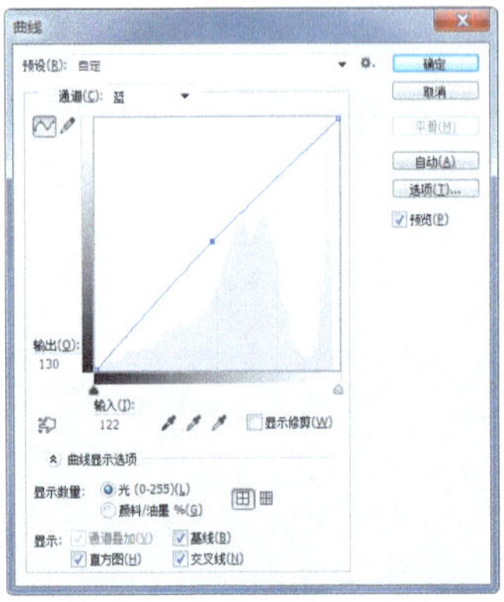

图4-175

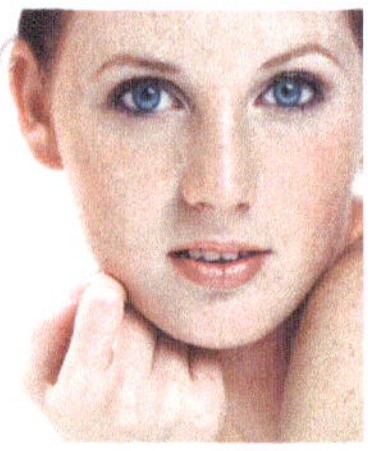

图4-176

TIPS

这里要注意的是，红、绿、蓝通道的调整数值并不是固定的，是根据当前图像来决定的。

03 对雀斑做淡化处理。复制“女孩”图层，得到一个“女孩 拷贝”图层(由于当前人物脸部雀斑比较密集，需对大面积皮肤进行处理才行)。在菜单栏中执行“滤镜>模糊>高斯模糊”命令，设置“半径”为8像素，单击“确定”按钮。接着按住Alt键，单击“图层”面板下方的“添加图层蒙版”按钮，为图层添加一个黑色蒙版，如图4-177~图4-179所示。

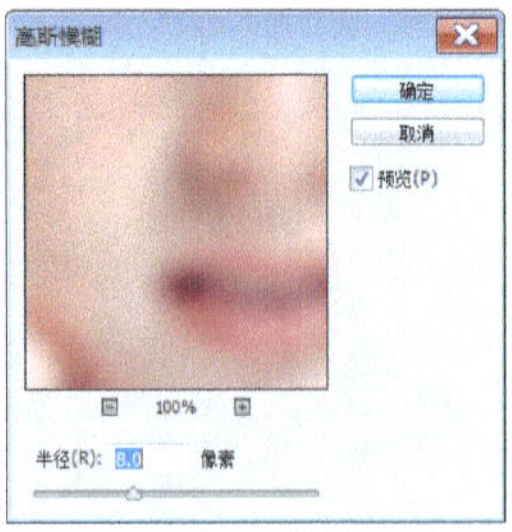

图4-177

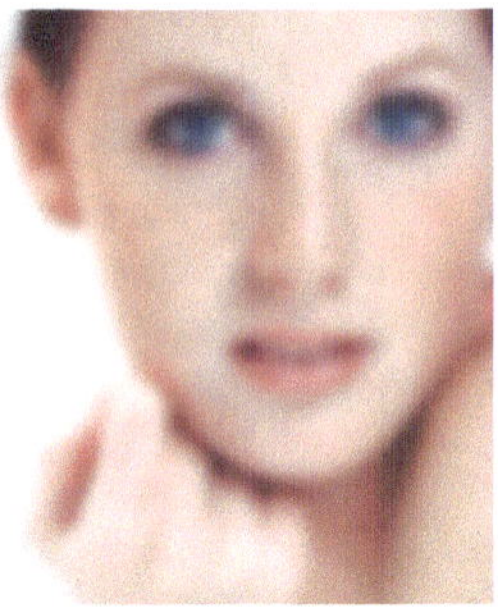

图4-178

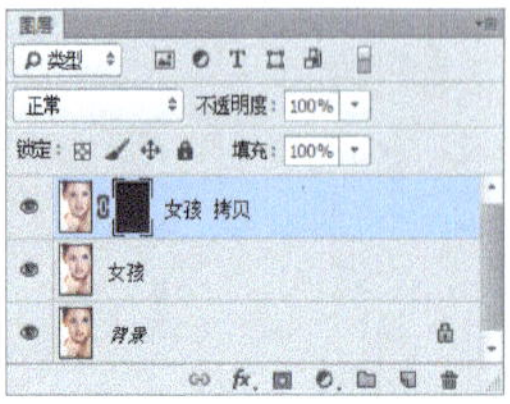

图4-179

04 对瑕疵做适当涂抹处理。在工具栏中设置“前景色”为白色，然后选择“画笔工具”，在对应选项栏中选择“柔边圆”画笔，设置画笔“大小”为68像素、“不透明度”为80%。连续按快捷键Ctrl++将图像放大到合适位置，并针对女孩脸上的瑕疵顺着皮肤纹理进行涂抹。涂抹时着重针对皮肤面积较大的区域，避免涂抹五官和轮廓边缘位置，并且避免擦掉女孩脸部的轮廓线和明暗交接线，如图4-180~图4-182所示。

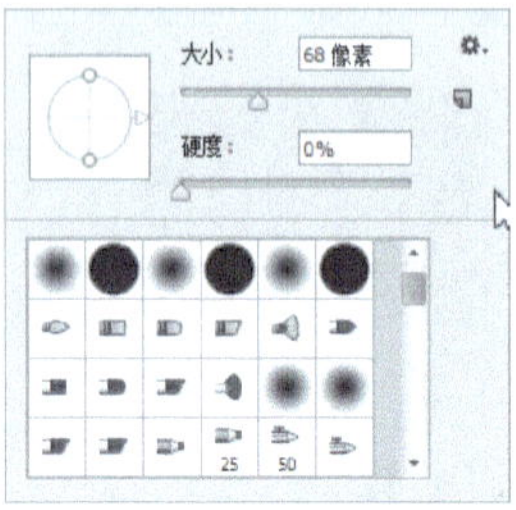

图4-180

图4-181

图4-182

TIPS

使用“画笔工具”时，画笔大小和流量的多少可以根据图像实际情况做适时调整，没有严格限制，因此希望大家能够灵活控制和运用。

05 继续柔和调整皮肤。按快捷键Ctrl+Alt+Shift+E，此时得到一个“盖印”图层，然后复制“盖印”图层，得到一个“盖印 拷贝”图层。选中“盖印 拷贝”图层，在菜单栏中执行“滤镜>模糊>高斯模糊”命令，设置“半径”为8像素。按住Alt键的同时，在“图层”面板下方单击“添加图层蒙版”按钮，为图层添加一个黑色蒙版，如图4-183~图4-185所示。

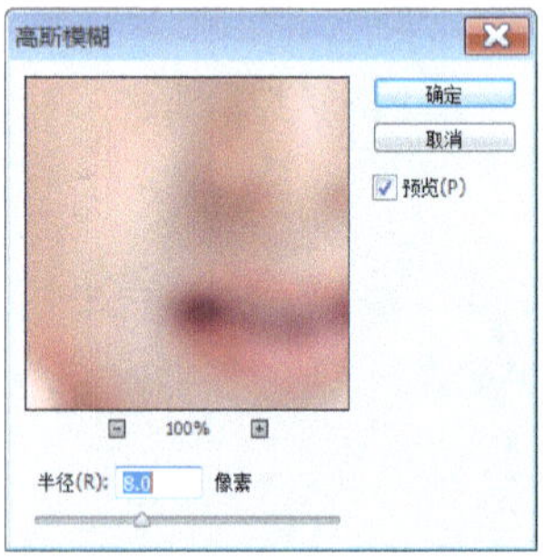

图4-183

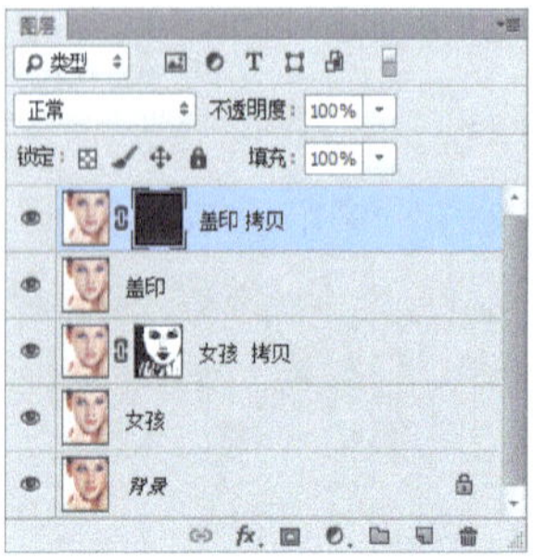

图4-184

图4-185

06 继续柔和调整皮肤。选择“画笔工具”，在对应选项栏中设置画笔类型为“柔边圆”、“不透明度”为60%（画笔大小自定）、流量为60%。连续按快捷键Ctrl++将图像放大到合适位置，并针对女孩脸上的瑕疵顺着皮肤纹理进行再次涂抹，将女孩皮肤处理得更加细腻和光滑，如图4-186和图4-187所示。

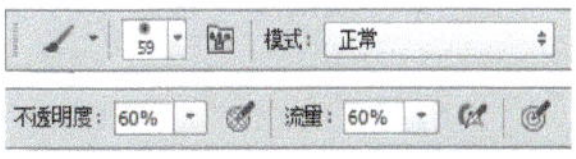

图4-186

图4-187

07 添加高光。按快捷键Ctrl+Alt+Shift+E盖印所有图层，生成新图层，并命名为“盖印1”。选中“盖印1”图层，单击“图层”面板下方的“创建新图层”按钮，在“盖印1”图层上方添加一个新图层，并命名为“高光”。在工具栏中选择“钢笔工具”，沿女孩鼻子部位勾勒一个路径形状。在工具栏中设置路径形状的“前景色”为白色，设置描边“大小”为29像素。执行“滤镜>模糊>高斯模糊”命令，设置“半径”为9.2像素，单击“确定”按钮，如图4-188~图4-192所示。

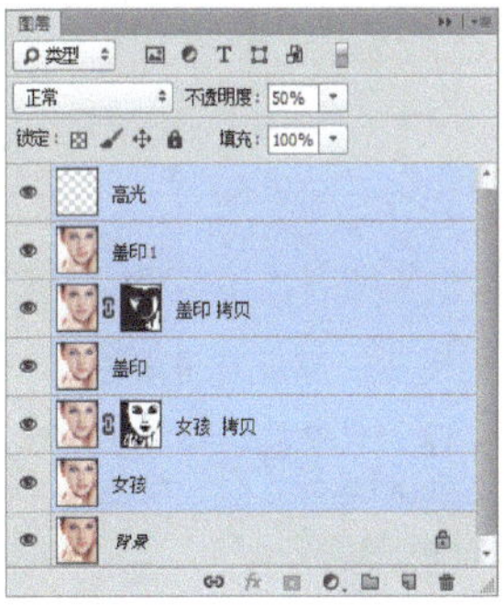

图4-188

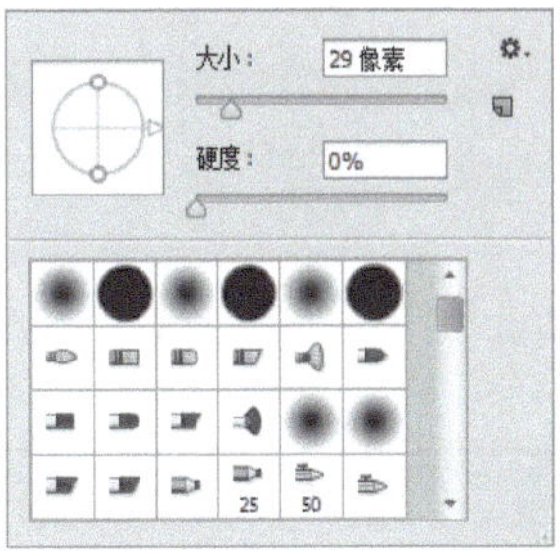

图4-189

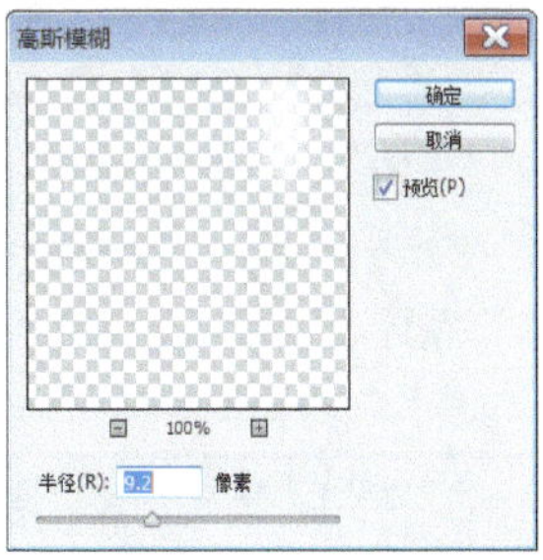

图4-190

图4-191

图4-192

08 按快捷键Ctrl+T执行“自由变换”命令，同时按住Alt键，将路径效果往中间位置适当缩小后，按Enter键结束该操作。调整图层的“不透明度”到合适效果，此时可以看到脸部整体变得更加光滑和立体了，如图4-193和图4-194所示。

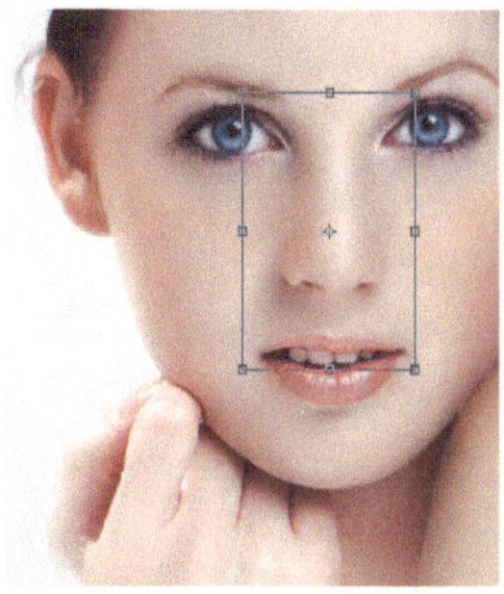

图4-193

图4-194

TIPS

以上人物鼻子部分的高光处理方法，对于人物的嘴唇、脸部及手指等高光区域都同样适用，希望大家能够灵活运用。

4.5.2 计算磨皮

“计算磨皮”是非常有利于进行人物皮肤精修的磨皮方式，可以在不影响人物皮肤纹理和色调的情况下，改善皮肤质感，修正肤色。比起简单的修复或模糊处理方法会显得更精细，而且更容易达到理想的磨皮修复效果。

实战：半身人像的滤镜磨皮处理

实例位置	素材文件>CH04>实战：半身人像的滤镜磨皮处理
技术掌握	污点修复画笔工具、“滤镜>其他>高反差保留”命令、“图像>计算”命令、“色彩平衡”命令

下面为大家讲解如何利用“计算磨皮”的方法，给半身人像做磨皮，让肌肤变得更加细腻。图片处理前后的对比效果如图4-195所示。

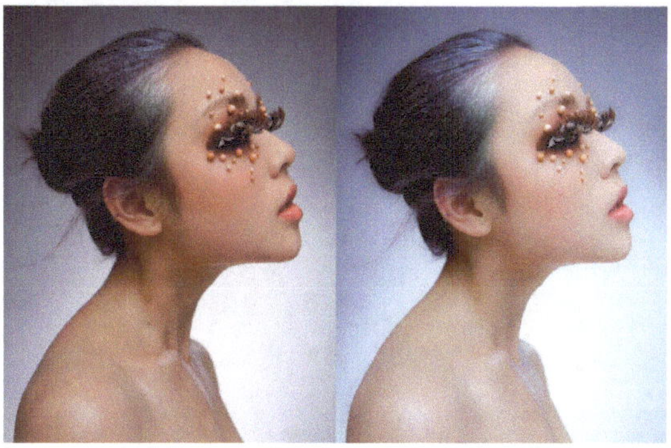

图4-195

- **操作步骤**

01 复制图层。按快捷键Ctrl+O打开图像。处理图像前，按快捷键Ctrl+J将“背景”图层复制一层，并命名为“模特”，如图4-196所示。

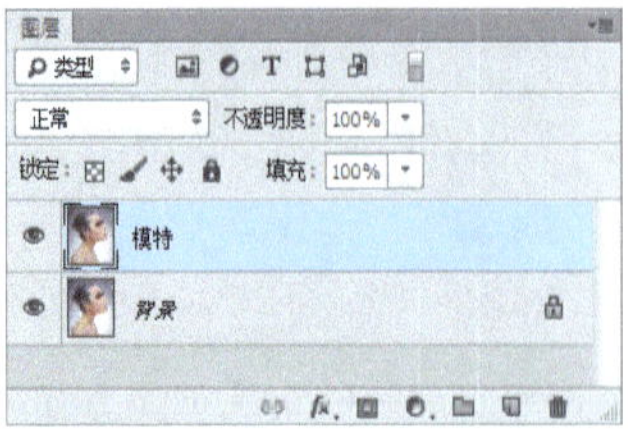

图4-196

02 去除瑕疵。选中“模特”图层，连续按快捷键Ctrl++将图像放大到合适位置。在工具栏中选择“污点修复画笔工具”，画笔大小自定，单击人物脸部和身上等有瑕疵的部位，进行瑕疵去除操作，如图4-197和图4-198所示。

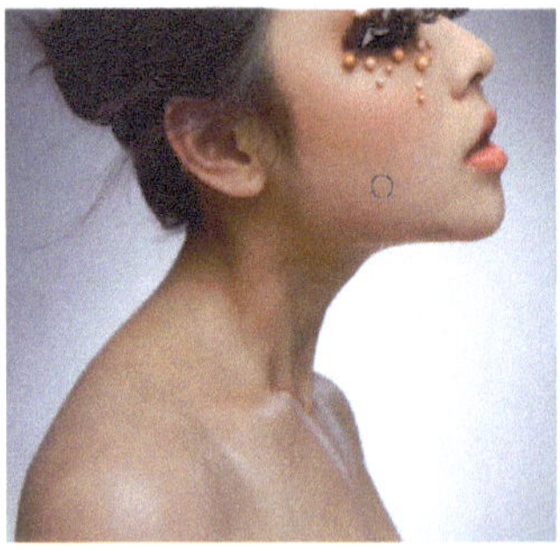

图4-197

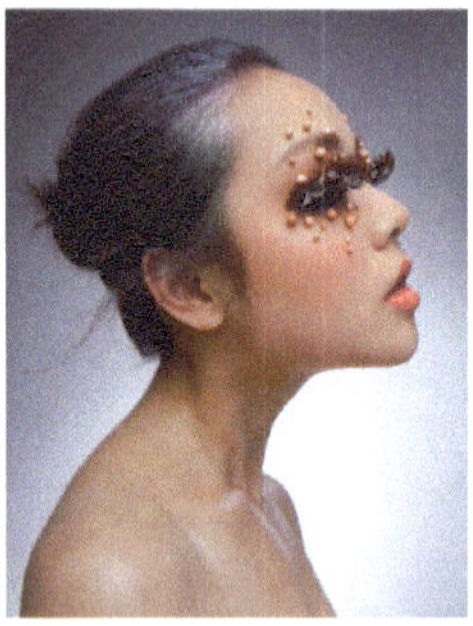

图4-198

03 提亮肤色。单击“图层”面板下方的“创建新的填充或调整图层”按钮，在弹出的菜单中选择“曲线”选项，调出“属性”面板，设置“输入”为124、“输出”为142，对模特肤色做进一步提亮处理，如图4-199和图4-200所示。

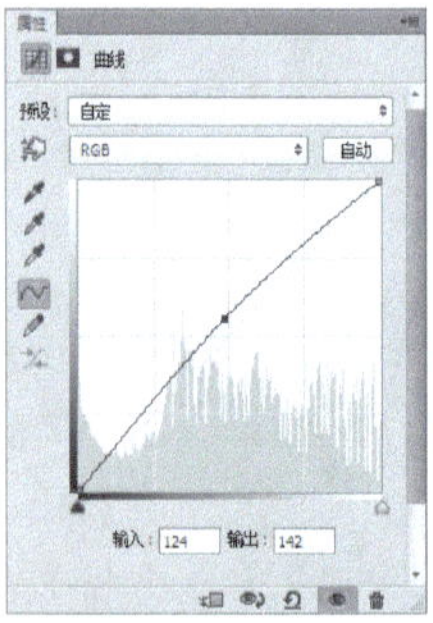

图4-199

图4-200

TIPS

关于画笔放大/缩小的快捷键，在键盘处于英文状态下，按 [键表示缩小，按]键表示放大。

04 添加滤镜效果。复制“模特”图层，得到一个“模特拷贝”图层。切换至“通道”面板，选择“蓝”通道，将其拖入面板底部的“创建新通道”按钮上，得到一个“蓝拷贝”通道。执行“滤镜>其他>高反差保留”命令，设置“半径”为9像素，此时可以在预览窗口中从最大程度上看到图像上毛孔明显和皮肤粗糙的地方，如图4-201~图4-204所示。

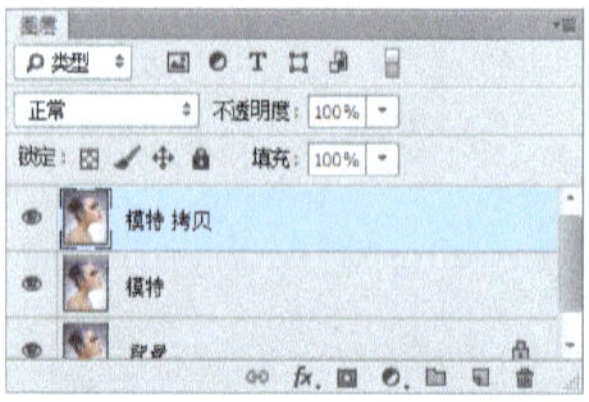

图4-201

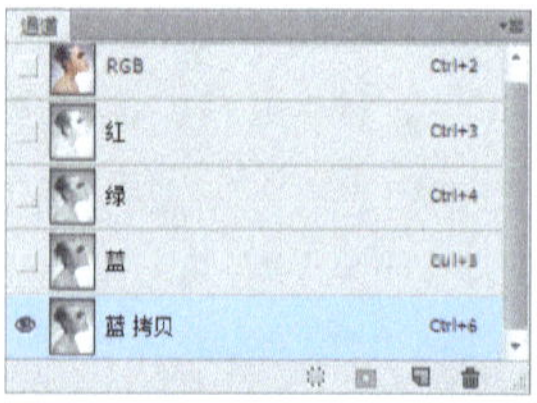

图4-202

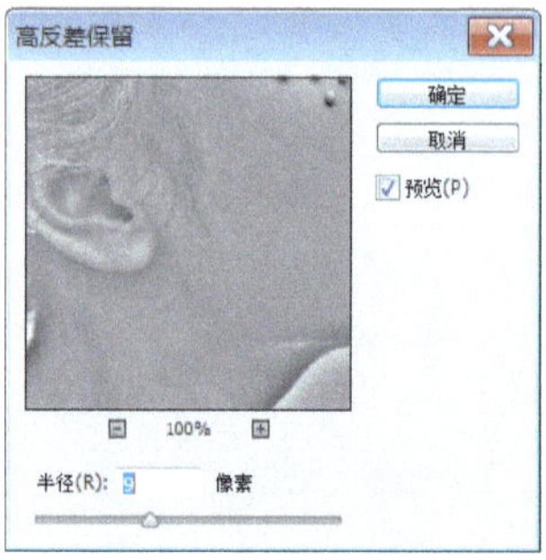

图4-203

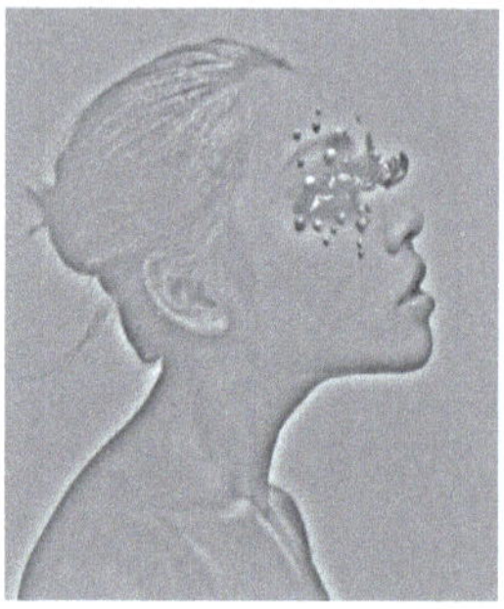

图4-204

疑难问答

问：什么是高反差保留？

答：高反差保留是Photoshop中的一个滤镜，主要作用是删除图像中颜色变化不大的像素，保留色彩变化较大的部分，使图像中的阴影消失，边缘像素得以保留，同时亮调部分更加突出。

05 创建通道。选中“蓝 拷贝”通道，在菜单栏中执行“图像>计算”命令，然后在弹出的“计算”对话框中设置“混合”模式为“叠加”，其他参数保持默认状态，单击“确定”按钮，得到“Alpha 1”通道。按照同样的操作方法，创建“Alpha 2”通道和“Alpha 3”通道，如图4-205和图4-206所示。

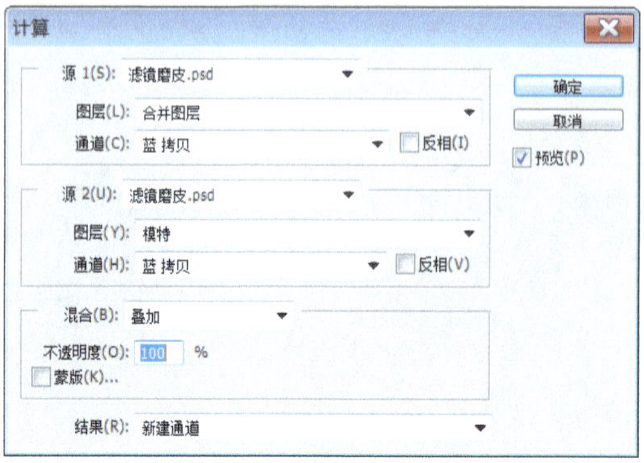

图4-205

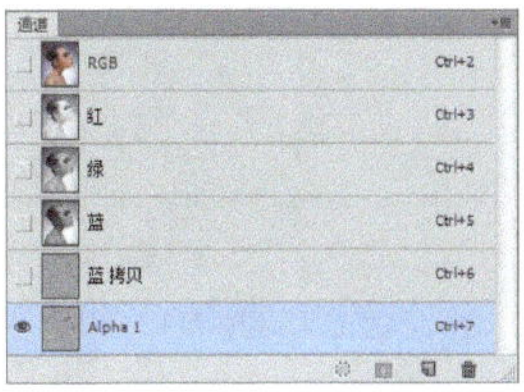

图4-206

06 提亮处理。 按住Ctrl键，选择“Alpha 3”通道，将该通道载入选区，然后按快捷键Ctrl+I反选选区，并选中RGB通道。回到“图层”面板，按快捷键Ctrl+M调出“曲线”对话框，适当调整曲线，将图像中比较粗糙的一些地方提亮，单击“确定”按钮，如图4-207~图4-209所示。

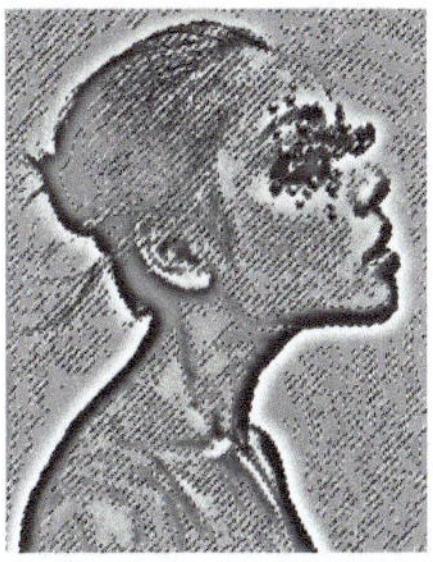

图4-207

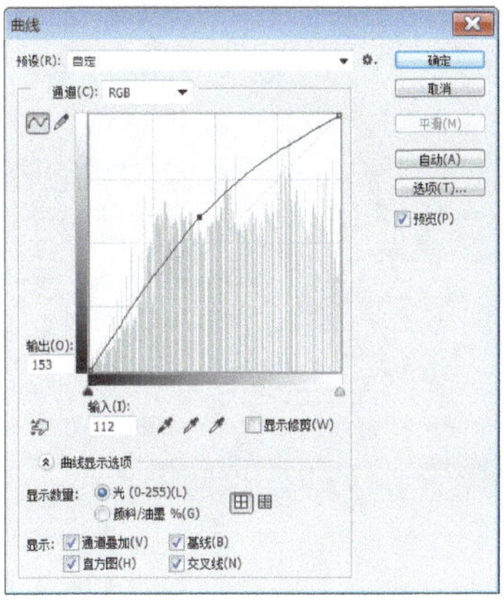

图4-208　　图4-209

07 细节处提亮。 按快捷键Ctrl+D取消选区，然后回到RGB通道，此时可以看到模特的皮肤变得更加光滑和细腻。之后，按照同样的操作，将图像中亮部和暗部的纹理效果也处理一下，确保在修复皮肤的毛孔、黑斑之余，又能适当保留皮肤质感。处理完成后的效果如图4-210所示。

图4-210

08 进一步提亮。 选中“模特”图层，单击“图层”面板下方的“创建新的填充或调整图层”按钮，在弹出的菜单中选择“曲线”选项，在该图层上方创建一个“曲线1”图层，并再次对图像整体进行提亮，如图4-211~图4-213所示。

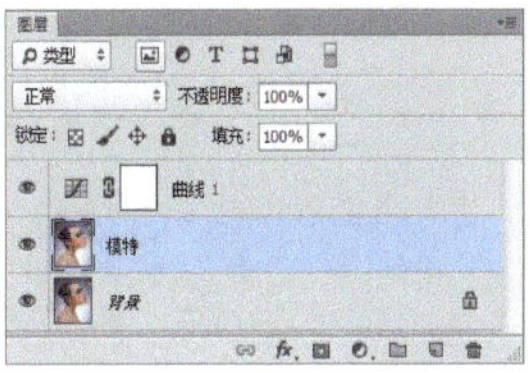

图4-211

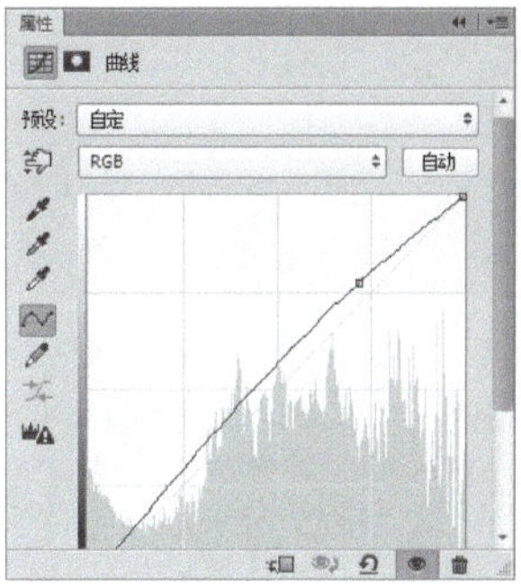

图4-212　　图4-213

09 调整色彩平衡。 按快捷键 Ctrl+Shift+Alt+E盖印所有图层，并将其命名为“盖印”。选中“盖印”图层，单击“图层”面板下方的“创建新的填充或调整图层”按钮，在弹出的菜单中选择“色彩平衡”选项，打开“属性”面板，在“色调”下拉列表中选择“高光”选项，调整“青色”值为-10、“洋红”值为0、“黄色”值为+12。最后根据画面的实际效果，再次适当调整青色和蓝色的数值，完成操作，如图4-214~图4-216所示。

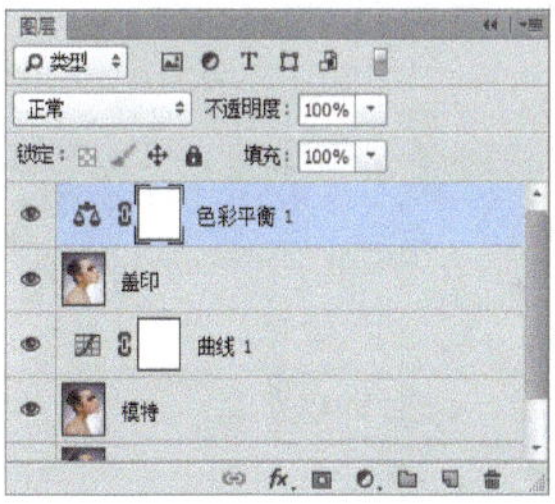

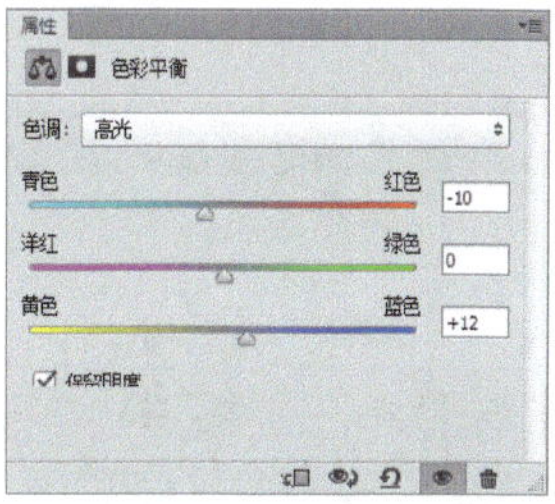

图4-214　　图4-215

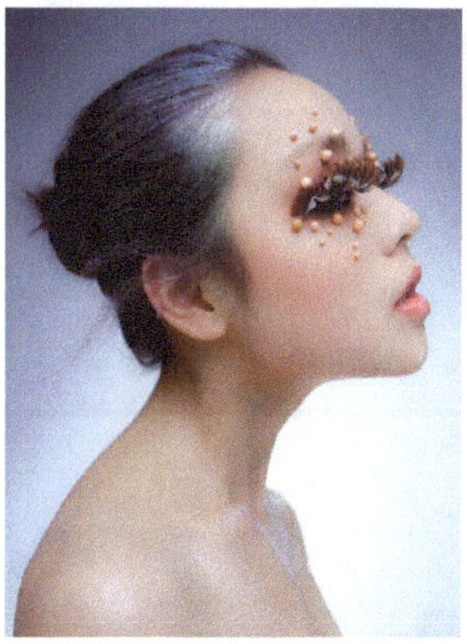

图4-216

TIPS

在对图像进行“磨皮”操作的时候，为了让图像更加完美，在完成磨皮操作之余，可以使用一些调色工具或调色命令对图像做一些调色处理，而具体使用哪种类型的调色工具或者哪种调色命令，需要根据当前的图像情况来决定。

4.5.3 Portraiture一键磨皮

Portraiture为Photoshop的外带滤镜插件，目前被许多设计师和修图师使用。此插件的磨皮方法比较特别，在使用过程中，它可以自动感应皮肤区域的情况来进行磨皮。不过只对皮肤起作用，皮肤以外的头发、眼睛及睫毛等区域几乎不受影响。

Portraiture磨皮插件的优势，是能尽最大可能地保留人物皮肤本身的质感，这是其他磨皮柔肤软件所不具备的。其次，它还具备增强功能，可以对皮肤进行锐化、润色或提亮处理。

在使用Portraiture插件进行磨皮操作时，主要会用到其左侧的工作界面，该界面主要分为细节平滑、皮肤色调蒙版和增强三大工作区域。

细节平滑：主要调节皮肤的细腻程度。滑块向右移动时，可提高皮肤平滑度；滑块向左移动时，可降低皮肤平滑度，如图4-217所示。

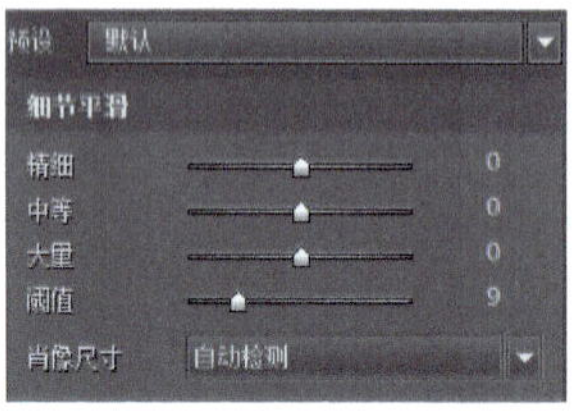

图4-217

皮肤色调蒙版：可调节皮肤的羽化程度、不透明度、模糊程度、色相、饱和度、亮度和宽容度，如图4-218所示。

增强：可调节皮肤的锐度、柔度、暖度、色度、亮度和对比度，如图4-219所示。

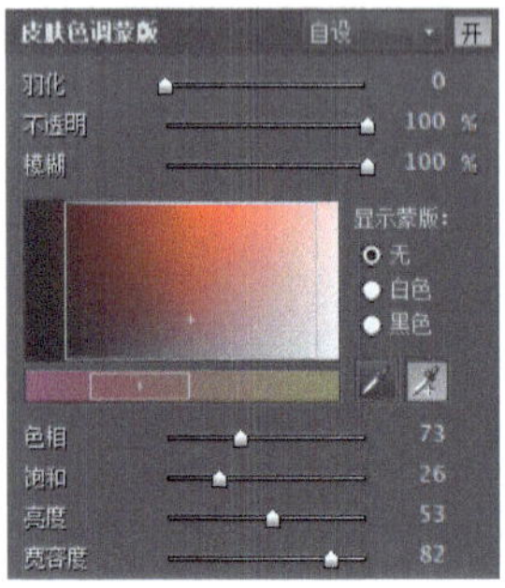

图4-218

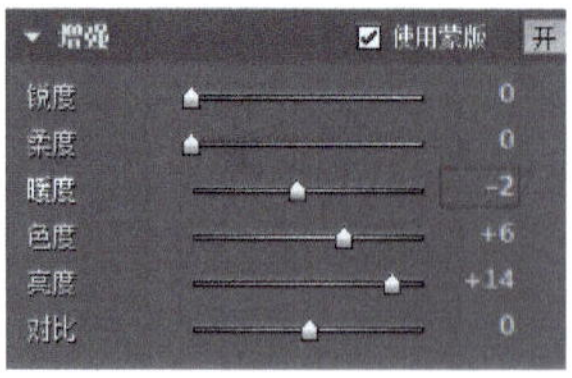

图4-219

技术专题：Portraiture插件的下载与安装

第1步：首先，在计算机中找到下载好的Portraituer插件的压缩文件，解压后得到一个ha_portraiture2013x86x64_CZ文件。打开文件夹，双击进行智能安装，将目标文件所在位置更改为D盘。安装完成后，会出现一个叫作“磨皮神镜-请将此快捷复制到PS下Plug-ins目录”的文件夹，如图4-220～图4-223所示。

图4-220

图4-221

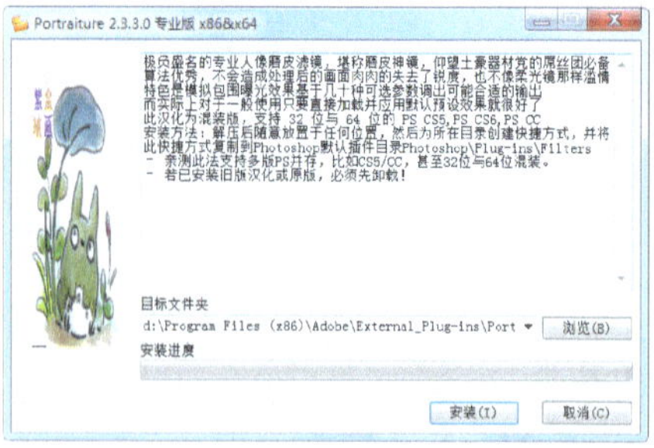

图4-222

图4-223

第2步：用鼠标右键单击桌面上的Photoshop CC快捷图标，在弹出的菜单中选择“属性”选项，之后在弹出的“Adobe Photoshop CC属性”对话框中单击“打开文件位置”按钮，找到一个叫Plug-ins的文件夹，同时双击打开该文件夹（因为我们要将此插件放到Plug-Ins文件夹中才能实现安装，所以必须先找到该文件），如图4-224和图4-225所示。

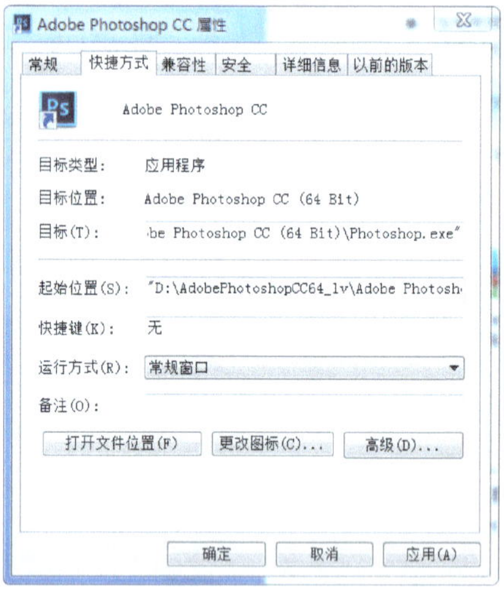

图4-224

图4-225

第3步：将“磨皮神镜-请将此快捷复制到PS下Plug-ins目录”文件夹，复制并粘贴到Plug-ins文件夹中，完成安装，如图4-226所示。

第4步：当我们打开Photoshop时，在“滤镜”菜单中多了一个叫作“Imagenomic/Portraiture...”的选项，则意味着安装成功，如图4-227所示。

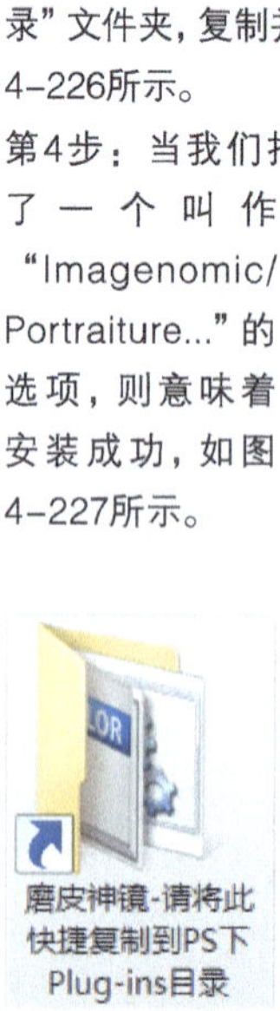

图4-226

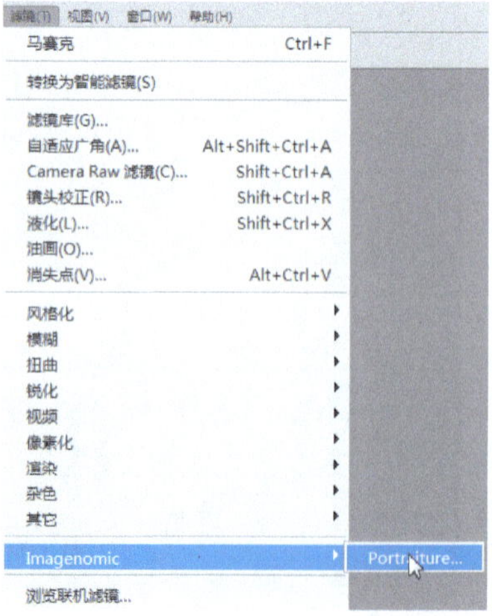

图4-227

? 疑难问答

问：如何查看Plug-ins文件夹的所在位置?

答：这里举个例子。当你将Portraiture插件通过Photoshop CC安装在D盘中时，那么路径就是：D:\Program Files\Adobe\Adobe Photoshop CC\Plug-ins（Plug-ins文件夹的所在位置，可以用鼠标右键单击Photoshop快捷图标，并通过“属性”面板进行查看）。

TIPS

Portraiture插件支持32位和64位的Photoshop CS5、Photoshop CS6和Photoshop CC使用。

实战：半身人像的润色美白磨皮处理

实例位置	素材文件>CH04>实战：半身人像的润色美白磨皮处理
技术掌握	“滤镜>Imagenomic>Portraiture”命令、吸管工具、“增强”面板

Portraiture是一款支持Photoshop及Lightroom的插件，用于人像图片润色。它能智能地对图像中的皮肤、头发、眉毛、睫毛等部位进行平滑和减少疵点处理。下面为大家讲解如何使用Portraiture滤镜对人像进行一键磨皮处理。图片处理前后的对比效果如图4-228所示。

图4-228

• 操作步骤

01 复制图层。按快捷键Ctrl+O打开图像。处理图像前，按快捷键Ctrl+J将“背景”图层复制一层，并命名为“人物”，如图4-229所示。

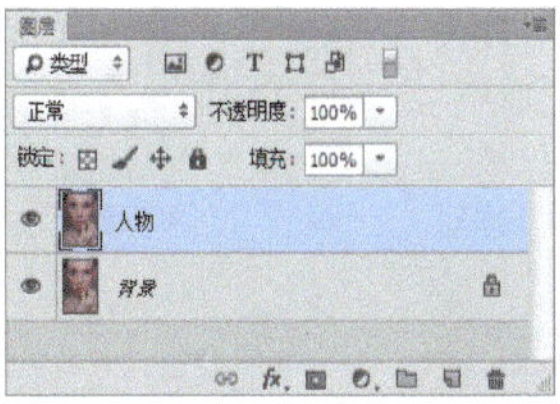

图4-229

02 添加滤镜效果。在菜单栏中执行“滤镜>Imagenomic>Portraiture”命令，进入磨皮工作界面。然后使用“吸管工具”在皮肤区域单击取样2~3个点，其他参数保持默认状态。此时可以看到预览框中的人物皮肤变得细腻柔和了，如图4-230和图4-231所示。

图4-230

图4-231

03 调节皮肤细节。接下来对人物的皮肤细节进行微调。在“增强”面板中，设置“色度”为+3、“亮度”为+12。通过观察和对比可以看出，此时图片中的人物会呈现出理想的皮肤质感，且光影效果也比较自然，如图4-232和图4-233所示。

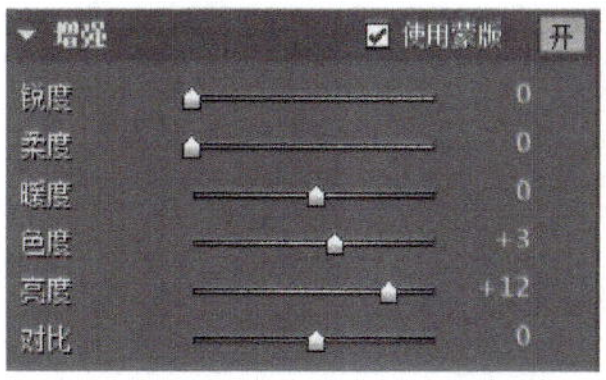

图4-232

图4-233

TIPS

使用Portraiture插件进行人像图片处理时，它能够智能地对图像中的人物皮肤、头发、眉毛及睫毛等部位进行平滑处理，同时减少瑕疵和斑点，减少了人工选择图像区域时需要重复操作的麻烦。

4.6 产品图的调色处理和方法

4.6.1 如何处理产品图过曝问题

在“图像>调整>曲线”命令的执行与操作中，通过调整曲线可以精确地调整图像。

实战：女包产品图的过曝问题处理

实例位置	素材文件>CH04>实战：女包产品图的过曝问题处理
技术掌握	套索工具、快捷键Ctrl+M

下面为大家讲解如何利用“曲线”调整命令来处理女包产品图过曝的问题。图片处理前后的对比效果如图4-234所示。

图4-234

- **操作步骤**

01 复制图层。按快捷键Ctrl+O打开“包包”图像文件。处理图像前，按快捷键Ctrl+J将“包包”图层复制一层，并命名为“包包 拷贝”，如图4-235所示。

图4-235

02 羽化处理。选中“包包 拷贝”图层，在工具栏中选择“套索工具”，圈选图中产品图像的高光区域。单击鼠标右键，在弹出的快捷菜单中选择“羽化”选项，在弹出的“羽化选区”对话框中设置“羽化半径”为50像素，如图4-236~图4-238所示。

图4-236

图4-237

图4-238

03 提亮处理。按快捷键Ctrl+M调出“曲线”对话框，将调节窗口中的节点适当向下拉动，让高光处变得稍暗一些且起到平滑边缘的作用，同时让羽化的效果很好地与周围的边缘融合，操作完成之后单击“确定”按钮。按快捷键Ctrl+D取消选区，如图4-239和图4-240所示。

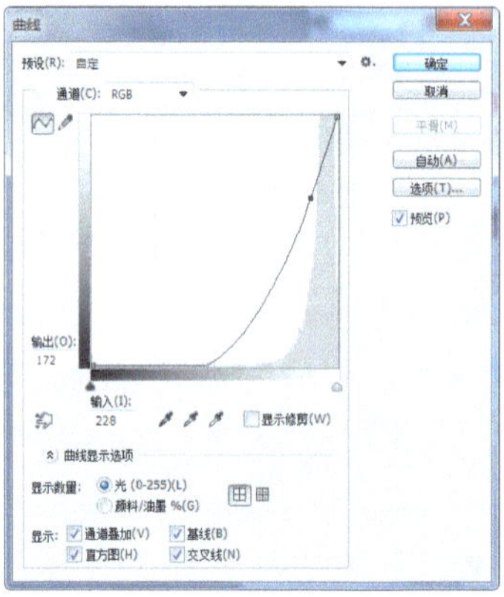

图4-239

图4-240

04 进一步提亮。适当改变一下选区位置，将选区向下调整，再次按快捷键Ctrl+M调出“曲线”对话框，在调节窗口中适当调节节点，直到将选区中的高光调整到与产品边缘的光线接近为止，如图4-241~图4-243所示。

图4-241

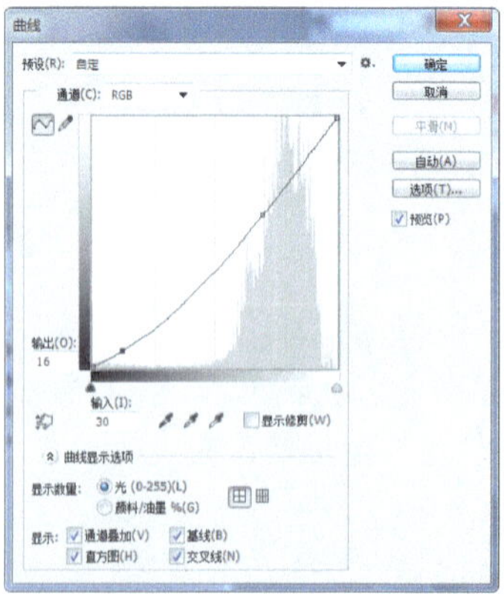

图4-242

图4-243

TIPS

在使用“曲线”功能调节图像的光影效果时，如果一次调节不到位，可以少量多次的形式进行调节，直至其呈现出理想的状态。

4.6.2 如何处理产品图过暗

所谓中性灰，就是指在RGB色彩模式下，R:G:B=1:1:1，即红、绿、蓝三色的数值相等。当R=G=B=128时，被称作“绝对中性灰”。

白光经过三棱镜后会分成七色光，这七色光经过精简就得到了三原光，它们分别是红、绿、蓝，最饱和的三原光相加就会还原成白光，无论三原光还是三原色，只要三种颜色不是完全饱和的，当这三种颜色混合时，就一定会生成灰色。而这里的灰色即为中性灰。

根据中性灰的工作原理，阴影和光照使用“50%灰色”，将混合模式设置为“叠加”或“柔光”，这样不会破坏原图层的像素，但还是能够得到你想要的效果。这两种混合模式的工作原理相同，但是“柔光”更能彰显对光的显示。改变混合模式后你会发现，灰色完全消失。

TIPS

当我们通过“中性灰”原理结合“加深工具”或“减淡工具”调整高光或阴影时，产品的光影效果会非常真实和自然，不会破坏原图纹理。

实战：女包产品图的过暗问题处理

实例位置	素材文件>CH04>实战：女包产品图的过暗问题处理
技术掌握	快捷键Ctrl+L、“色阶”/“填充”命令、加深工具

针对该案例，我们将利用“色阶”和“填充”命令，调整图片的中性灰效果，同时利用“加深工具”调整图片的高光和阴影，解决女包产品图过暗的问题。图片处理前后的对比效果如图4-244所示。

图4-244

- **操作步骤**

01 复制图层。按快捷键Ctrl+O打开图像。处理图像前，按快捷键Ctrl+J将“背景”图层复制一层，并命名为“手拎包”，如图4-245所示。

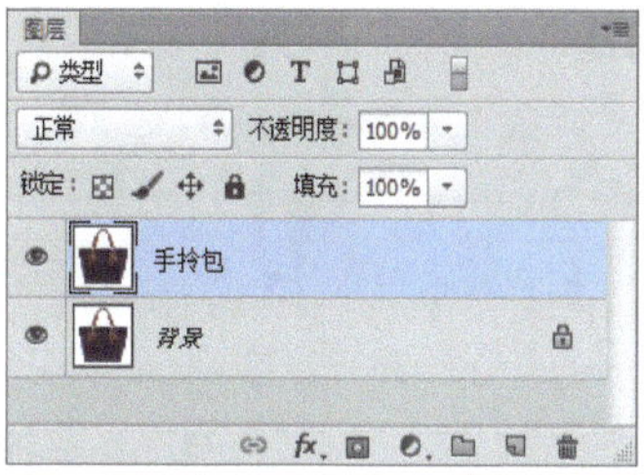

图4-245

02 调整色阶。选中“手拎包”图层，按快捷键Ctrl+L调出“色阶”对话框，此时可以通过该面板中的直方图一目了然地观察到图像中黑、白、灰三个色调的信息分布情况。通过观察，可以看到图像最右边亮部的信息较少，中间灰色区域的信息也比较少，只有暗部区域的信息比较多，所以图片呈现出一种灰暗效果，如图4-246所示。

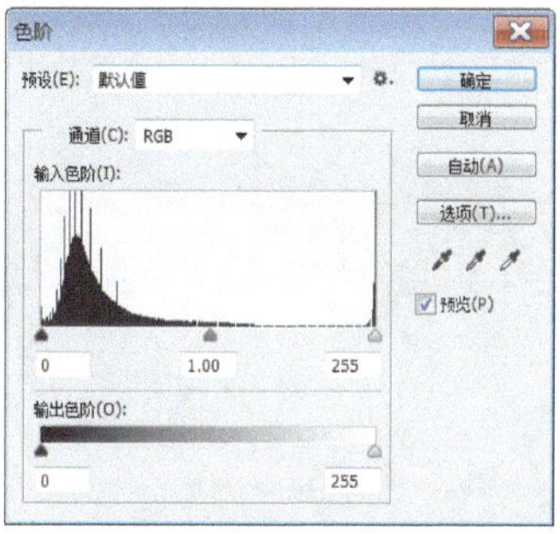

图4-246

TIPS

在观察“色阶”对话框中的直方图时，其从左到右分别对应的是黑、灰、白三个颜色滑块。如果发现直方图的信息分布不均，则表示图像可能存在过暗、过亮或发灰的问题。

在做相应调整时，我们要注意的是，其具体的黑白灰设置没有固定参数，可以根据图片的实际情况来做相应的调整。

03 调节直方图。针对直方图显示的情况，这里将直方图下方中间的即灰色区域的滑块适当往左移动，将最右边的即高光区域的滑块也适当向左移动，同时将最左边的三角滑块向中间位置移动，单击“确定”按钮，如图4-247和图4-248所示。

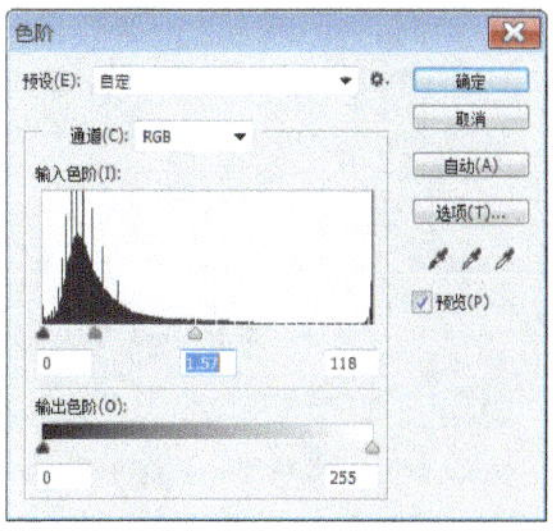

图4-247

图4-248

04 处理曝光。经过以上调节之后，仔细观察图片，此时会发现图片中依然还存在一些曝光问题，需要继续调整。选中“手拎包”图层，单击“图层”面板下方的“创建新图层”按钮 ，然后在该图层上方新建一个图层，并命名为“中性灰”。按快捷键Shift+F5，弹出“填充”对话框，在“使用”下拉列表中选择“50%灰色”选项，单击“确定”按钮。同时将该图层的“混合模式”设置为“柔光”，如图4-249~图4-251所示。

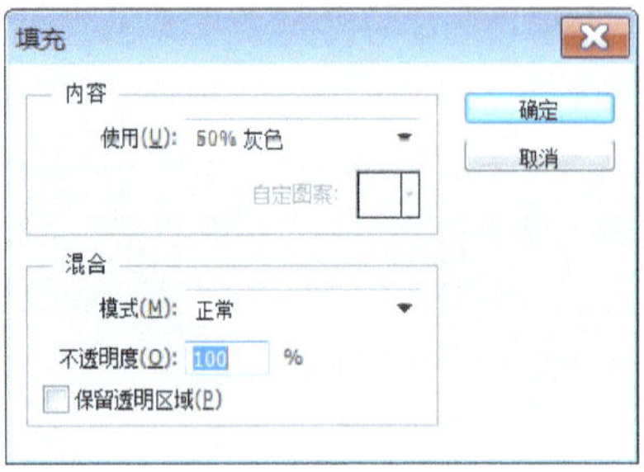

图4-249

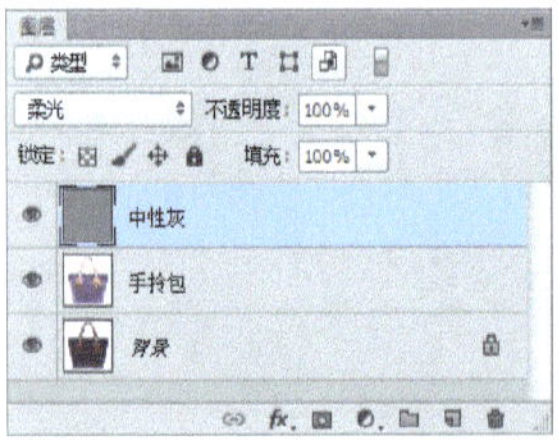

图4-250

图4-251

05 加深处理。在工具栏中选择“加深工具” ，在对应的选项栏中设置画笔“大小”为150像素、“范围”为“高光”、“曝光度”为100%。移动鼠标光标，对产品高光处，包括包包的手拎部位、左右两侧边缘及中间区域进行适当涂抹，目的是为了让产品的质感更强，同时也使产品更加接近实物，如图4-252和图4-253所示。

图4-252

图4-253

TIPS

“加深工具” 对应的加深范围包括阴影、中间调和高光。在调节过程中，如果选择“阴影”，表示把图片较暗的部分加深，而忽略较亮的部分；如果选择“中间调”，表示对整体都进行加深；如果选择“高光”，则表示只对高光部分进行加深。

4.6.3 如何给产品图校色

在平日里，我们一般对物体的固有色都是有一个基本的视觉标准的。而在产品图拍摄中，由于会受到一些环境色的影响，图片往往会存在偏色的问题。因此在后期处理时，需要通过一些操作尽量还原图片的固有色。而这个操作过程，就称为校色。

实战：苹果产品图的校色处理

实例位置	素材文件 >CH04> 实战：苹果产品图的校色处理
技术掌握	快捷键 Ctrl+L、Camera Raw 插件、混合模式、“自然饱和度”命令

这里，通过对苹果图片的校色讲解，来了解一下对于这种暗色、偏色且视觉上不够鲜艳的图片的校色方法。图片处理前后的对比效果如图4-254所示。

图4-254

- **操作步骤**

01 复制图层。按快捷键Ctrl+O打开图像。处理图像前，按快捷键Ctrl+J将“背景”图层复制一层，并命名为“苹果”，如图4-255所示。

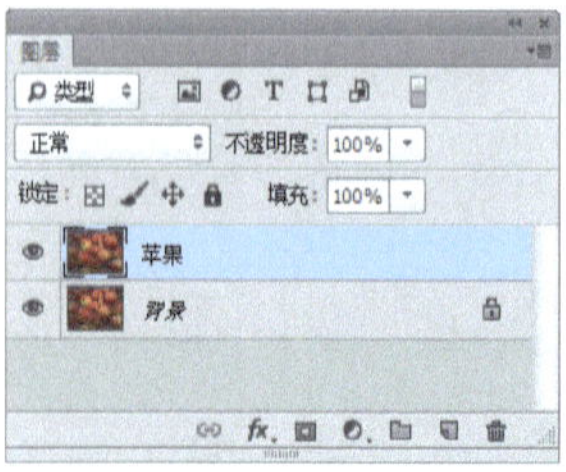

图4-255

02 调整色阶。选中“苹果”图层，按快捷键Ctrl+L调出“色阶”对话框，此时可以通过该面板中的直方图一目了然地观察到图像中黑、白、灰三个色调的信息分布情况。可以看到右边高光区域的信息较少，中间灰色区域的信息也比较少，而只有左边暗部区域的信息比较多，因此图片整体偏暗，如图4-256所示。

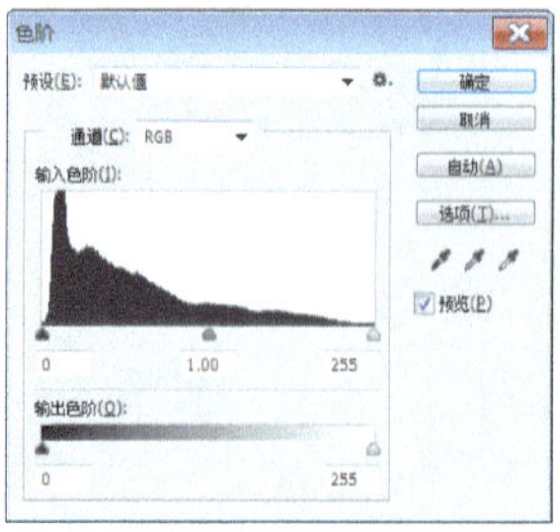

图4-256

03 提亮处理。关闭“色阶”对话框，按快捷键Ctrl+M打开“曲线”对话框。将调节窗口中的节点适当向上拉，同时观察图片的亮度，只要适度即可，最后单击“确定”按钮，如图4-257和图4-258所示。

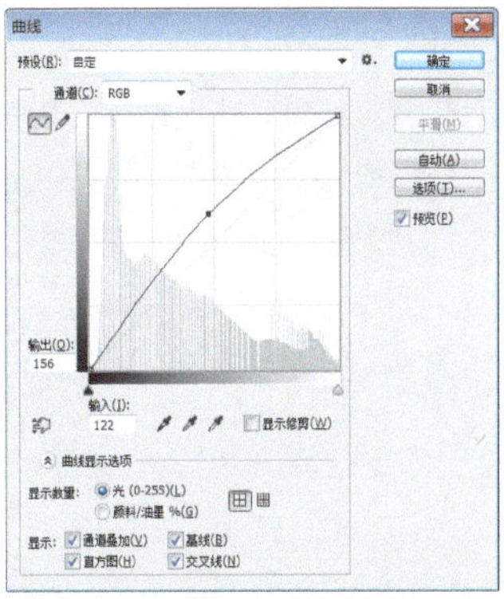

图4-257

图4-258

04 只通过“曲线”功能进行调亮还不够，为了让图片的光影效果更加细腻，需要通过Camera Raw插件的“滤镜”功能对其进行调节。单击“滤镜”菜单中的“Camera Raw”选项，在弹出的对话框中调整“色温”为+7、“清晰度”为+13，最后单击“确定”按钮，如图4-259和图4-260所示。

图4-259

图4-260

TIPS

使用Camera Raw的滤镜，可以给图片整体增加色温，让苹果的色泽显得更加诱人，同时也加强了图片的清晰度，让产品更加接近真实的效果。

05 调整自然饱和度。单击“图层”面板下方的“创建新的填充或调整图层”按钮，在弹出的菜单中选择“自然饱和度”选项，自动创建一个“自然饱和度 1”图层，此时会弹出“属性”面板，调整“自然饱和度”为-11、“饱和度”为+13。关闭该面板，这时可以看到图片的亮度有所提升，同时苹果在自然光线下也呈现得更加真实和自然了，如图4-261~图4-263所示。

图4-261

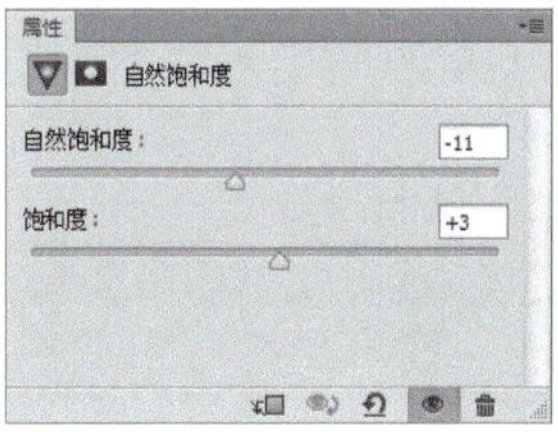

图4-262

图4-263

06 添加水珠特效。为了让图片中的苹果看起来色泽更加诱人，为苹果产品图添加一个“水珠”特效。将提前找好的一张水珠透明素材拖入苹果图片中，并将该图层命名为“水珠”，如图4-264~图4-266所示。

图4-264

图4-265

图4-266

07 调节水珠效果。 观察图片，发现置入的“水珠”素材本身有些偏暗，需要提亮，使其更自然地融入图片当中。选中“水珠”图层，将该图层的“混合模式”修改为“柔光”，这时可以看到水珠不是很明显，因此需要将“水珠”图层连续复制两次，并分别将对应图层的“混合模式”修改为“柔光”，完成操作，如图4-267和图4-268所示。

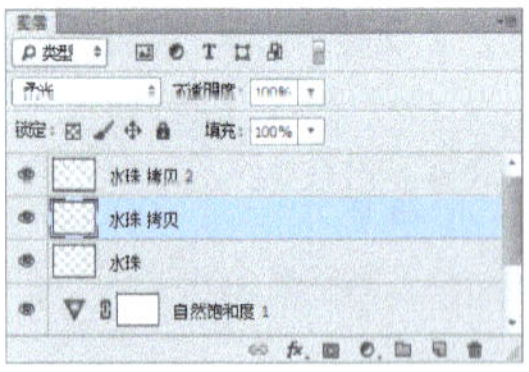

图4-267

图4-268

4.6.4 如何给产品图换色

针对产品图换色处理，主要采用调整“色相/饱和度”的方法，通过改变色相值得到我们想要的颜色。输入的数值不同，得到的产品颜色就不同。

实战：女包产品图的换色处理

实例位置	素材文件 >CH04> 实战：女包产品图的换色处理
技术掌握	快捷键 Ctrl+U、“色相 / 饱和度”命令

本案例主要讲解如何运用“色相/饱和度”命令为“手提包”产品替换不同的颜色。在换色过程中，可以直接在“色相/饱和度”对话框的“色相”文本框中输入一定的色值，得到我们想要的颜色。输入的数值不同，得到的产品颜色就不同。图片处理前后的对比效果如图4-269和图4-270所示。

图4-269

图4-270

• 操作步骤

01 复制图层。 按快捷键Ctrl+O打开图像。处理图像前，按快捷键Ctrl+J将“背景”图层复制一层，并命名为“手提包”，如图4-271所示。

图4-271

02 调节出青色包效果。 选中“手提包”图层，按快捷键Ctrl+U调出“色相/饱和度”对话框，选择“全图”模式，将“色相”值调节到180，此时会得到一个青色的手提包效果，最后将该图层命名为“青色包”，如图4-272和图4-273所示。

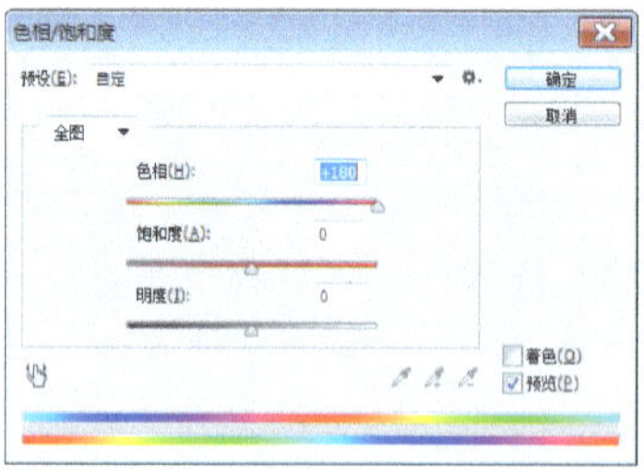

图4-272

图4-273

03 调节出绿色包效果。 复制“青色包”图层，得到一个“青色包 拷贝”图层。按快捷键Ctrl+U调出“色相/饱和度”对话框，将“色相”值调节到120，便会得到一个绿色的手提包效果，最后将该图层命名为“绿色包”，如图4-274和图4-275所示。

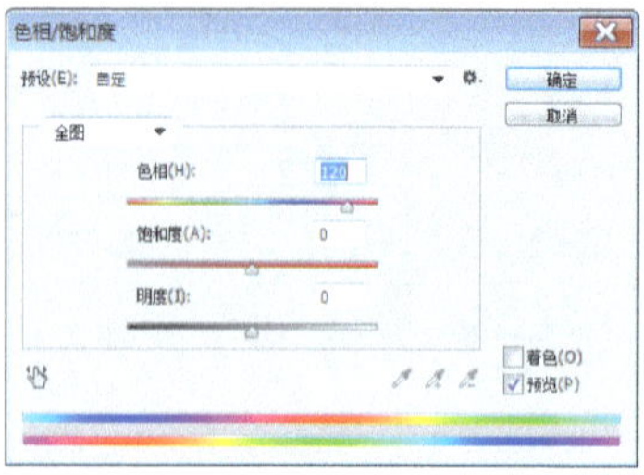

图4-274

图4-275

04 调节出蓝色包效果。 复制“绿色包”图层，得到一个“绿色包 拷贝”图层。按快捷键Ctrl+U调出“色相/饱和度”对话框，将“色相”值调节到120，便会得到一个蓝色的手提包效果，最后将该图层命名为“蓝色包”，如图4-276和图4-277所示。

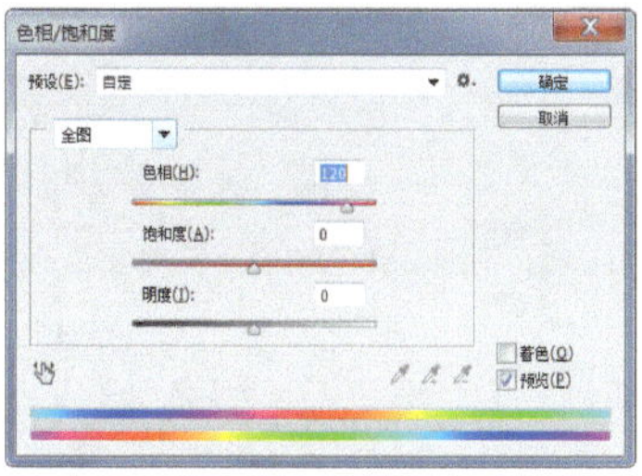

图4-276　　图4-277

05 调节出紫色包效果。复制“蓝色包”图层，得到“蓝色包 拷贝”图层。按快捷键Ctrl+U调出“色相/饱和度”对话框，将“色相”值调节到180，此时得到一个紫色手提包效果，最后将该图层命名为“紫色包”，如图4-278和图4-279所示。

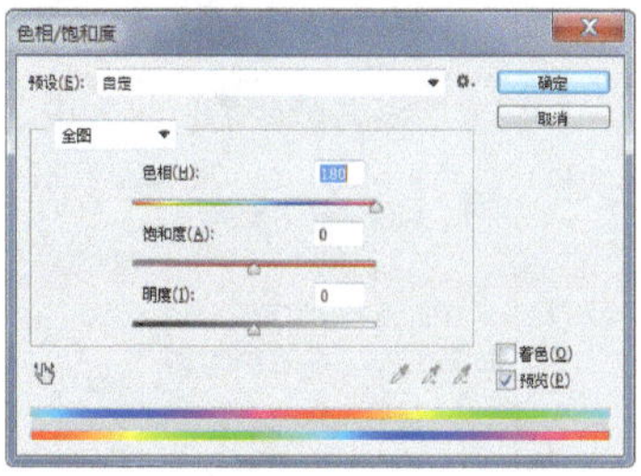

图4-278　　图4-279

06 调节出黄色包效果。复制“紫色包”图层，得到一个“紫色包 拷贝”图层。按快捷键Ctrl+U调出“色相/饱和度”对话框，将“色相”值调整到120，此时将得到一个黄色的手提包效果，最后将该图层命名为“黄色包”，如图4-280和图4-281所示。

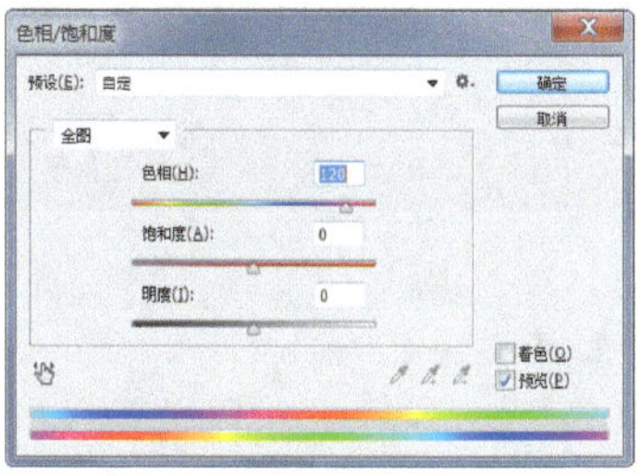

图4-280　　图4-281

TIPS

在实际操作过程中，大家可以依照色相环中颜色的对应关系，通过执行“色相/饱和度”命令，来得到任意想要的颜色。

4.6.5 不同风格的调色处理

在这里主要针对当下比较流行的几种画面风格进行调色处理，包括唯美淡青色风格、怀旧复古风格和日系单色风格的调色处理。

实战：唯美淡青色风格调色

实例位置	素材文件>CH04>实战：唯美淡青色风格调色
技术掌握	快捷键Ctrl+Alt+2、混合模式、图层蒙版、Lab颜色模式、“曲线”命令、“色相/饱和度”命令、“色彩平衡”命令

淡青色风格的图片，整体感觉唯美柔和、温馨梦幻，带给人无限的遐想及朦胧的美感，有一种浪漫主义艺术气息。此种调色手法在女装行业较为多见。

在这里，针对一张很普通而且色彩比较暗的图片，通过调色使其成为一张柔美、色调清新自然的图片，从而呈现出一种艺术效果。图片处理前后的对比效果如图4-282所示。

图4-282

• 操作步骤

01 复制图层。按快捷键Ctrl+O打开图像。处理图像前，按快捷键Ctrl+J将“背景”图层复制一层，并命名为“花”，如图4-283所示。

图4-283

02 提亮处理。选中“花”图层，按快捷键Ctrl+M调出“曲线”对话框，然后单击调节窗口中的节点，并适当进行拖拉调整，或设置“输入”为38、“输出”为57，使图片整体变亮。注意一边调节一边观察画面，防止过曝或过暗。最后单击“确定”按钮，结束本次操作，如图4-284和图4-285所示。

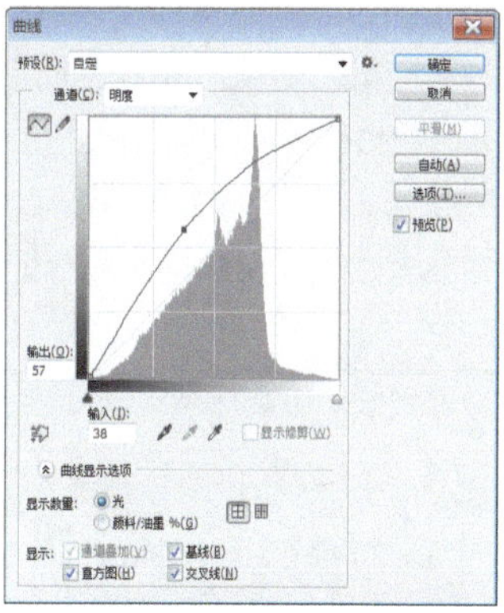

图4-284

图4-285

03 调节高光。选中“花”图层，按快捷键Ctrl+Alt+2调出高光选区，然后按快捷键Ctrl+Shift+I执行“反相”命令。按快捷键Ctrl+J复制该图层，并将其命名为“高光”，同时改变图层的“混合模式”为“滤色”，此时可以看到图片变得更透亮了。按快捷键Ctrl+D取消选区，结束此次操作，如图4-286~图4-288所示。

图4-286

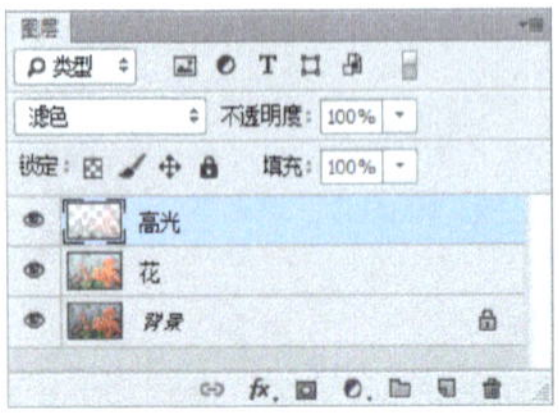

图4-287

图4-288

疑难问答

问：滤色的作用是什么?

答：滤色是Photoshop的图层混合模式之一。简单来说，滤色的作用就是保留两个图层中较亮的部分，然后将较暗的部分进行遮盖，从而提亮图片。

04 模糊处理。在所有图层的上方新建一个图层，按快捷键Ctrl+Shift+Alt+E盖印图层，并将其命名为“花1”，然后复制“花1”图层，得到“花1 拷贝”图层。选中“花1拷贝”图层，在菜单栏中执行“滤镜>模糊>高斯模糊”命令，在“高斯模糊”对话框中设置“半径”为4.0像素，单击“确定”按钮。这样做的目的是为了去除图片周围的杂乱元素，使主体更加突出，同时凸显一定的艺术效果，如图4-289~图4-291所示。

图4-289

图4-290

图4-291

05 添加蒙版效果。选中“花1拷贝”图层，按住Alt键，单击“图层”面板下方的“添加图层蒙版”按钮，为其添加一个图层蒙版。在工具栏中设置“前景色”为黑色，同时选择“画笔工具”，设置画笔“大小”为95像素、“模式”为“正常”、“不透明度”为100%，“流量”为100%，对“花1 拷贝”图层中的花朵聚焦位置进行擦除，如图4-292~图4-294所示。

图4-292

图4-293

图4-294

TIPS

“画笔工具”和“蒙版”功能是一对黄金搭档。只要使用了“蒙版”功能，就一定会用到“画笔工具”。在画笔设置当中，黑色画笔表示显示，白色画笔表示隐藏。因此，如果在擦除过程中发现擦除的面积过大了，可以调整画笔的“前景色”为白色，然后再通过擦除修复回来。

06 制作聚集效果。通过“近大远小”的原理，为图片制作类似聚集的效果。按快捷键Ctrl+Alt+Shift+E对所有图层进行盖印处理，并将其命名为“盖印”，在菜单栏中执行“窗口>图像>模式>Lab颜色”命令，将该图层转换为Lab颜色模式，如图4-295~图4-297所示。

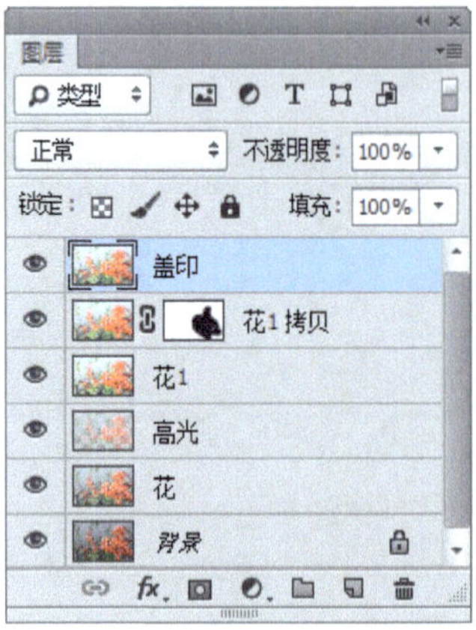

图4-295

图4-296

图4-297

07 设置通道图层。切换至“通道”面板，选中“a”通道，按快捷键Ctrl+A对“a”通道中的图像进行全选，接着分别按快捷键Ctrl+C和Ctrl+V将其复制粘贴到“b”通道，最后按快捷键Ctrl+D取消选区，并回到RGB通道，完成本次操作，如图4-298~图4-301所示。

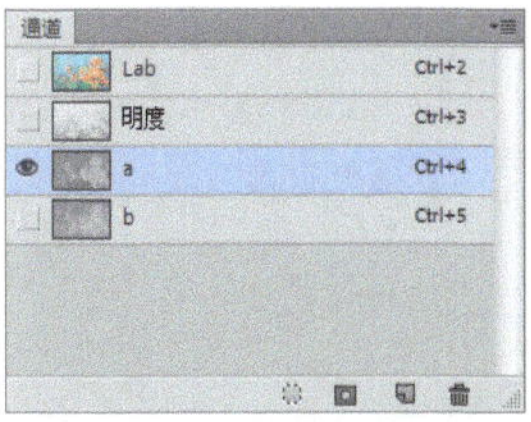

图4-298

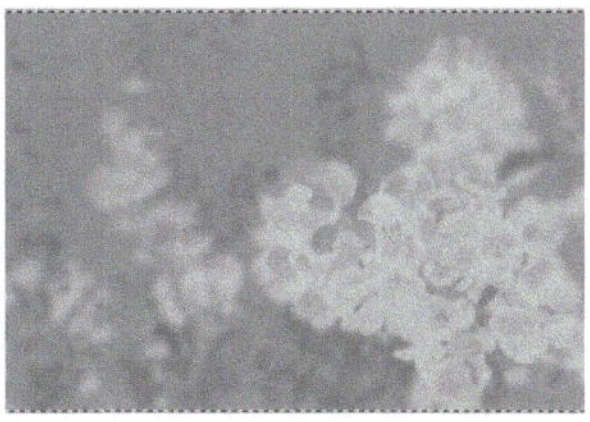

图4-299

图4-300

图4-301

TIPS

Lab模式是一种能最大限度模拟自然光的模式，也是Photoshop中内部转换模式的一种过渡模式，其包含的色域最广，因此对图像的颜色能起到衔接调和的作用。其中L是指亮度值，a是指绿色到红色的色相范围，b是指蓝色到黄色的色相范围，这是一种基于人眼视觉变化的色彩模拟。

08 调节色相/饱和度。选中“盖印”图层，单击“图层”面板下方的“创建新的填充或调整图层”按钮，然后在该图层上方创建一个“色相/饱和度1”图层。在弹出的“属性”面板中选择“青色”选项，设置“色相”为-31，此时画面给人的感觉更加唯美了，如图4-302和图4-303所示。

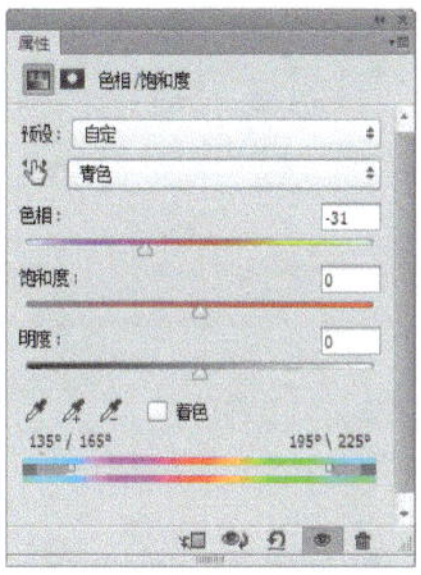

图4-302

图4-303

09 调节中间调。继续选中“盖印”图层，单击“图层”面板下方的“创建新的填充或调整图层”按钮，在该图层上方创建一个“色彩平衡1”图层。在弹出的“属性”面板中选择“中间调”选项，设置“绿色”值为-11 、“黄色”值为15，此时画面呈现青色的唯美效果，如图4-304和图4-305所示。

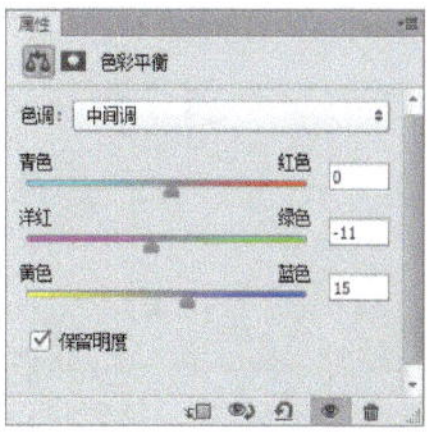

图4-304

图4-305

实战：怀旧复古风格调色

实例位置	素材文件>CH04>实战：怀旧复古风格调色
技术掌握	“滤镜”功能、“曲线”命令、“色相/饱和度”命令、混合模式、“可选颜色”命令

该图片的特点是画面整体对比度较低、偏灰和偏黄，并且整体色彩明度较低，仿佛因时间久了而留下的岁月痕迹，调色的同时会配合制作出一些“斑驳裂纹”的纹理效果，以效仿老照片的感觉。因此，我们在做调色处理时，要特别注意画面的色调关系。

在本案例中，我们需要将一张看似比较平淡和常规的图片通过调色的方法，呈现出怀旧的视觉效果，烘托出浓烈的艺术氛围，如同老电影一般，激起怀旧的情绪和故事联想。图片处理前后的对比效果如图4-306所示。

图4-306

- **操作步骤**

01 复制图层。按快捷键Ctrl+O打开图像。处理图像前，按快捷键Ctrl+J将“背景”图层复制一层，并命名为“花”，如图4-307所示。

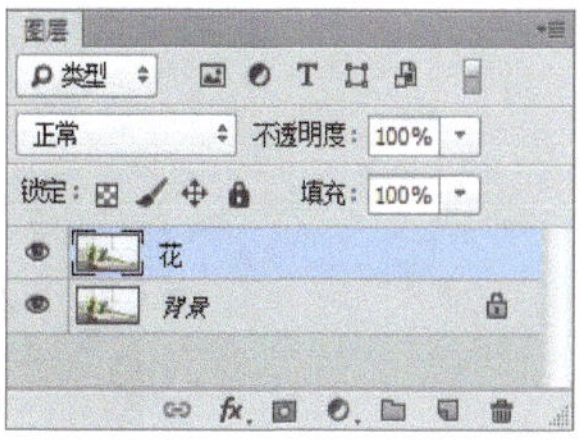

图4-307

02 提亮处理。单击“图层”面板下方的“创建新的填充或调整图层”按钮，在弹出的菜单中选择“曲线”选项，在“花”图层上方创建一个“曲线1”调整图层。在弹出的“属性”面板中选择“RGB”通道，在调节窗口中将节点适当向下拉动，使图片变得更暗，如图4-308~图4-311所示。

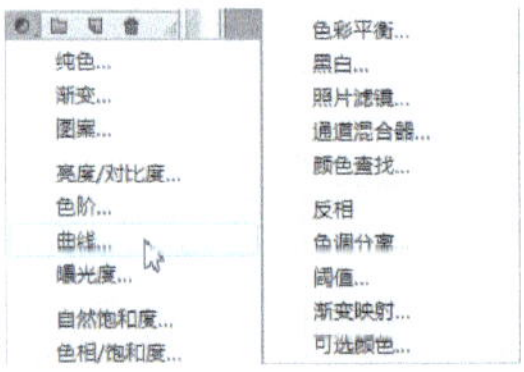

图4-308

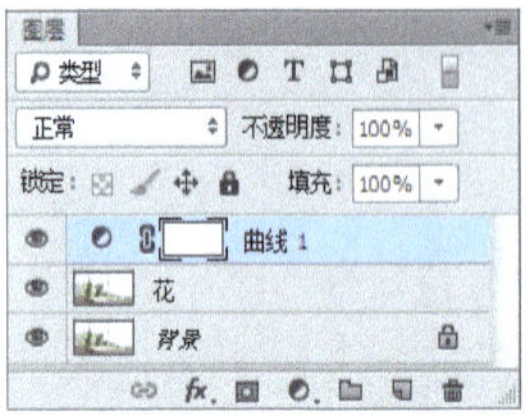

图4-309

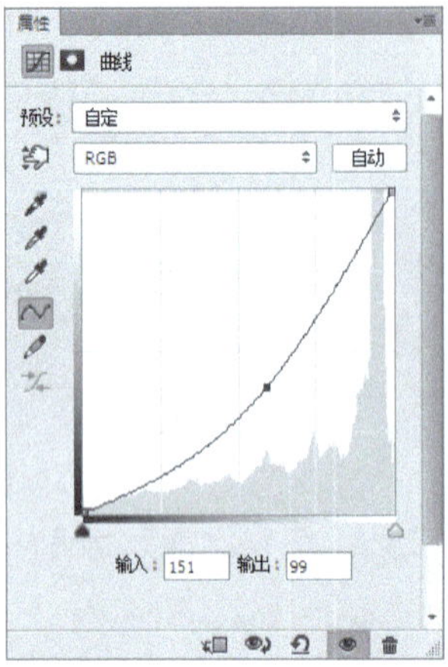

图4-310

图4-311

03 增加对比度。单击“图层”面板下方的“创建新的填充或调整图层”按钮，在弹出的菜单中选择“亮度/对比度”选项，然后在“花”图层上方创建一个“亮度/对比度1”调整图层，并在弹出的“属性”面板中设置“亮度”为-16、“对比度”为32。增强对比度，同时使图片明暗更加强烈，如图4-312~图4-314所示。

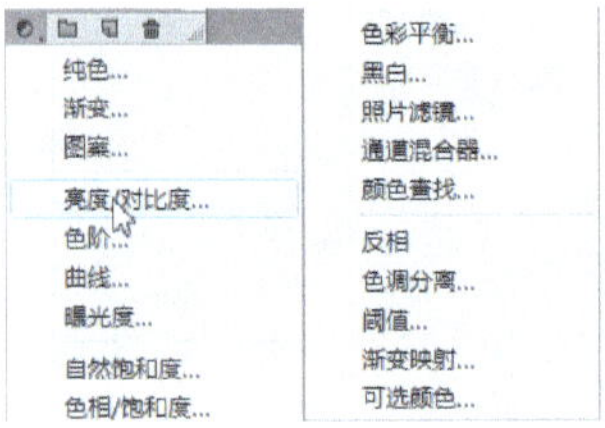

图4-312

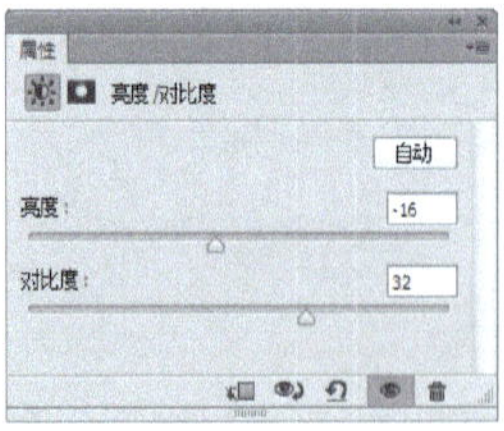

图4-313

图4-314

04 调节可选颜色。单击“图层”面板下方的“创建新的填充或调整图层”按钮，在弹出的菜单中选择“属性”选项，然后在弹出的“属性”面板中选择“黄色”选项，设置“青色”值为-4%、“洋红”值为+28%、“黄色”值为+14%，让图片颜色更鲜艳的同时，呈现出复古怀旧的视觉效果，如图4-315和图4-316所示。

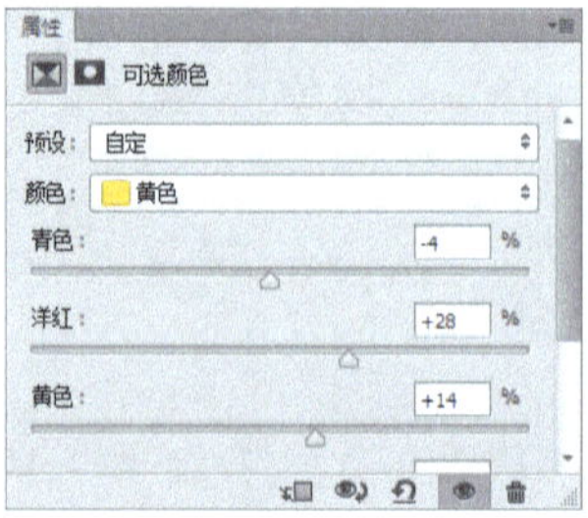

图4-315

图4-316

05 调整素材图片。按快捷键Ctrl+O打开一张“纹理”素材图片。此图片有些偏红，需要调整一下再使用。单击“图层”面板下方的“创建新的填充或调整图层”按钮，在弹出的菜单中选择“可选颜色”选项，在弹出的“属性”面板中选择“黄色”选项，设置“黄色”值为-34%、“洋红”值为-18%。此时图片中的红色被去掉了一些，同时呈现出理想的陈旧效果，如图4-317~图4-319所示。

图4-317

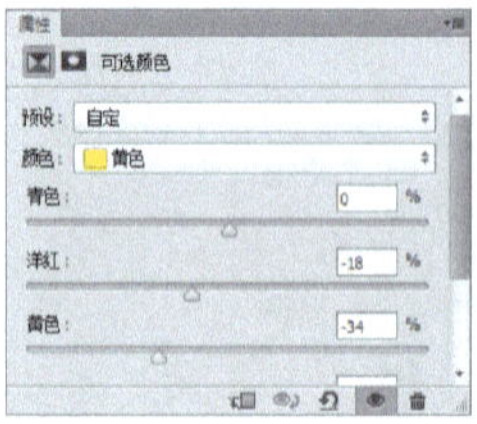

图4-318

图4-319

06 置入素材图片。将上一步调整好的素材图片置入需要制作的图片中，选中“花”与“纹理”图层，执行“对齐>居中对齐”命令，将两个图层对齐。将“纹理”图层的“混合模式”设为“正片叠底”，调整图层的“不透明度”为60%，使纹理更好地融合到当前图像中，此时图片呈现出自然的肌理效果，同时质感也更好了，如图4-320和图4-321所示。

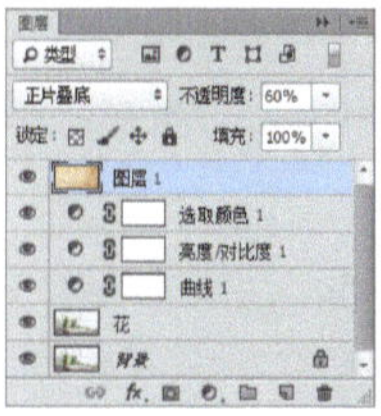

图4-320

图4-321

07 盖印图层。在所有图层的上方新建一个图层，并按快捷键Ctrl+Shift+Alt+E对所有图层做盖印处理，同时将新创建的图层命名为“盖印”，如图4-322所示。

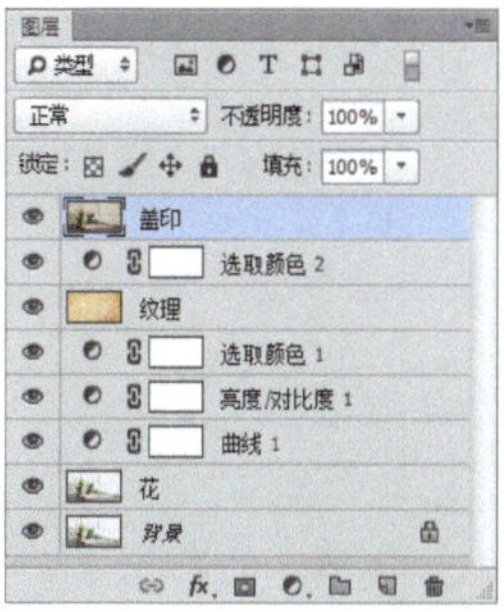

图4-322

08 填充褐色效果。按住Ctrl键的同时单击“图层”面板下方的“创建新图层”按钮，新建一个图层，并将其命名为“褐色”，同时设置“前景色”为褐色（R:150，G: 98，B: 34）。按快捷键Alt+Delete给图层填充褐色，设置图层的“混合模式”为“叠加”，调整图层的“不透明度”为25%。这样做是为了让图片的背景呈现出更深沉的暗色调，让画面的复古效果更加强烈，如图4-323和图4-324所示。

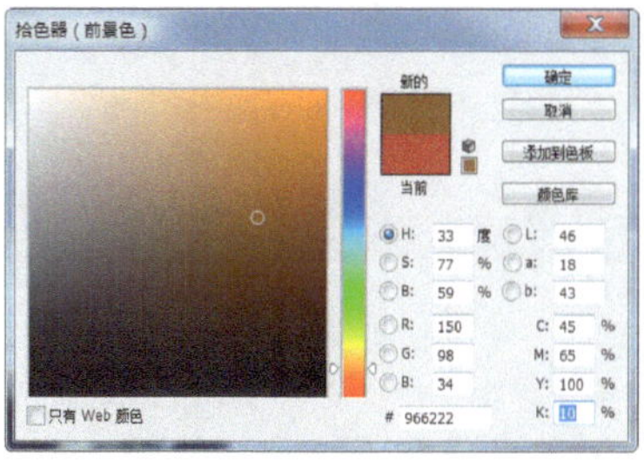

图4-323

图4-324

09 增加绿色效果。按快捷键Ctrl+Shift+Alt+E对所有图层进行盖印，并将新创建出的图层命名为“盖印1”。单击“图层”面板下方的“创建新的填充或调整图层”按钮，在弹出的菜单中选择“曲线”选项，在“盖印1”图层上方创建一个“曲线1”调整图层。在弹出的“属性”面板中选择“绿”通道，在调节窗口中将节点适当向上拉动，让图片呈现出偏绿的视觉效果，如图4-325~图4-327所示。

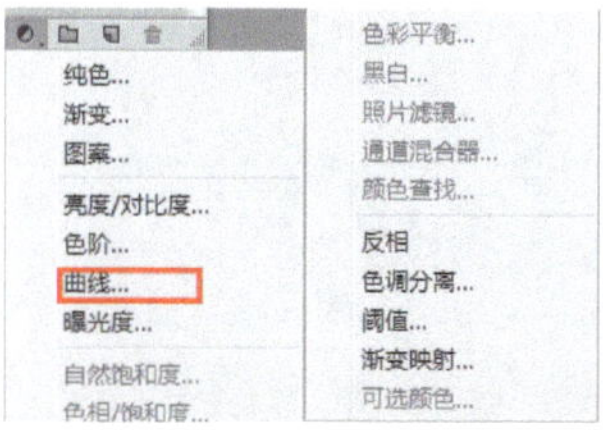

图4-325

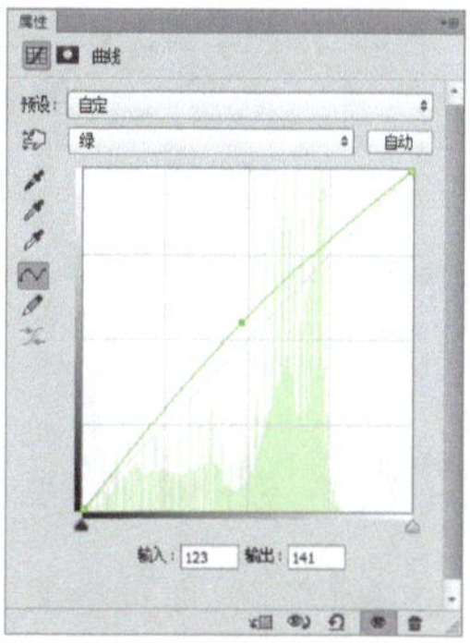

图4-326

图4-327

10 调整黄色部分。继续单击“图层”面板下方的“创建新的填充或调整图层”按钮，在弹出的菜单中选择“可选颜色”选项，然后在弹出的“属性”面板中选择“黄色”选项。调整“青色”值为-11%、“洋红”值为+72%、“黄色”值为-15%、“黑色”值为-30%，让图片的纹理效果显得更加陈旧，如图4-328和图4-329所示。

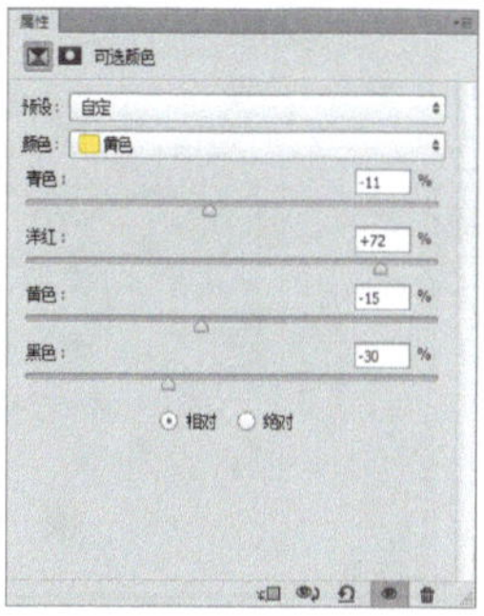

图4-328

图4-329

11 调整黑色部分。在“属性”面板中选择“黑色”选项，设置“青色”值为+100%、“洋红”值为-4%、“黄色”值为+70%、“黑色”值为+31%，进一步增强图片纹理的陈旧感，如图4-330和图4-331所示。

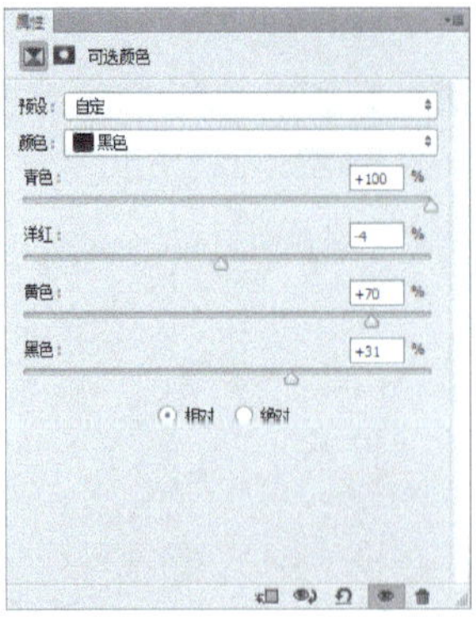

图4-330

图4-331

12 调整绿色部分。继续在“属性”面板中选择“绿色”选项，设置“青色”值为-6%、“洋红”值为+66%、“黄色”值为+74%、“黑色”值为+66%，完成后的效果如图4-332和图4-333所示。

图4-332

图4-333

13 调整色相/饱和度。按快捷键Ctrl+Shift+Alt+E盖印所有图层，并将新建的图层命名为“盖印2”。单击“图层”面板下方的“创建新的填充或调整图层”按钮，在弹出的菜单中选择“色相/饱和度”选项，在弹出的“属性”面板中设置“色相”为-2、“饱和度”为+6、“明度”为-5，如图4-334~图4-336所示。

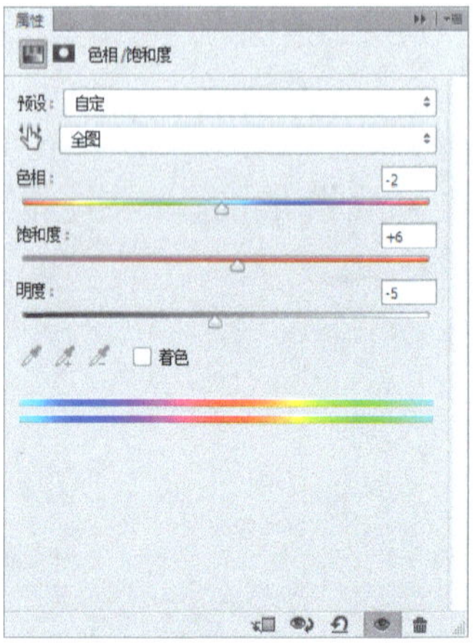

图4-334

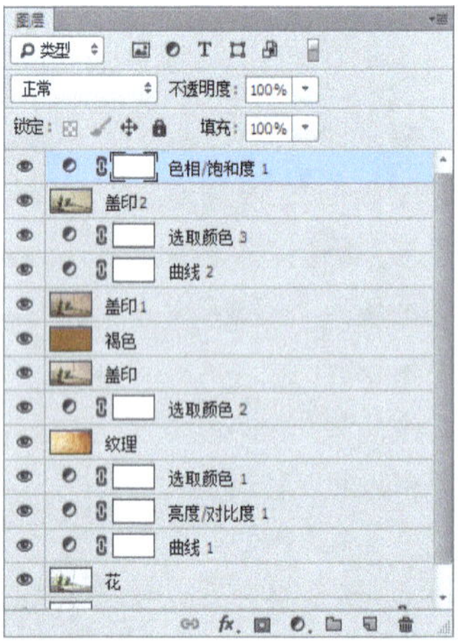

图4-335

图4-336

14 增加蓝色效果。选中“盖印1”图层，然后单击“图层”面板下方的“创建新的填充或调整图层”按钮，在弹出的菜单中选择“曲线”选项，在弹出的“属性”

面板中选择“蓝”通道，同时在调节窗口中将节点向上适当拉动，给图片增加一些蓝色效果，如图4-337和图4-338所示。

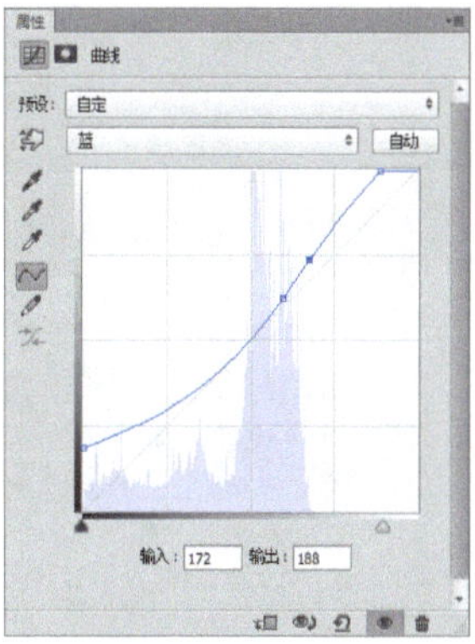

图4-337

图4-338

15 调整色彩平衡。单击“图层”面板下方的“创建新的填充或调整图层”按钮，在弹出的菜单中选择“色彩平衡”选项，在弹出的“属性”面板中选择“中间调”选项，设置“青色”值为+34、“洋红”值为+9、“黄色”值为-2；接着选择“高光”选项，设置“青色”值为-66、“洋红”值为-40、“黄色”值为-12，如图4-339~图4-341所示。

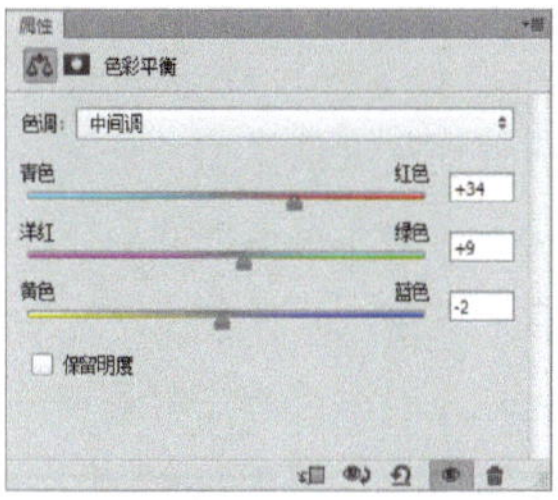

图4-339

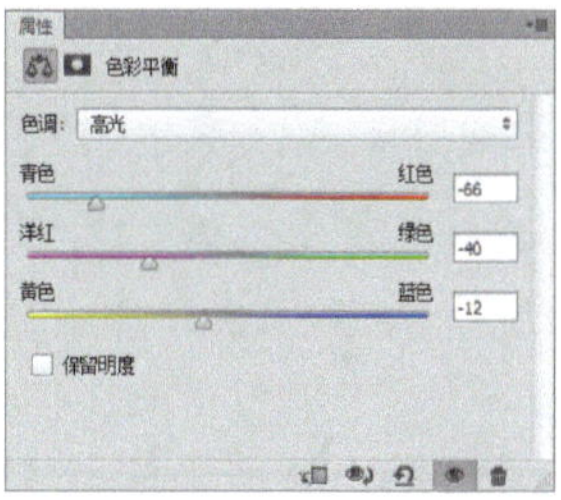

图4-340

图4-341

技术专题：相框效果的添加

如果我们想让图片的复古怀旧效果更加强烈，可以给图片再增加一个艺术相册边框效果。

- **操作步骤**

第1步：按快捷键Ctrl+O打开一张“怀旧复古色调色”图片，然后选中图片，按住Ctrl键的同时单击将图片载入选区。接着按快捷键Ctrl+Shift+I执行“反相”命令，并单击工具栏中的“快速蒙版模式编辑”按钮，进入快速蒙版界面，如图4-342~图4-344所示。

图4-342

图4-343

图4-344

第2步：在菜单栏中执行“滤镜>滤镜库”命令，在弹出的对话框中的“艺术效果”一栏里选择“底纹效果”选项，完成后单击“确定”按钮，如图4-345和图4-346所示。

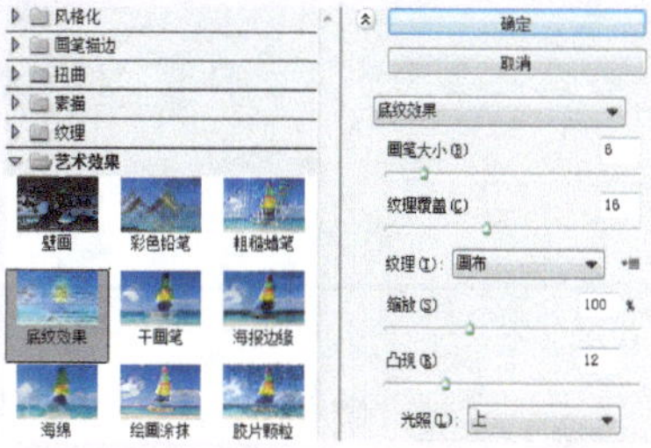

图4-345

图4-346

第3步：在菜单栏中再次执行“滤镜>滤镜库”命令，然后在弹出的对话框中的“艺术效果”一栏里选择“干画笔”选项，完成后单击“确定”按钮，如图4-347和图4-348所示。

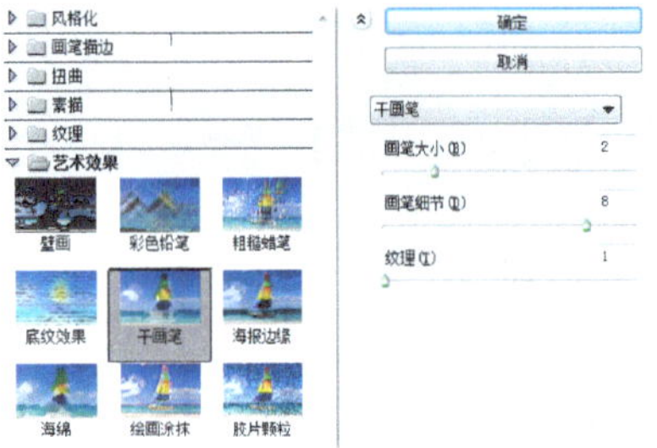

图4-347

图4-348

第4步：单击工具栏中的“快速蒙版模式编辑”按钮，退出快速蒙版模式，同时双击“背景”图层进行解锁，然后在弹出的“新建图层”对话框中将图层命名为“相片”，并按Delete键将选区边缘删除，如图4-349~图4-351所示。

图4-349

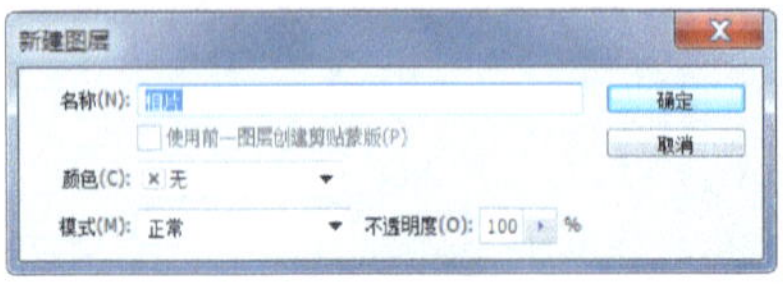

图4-350

图4-351

第5步：按快捷键Ctrl+D取消选区，然后选择“相片”图层，按住Ctrl键的同时单击“图层”面板下方的“创建新图层”按钮，此时在“相片”图层的下方会出现一个新的图层。接着执行菜单栏中的“图层>新建>背景图层”命令，将图层变成“背景”图层，同时填充白色。最后按快捷键Ctrl+D取消选区，完成图片相册边框纹理的制作，如图4-352~图4-355所示。

图4-352

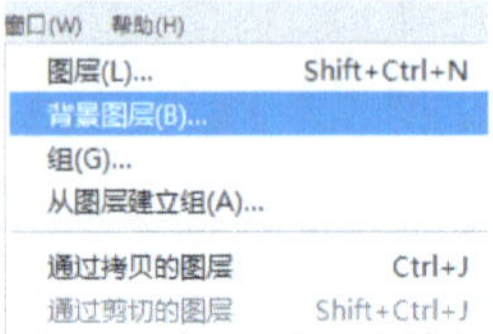

图4-353

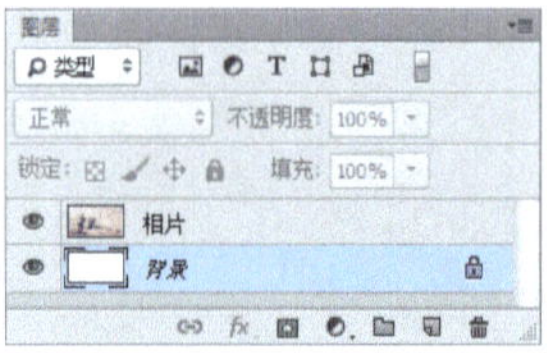

图4-354

图4-355

实战：日系淡色风格调色

实例位置	素材文件>CH04>实战：日系淡色风格调色
技术掌握	图层蒙版、“曲线”/“可选颜色”/“色阶”命令、“滤镜>模糊>镜头模糊”命令

日系淡色风格的图片拥有低对比、淡色调，画面简单精致、朴素淡雅的特点，给人一种明亮且清新自然的感觉，呈现出自然与随性的艺术风格。

下面为大家讲解日系淡色风格的图片是如何进行调色的。图片处理前后的对比效果如图4-356所示。

图4-356

- **操作步骤**

01 复制图层。按快捷键Ctrl+O打开图像。处理图像前，按快捷键Ctrl+J将“背景”图层复制一层，并命名为“满天星”，如图4-357所示。

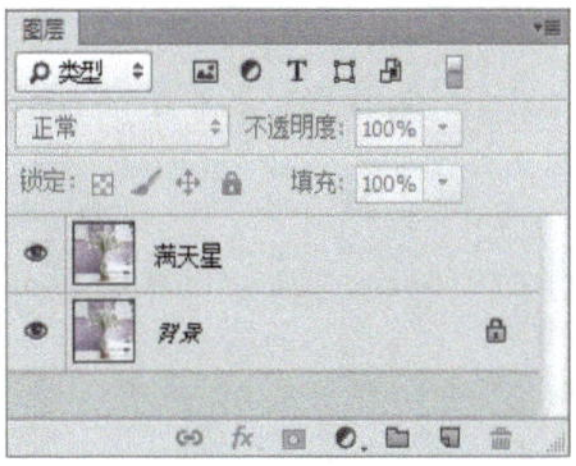

图4-357

02 创建调整图层。选中“满天星”图层，单击“图层”面板下方的“创建新的填充或调整图层”按钮，然后在弹出的菜单中选择“曲线”选项，在该图层上方创建一个“曲线1”调整图层，如图4-358所示。

图4-358

03 调节通道图层。在“属性”面板中选择“RGB”通道，在调节窗口中将节点适当向上拉，提高图片整体的亮度；选择“红”通道，并在调节窗口中将节点向下拉，以减少红色信息；选择“绿”通道，并在调节窗口中将节点向上拉，以增加一些绿色信息；选择“蓝”通道，并在调节窗口中将节点向下拉，以减少蓝色信息，如图4-359~图4-363所示。

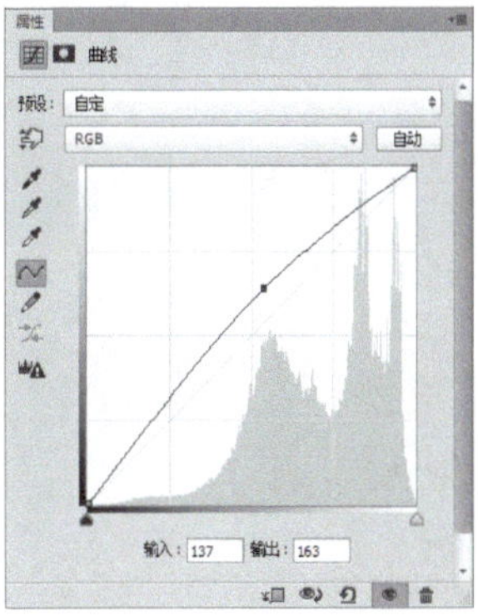

图4-359

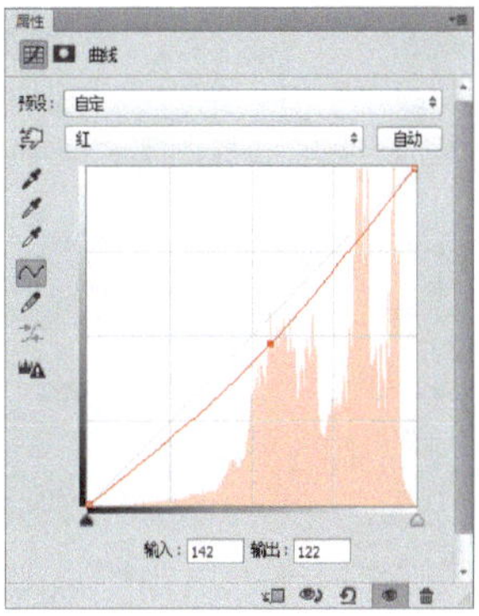

图4-360

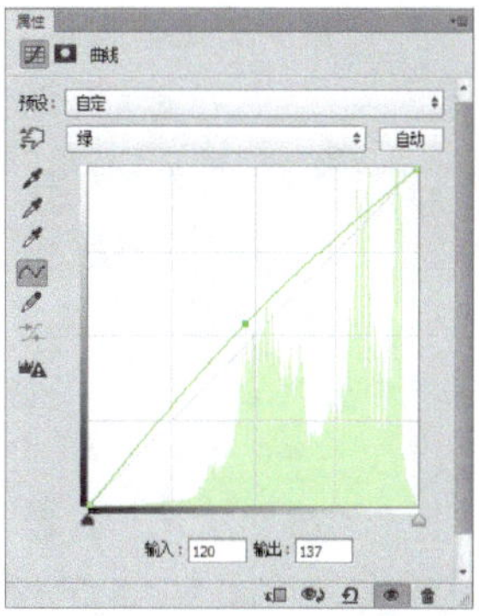

图4-361

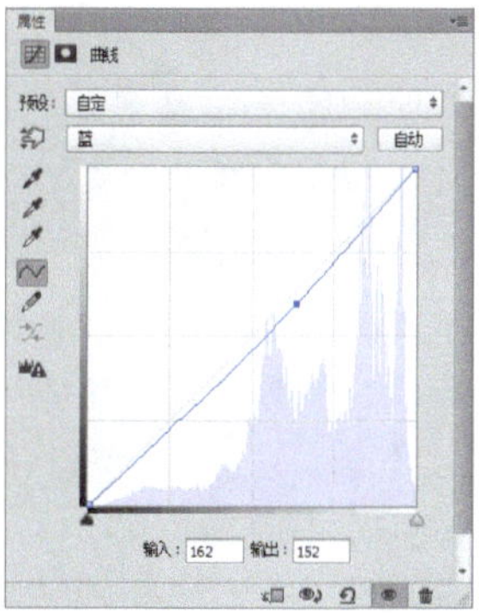

图4-362

图4-363

04 调节黄色部分。单击“图层”面板下方的“创建新的填充和调整图层”按钮，在弹出的菜单中选择“可选颜色”选项，在弹出的“属性”面板中选择“黄色”选项，并设置“青色”值为-41%、“洋红”值为-91%、“黄色”值为-70%、“黑色”值为-20%，如图4-364所示。

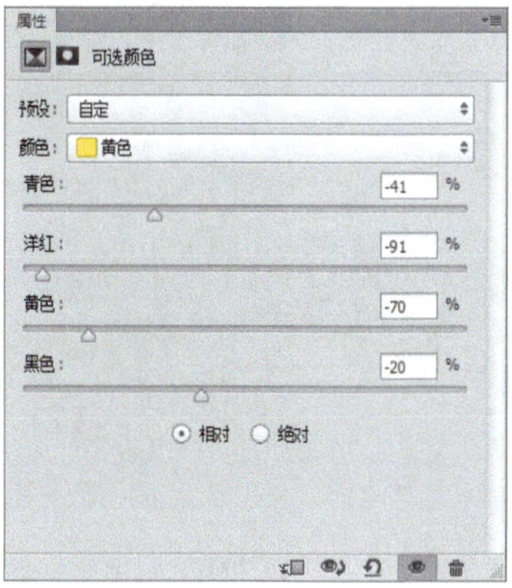

图4-364

05 调节绿色部分。在“属性”面板中选择“绿色”选项，同时设置“青色”值为+5%、“洋红”值为-62%、“黄色”值为-34%、“黑色”值为-25%，如图4-365所示。

06 调节青色部分。在“属性”面板中选择“青色”选项，同时设置“青色”值为+84%、“洋红”值为-100%、“黄色”值为-100%、“黑色”值为-100%，如图4-366所示。

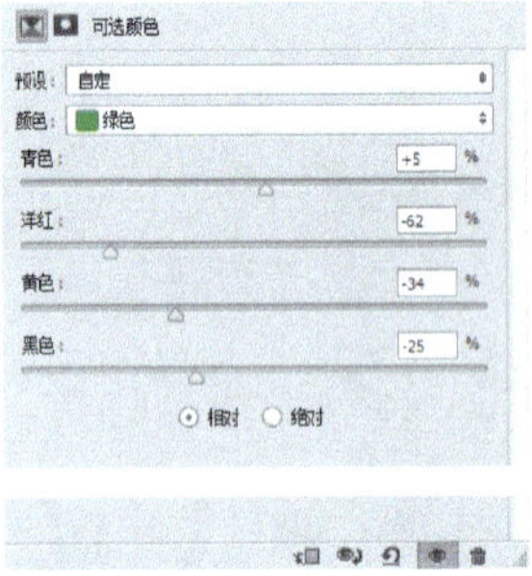

图4-365

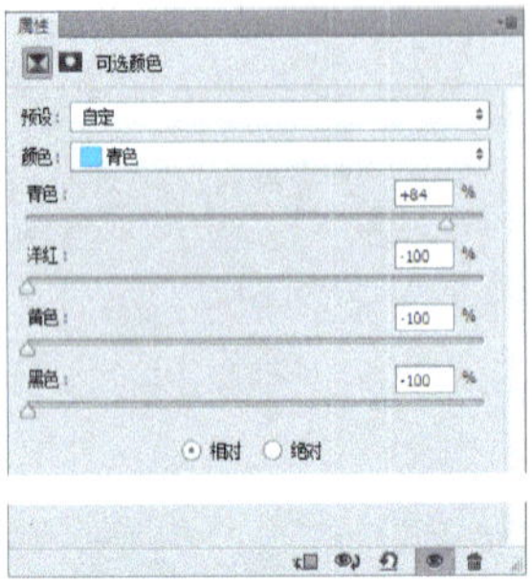

图4-366

07 调节蓝色部分。在“属性”面板中选择“蓝色”选项，同时设置“青色”值为+93%，其他参数保持不变，如图4-367和图4-368所示。

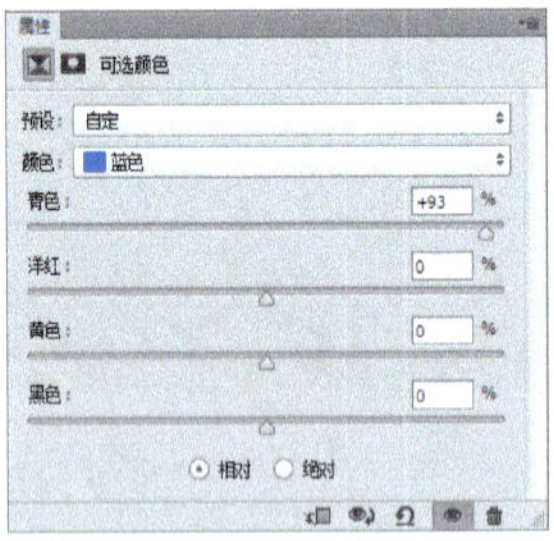

图4-367

图4-368

08 调节中间调。单击“图层”面板下方的“创建新的填充或调整图层”按钮，然后在弹出的菜单中选择“色彩平衡”选项，创建一个“色彩平衡1”调整图层。在弹出的“属性”面板中选择“中间调”选项，设置“青色”值为+84、“洋红”值为+74、“黄色”值为+82，如图4-369和图4-370所示。

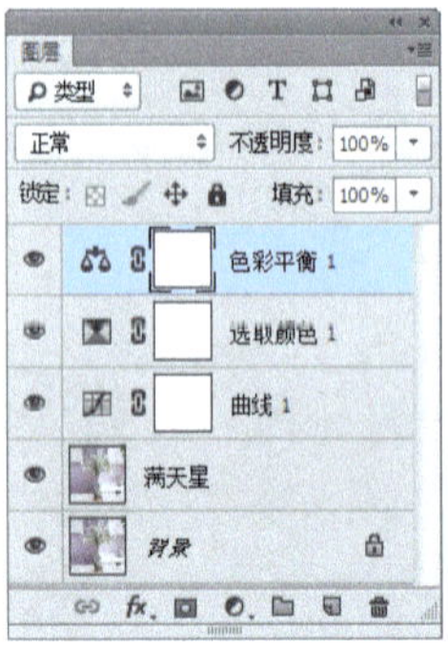

图4-369

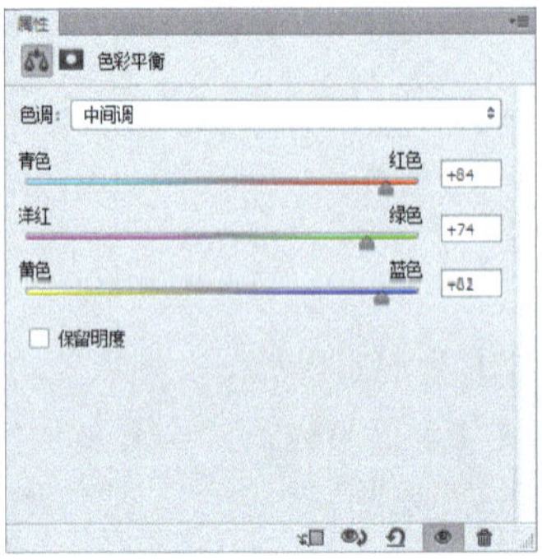

图4-370

09 调节高光。在“属性”面板中选择“高光”选项，同时设置“青色”值为-50、“洋红”值为-21、“黄色”值为+6，如图4-371和图4-372所示。

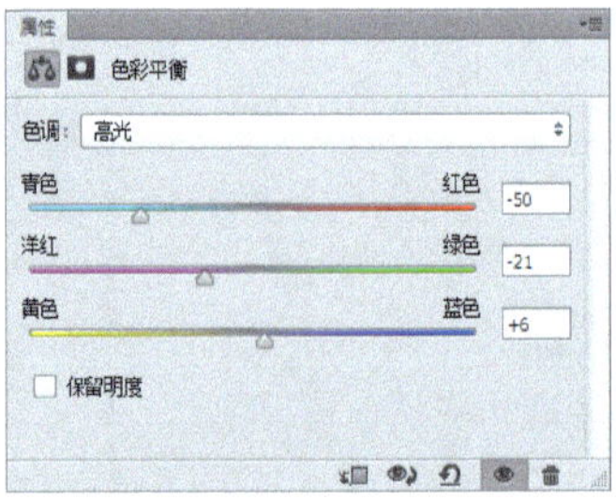

图4-371

图4-372

10 创建调整图层。单击“图层”面板下方的“创建新的填充或调整图层”按钮，然后在弹出的菜单中选择“照片滤镜”选项，创建“照片滤镜”调整图层，如图4-373所示。

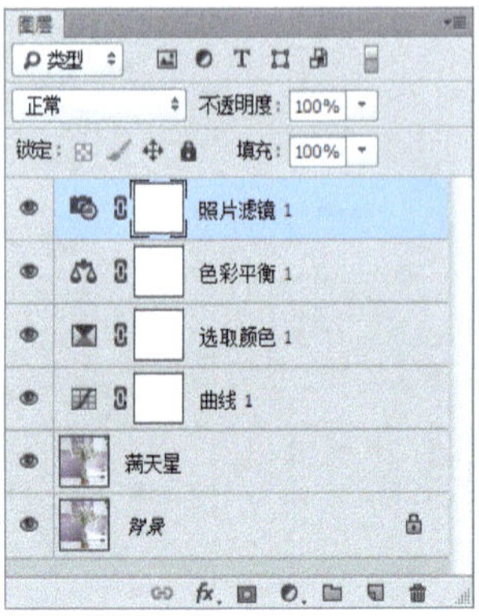

图4-373

11 增加青色效果。调出“拾色器”对话框，选择青蓝色（R:167、G:232、B:244），然后单击“确定”按钮，并将“属性”面板中的颜色“浓度”调整为7%，如图4-374~图4-376所示。

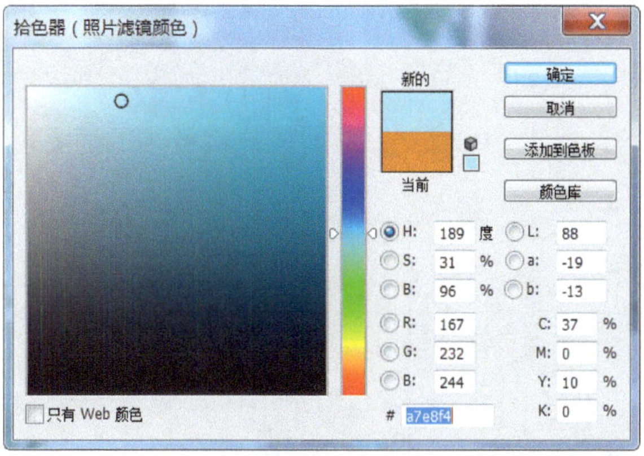

图4-374

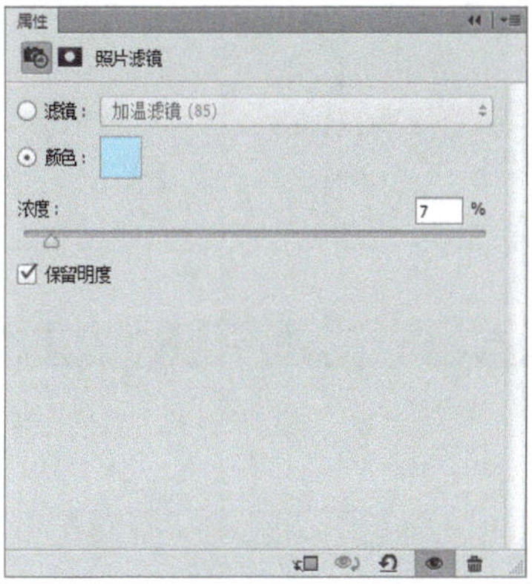

图4-375

图4-376

12 柔和处理。按快捷键Ctrl+Shift+Alt+E盖印所有图层，并将图层命名为“盖印”，然后复制“盖印”图层，得到“盖印 拷贝”图层。选中“盖印 拷贝”图层，执行“滤镜>模糊>镜头模糊”命令，在弹出的“镜头模糊”对话框中设置“半径”为7，其他参数保持默认值，完成后单击“确定”按钮。调整“盖印 拷贝”图层的“混合模式”为“柔光”，同时设置图层的“不透明度”为40%，此时图片变得更加明亮和柔美了，如图4-377~图4-381所示。

图4-377

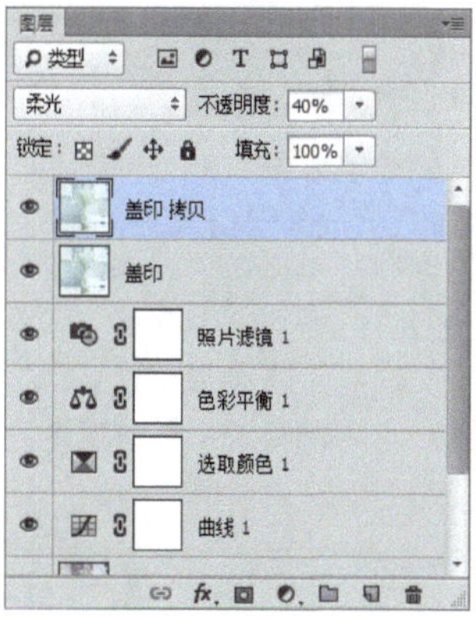

图4-378

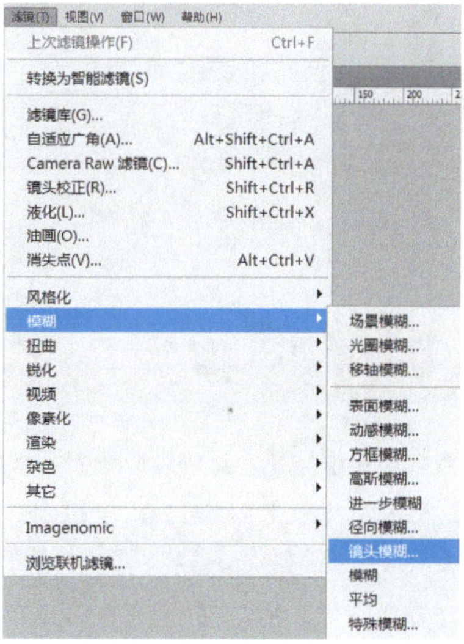

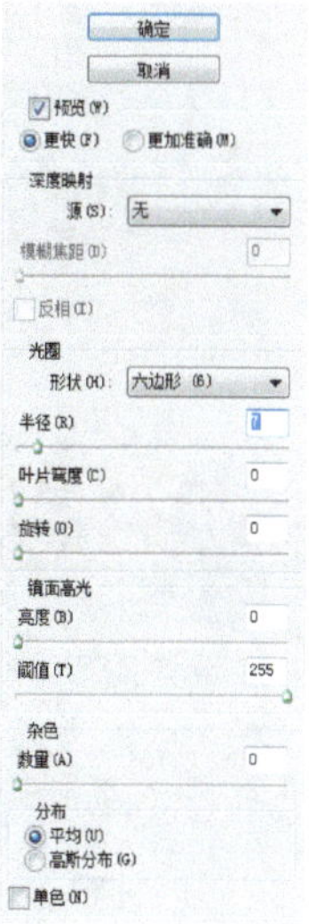

图4-379　图4-380

图4-381

13 调整色阶。为了使照片颜色看上去更加自然和真实，最后我们需要利用“色阶”命令对图片做进一步处理。单击“图层”面板下方的“创建新的填充或调整图层”按钮，在弹出的“属性”面板中，将最左边的三角滑块（黑色区域）适当向中间位置移动，如图4-382~图4-384所示。

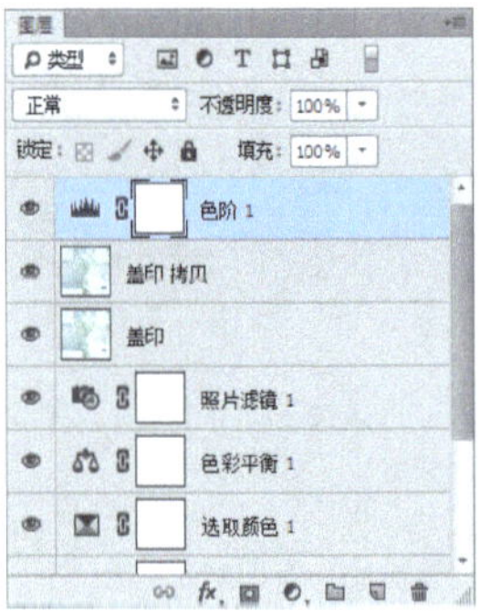

图4-382

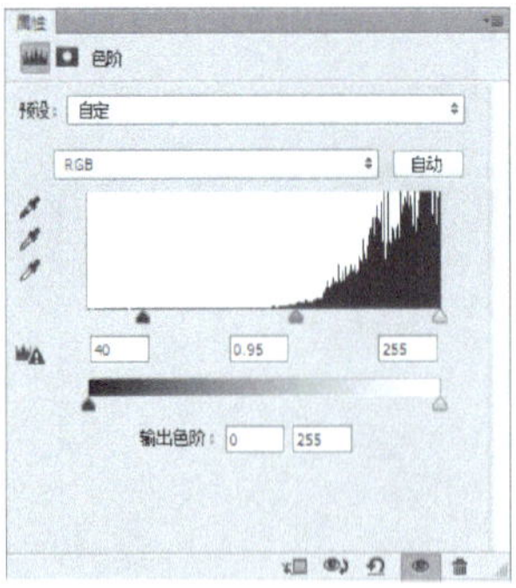

图4-383

图4-384

4.7 产品投影效果的制作

光影在产品图像合成中很重要，正确地处理产品的光线和阴影，能让产品图看起来真实而自然。针对阴影的形成与产生，基本有以下3种情况。

第1种情况：光源在左边，相对应的阴影在产品右边，如图4-385所示。

第2种情况：光源在右边，相对应的阴影在产品左边，如图4-386所示。

图4-385

图4-386

第3种情况：光源在上边，相对应的阴影在产品下边，如图4-387所示。

图4-387

4.7.1 接触阴影的制作

接触阴影就是指产品和某个平面接触的时候造成的部分阴影。通过这种阴影可以判断物体是放在地上的还是放在某个台面上的。这种阴影的特点是比较黑但又不是纯黑，它带有一定的透明度和边缘柔和度。

实战：男鞋产品图的阴影绘制与表现

实例位置	素材文件>CH04>实战：男鞋产品图的阴影绘制与表现
技术掌握	钢笔/橡皮擦工具、“滤镜>模糊>高斯模糊”命令

下面通过给鞋子绘制阴影，讲解接触阴影的绘制。图片处理前后的对比效果如图4-388所示。

图4-388

- **操作步骤**

01 新建图层。按快捷键Ctrl+O打开一张叫作“休闲板鞋”的图片（为了讲解方便，在导入前我们对该图片做了抠图处理），单击“图层”面板下方的“创建新图层”按钮，在图层上方新建一个“阴影”图层，如图4-389所示。

02 绘制阴影路径。选中“阴影”图层，在“休闲板鞋”图层下方用“钢笔工具”绘制一个形状，并将其载入选区。在工具栏中设置“前景色”为黑色，同时按快捷键Alt+Delete为图层填充该颜色，如图4-390所示。

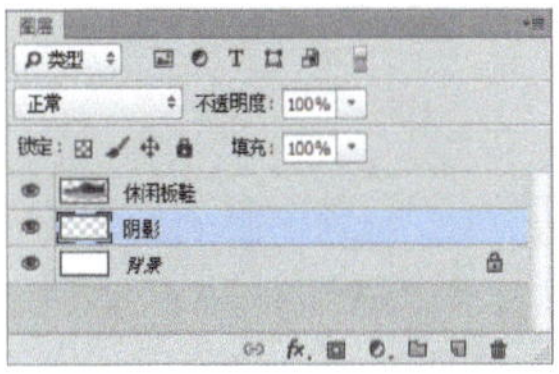

图4-389

图4-390

03 对阴影做柔和处理。按快捷键Ctrl+D取消选区，然后在菜单栏中执行“滤镜>模糊>高斯模糊”命令，在“高斯模糊”对话框中设置“半径”为3.5像素，再将该图层的“不透明度”设为80%，如图4-391~图4-393所示。

图4-391

图4-392

图4-393

04 细节完善。在工具栏中选择“橡皮擦工具”，然后在选项栏中选择“柔边圆”画笔，同时设置“大小”为80像素、“不透明度”为80%、“流量”为80%。选中“阴影”图层，在鞋子下方的阴影外缘轻轻涂抹，目的是让阴影过渡得更加真实自然，呈现出渐隐的效果，完成操作，如图4-394和图4-395所示。

图4-394

图4-395

4.7.2 柔和阴影的制作

柔和阴影是一种特别重要的阴影，配合它合成的产品图片真实感非常强。其特点是从物体到远处，阴影的透明度逐渐变低且渐隐。

实战：茶杯产品图的阴影绘制与表现

实例位置	素材文件>CH04>实战：茶杯产品图的阴影绘制与表现
技术掌握	画笔工具、“滤镜>模糊>高斯模糊”命令

下面通过给茶杯绘制阴影讲解柔和阴影的绘制。图片处理前后的对比效果如图4-396所示。

图4-396

- **操作步骤**

01 新建图层。按快捷键Ctrl+O打开一张叫作“陶瓷杯”的图片（为了讲解方便，在导入前对该图片做了抠图处理）。单击“图层”面板下方的“创建新图层”按钮，在图层上方新建一个“阴影”图层，如图4-397所示。

图4-397

02 绘制阴影形状，并做适当涂抹处理。在工具栏中选择“画笔工具”，然后在选项栏中选择“柔边圆”画笔，同时设置画笔“大小”为64像素、“不透明度”为50%、“流量”为50%。选中“阴影”图层，在“陶瓷杯”图层下方用“画笔工具”绘制一个阴影形状，同时在工具栏中选择“橡皮擦工具”，对其做适当擦除处理，如图4-398~图4-400所示。

图4-398

图4-399

图4-400

03 对阴影做适当模糊处理。选中“阴影”图层，在菜单栏中执行“滤镜>模糊>高斯模糊”命令，然后在“高斯模糊”对话框中设置“半径”为3.5像素，单击“确定”按钮，完成操作，如图4-401和图4-402所示。

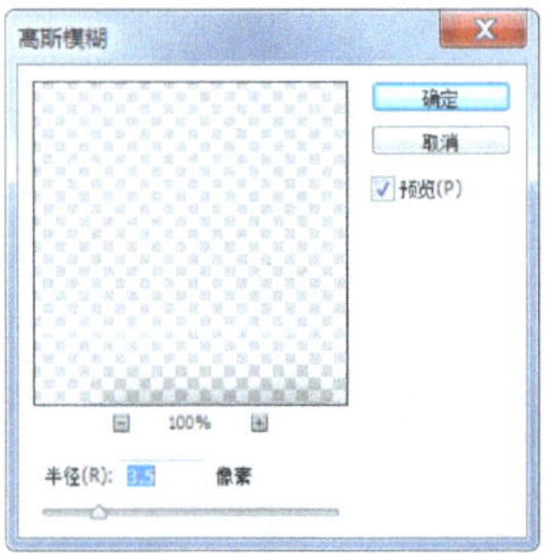

图4-401

图4-402

4.7.3 投射阴影的制作

投射阴影是由于产品阻挡了直射过去的光线后，投射到地面或者其他表面上的阴影。这种阴影受物体形状的影响较大，绘制时需要依照产品的形状进行绘制。

实战：顶光投射阴影效果的绘制与表现

实例位置	素材文件>CH04>实战：顶光投射阴影效果的绘制与表现
技术掌握	图层样式

下面利用给人物绘制阴影，讲解投射阴影的绘制。图片处理前后的对比效果如图4-403所示。

图4-403

- **操作步骤**

01 打开图片。按快捷键Ctrl+O打开一张叫作“人物模特”的图片（为了讲解方便，在导入前我们对该图片做了抠图处理），如图4-404和图4-405所示。

图4-404

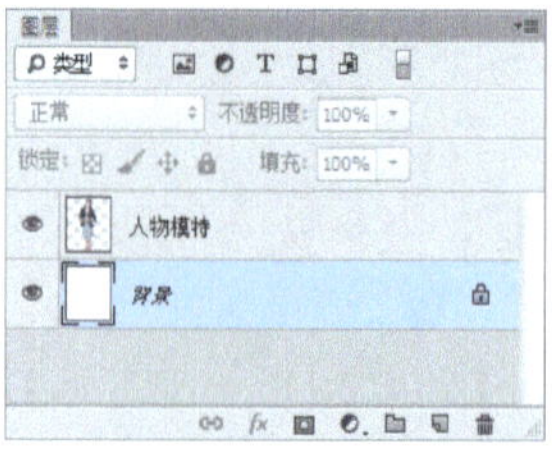

图4-405

02 设置投影效果。在“图层”面板下方单击“添加图层样式”按钮 fx，然后在“图层样式”对话框中选择“投影”选项，设置“距离”为19像素、“扩展”为0%、“大小”为5像素、“角度”为120度，单击“确定”按钮，如图4-406和图4-407所示。

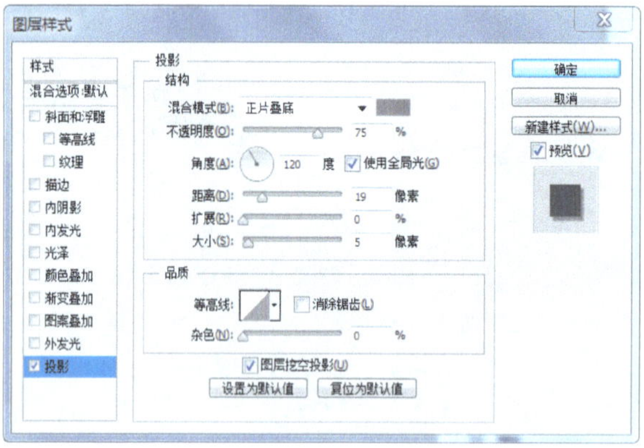

图4-406

图4-407

实战：侧光投射阴影的绘制与表现

实例位置	素材文件>CH04>实战：侧光投射阴影的绘制与表现
技术掌握	快捷键Ctrl+T、“斜切”命令、“滤镜>模糊>高斯模糊”命令

下面同样利用给人物绘制阴影，讲解另一种投射阴影的绘制。图片处理前后的对比效果如图4-408所示。

图4-408

- **操作步骤**

01 打开图片。按快捷键Ctrl+O打开一张叫作“人物模特”的图片（为了讲解方便，在导入前我们对该图片做了抠图处理），如图4-409和图4-410所示。

图4-409

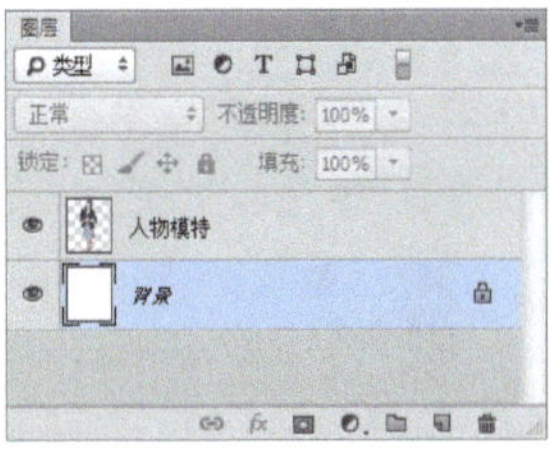

图4-410

02 创建新图层。在菜单栏中执行“图层>图层样式>创建图层”命令，会弹出“某些‘效果’无法与图层一起复制！”的提示框，单击“确定”按钮，此时我们会看到“图层”面板中新建出一个“人物模特 拷贝”图层和一个“‘人物模特 拷贝’的投影”图层，如图4-411和图4-412所示。

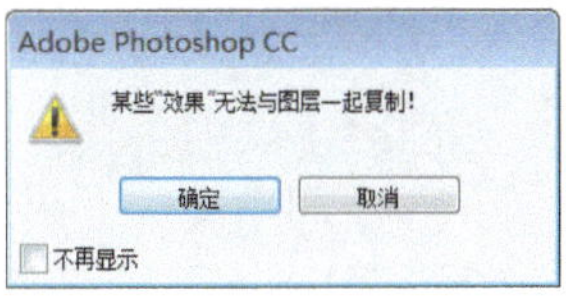

图4-411

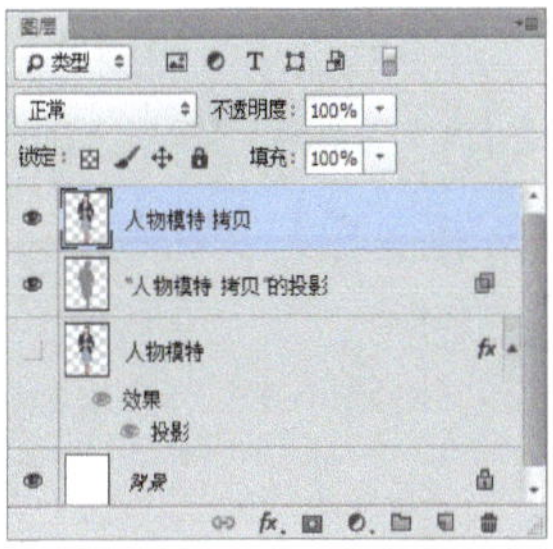

图4-412

03 斜切处理。选中“‘人物模特 拷贝’的投影”图层，按快捷键Ctrl+T执行“自由变换”命令，然后单击鼠标右键，在弹出的快捷菜单中选择“斜切”选项，最后拖动投影并调整到人像后方合适的位置，单击“确定”按钮，如图4-413~图4-415所示。

图4-413

图4-414

图4-415

04 模糊处理。选中“‘人物模特 拷贝’的投影”图层，执行“滤镜>模糊>高斯模糊”命令，设置“半径”为3.5像素，同时调整图层的“不透明度”为60%，完成操作，如图4-416和图4-417所示。

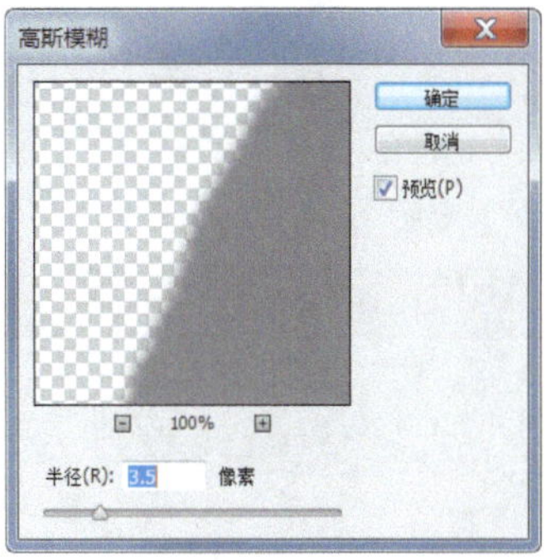

图4-416

图4-417

4.7.4 产品倒影的制作

通常情况下，我们看到的淘宝店铺中的产品图片都是带有阴影的。而在实际拍摄中，由于环境色的影响，我们所拍摄出的白底图片往往会产生偏色，不得不将原有的白底和阴影都一起抠掉，然后再重新置入白色背景中。这样一来，产品的阴影也就没有了，而为了让产品表现得真实自然，就需要依照环境光为产品制作出合适的倒影。

产品的倒影种类有很多，主要包括水平平面倒影、非水平平面倒影、圆柱体倒影、45° 角立体倒影、多个重叠倒影、多个接触线倒影和俯视悬浮等。

实战：纸箱水平倒影的制作与表现

实例位置	素材文件 >CH04> 实战：纸箱水平倒影的制作与表现
技术掌握	快捷键 Ctrl+T/Ctrl+X/Ctrl+V、“斜切”命令

这里，我们要给一个平放的纸箱做一个平面效果的倒影，希望大家能够认真领会和掌握，同时能够触类旁通，学会其他形式的倒影制作。图片处理前后的对比效果如图4-418所示。

图4-418

• 操作步骤

01 复制并新建图层。按快捷键Ctrl+O打开一张叫作“纸箱”的图片（为了讲解方便，在讲解之前我们对纸箱做了抠图处理），在做“倒影”之前，按快捷键Ctrl+J将“背景”图层先复制一层，并命名为“纸箱”，如图4-419所示。

02 翻转调整。选中“纸箱”图层，按快捷键Ctrl+T执行“自由变换”命令，单击鼠标右键，在弹出的菜单中选择“水平翻转”选项，按住Shift键的同时拖动图形使其与上方的纸箱大小一致且对齐，如图4-420所示。

图4-419

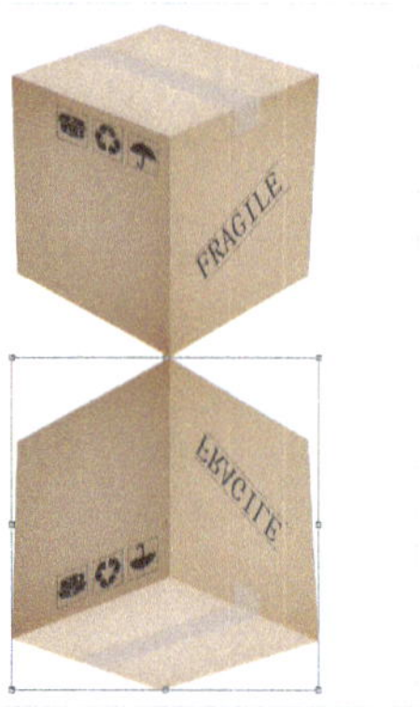

图4-420

03 剪切处理。按Enter键确认操作，然后在工具栏中选择“矩形选框工具” ，框选复制的纸箱图形的正面即左面，同时按快捷键Ctrl+X对图形进行剪切处理，再按快捷键Ctrl+V进行原位粘贴，同时将复制出的箱子分割成两个非水平平面图形，并分别命名为“纸箱侧面”和“纸箱正面”，如图4-421和图4-422所示。

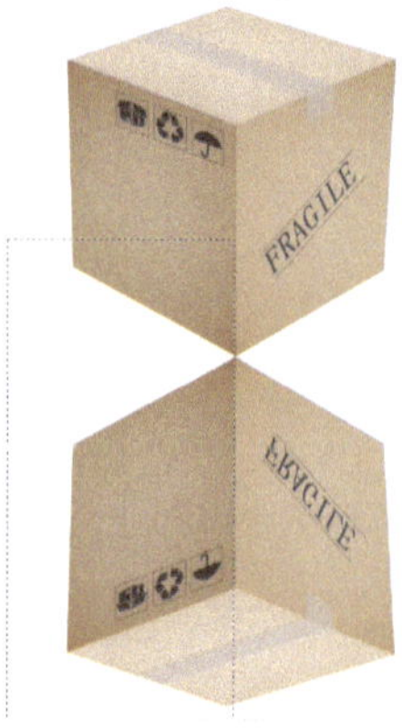

图4-421

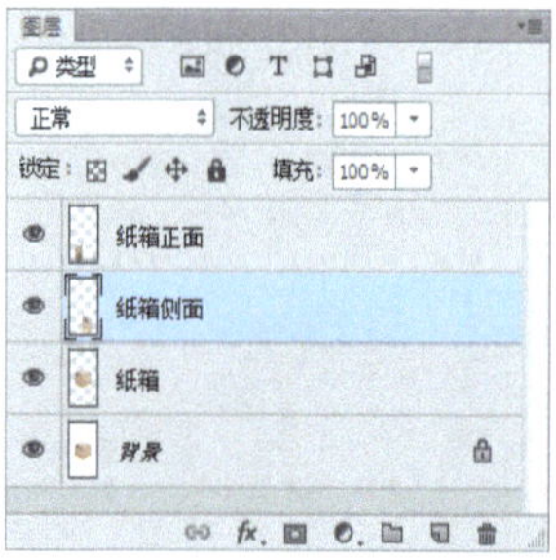

图4-422

04 对右边部分进行斜切。选中“纸箱侧面”图层，按快捷键Ctrl+T执行“自由变换”命令，同时单击鼠标右键，在弹出的快捷菜单中选择“斜切”选项，拖动该侧面图形，直至与图形上方的纸箱侧面相吻合，按Enter键确认操作，如图4-423和图4-424所示。

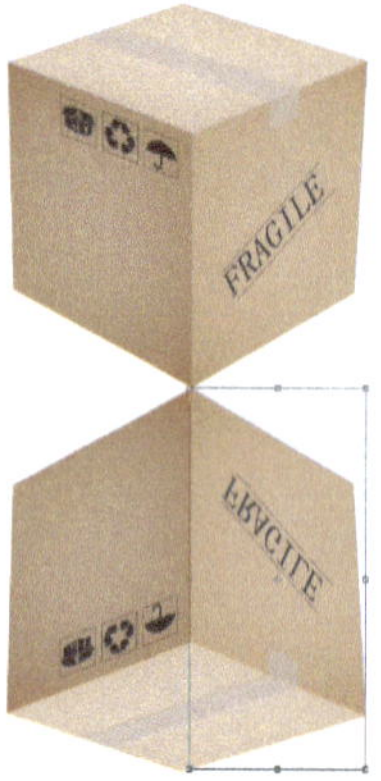

图4-423

图4-424

05 对左边部分进行斜切。选中“纸箱正面”图层，快捷键Ctrl+T执行“自由变换”命令，同时单击鼠标右键，在弹出的快捷菜单中选择“斜切”选项，拖动该正面图形，直至与图形上方的纸箱正面相吻合，按Enter键确认操作，如图4-425和图4-426所示。

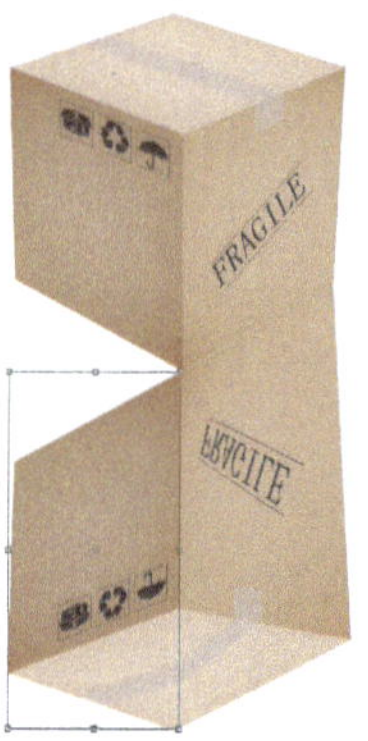

图4-425

图4-426

06 制作纸箱侧面的渐变效果。选中“纸箱侧面”图层，单击“图层”面板下方的“添加图层蒙版”按钮，为其添加一个图层蒙版。单击工具栏中的“渐变工具”，在打开的“渐变编辑器”对话框中由下向上拉出一个渐变效果，如图4-427和图4-428所示。

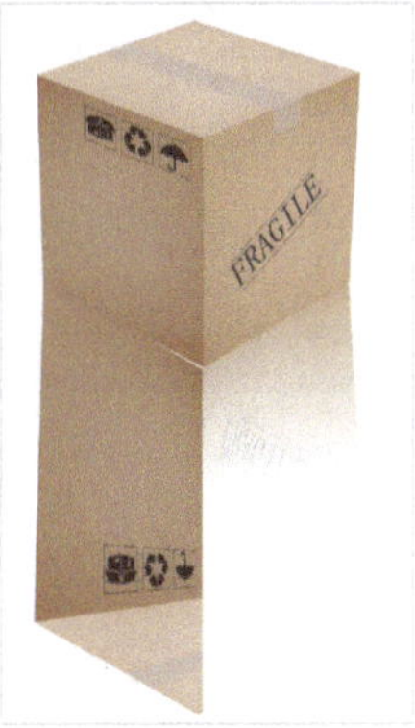

图4-427　　图4-428

07 制作纸箱正面的渐变效果。选中“纸箱正面”图层，单击“图层”面板下方的“添加图层蒙版”按钮，为其添加一个图层蒙版。单击工具栏中的“渐变工具”，在打开的“渐变编辑器”对话框中由下向上拉出一个渐变效果，如图4-429和图4-430所示。

图4-429　　图4-430

08 细节完善。调整两个图层的“不透明度”为80%，或者在工具栏中选择“橡皮擦工具”，对上面两步制作出的倒影图层进行适当擦除，完成操作，如图4-431和图4-432所示。

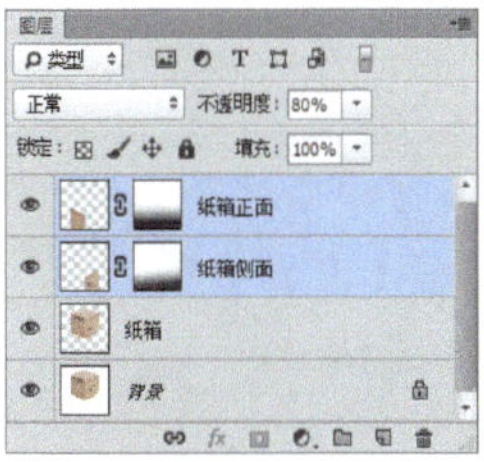

图4-431　　图4-432

TIPS

任何物体都有投影，同时一个物体若是被放置在一个较光亮的面上还会折射出物体的倒影，例如水面、玻璃桌面、大理石地面等。因此，在修图过程中，针对一些产品或者物体在必要的情况下为其添加一些倒影，会显得更加真实而有立体感。

4.8 产品批处理的方法

对淘宝美工来说，图片处理是主要的工作内容。当我们要对一张图片进行裁切和保存时，其实很简单，但是如果有几十张甚至上百张的图片需要裁切和保存，那么将是一个很大的工作量。如果我们还一张张去操作的话，很辛苦不说，工作效率也很低下。

那么，接下来将为大家介绍针对相同尺寸的图片应该如何进行批处理的方法。

Photoshop自带一个非常人性化而且强大的自动批处理图片的功能。在菜单栏中执行“窗口>动作”命令，启动“动作”面板，继续在菜单栏中执行“文件>自动>批处理”命令，在打开的“批处理”对话框中选择需要处理的图片，无论上百张，还是上千张，都可以轻松完成批处理，如图4-433~图4-436所示。

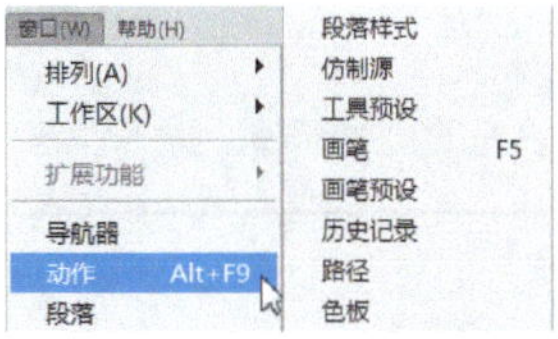

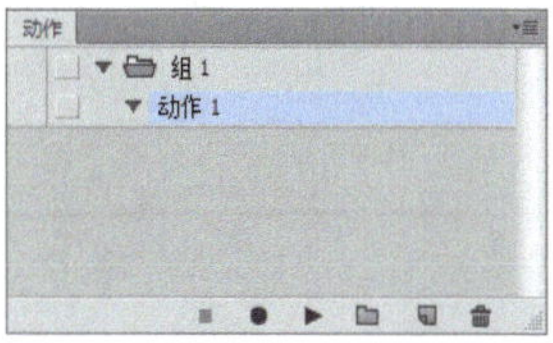

图4-433　　图4-434

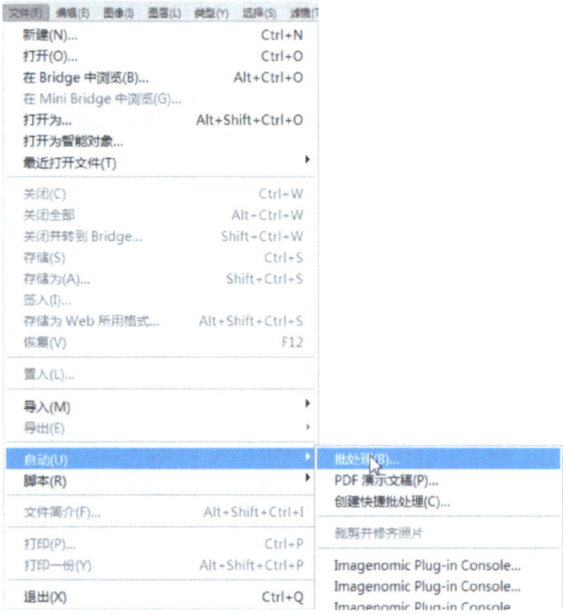

图4-435

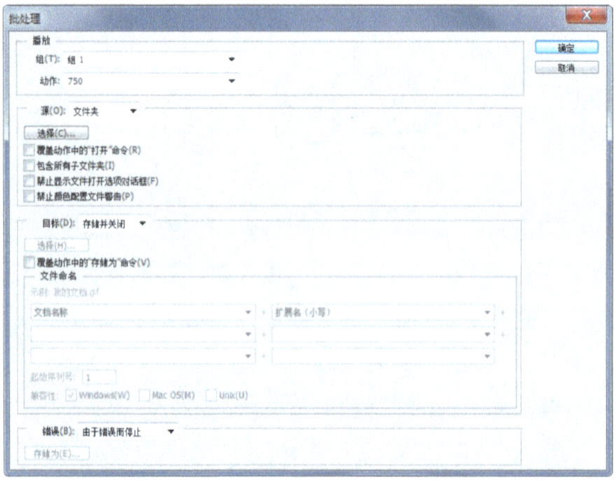

图4-436

实战：女鞋产品图的批处理

实例位置	素材文件>CH04>实战：女鞋产品图的批处理
技术掌握	“窗口>动作”命令、快捷键 Ctrl+Alt+I

这里对一系列的女鞋产品图进行批处理，处理完成后的效果如图4-437所示。

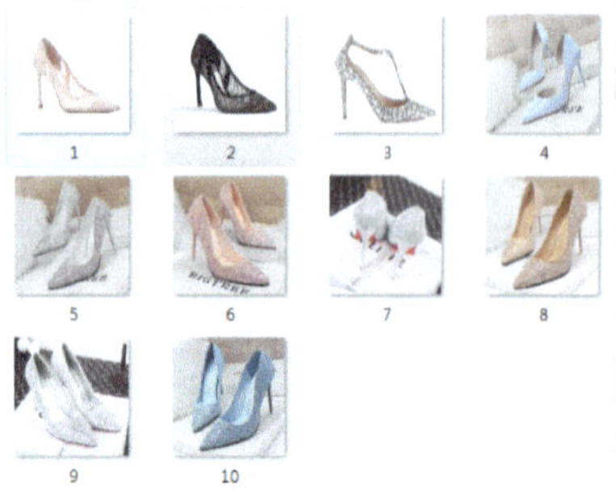

图4-437

- **操作步骤**

01 打开一张图片。按快捷键Ctrl+O打开一张素材图片，如图4-438所示。

图4-438

02 开始记录动作。下面需要对图片进行缩小批处理。执行菜单栏中的“窗口>动作”命令，或按快捷键F9启动“动作”面板。然后单击“图层”面板中的“创建新动作”按钮，创建新的动作并命名为“批处理尺寸：430x430”。单击“记录”按钮，此时可以看到“动作”面板上会显示一个红色按钮图标，则说明正在记录整个操作步骤的过程，如图4-439~图4-441所示。

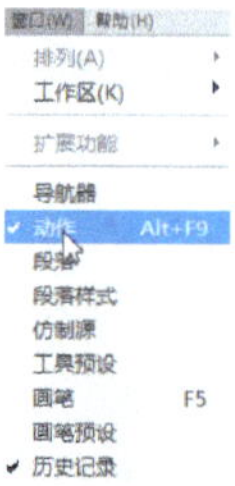

图4-439

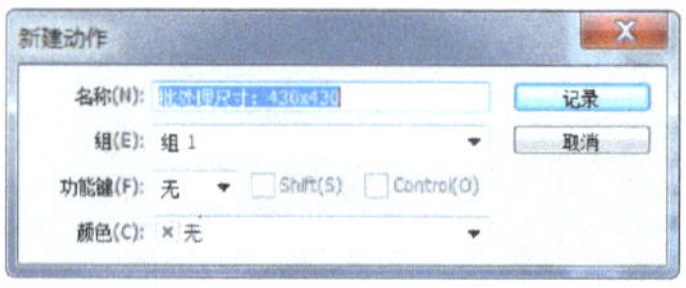

图4-440

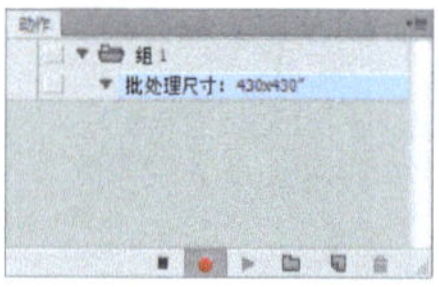

图4-441

03 调整图像大小。按快捷键Ctrl+Alt+I，在弹出的“图像大小”对话框中将“宽度”和“高度”均设置为430像素，单击“确定”按钮，完成图像大小的设置，如图4-442所示。

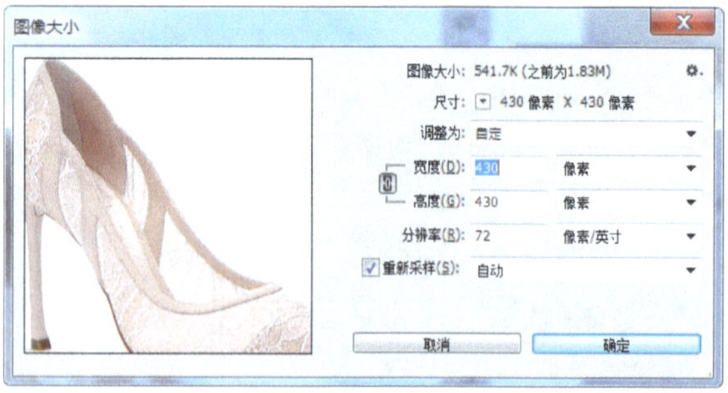

图4-442

04 图片的保存与重命名。按快捷键Ctrl+S对处理好的图片进行保存，同时将保存的文件夹命名为“批处理430×430”，并将缩小的图片命名为“1”，单击“保存”按钮，完成保存，如图4-443所示。

图4-443

05 结束记录动作。关闭图片，单击“动作”面板上的“停止播放/记录”按钮■，此时整个裁切尺寸和保存文件过程已完成并停止录制，如图4-444所示。

06 将图片存储到合适的位置。这一步，将事先按800像素×800像素尺寸裁切好的10张图片统一放在一个叫作“10张图片”的文件夹中，便于批处理使用，如图4-445所示。

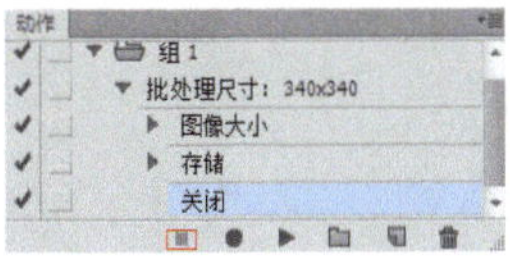

图4-444　图4-445

07 裁切图片。接下来，需要将这10张图片批量按照430像素×430像素的尺寸进行裁切，执行“文件>自动>批处理”命令，弹出“批处理”对话框，在“动作”下拉列表中选择“批处理尺寸：430×430”选项，在“源”下拉列表中选择“文件夹”选项（10张图片文件夹），在“目标”下拉列表中选择“存储并关闭”选项。其他的选项保持默认状态，单击“确定”按钮，此时软件会自动对图片进行批处理。此时，打开“10张图片”文件夹，可以看到里面的图片都已批量裁切成430像素×430像素了。批处理操作全部完成，如图4-446~图4-448所示。

图4-446

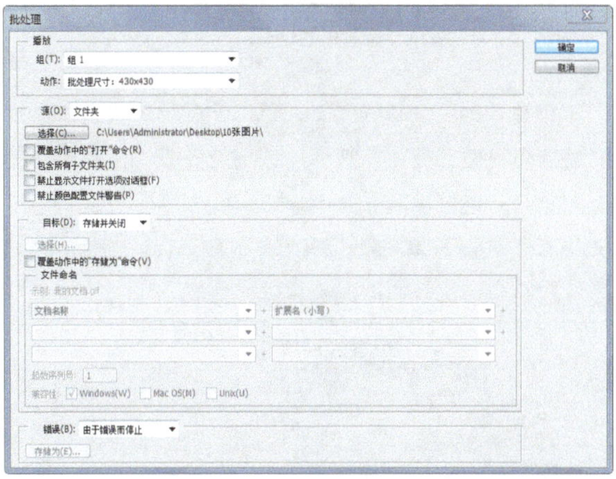

图4-447

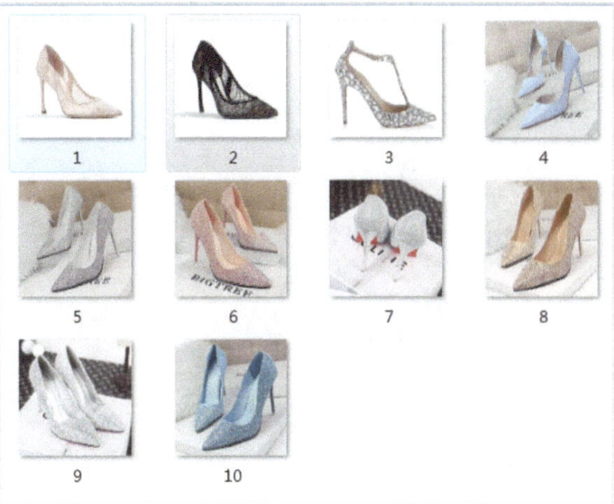

图4-448

4.9 综合案例：钻戒精修

实例位置	素材文件 >CH04> 综合案例：钻戒精修
技术掌握	钢笔 / 涂抹 / 减淡 / 加深 / 画笔工具

戒指精修算是整个电商行业设计中比较难的部分，也不太容易掌握。希望通过本案例的学习，大家对戒指的精修能有一个正确的理解与认识。戒指精修前后的对比效果如图4-449所示。

图4-449

4.9.1 产品的结构分析

结合素描中物体的光影知识，仔细观察戒指，可以将其分为暗面、亮面、灰面、明暗交界线、反光和投影五大部分，也统称为五大调，如图4-450所示。

有了这些基本的素描知识，我们对产品整体的光感、质感和结构等的把握也会更加到位。

图4-450

4.9.2 操作步骤

1. 抠图

在工具栏中单击“钢笔工具”，从图片中戒指的位置1开始单击，不松开鼠标，再单击位置2，接着在位置1和位置2之间，添加节点，用这种方法沿着戒指的边缘结构绘制出一个完整的路径，使戒指与背景分离开来，完成抠图，如图4-451和图4-452所示。

图4-451

图4-452

疑难问答

问：使用钢笔工具时需要注意什么?

答：使用“钢笔工具”抠图的时候，需要注意以下两个问题。

第一，在长弧线过渡时注意“锚点”顺序，先确定两端的锚点，再添加中间的锚点,然后调节中间的锚点，如图4-453所示。

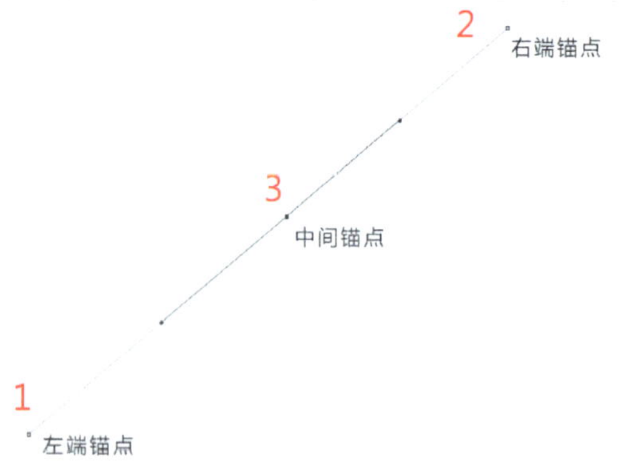

图4-453

第二，按住Ctrl键的同时单击鼠标左键可以很好地控制两个锚点。调节锚点，让弧线呈现出理想的角度和效果，如图4-454所示。

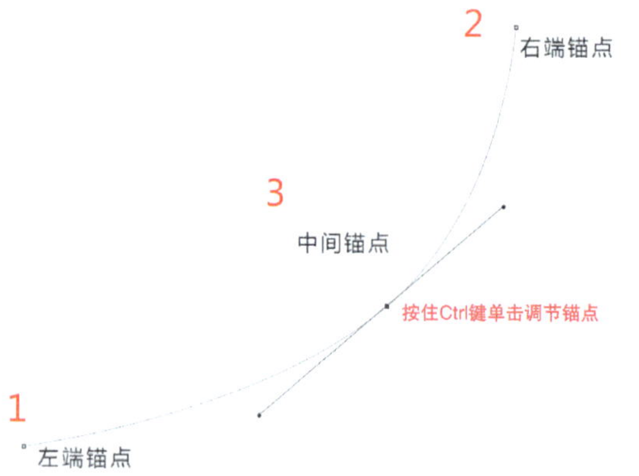

图4-454

要注意的是，在钢笔操作过程中，使用的锚点能少则少，千万不要过多，否则会让绘制的路径显得不够圆滑。

2. 处理戒指的顶面光影

01 在工具栏中单击“钢笔工具”，将戒指的顶面勾勒出来，并按快捷键Ctrl+Enter将其载入选区。选择“渐变工具”，在打开的“渐变编辑器”对话框中进行适当设置，在该图层上从右到左拉出一个由灰（R:14、G:145、B:145）到白（R:248、G:248、B:248）的渐变效果，最后单击“确定”按钮，完成设置，如图4-455~图4-457所示。

图4-455

图4-456　　图4-457

02 在工具栏中设置“前景色”为黑色■，再选择“画笔工具”，在选项栏中设置画笔属性，其中画笔“大小”自定义即可，设置画笔“不透明度”为40%、“流量”为40%。然后在戒指顶面选区内由左向右进行涂抹，按快捷键Ctrl+D取消选区，如图4-458和图4-459所示。

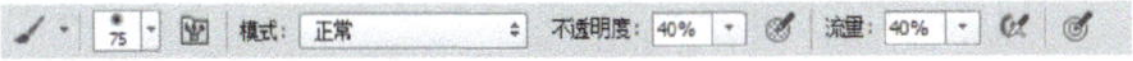

图4-458

图4-459

03 在工具栏中选择“减淡工具”，对戒指顶面的中间部位做适当涂抹，使其呈现出更理想的“高光”效果。然后选择“加深工具”，对顶面的边缘位置进行涂抹，制造出理想的“阴影”效果，如图4-460所示。

图4-460

3. 处理戒指的左侧光影

01 在工具栏中单击“钢笔工具”，然后使用“添加锚点”的方法将戒指的该部分勾勒出来，并载入选区。选择“渐变工具”，在打开的“渐变编辑器”对话框中进行适当设置，在戒指左侧选区内从下到上拉出一个由灰到灰白的渐变，单击“确定”按钮，完成设置，如图4-461~图4-464所示。

> **TIPS**
>
> 使用“添加锚点”的方法进行勾勒，这样勾出来的路径节点会比较少，看起来也会比较顺滑和流畅。同时在操作时可按住Ctrl键调节锚点，并在必要时按住Alt键，同时向前滑动鼠标将其放大后进行观察，确保勾勒的线要完全贴合戒指的边缘。

图4-461　　图4-462

图4-463　　图4-464

02 按快捷键Ctrl+D取消选区，在工具栏中选择“减淡工具”，对戒指左侧中间部位做适当涂抹，使其呈现出更理想的“高光”效果。然后选择“加深工具”，着重对左侧的底部位置进行涂抹，制造出理想的阴影效果，如图4-465所示。

图4-465

03 对戒指的外侧面进行修图。选择“钢笔工具”，在“戒指侧面”勾勒出一个轮廓。将“前景色”设置为白色，载入选区，填充浅灰色（R:240、G:240、B:240），使其呈现出理想的厚度感，如图4-466~图4-468所示。

图4-466

图4-467

图4-468

4. 处理戒指的内壁处光影

在工具栏中选择“钢笔工具”，将内侧勾勒出来，并载入选区。选择“渐变工具”，在打开的“渐变编辑器”对话框中进行适当设置，在戒指内壁从右到左拉出一个由灰（R:240、G:240、B240）到白（R:255，G:255，B:255）再到灰（R:240、G:240、B240）的渐变效果，如图4-469~图4-472所示。

图4-469

图4-470

图4-471

图4-472

5. 光影细节的完善

为“侧面厚度”图层添加图层蒙版。在工具栏中设置“前景色”为黑色，然后选择“画笔工具”，设置画笔类型为“柔角画笔”，设置画笔“大小”为75像素，之后对“钻石”的侧面位置进行适当涂抹，如图4-473~图4-475所示。

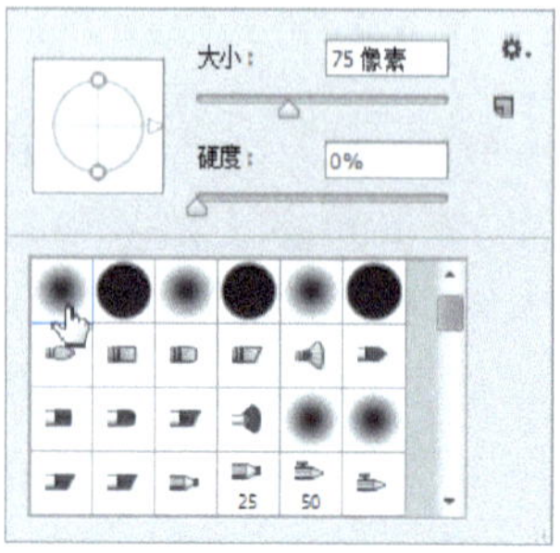

图4-473

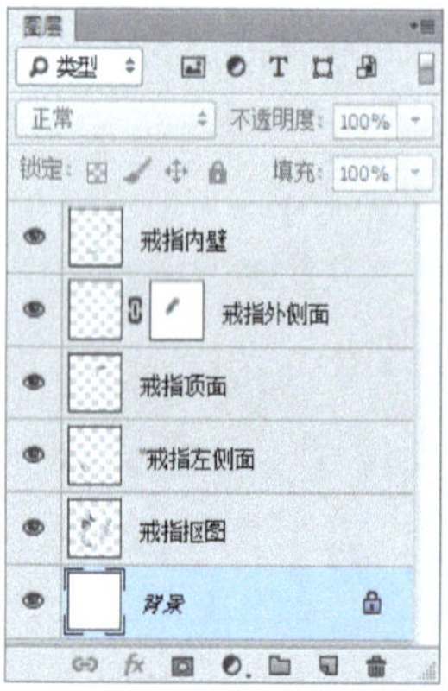

图4-474

图4-475

6. 立体感的强化处理

01 绘制顶部右侧黑色边线。新建一个图层并命名为“左侧黑边线”。在工具栏中设置“前景色”为黑色，选择“画笔工具”，设置画笔“大小”为1像素、“流量”为100%。接着选择“钢笔工具”，在戒指的顶面边缘右侧位置勾勒一个路径形状，然后单击鼠标右键，在弹出的快捷菜单中选择“描边路径”选项，最后在弹出的“描边路径”对话框中选择“画笔”选项，单击“确定”按钮。此时在戒指顶部右侧位置会出现一条黑色边线，如图4-476~图4-478所示。

图4-476

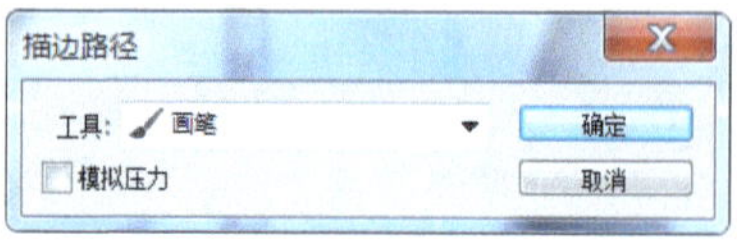

图4-477

图4-478

02 处理“明暗交界线”。在工具栏中选择“橡皮擦工具”，在选项栏中设置画笔“大小”为90像素、“不透明度”为100%、“流量”为100%，然后对戒指右侧边线的中间和两端分别进行涂抹，如图4-479和图4-480所示。

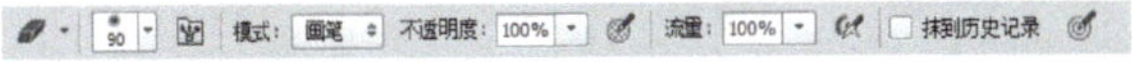

图4-479

图4-480

03 使用工具栏中的“选择工具”选中顶面右侧的黑色边线，按快捷键Alt+Shift将其向后平移至戒指右侧后边的边缘位置，并将边线进行适当旋转调整。然后在工具栏中选择“橡皮擦工具”，对戒指右侧后边的边线进行涂抹，使其与戒指边缘贴合，如图4-481和图4-482所示。

图4-481

图4-482

04 绘制左侧的黑色边线。先从左侧的后边位置开始，继续选择“钢笔工具”，用同样的绘制方法，在戒指的左侧添加一条黑边线，单击鼠标右键，在弹出的快捷菜单中选择“描边路径”选项，在弹出的对话框中选择“画笔”选项，单击“确定”按钮。选择“橡皮擦工具”，对左侧黑边线进行涂抹，如图4-483和图4-484所示。

图4-483

图4-484

05 在工具栏中使用“选择工具”选中后侧的黑色边线，按快捷键Alt+Shift将其向后平移至前边的边缘位置，并将边线进行适当旋转调整。在工具栏中选择“橡皮擦工具”，对戒指左侧前边的边线进行涂抹，使其与戒指边缘贴合，如图4-485~图4-487所示。

图4-485

图4-486

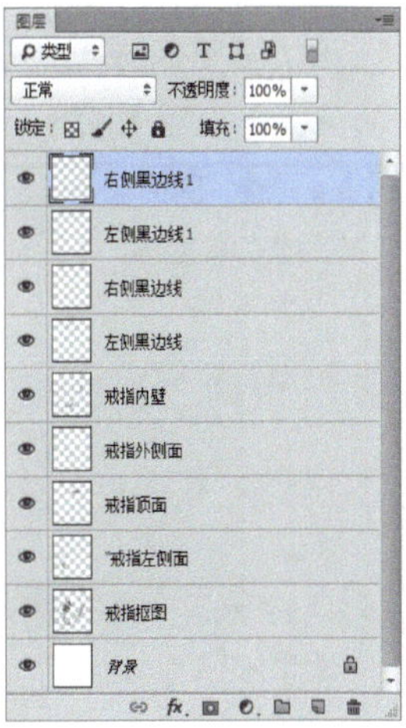

图4-487

06 绘制内壁光影效果。用“钢笔工具”沿着戒指内壁绘制一个投影形状，然后按快捷键Ctrl+Enter将其载入选区。单击选择“渐变工具”，在打开的“渐变编辑器”对话框中进行适当设置，在戒指内壁从下往上拉出一个由灰（R:240、G:240、B:240）到白（R:255、G:255、B:255）再到灰（R:240、G:240、B:240）的渐变效果。之后分别用“加深工具”和“减淡工具”对投影的两端和中间进行涂抹处理，必要时还可用“涂抹工具”做适当的调整处理，完成之后按快捷键Ctrl+D取消选区，如图4-488~图4-490所示。

图4-488

图4-489

图4-490

07 给内壁添加黑色边线。创建一个“内壁黑线”图层，在工具栏中设置“前景色”为黑色，然后选择“钢笔工具”，并沿着戒指内壁偏右侧的边缘勾勒一条路径。单击鼠标右键，在弹出的快捷菜单中选择“描边路径”选项，在弹出的对话框中选择“画笔”选项，单击“确定”按钮。选择“画笔工具”，设置画笔“大小”为2像素、“硬度”为100%，然后对路径进行涂抹，如图4-491~图4-493所示。

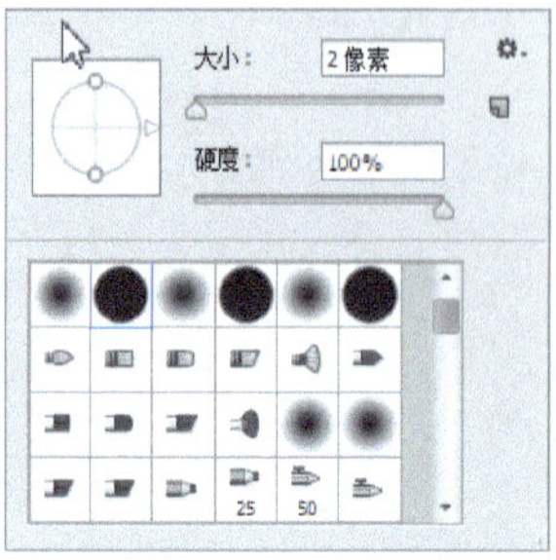

图4-491

图4-492

图4-493

08 对内壁的黑色边线做柔和处理。按快捷键Ctrl+Enter载入选区，按快捷键Ctrl+D取消选区。然后在工具栏中选择“画笔工具”，设置画笔类型为“柔角画笔”，对“黑线”的上下两端进行适当的涂抹，得到“内壁右侧的黑线”，让戒指显得更立体，如图4-494所示。

09 复制黑线到左侧。复制“内壁右侧的黑线”图层，得到一个“内壁右侧的黑线 拷贝”图层。按快捷键Alt+Shift将其往左平移，同时选择“橡皮擦工具”，对图层中的黑线进行适当涂抹和处理，使其更加柔和，如图4-495所示。

图4-494

图4-495

10 绘制内壁光影的上下边线。创建两个图层，并分别命名为“黑边上”和“黑边下”，并沿着戒指内壁的阴影两端分别勾勒两条黑色边线，针对黑线中多余的部分，可使用“橡皮擦工具”对其进行涂抹，如图4-496所示。

图4-496

11 新建一个“内壁中间倒影”图层，然后在工具栏中选择“画笔工具”，设置画笔类型为“柔边圆”、“大小”为90像素、“不透明度”为40%、流量为40%，对戒指内壁的中间位置进行适当涂抹。执行菜单栏中的“滤镜>模糊>高斯模糊”命令，选中“内壁中间倒影”图层，并按住Alt键，向下创建“剪切蒙版”图层，此时在内壁的中间位置会形成一个自然的倒影，让戒指看起来更加逼真，如图4-497~图4-499所示。

图4-497

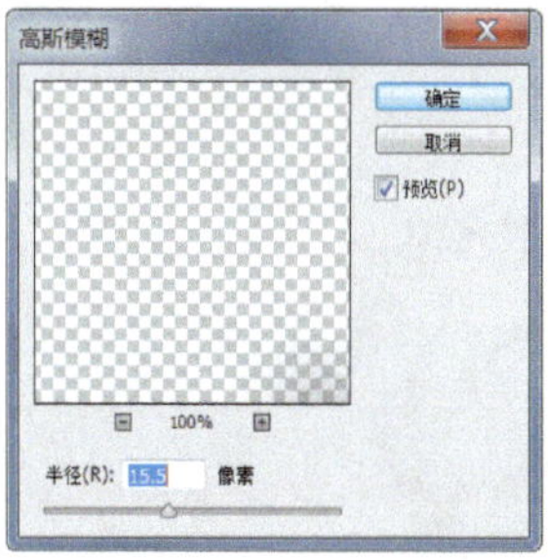

图4-498　　图4-499

7. 绘制投影

01 为了使戒指看上去更加真实，在工具栏中选择“钢笔工具”，然后在戒指的左侧底部位置绘制一个“投影形状”，如图4-500所示。

图4-500

02 选择“渐变工具”，在打开的“渐变编辑器”对话框中进行适当设置，在戒指内壁从下往上拉出一个由灰（R:205、G:205、B:205）到白（R:250，G:250，B:250）的渐变效果。在菜单栏中执行“滤镜>模糊>高斯模糊”命令，设置“半径”为4.8像素，让投影显得更自然一些。之后在工具栏中选择“橡皮擦工具”，在选项栏中设置“不透明度”为30%，然后对投影背光处进行适当涂抹，让投影效果能够更好地过渡，看上去更加真实自然。最后按快捷键Ctrl+D取消选区，完成操作，如图4-501~图4-504所示。

图4-501

图4-502

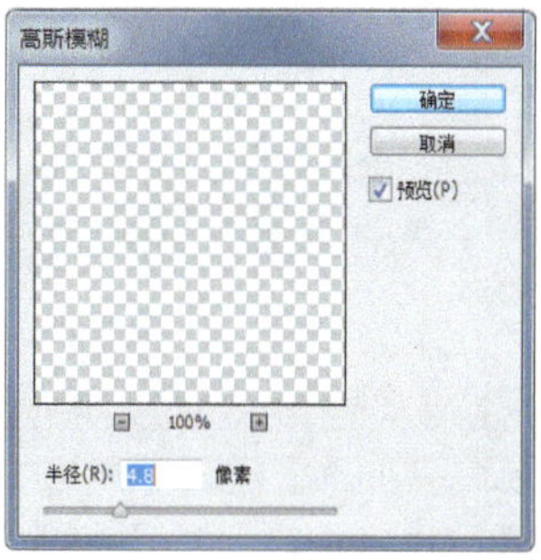

图4-503　　图4-504

03 对绘制好的“底部投影”进行微调。先将上一步绘制好的投影复制一层，然后移动到戒指的右边底部位置。选中“底部投影”图层，按快捷键Ctrl+T执行“自由变换”命令。单击鼠标右键，在弹出的快捷菜单中选择“水平翻转”选项，对投影进行水平翻转处理，同时将其调整到合适的位置。完成精修，效果如图4-505所示。

图4-505

技术专题：关于投影的另外一种制作方法

第1步：把前面制作出的“阴影”图层隐藏，然后按快捷键Ctrl+Shift+Alt+E盖印所有图层，并隐藏“戒子投影”、“戒子投影 拷贝”和“背景”图层，同时把其他所有精修的图层合并成一个组，并命名为“盖印”，如图4-506和图4-507所示。

图4-506

图4-507

第2步：按快捷键Ctrl+J复制“盖印”图层，得到一个“盖印拷贝”图层。按快捷键Ctrl+T执行“自由变换”命令，并选择中间的控制点，按住Shift键向下对其进行“垂直翻转”操作，之后按Enter键确认操作，如图4-508和图4-509所示。

图4-508

图4-509

第3步：单击“图层”面板下方的“添加图层蒙版”按钮，为“盖印 拷贝”图层添加一个图层蒙版。选择“渐变工具”，在打开的“渐变编辑器”对话框中进行适当设置，在该图层蒙版上从下往上拉出一个由黑（R:0、G:0、B:0）到白（R:255、G:255、B:255）的渐变效果。调整“盖印 拷贝”图层的“不透明度”为20%，完成“倒影”的制作，如图4-510和图4-511所示。

图4-510

图4-511

8. 最终色调调节

执行“图像>调整>色彩平衡”命令，在弹出的“色彩平衡”对话框中选择“中间调”选项，设置“黄色”值为+22，此时画面呈现出较理想的冷青色效果，完成修图，效果如图4-512~图4-514所示。

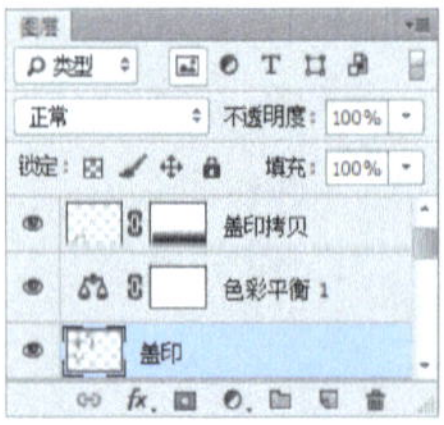

图4-512

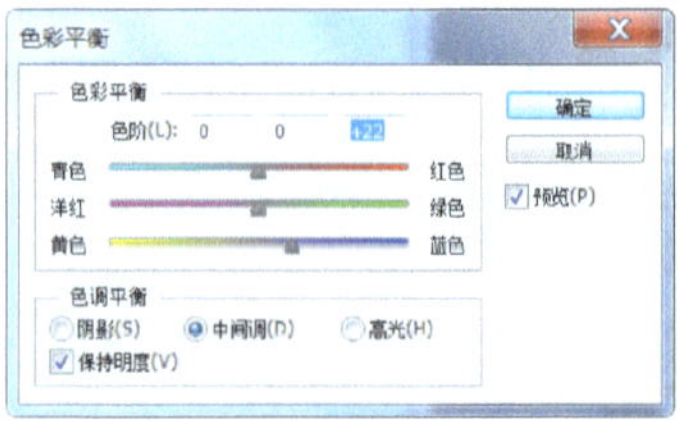

图4-513

图4-514

4.10 综合案例：面膜精修

实例位置	素材文件>CH04>综合案例：面膜精修
技术掌握	裁剪/矩形/魔棒/矩形选框/吸管/渐变/画笔/铅笔/直接选择/椭圆选框工具、快捷键Ctrl+J/Alt+Delete/Ctrl+X/Ctrl+V/Ctrl+U/Ctrl+Shift+Alt+E、“对齐>居中对齐”命令、“编辑>定义图案”命令、“图层>创建剪贴蒙版”命令、“编辑>填充”命令、“滤镜>模糊>高斯模糊”命令

这里，我们将该面膜产品的精修过程分为三大阶段来进行。第一阶段是实现抠图并填充背景色；第二阶段是制作袋子纹理和高光效果；第三阶段是给面膜制作一些倒影和场景特效。图片处理前后的对比效果如图4-515所示。

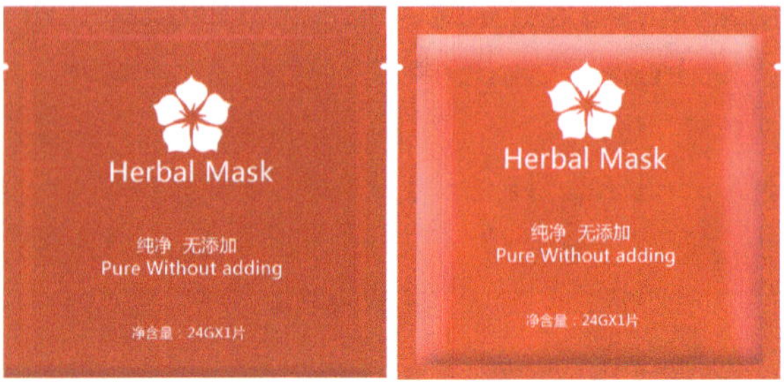

图4-515

4.10.1 产品的结构分析

在修图之前，我们先预想产品处理后需要达成什么样的效果。根据以往我们对类似产品的光影分析，针对此次面膜产品的修图，可以将其分为以下几个部分，包括袋子纹理、面膜上方阴影、高光、面膜标签、面膜下方阴影和倒影，如图4–516所示。

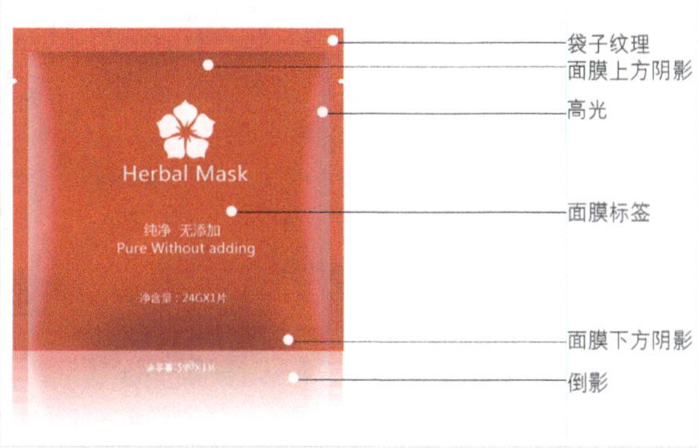

图4–516

4.10.2 操作步骤

1.实现抠图，并填充背景色

01 抠图。按快捷键Ctrl+O打开一张面膜原图，选择“魔棒工具”，在图像白色区域单击，待背景被全部选中后，按快捷键Ctrl+I进行反选。再按快捷键Ctrl+J将产品从背景中分离出来，完成面膜的抠图，如图4–517所示。

02 填充背景颜色。在工具栏中设置“前景色”为白色，按住Ctrl键的同时，单击“图层”面板下方的“创建新图层”按钮，在“面膜”图层下方添加一个“背景层”，并为其填充白色，如图4–518所示。

图4–517

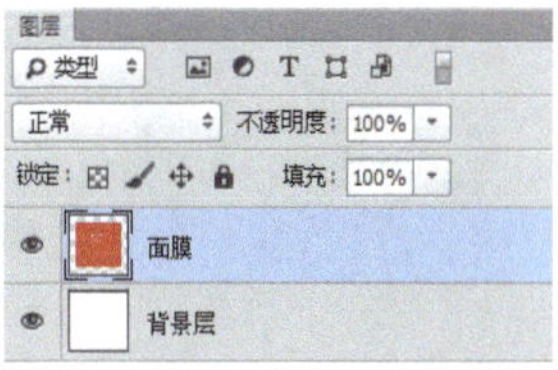

图4–518

TIPS

按快捷键D可以进行“前景色”与“背景色”的快速切换。按住Ctrl键单击“图层”面板下方的“创建新图层”按钮，可以使新添加的图层直接在下方，而不是在上方。

03 将面膜分层。在工具栏中选择“矩形选框工具”（快捷键M），框选面膜正面区域，然后按快捷键Ctrl+X进行剪切，并按快捷键Ctrl+V做原位粘贴，这样就把面膜分成了两个图层，分别为“面膜底部”和“面膜正面”，如图4–519所示。

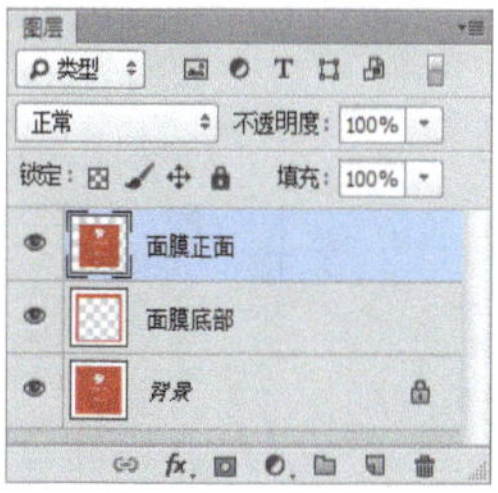

图4–519

04 填充颜色。继续选择“矩形选框工具”，然后选中“面膜正面”图层，单击工具栏中的“吸管工具”，吸取面膜正面区域的颜色。按快捷键Ctrl+Delete将该区域的颜色进行删除并填充，目的是覆盖掉面膜上方的文字的同时，形成一个完整的矩形色块，如图4–520和图4–521所示。

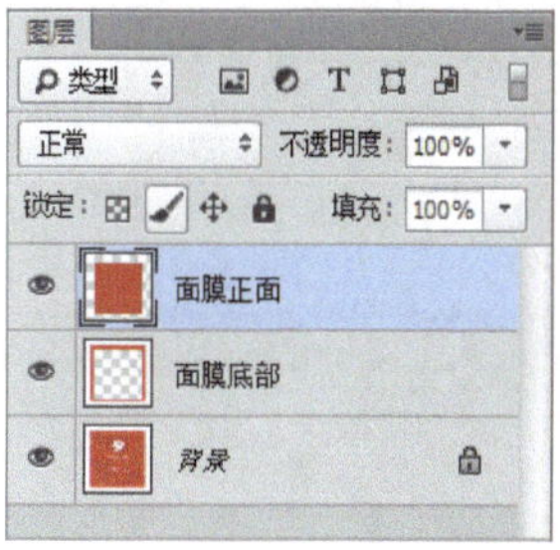

图4–520

图4–521

2. 制作袋子纹理和高光效果

01 制作袋面纹理。选中“面膜正面”图层，然后在“图层”面板下方单击“添加图层样式”按钮，选择“斜面和浮雕”选项，在弹出的对话框中设置“样式”为“内斜面”、“方法”为“平滑”、“深度”为32%，选择“下”选项，设置“大小”为21像素、“软化”为14像素、“角度”为30度、“高度”为30度、“高光模式”为“滤色”、“不透明度”为75%、“阴影模式”为“正片叠底”、“阴影颜色”为灰黑色（R:205、G:205、B:205）、“不透明度”为75%，完成设置后单击“确定”按钮，并按快捷键Ctrl+D取消选区，如图4–522~图4–524所示。

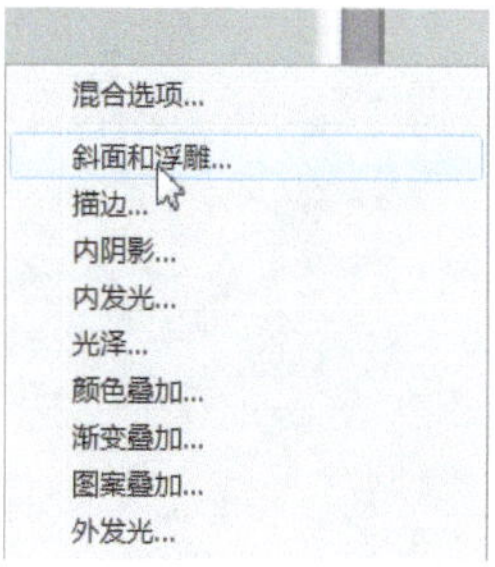

图4–522

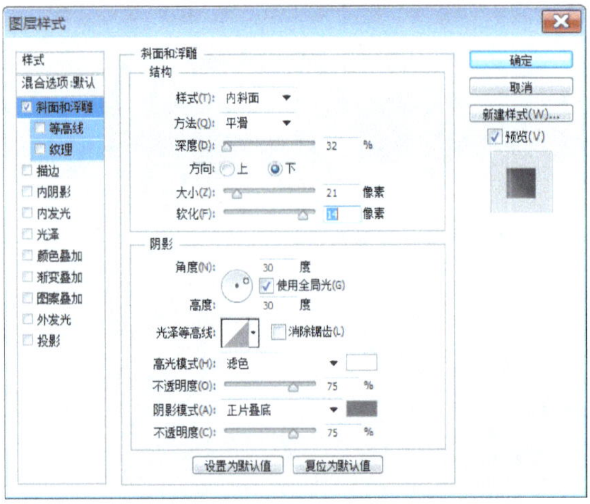

图4-523

图4-524

02 置入字样。按快捷键Ctrl+O打开一张logo素材，然后将它拖入“面膜正面”图层上方，选中“背景层”与“logo”图层，在菜单栏中执行“对齐>居中对齐”命令，进行居中对齐处理，如图4-525和图4-526所示。

图4-525

图4-526

03 添加蒙版。利用“滤镜”功能制作“面膜正面”的“亮面”和“暗面”效果，使其呈现出理想的凹凸立体感。设置“前景色”为白色，在“面膜正面”图层上方创建一个新的图层，并命名为“滤镜云彩”。按快捷键Alt+Delete填充白色（R:255、G:255、B:255），图层上会出现一个黑色的三角箭头。在菜单栏中执行“图层>创建剪贴蒙版”命令，给图层创建一个剪贴蒙版，如图4-527所示。

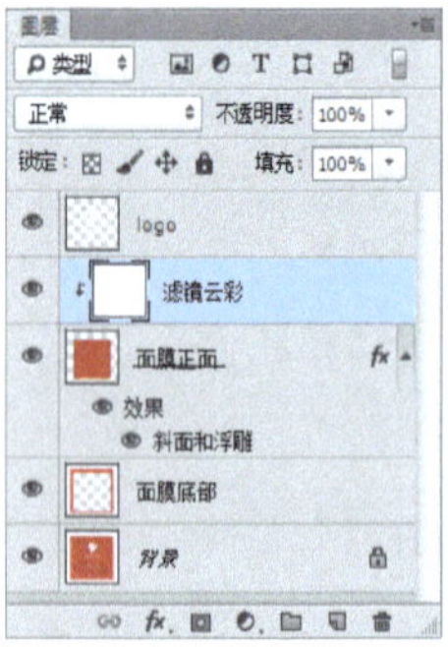

图4-527

04 制作滤镜效果。在菜单栏中执行“滤镜>渲染>分层云彩”命令，按快捷键Ctrl+F反复操作多次。然后执行“滤镜>模糊>高斯模糊”命令，设置“半径”为9.6像素。同时设置图层的“混合模式”为柔光，调整“不透明度”为40%，如图4-528~图4-530所示。

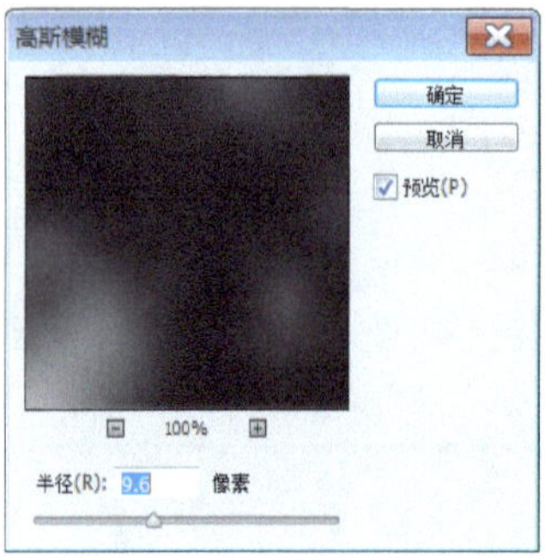

图4-528

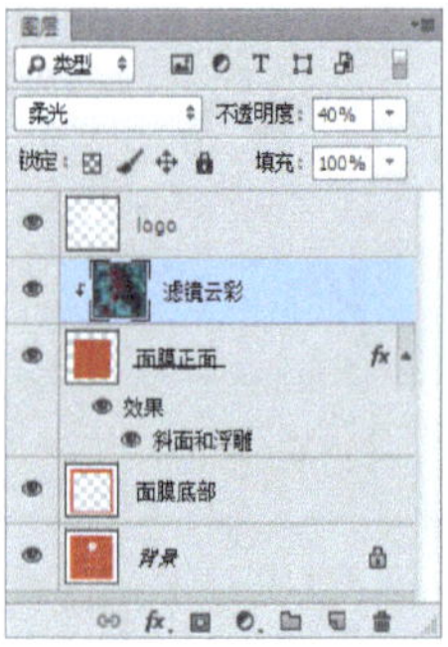

图4-529

图4-530

05 制作高光。在“滤镜云彩”图层上方新建一个图层，并命名为“高光”。在工具栏中选择“画笔工具”，在选项栏中设置画笔类型为“柔边圆”、“大小”为54像素、“不透明度”为50%、“流量”为50%，开始绘制袋边上的高光效果，然后为其创建剪贴蒙版，并调整图层的“不透明度”为50%，如图4-531~图4-533所示。

图4-531

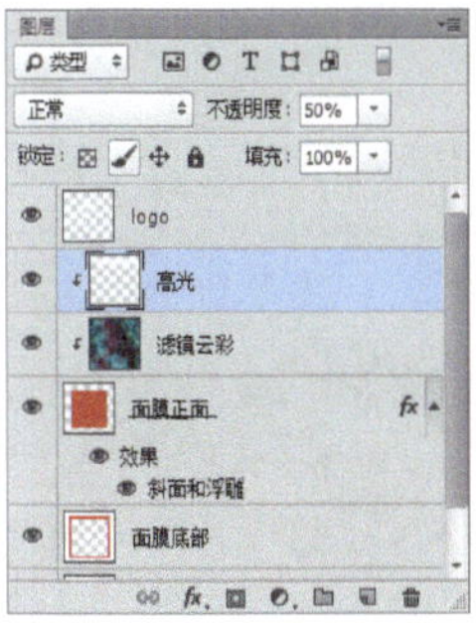

图4-532 图4-533

06 新建文件，设置工具参数。针对“压纹效果”的制作方法其实有很多，在这里用一种“定义图案”的方法来进行绘制。新建一个4像素×4像素、“分辨率”为72像素/英寸、“颜色模式”为“RGB颜色8位”、名称为“压纹图案”的透明背景文件。按快捷键Ctrl+1将其放大到3 200%，然后在工具栏中选择“铅笔工具”，设置笔触“大小”为1像素、“前景色”为黑色（为了便于操作，这里可以按快捷键Ctrl++将图像放大到3 200%，再进行操作），如图4-534~图4-536所示。

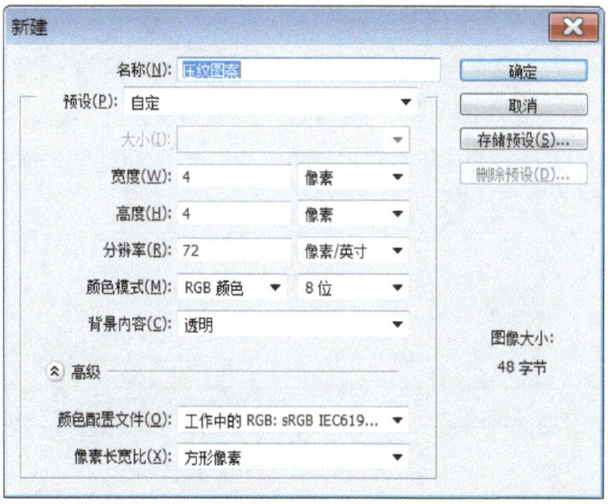

图4-534

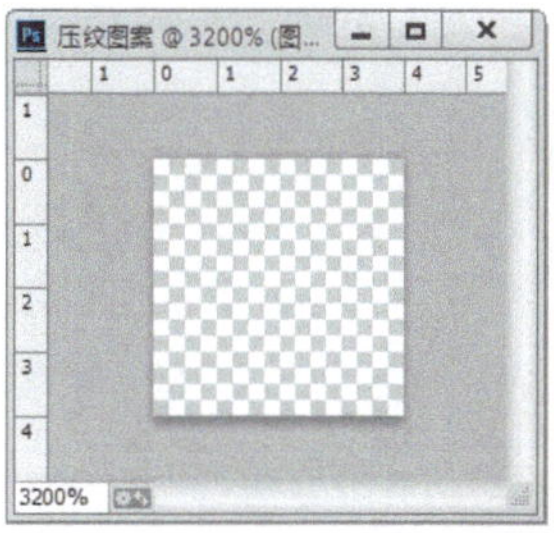

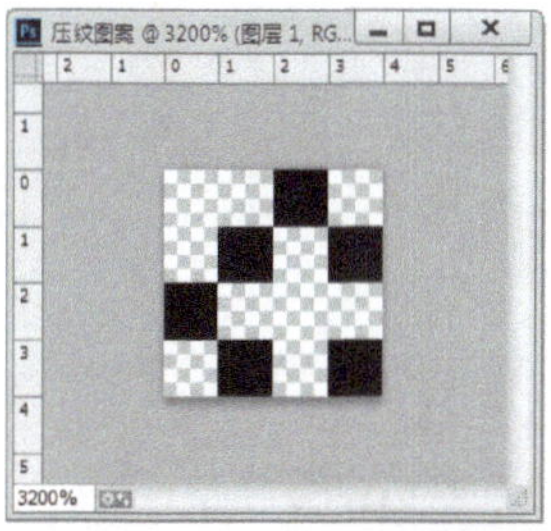

图4-535 图4-536

07 对图案命名。在菜单栏中执行“编辑>定义图案”命令，在弹出的对话框中将图案命名为“压纹图案”，单击“确定”按钮，如图4-537和图4-538所示。

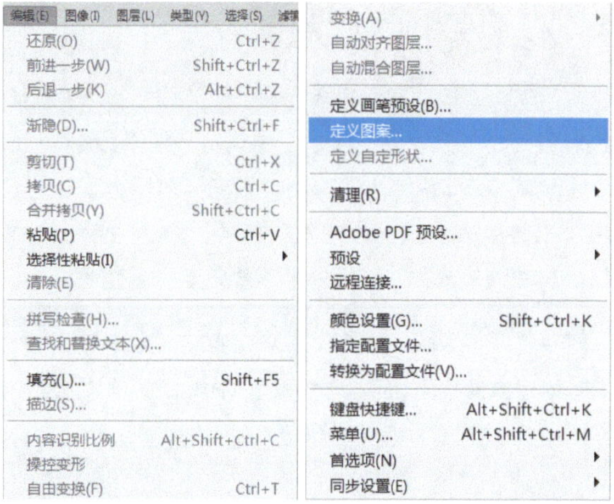

图4-537

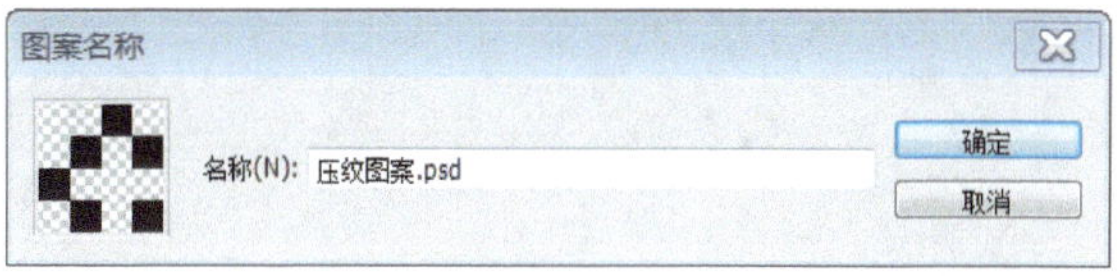

图4-538

08 填充袋面颜色。按快捷键Ctrl+Enter将“面膜底部”图层载入选区。选中“面膜底部”图层，然后单击工具栏中的“吸管工具”，吸取袋面区域的颜色，并按快捷键Ctrl+Delete填充前景色，覆盖掉原来的纹理效果。单击“图层”面板下方的“创建新图层”按钮，在该图层上方新建一个图层，并将图层名称修改为“压纹图案”，如图4-539~图4-541所示。

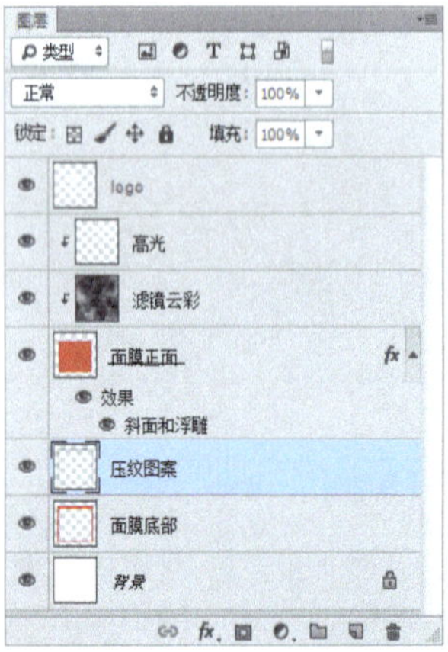

图4-539

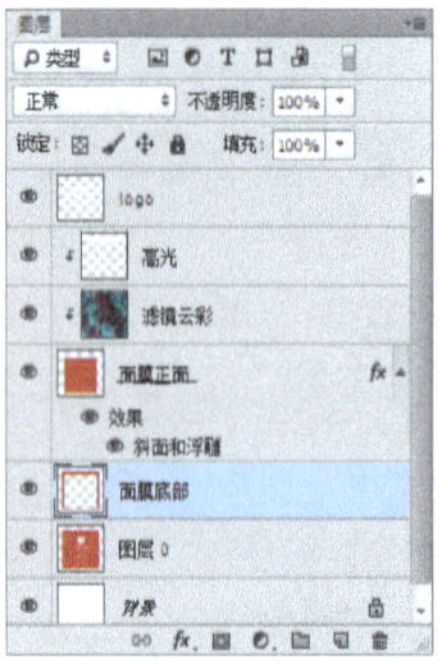

图4-540 图4-541

09 设置填充属性。在菜单栏中执行“编辑>填充”命令（快捷键Shift+F5），弹出“填充”对话框，在“使用”下拉列表中选择“图案”选项，单击“确定”按钮。将“面膜底部”图层的“不透明度”调整为30%，如图4-542~图4-544所示。

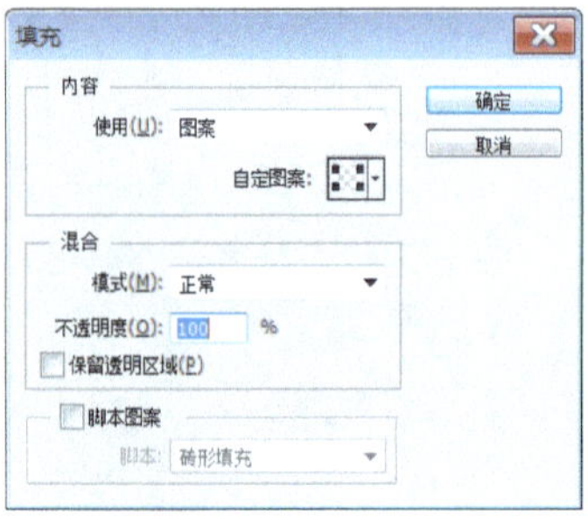

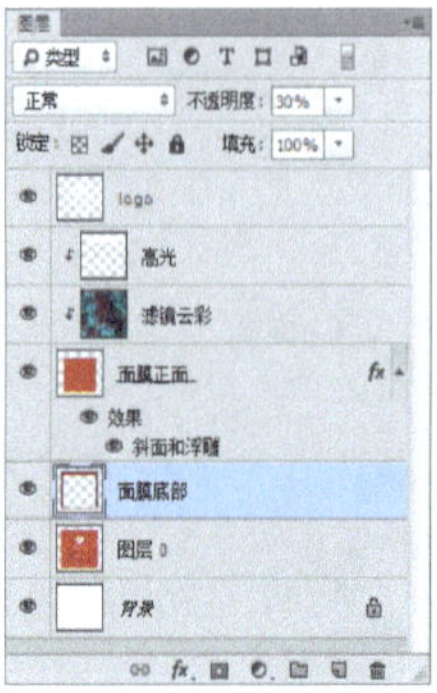

图4-542 图4-543

图4-544

10 设置色相/饱和度。选择“袋面纹理”图层，按快捷键Ctrl+U打开“色相/饱和度”对话框，调整“明度”为+15，单击“确定”按钮，将填充纹理的颜色调浅一些，如图4-545和图4-546所示。

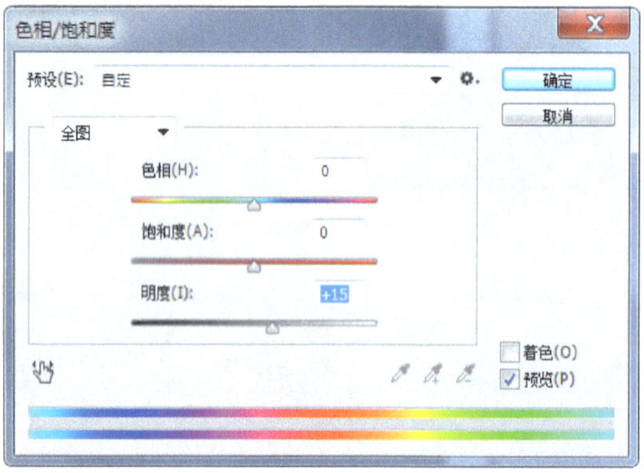

图4-545

图4-546

11 添加蒙版。由于在不同的光线下产生的高光效果不同，通过精修能够让产品显得更加逼真。在“面膜正面”图层上方创建一个“弧度高光左”剪贴蒙版图层，如图4-547所示。

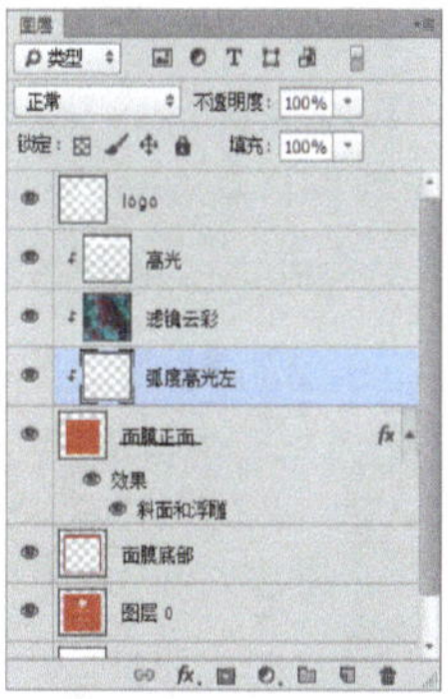

图4-547

12 调整左侧的光影。选择“椭圆选框工具”，在“面膜袋侧面”图层上绘制一个椭圆选区，然后选择“矩形工具”，单击选项栏中的“从选区中减去”按钮，将多余选区减去。单击鼠标右键，在弹出的快捷菜单中选择“羽化”选项，在弹出的“羽化选区”对话框中设置“羽化半径”为10像素，单击“确定”按钮。按快捷键Alt+Delete填充前景色，最后执行“滤镜>模糊>高斯模糊”命令，在弹出的对话框中设置“半径”为30像素，并将“左侧高光”调到适合的位置，同时调整图层的“不透明度”为40%，如图4-548~4-553所示。

图4-548

图4-549

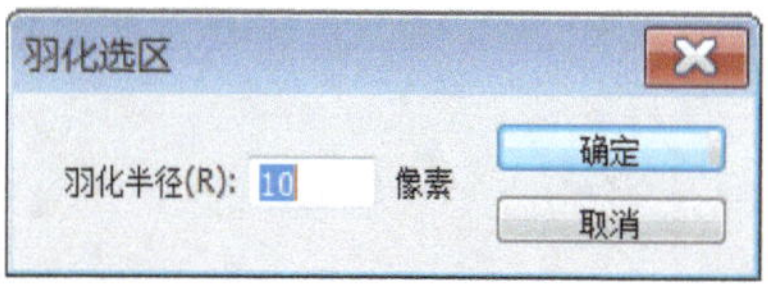

图4-550

图4-551

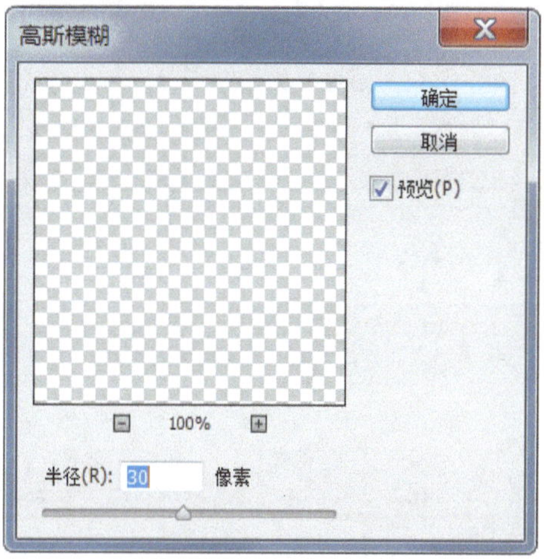

图4-552

图4-553

13 制作右侧的高光。选中“弧度高光左”图层，在工具栏中选择“直接选择工具”，按住Alt键的同时，将该图层移动复制到右边，得到一个“弧度高光左 拷贝”图层。按快捷键Ctrl+T执行“自由变换”命令，单击鼠标右键，在弹出的快捷菜单中选择“水平翻转”选项，对复制出的高光效果做翻转处理，并将其移动到面膜右侧的合适位置。到这里，面膜的立体感就很好地被塑造出来了，如图4-554~图4-556所示。

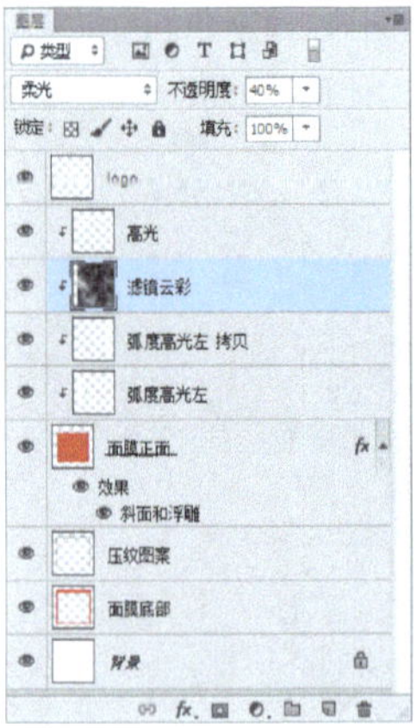

图4-554

图4-555

图4-556

14 完善光影细节。隐藏“背景”图层，在所有图层的上方新建一个图层，然后执行快捷键Ctrl+Shift+Alt+E盖印图层，并将图层命名为“盖印”。单击“图层”面板下方的“创建新的填充或调整图层”按钮，在弹出的菜单中选择“曲线”选项，调出“属性”面板，对盖印的图层部分进行整体提亮处理，完成面膜的光影处理，如图4-557~图4-559所示。

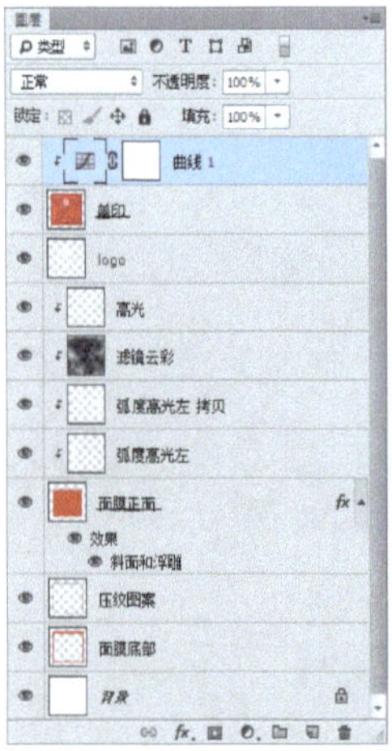

图4-557

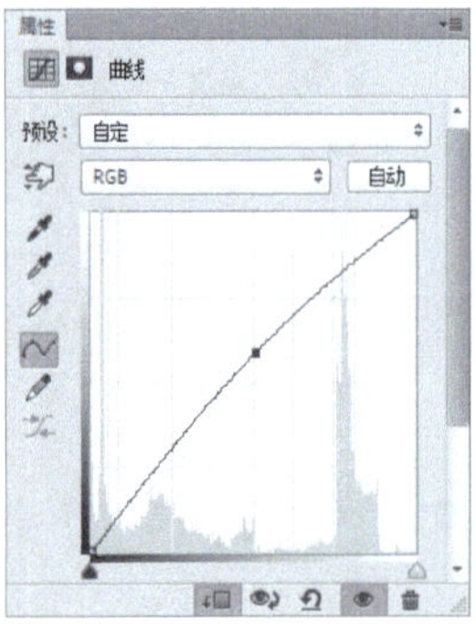

图4-558

图4-559

3. 制作倒影和场景特效

01 复制图层，增加画布尺寸。这样更能凸显产品的立体感，显示“背景”图层，选中“盖印”图层，并按快捷键Ctrl+J复制得到一个“盖印 拷贝”图层。选择“裁剪工具”，按住Alt键的同时拖动鼠标光标，适当延伸画布尺寸，如图4-560和图4-561所示。

02 翻转处理。选中“盖印”图层，按快捷键Ctrl+T执行“自由变换”命令，然后单击鼠标右键，在弹出的快捷菜单中选择“垂直翻转”选项，将复制的“盖印 拷贝”图层进行垂直翻转处理，按Enter键确认操作，如图4-562和图4-563所示。

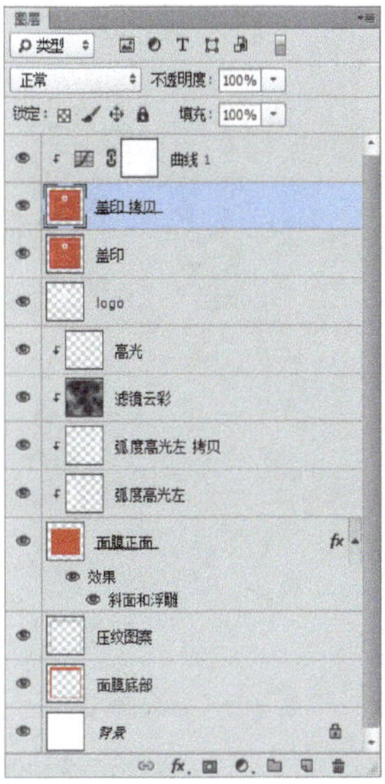

图4-560

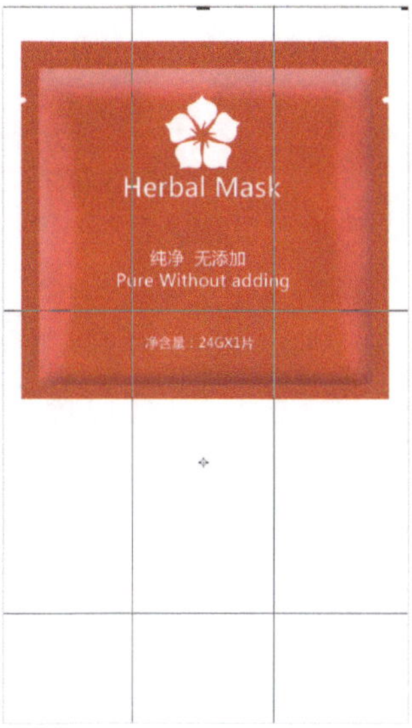

图4-561

图4-562

图4-563

03 添加蒙版。选中“盖印 拷贝”图层，在“图层”面板下方单击“添加图层蒙版”按钮，为“盖印 拷贝”图层添加一个蒙版。选择“渐变工具”，在弹出的“渐变编辑器”对话框中进行适当设置，在该图层蒙版上从下往上拉出一个由黑到白的渐变效果，作为面膜的投影，如图4-564和图4-565所示。

图4-564

图4-565

04 制作特效。选中“背景”图层，单击“图层”面板下方的“创建新图层”按钮，在该图层上方新建一个图层，并命名为“场景特效”。选择“矩形选框工具”，框选面膜的上方区域，再选择“渐变工具”，在弹出的“渐变编辑器”对话框中进行适当设置，在该图层上拉出一个由灰（R:213、G:213、B:213）到白（R:255、G:55、B:255）的渐变效果，如图4-566~图4-568所示。

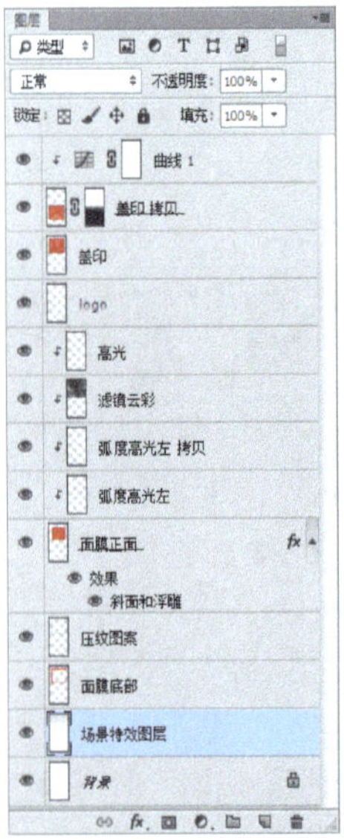
图4-566

图4-567

图4-568

05 细节完善。按快捷键Ctrl+D取消选区，选中“盖印”图层，在“图层”面板下方单击“创建新的填充或调整图层”按钮，在弹出的菜单中选择“曲线”选项，在打开的“属性”面板中对画面做适当提亮处理，并对画布多余的部分进行裁剪，修图完成，如图4-569和图4-570所示。

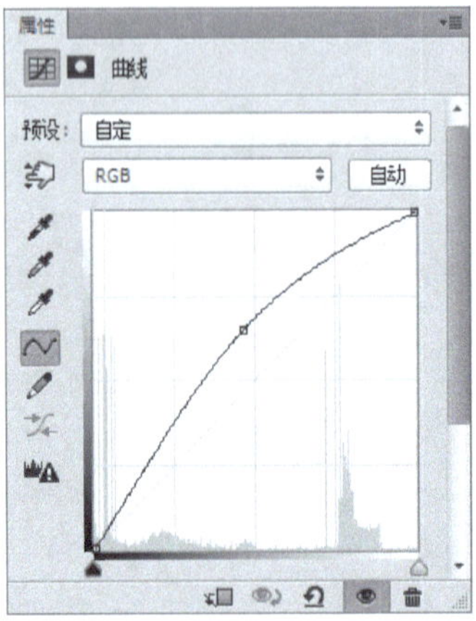
图4-569

图4-570

TIPS

针对产品的综合修图与处理来说，在修图之前，首先要对需要处理的图片进行观察，查看图片中的产品存在哪些问题，并结合素描的一些基本知识尤其是物体的光影关系，对图片有了充分的认识与分析之后，再进行相应的处理。换句话说，精修也可以说是对图形重构的一个过程。通过精修，可以让产品看起来更加干净和立体。

暖冬家电
爆品聚惠
金币再抵 折上再折
618
购物节
耀眼夏日
闪亮女鞋馆
全场1-2折起
店铺联合满赠
活动时间：2015.06.17-06.19
全场五折
邀你嗨翻四天四夜

05

字体的设计与排版

5.1 概述

字体在电商设计中的作用至关重要。它不仅可以对产品做出清晰的诠释和解析，还可以对设计起到很大的装饰作用。同时，好的字体设计，可以对店铺和店铺产品的推广起到非常大的推动作用。也可以说，如果电商设计是一张脸，那么文字就是它的表情，文字可以让设计富有灵性，如图5-1~图5-3所示。

图5-1

图5-2

图5-3

5.2 字体的下载与安装

在进行设计制作之前，首先需要将所用的字体下载到电脑里，方便设计时使用。因此在这里先为大家讲解一下如何完成字体的下载与安装，这也是电商设计需掌握的最常用的必备知识。

- **下载和安装步骤**

01 打开百度首页，在搜索框中输入如“禹卫书法行书简体字体下载”字样，单击“百度一下”按钮，此时网页会跳转到“禹卫书法行书字体下载”的标题页面，如图5-4和图5-5所示。

图5-4

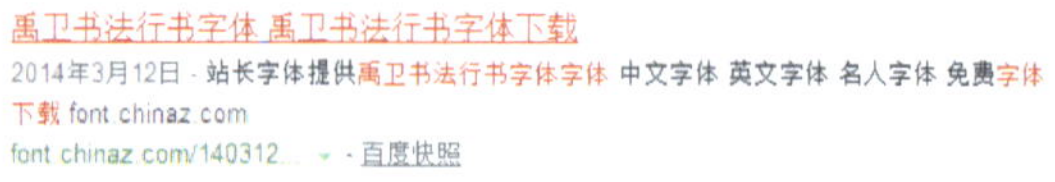

图5-5

02 单击打开字体下载页面，然后任选一个页面中的下载地址，并单击进行下载，如图5-6和图5-7所示。

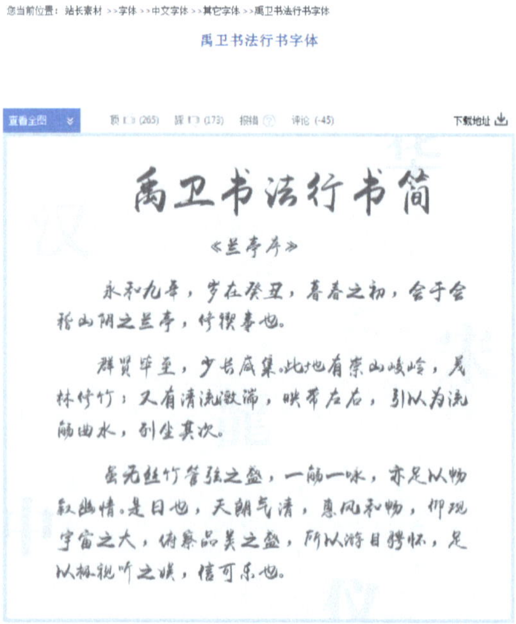

图5-6

图5-7

03 当完成上一步操作之后，会弹出一个“新建下载任务”对话框，单击“浏览”按钮，并在弹出的“浏览文件夹”对话框中选择“桌面”，单击“确定”按钮，将“禹卫书法行书”字体下载到桌面上，如图5-8和图5-9所示。

图5-8

图5-9

04 选中桌面上的“font331”字体压缩包，单击鼠标右键，在弹出的快捷菜单中选择“解压文件”选项对其进行解压，如图5-10和图5-11所示。

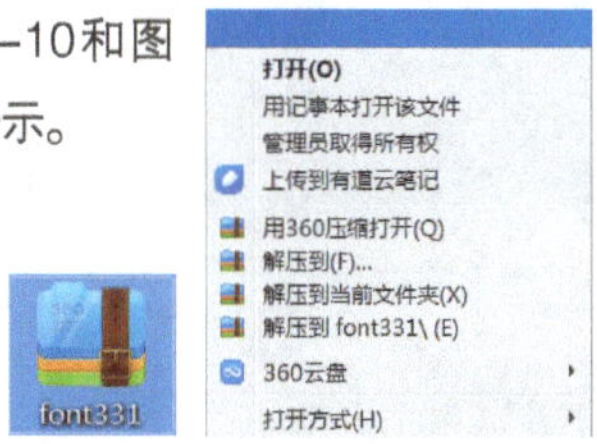

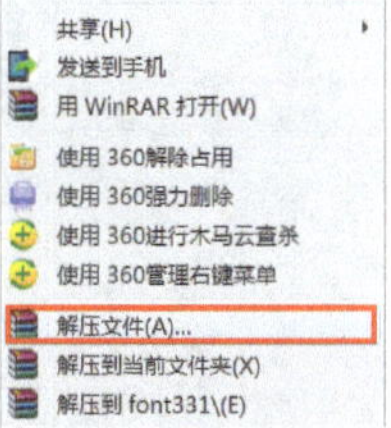

图5-10　　图5-11

05 当将字体压缩包解压之后，双击打开被解压的“font331”文件夹，找到禹卫书法行书字体，并按快捷键Ctrl+C进行复制，然后依次执行“本地磁盘(c:)>Windows>Fonts”操作，按快捷键Ctrl+V将复制的字体粘贴进去，完成安装，如图5-12和图5-13所示。

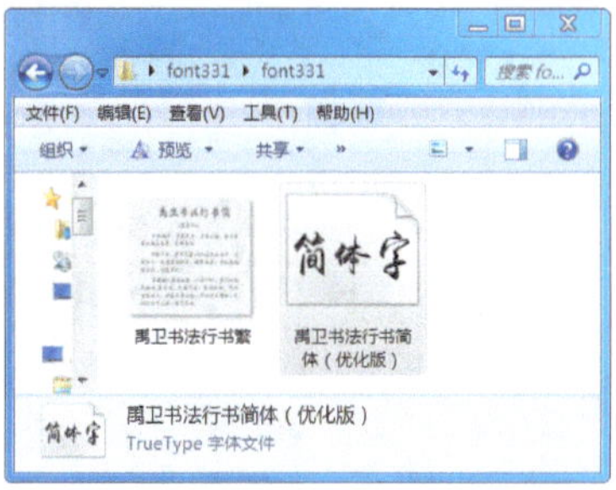

图5-12

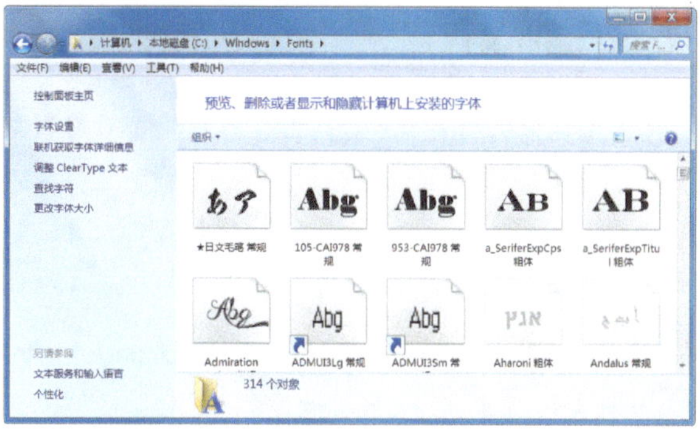

图5-13

5.3 字体的风格划分

在学习如何设计字体之前，我们先来了解一下电商设计中的字体风格分类。

5.3.1 秀丽柔美

该类字体的特点是优美清新、线条流畅，给人以华丽柔美之感，适用于女士化妆品、饰品、日常生活用品及女性服务行业的宣传设计，如图5-14所示。

图5-14

5.3.2 稳重挺拔

该类字体的特点是规整、富有力度，给人以简洁爽朗的现代感，同时在颜色运用上具有较强的视觉冲击力，适用于家电、男士化妆品等的宣传设计，如图5-15所示。

图5-15

5.3.3 活泼有趣

该类字体的特点是生动活泼，有鲜明的节奏韵律感，色彩丰富明快，给人以生机盎然的感觉。这种字体适用于儿童用品、运动休闲及时尚产品的宣传设计，如图5-16所示。

图5-16

5.3.4 苍劲古朴

该类字体的特点主要是朴实无华，饱含古风韵律，能带给人们一种怀旧的感觉。此类字体适用于花茶、书房用品及古风服饰等传统产品的宣传设计，如图5-17所示。

图5-17

TIPS

文字的主要功能是在视觉传达中向消费者传达信息，而要达到此目的，必须考虑文字的整体风格和效果是否能够清晰地传达产品的视觉形象。

5.4 字体设计的原则与排版设计流程

5.4.1 字体设计的原则

信息传播是文字设计的一大功能，也是最基本的功能。文字设计重要的一点在于所设计的文字要满足产品和产品主题的要求，不能相互脱离和冲突，从而破坏文字的诉求效果。

字体在视觉传达中作为画面的形象要素之一，具有传达感情的功能。在字体设计中，首先它必须具有视觉上的美感，能够给人以美的享受。满足人们的审美需求和提高审美品位是每一个设计师的责任。

同时，无论字形多么富有美感，如果失去了文字的可识别性，这一设计无疑是失败的。试问：一个使人费解、无法辨认的文字设计，能够起到传达信息的作用吗？答案肯定是否定的。

在电商广告的文字设计上，任何店铺或商品，都是有其自身内涵的，而在电商设计中我们若能将这些所谓的内涵准确无误地传达给消费者，同时呈现出其该有的美感，能吸引消费者对其有所关注，这就是文字设计的目的，否则将失去设计的作用，如图5-18所示。

图5-18

TIPS

在电商设计中，文字的编排可以直接体现一个美工设计师的设计能力。在这里，之所以先介绍字体设计的一些基本原则，目的是希望大家在具体地进行字体设计之前，能够对文字的排版有一个比较初步和基本的认识，以便在日后的设计中能够合理使用，并提高自身的设计效率。

5.4.2 字体排版设计的基本流程

1. 理解文字内容

在进行字体排版设计之前，首先要理解文字的内容，如图5-19所示。很多设计师只注重版式美观而不关注文字内容的传达性，习惯一拿到字体就开始编排。不考虑文字最终的传达目的，就很容易本末倒置，造成设计无法真正满足宣传目的的需求。

图5-19

2. 合理的文字分类

这里所说的“文字分类”，就是把我们所理解的文字段分成几个层级，并为其分配相应的空间和大致的位置。例如针对一款海报，哪些是主标题，哪些是副标题，哪些是装饰词，哪些是广告正文等，可以先进行明确的划分，如图5-20所示。

图5-20

3. 初步排版

经历了前面的过程，设计师心中应该已经有了一个初步的构想。接下来，根据文字的实际层级划分情况，对文字进行合理的视觉归纳，让其以层级化的形式呈现出来，如图5-21所示。

图5-21

4. 精确细排

对于字体的排版设计，这个阶段是非常重要而且也是必不可少的环节。一般来说，汉字编排是很讲究的。文字的字体、字号以及文字的配色等都要符合人们的审美和阅读习惯。同时，字体的运用在整个版面中是否和谐，各个层级的文字是否清晰明了，该对齐的地方是否都已经对齐等这些问题，都是需要特别注意的，如图5-22所示。

图5-22

TIPS

就个人经验而言，对于电商这种讲究效率的行业来说，在电商设计中，当文字的排版工作完成之后，文字的及时校对也是很有必要的，而且是电商设计师必须要坚持的一个习惯。因为有时无意间漏掉的几个字或错别字，都可能对你已经精确编排好的版面造成极大影响，因此这一点要引起重视，避免因为这些问题造成不必要的工作失误，或产生额外的工作量。

5.5 毛笔字的制作与运用

5.5.1 基本特点和使用途径

毛笔字在电商行业中运用较为广泛，尤其在海报设计中运用较多。毛笔字在中国已有上千年的历史，它具有独特的艺术形式和特点，极具力量感，稳重、霸气而不失飘逸，适用于中国风产品、古典游戏类产品的字体设计，以及节日促销主题海报的字体设计，能使产品或画面突出传统古典气息和气势磅礴的美。

5.5.2 设计要点

在设计之前，首先要熟悉横、竖、撇、捺和弯勾这些基本笔画，然后从中找出字体笔画的规律，在起笔和落笔上进行“水墨笔触”的加工。接着充分利用拼凑、修饰、变形、删减、擦除等手法来对字体进行设计，最后将“毛笔字体”融入海报设计当中，作为海报主题来进行呈现。

实战："开年大促"海报字体的制作

实例位置	实例文件 >CH05> 实战："开年大促" 海报字体的制作
技术掌握	快捷键 Ctrl+N/Ctrl+T/Ctrl+S、画笔 / 移动工具、拼凑 / 修饰 / 变形 / 删减手法

本案例主要讲解如何运用素材叠加来制作毛笔字体，简单易学且实用。所设计的文字为"开年大促"，在这款字体设计中，在字体的起笔和落笔上做了"水墨笔触"的加工和处理，并利用拼凑、修饰、变形和删减的手法，来表现字体的气势和韵味。字体的最终设计与运用效果如图5-23所示。

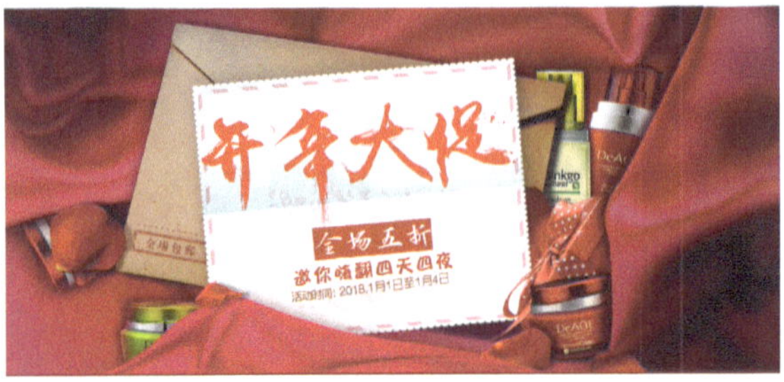

图5-23

- **操作步骤**

01 新建文档，输入文字。按快捷键Ctrl+N新建一个950像素×500像素、"颜色模式"为"RGB颜色"、"分辨率"为72像素/英寸的画布，然后在工具栏中选择"文字工具"（快捷键T），并在选项栏中选择"禹卫书法行书简体"，在编辑界面中输入"开年大促"4个字，如图5-24所示。

图5-24

02 制作"开"字。按快捷键Ctrl+O打开一张素材文件。从"开"字开始，将素材图片中的一个"点"笔刷素材拖动到"开"字提笔的位置，并按快捷键Ctrl+T执行"自由变换"命令，然后适当旋转素材并将其调整到合适的位置，按Enter键确认操作，如图5-25~图5-28所示。

图5-25

图5-26

图5-27

图5-28

03 按照上一步同样的操作方法，对"开"字进行"点""提""竖"等笔刷素材的添加与操作。将"提"笔刷素材拖动到"开"字的左侧位置，并按快捷键Ctrl+T执行"自由变换"命令，适当旋转素材并将其调整到合适的位置，操作完成后按Enter键确认操作，如图5-29~图5-37所示。

图5-29

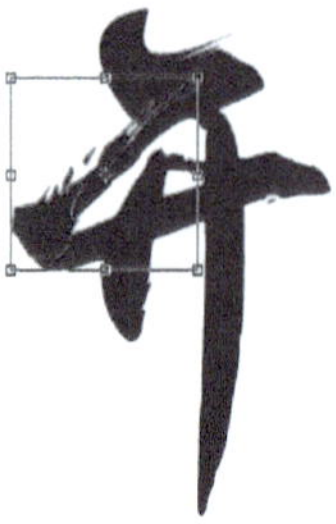

图5-30

图5-31

图5-32

图5-33

图5-34

图5-35

图5-36

图5-37

04 制作“年”字。选择一个“撇”笔刷素材，然后拖动“年”字上方“撇”的位置，并按快捷键Ctrl+T执行“自由变换”命令，然后适当旋转素材并将其调整到合适的位置，如图5-38~图5-40所示。

图5-38

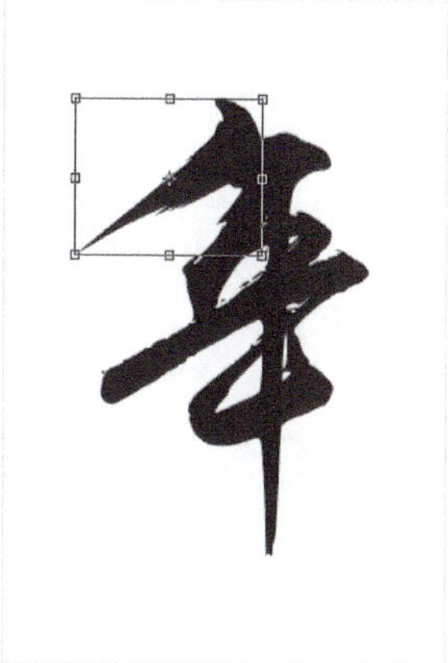

图5-39

图5-40

05 依照上一步的操作方法，依次对“年”字进行“竖”“撇”“提”等笔刷素材的添加与操作，如图5-41~图5-49所示。

图5-41

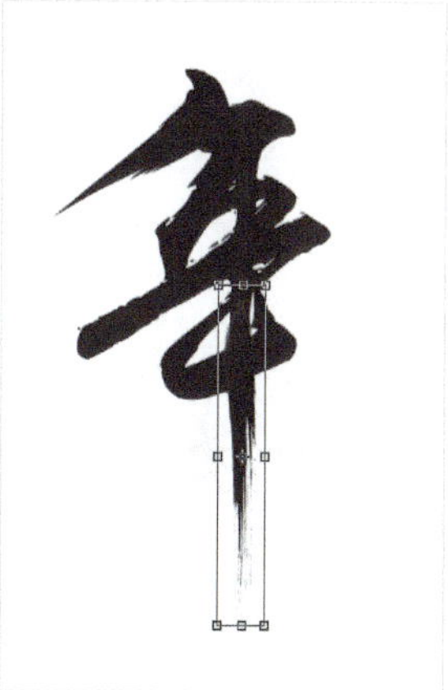

图5-42

图5-43

图5-44

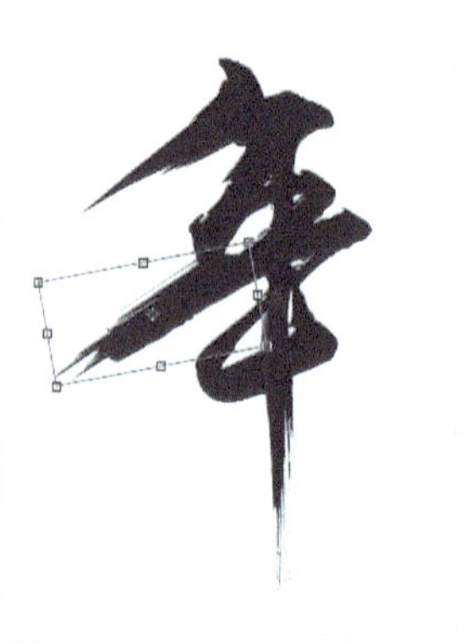

图5-45

图5-46

图5-47

图5-48

图5-49

06 制作“大”字。选择一个“横”笔刷素材拖动到“大”字横笔的上方，并按快捷键Ctrl+T执行“自由变换”命令，适当旋转素材并将其调整到合适的位置，如图5-50~图5-52所示。

图5-50

图5-51

图5-52

07 继续将“撇”“捺”“横”笔刷素材拖动到“大”字的左右和上面一横的位置，然后按快捷键Ctrl+T执行“自由变换”命令，将素材调整到合适的位置，完成后按Enter键结束操作，如图5-53~图5-59所示。

图5-53

图5-54

图5-55

图5-56

图5-57

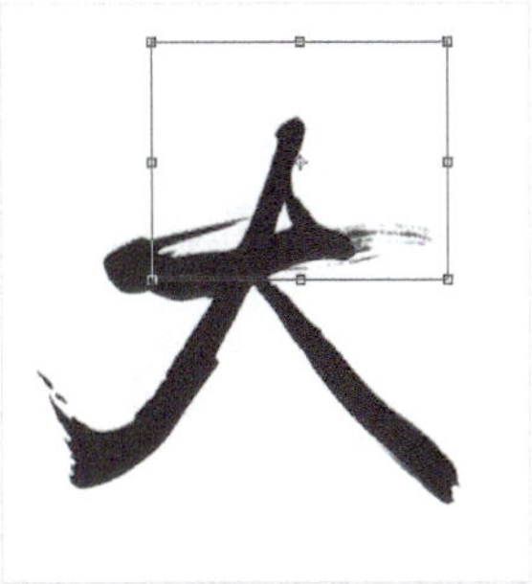

图5-58

图5-59

08 制作“促”字。依照上面同样的处理方式，分别将“撇”“捺”“横”笔刷素材拖动到“促”字上方对应笔画的位置，并按快捷键Ctrl+T执行“自由变换”命令，适当旋转素材并将其调整到合适的位置。接着分别对“撇”“捺”“横”笔刷素材图层做栅格化处理，并添加图层蒙版。用“画笔工具”将多余的笔触擦除，完成后按Enter键确认操作，如图5-60~图5-66所示。

图5-60

图5-61

图5-62

图5-63

图5-64

图5-65

图5-66

09 存储设计好的字体。完成“年中大促”字体设计后，执行菜单栏中的“文件>存储或存储为”命令（快捷键Ctrl+S），在弹出的“另存为”对话框中输入文件的名称“年中大促字体设计”，并选择PNG格式，然后单击“保存”按钮进行保存，如图5-67和图5-68所示。

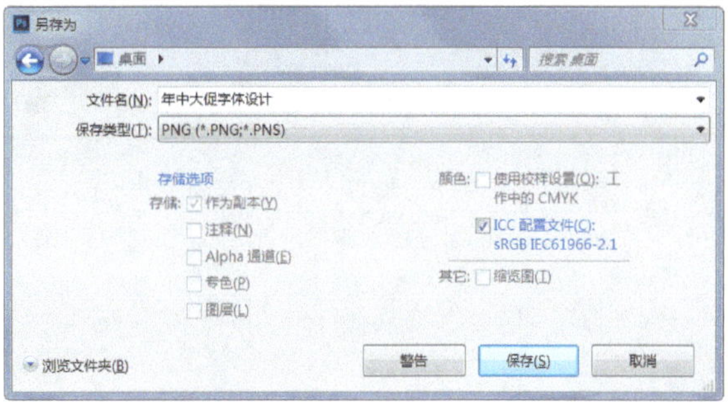

图5-67

图5-68

10 合成。按快捷键Ctrl+O打开“年中大促字体设计.png”文件，再打开事先做好的“海报.psd”素材文件。在工具栏中选择“移动工具”，将“年中大促字体设计.png”文件拖入到“海报.psd”素材文件中，同时按快捷键Ctrl+T将字体调整到海报中的合适位置。单击“图层”面板下方的“添加图层样式”按钮 fx.，在弹出的“图层样式”对话框中选择“颜色叠加”选项，同时设置文字颜色为深红色（R:198、G:26、B:26），如图5-69~图5-76所示。

图5-69

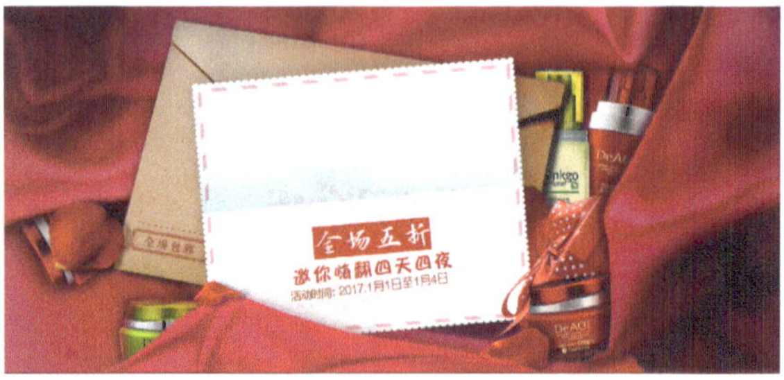

图5-70

图5-71

图5-72

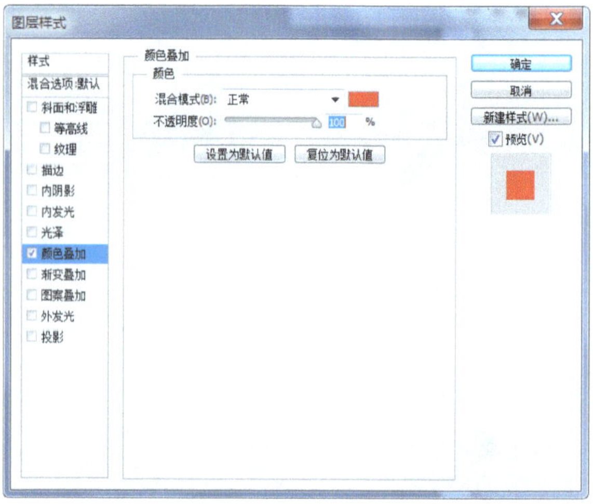

图5-73

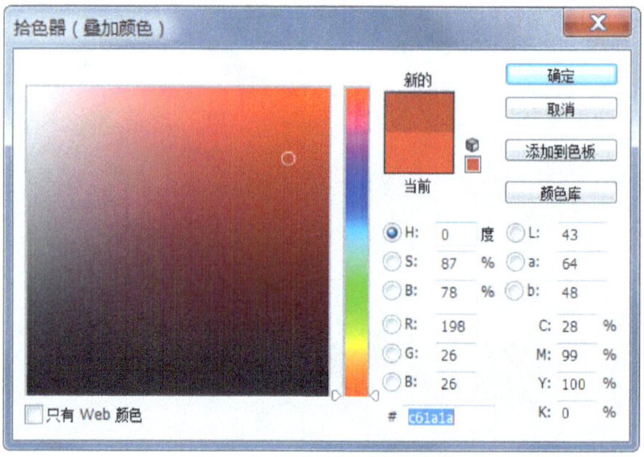

图5-74

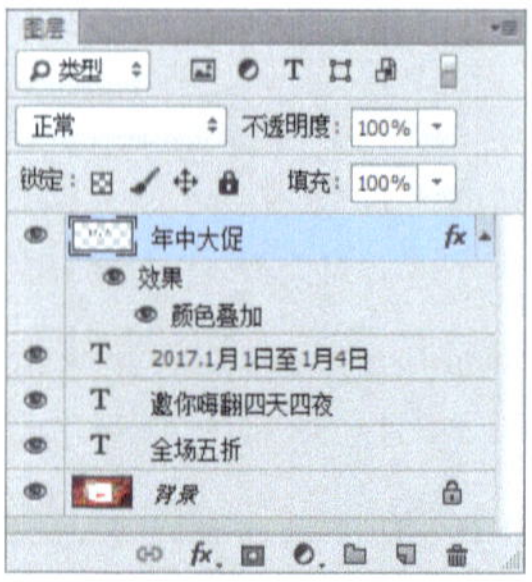

图5-75

图5-76

TIPS

书法字体的魅力在于一撇一捺有起有落，节奏有长有短，有高有低，设计连贯，形成更加强烈、震撼的视觉效果。对于书法字的设计与练习，平日可以多去欣赏一些优秀的书法字体设计作品，对提拉、飞白等“水墨笔触”效果的运用方法进行提炼与分析，多动手去尝试和练习，结合惯用的设计方法，创作自己独到的一些字体艺术表现形式。

但要注意的是，无论你想如何随心所欲地创作，也不能违背字体设计与笔画构成的基本规律，若要本末倒置，反而会失去字体平衡的美。

5.6 3D字体的制作与运用

5.6.1 基本特点和使用途径

3D字体在电商行业中运用较为广泛，尤其在海报设计中运用较多。3D字体是一种特效字体，更多适用于大型节日促销主题海报的字体设计。3D字体的融入，可以突出主题，具有很强的张力及表现力，能第一时间吸引眼球，在电商设计中还是很常见的。

5.6.2 设计要点

首先在CorelDRAW中对字体进行变形及修饰处理，可添加一些装饰，这样做的目的是为了突出字体特点。然后对字体进行立体化调整并调整光源，确保字体呈现出理想的透视效果。

实战：“约惠情人节”海报字体的制作

实例位置	实例文件 >CH05> 实战：“约惠情人节”海报字体的制作
技术掌握	快捷键 Ctrl+K/Ctrl+Q、形状 / 交互式立体化工具、“排列 > 对齐和分布 > 顶端对齐”命令、“工具 > 对象管理器”命令

本案例通过3D立体字效果的制作讲解，帮助大家掌握变形艺术字体和3D特效字体设计的方法与技巧。字体的最终设计和运用效果如图5-77所示。

图5-77

- **操作步骤**

01 新建文档，输入文字。启动CorelDRAW软件，按快捷键Ctrl+N新建一个文档。在工具栏中选择“文字工具”字（快捷键F8），在编辑界面中输入“约惠情人节”5个字，并设置字体为“腾祥沁圆简-w1”，如图5-78~图5-80所示。

图5-78

图5-79

图5-80

02 打散文字。按快捷键Ctrl+K执行“打散”命令，将这5个字打散拆分开来，方便后续操作，如图5-81和图5-82所示。

图5-81

图5-82

03 对文字进行转曲。框选所有文字，单击鼠标右键，在弹出的菜单中选择“转换为曲线”选项（快捷键Ctrl+Q），将字体转换成带有节点的可编辑图形，如图5-83和图5-84所示。

图5-83

图5-84

TIPS

将文字做“转曲”处理的作用是保证设计的完整性，确保不会因系统缺少字体而发生字体改变或者出现乱码，其原理类似于Photoshop中的“栅格化”功能。

04 删除多余的偏旁部首。单击工具栏中的“形状工具”（快捷键F10），框选“约”字的偏旁部首中需要删除的笔画，笔画周围出现蓝色的小方块则表示为选中状态，然后按Delete键将其删除，如图5-85和图5-86所示。

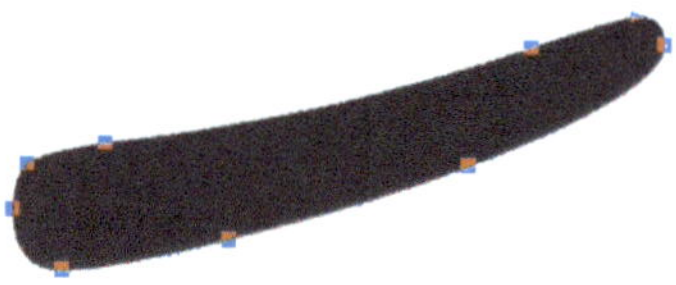

图5-85

图5-86

05 按照上一步同样的操作方法，删除“惠”“情”“人”“节”中需要删除的笔画。选中“人”字，并将其适当往下移动，如图5-87所示。

图5-87

06 添加弧线效果。需要用到“贝赛尔曲线”给文字添加弧线效果。单击工具栏中的“形状工具”，按照想要的效果在删除笔画的对应位置做适当的调整，如图5-88所示。

图5-88

07 接下来，对所有绘制出来的线条的粗细程度做适当调整，在属性栏中将其宽度统一设置为2.5mm，如图5-89和图5-90所示。

图5-89

图5-90

08 将线条与文字做焊接处理。选中绘制出来的线条，在菜单栏中执行“排列>将轮廓转换为对象”命令，将图形转换为可编辑的节点。单击工具栏中的“选择工具”，框选所有文字，单击菜单栏下方的“焊接”按钮（也可以在菜单栏中执行“排列>造型>焊接”命令），对线条与文字进行焊接处理，如图5-91~图5-94所示。

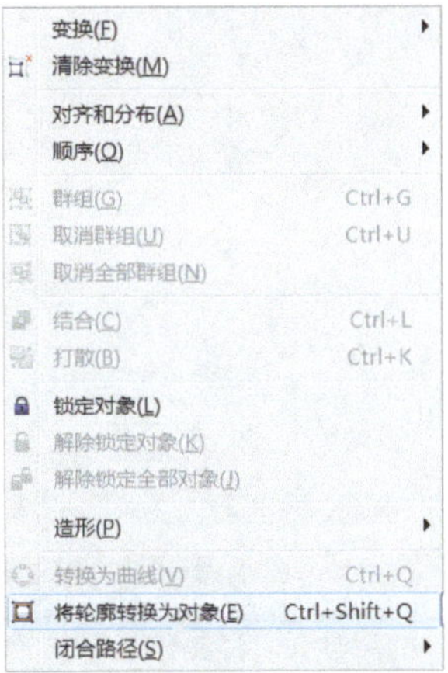

图5-91

图5-92

图5-93

图5-94

> **TIPS**
>
> 将文字与线条做焊接处理之后，在移动文字时，线条和文字焊接在一起的部分，会做整体移动，而不是单独移动。

09 继续选择工具栏中的“形状工具”，然后点选线条与文字衔接处多余的和不平整的节点，并按Delete键进行删除，使文字与线条衔接得更自然，线条看起来更加顺滑，如图5-95~图5-97所示。

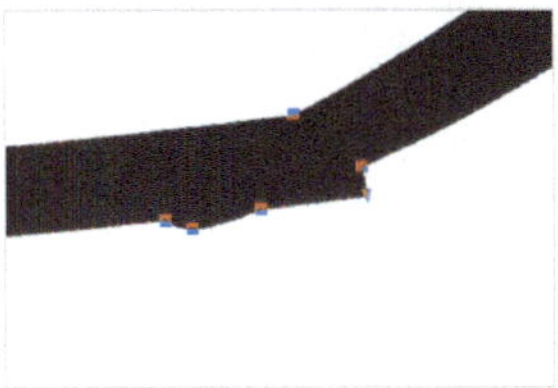

图5-95

图5-96

图5-97

10 修改文字颜色。单击工具栏中的“形状工具”，框选所有文字，然后在界面右侧的默认CMYK调色板中选择红色，并将该颜色作为文字的颜色，如图5-98和图5-99所示。

图5-98

图5-99

11 添加装饰元素。导入一张CDR格式的“玫瑰花”矢量图片，然后将其移动至“人”字的上方，并调整大小，如图5-100和图5-101所示。

图5-100

图5-101

12 继续选择工具栏中的“形状工具”，框选所有文字和“玫瑰花”素材，单击鼠标右键，在弹出的菜单中选择“群组”选项，将字体与装饰元素都组合在一起，如图5-102～图5-104所示。

图5-102

图5-103

图5-104

13 复制字体，并修改颜色。继续框选所有文字和“玫瑰花”素材，然后按住Alt键，将字体复制一份。在菜单栏中执行“窗口>调色板>默认CMYK调色板”命令，在弹出的调色板中选择蓝色（C:100、M:100、Y:0、K:0），并将字体填充为该颜色，如图5-105～图5-108所示。

图5-105

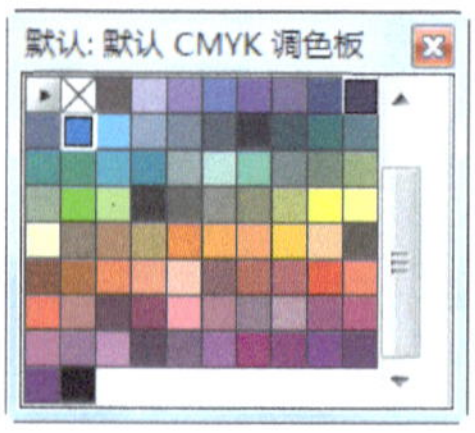

图5-106

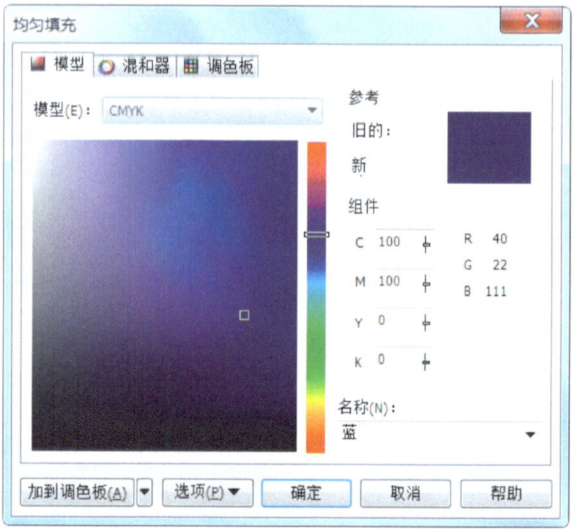

图5-107

图5-108

14 对蓝色字体做透视处理。单击工具栏中的“交互式立体化工具”，将光标放到文字中心的位置，并向下进行拖拉操作，此时文字便会发生一些形状上的改变，如图5-109所示。

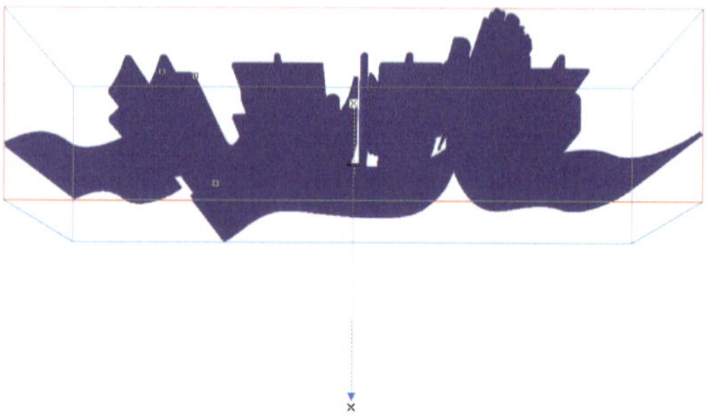

图5-109

15 将字体处理得更清晰。为了让文字变得清晰立体，接下来单击菜单栏下方的“照明”按钮，在弹出的对话框中双击“光源1”按钮，之后会发现文字变得更加清晰、更有立体感了，如图5-110~图5-112所示。

图5-110

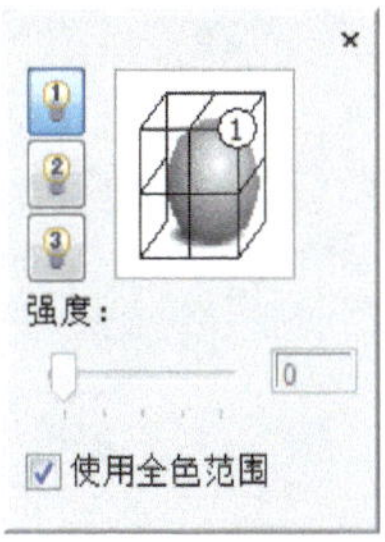

图5-111

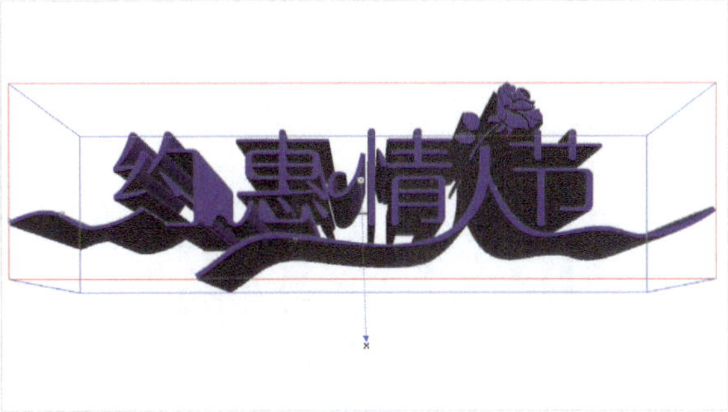

图5-112

16 继续单击菜单栏下方的“照明”按钮，按照上面添加光源效果的方法，依次在弹出的对话框中添加“光源1”“光源2”“光源3”效果。在添加时可根据需要移动光标，调整光源的具体位置，同时还可自行调整光源的强度。“强度”值越大，光线越亮；“强度”值越小，光线效果越暗，如图5-113和图5-114所示。

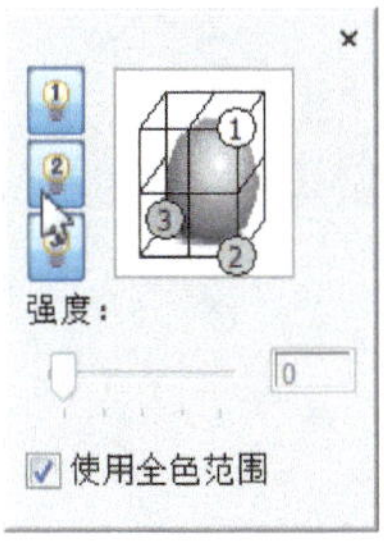

图5-113

图5-114

17 对文字做融合处理。将“红色文字”图层调整至立体效果的“蓝色文字”图层上方，然后单击工具栏中的“形状工具”，框选所有的文字，同时在菜单栏中执行“排列>对齐和分布>顶端对齐”命令，将两层文字对齐，适当放大后对细节进行调整。最后，在菜单栏下方的数值属性框里设置文字深度值为20（可以根据需要改变文字的深浅度），如图5-115~图5-117所示。

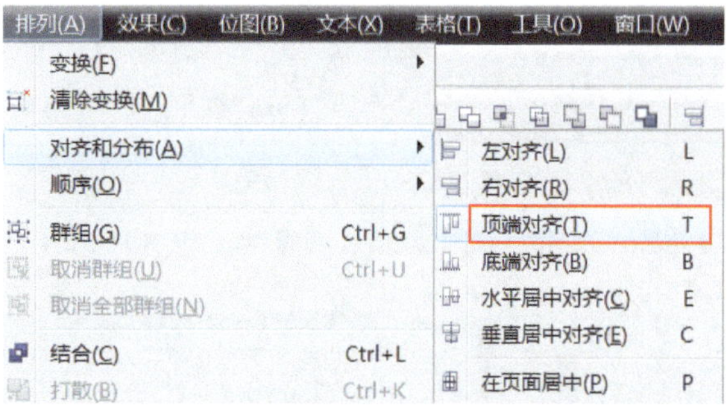

图5-115

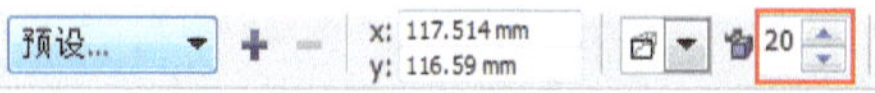

图5-116

图5-117

18 图层调整。在菜单栏中执行“工具>对象管理器”命令（快捷键Alt+D），打开“对象管理器”面板，单击下方的“创建图层”按钮，新建两个图层，并对其进行重命名。单击工具栏中的“形状工具”，选中相应的文字并拖动到相应的图层里，如图5-118和图5-119所示。

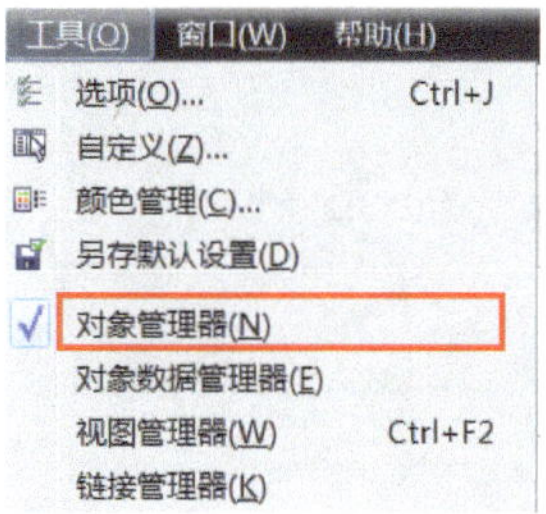

图5-118

图5-119

19 导出文件。 在菜单栏中执行“文件>导出”命令，在弹出的对话框中将保存文件类型设置为PSD格式，单击“导出”按钮，确认导出。接着在弹出的对话框中勾选“保持图层”和“透明背景”选项。针对参数设置，如果导出的文件要用于印刷，其“分辨率”要选择300dpi，如图5-120~图5-122所示。

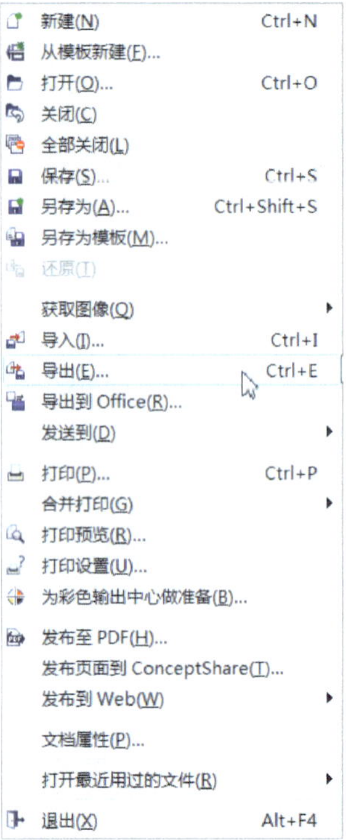

图5-120

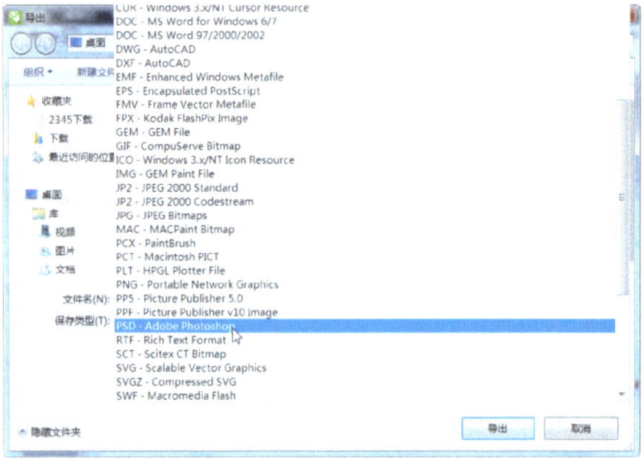

图5-121

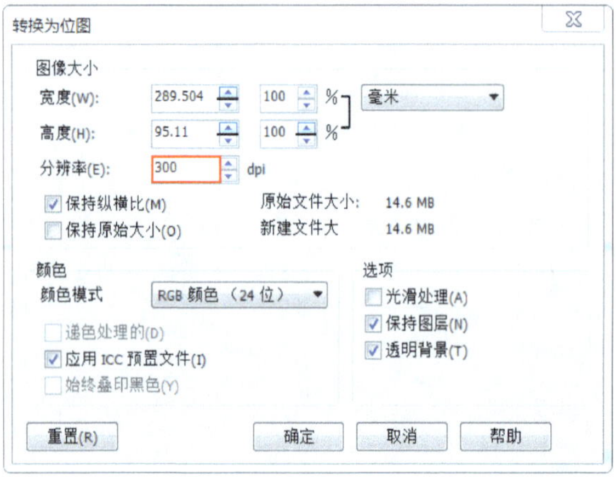

图5-122

20 合成。 启动Photoshop软件，打开上一步保存好的PSD文件，此时我们所看到的文件会呈现为分层样式。接下来，可以对该效果进行进一步优化和设计了。拖入一张“背景”素材，可用“色相/饱和度”和“颜色叠加”命令对字体颜色的立体化效果进行适当更改，使其与背景能够更好地进行融合，同时添加一些英文装饰元素，操作完成，如图5-123和图5-124所示。

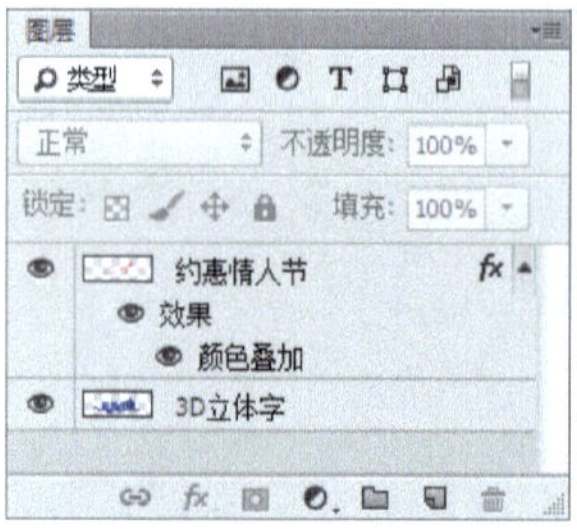

图5-123

图5-124

06

淘宝店标的制作

什么是店标

店标的制作格式与规范

静态店标的制作

动态店标的制作

6.1 什么是店标

店标是淘宝店铺标志的一种简称，它是一个店铺直观的形象标识。店标可以代表店铺的风格、店主的品位及产品的特性，让顾客加深对店铺或产品的印象，对店铺起到一定的宣传作用，从而吸引顾客消费。如图6-1所示，展示的是某淘宝店的店标效果。

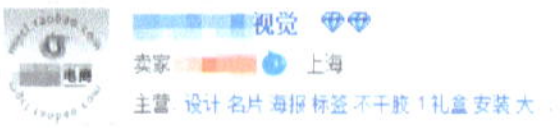

图6-1

一般店标都会出现在店铺网页的左上角位置。这里以一家名叫“慕子家的店”的店铺为例。打开淘宝网，在搜索栏中输入“慕子家的店”几个字，就可以找到这家店铺，在店铺的首页便可以找到该店铺的店标，如图6-2所示。

图6-2

6.2 店标的制作格式与规范

店标图片支持GIF、JPEG和PNG格式，文件大小限制在80KB以内。针对日常的店标设计来说，建议尺寸大小都保持在80px×80px，如图6-3所示。

图6-3

6.3 静态店标的制作

淘宝店标的静态格式为JPEG，静态店标只有一张展示图片，那么这张图片代表着店铺的风格、店主的品位、产品的特性，也可起到一定的宣传作用。

实战：慕子小铺静态店标制作

实例位置	实例文件>CH06>实战：慕子小铺静态店标制作
技术掌握	椭圆/文字/直线工具、快捷键Ctrl+J/Ctrl+T、渐变编辑器

这里教大家制作的是静态店标，店名叫作“慕子小铺”。由于版权限制原因，店标中的链接字样用淘宝首页的链接代替，如图6-4所示。

图6-4

01 新建文档。在菜单栏中执行“文件>打开”命令，在弹出的“新建”对话框中设置文件“名称”为“静态店标制作”、“宽度”和“高度”均为80像素、“分辨率”为72像素/英寸、“颜色模式”为“RGB颜色8位”、“背景内容”为“白色”，设置完成后单击“确定”按钮，如图6-5所示。

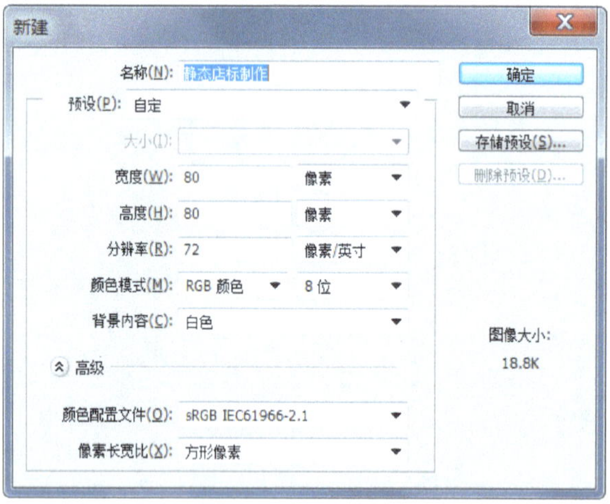

图6-5

02 绘制圆形边框。由于画布尺寸较小，为了方便操作，在绘制店标前可以将画布放大至200%。使用“椭圆工具”，在按住Ctrl键的同时拖动鼠标，在画布中绘制一个圆形，在选项栏中设置“填充”为无、“描边”为黑色、“粗细”为1.5点，如图6-6和图6-7所示。

图6-6

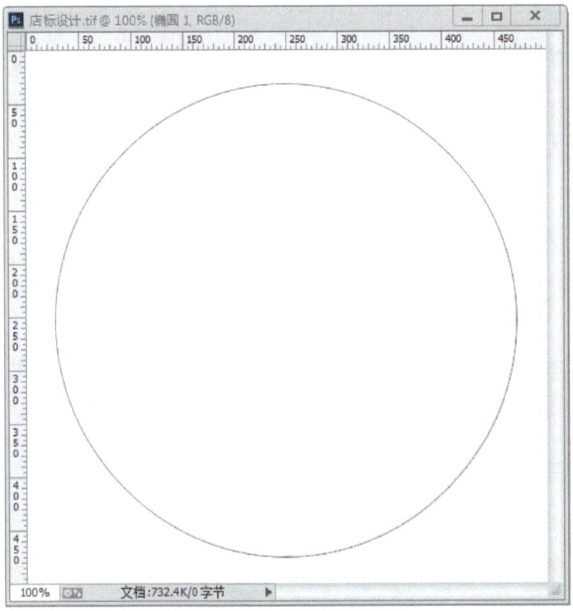

图6-7

03 输入链接字样。在工具栏中选择“横排文字工具”[T]，然后在画布中的指定位置用鼠标左键单击一下，输入“www.taobao.com”的网址字样，如图6-8和图6-9所示。

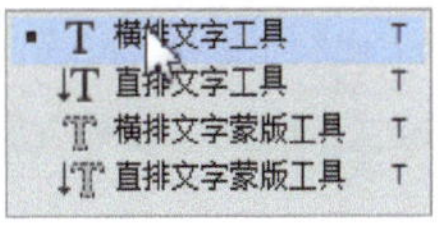

图6-8

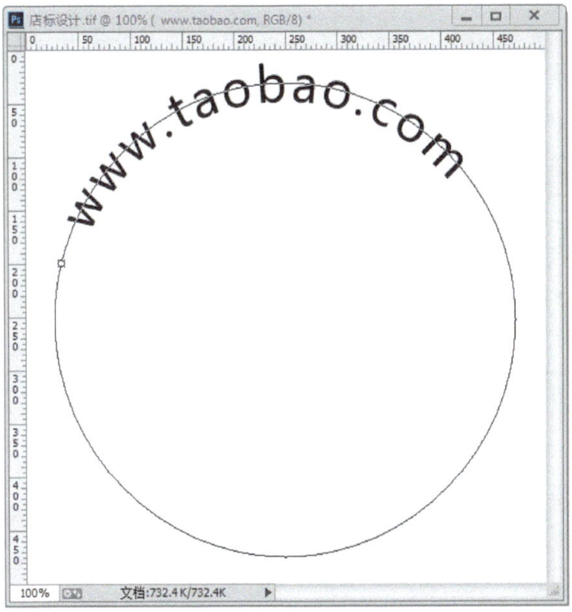

图6-9

> **TIPS**
>
> 由于版权限制，针对店家的淘宝链接，本章节的相关操作部分都用淘宝网链接www.taobao.com代替。

04 输入店铺名称字样。在工具栏中选择“直线工具”[/]，在选项栏中设置“路径”为“形状”、填充浅灰色（R:131、G:131、B:131）、“描边”为无，“粗细”为1点，然后在画布中绘制两条直线。接着选择“文字工具”[T]，输入“慕子小铺”字样，如图6-10和图6-11所示。

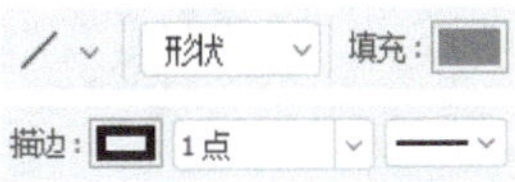

图6-10

图6-11

05 复制链接字样到下方。按快捷键Ctrl+J将网址字样复制一层，并按快捷键Ctrl+T执行“自由变换”命令。单击鼠标右键，在弹出的快捷菜单中选择“垂直翻转”选项，将其向下移动至合适位置，如图6-12和图6-13所示。

图6-12

图6-13

06 给店招背景制作渐变效果。打开“渐变编辑器”对话框，在店招背景上拉出一个由灰（R:228、G:228、B:228）到白（R:255、G:255、B:255）的渐变，最后将其进行存储，存储文件名为“店标设计”，存储格式为JPEG，如图6-14和图6-15所示。

图6-14

图6-15

6.4 动态店标的制作

淘宝动态店标，格式为GIF，可以由两张及以上的图片组成。

那么动态店标有什么好处呢？一来能吸引买家的眼球，二来能通过更多图片或文字来展示产品。当顾客搜索店铺类目，或是进行收藏的时候，富有创意的动态店标设计容易让人记住。

同时，淘宝动态店标尺寸也是80像素×80像素，大小不超过80KB。

实战：慕子小铺动态店标制作

实例位置	实例文件>CH06>实战：慕子小铺动态店标制作
技术掌握	椭圆/直线/文字工具、快捷键Ctrl+T、"窗口>时间轴"命令、"文件>存储为Web所用格式"命令

这里笔者同样以"慕子小铺"为例给大家讲解动态店标的制作方法。同样由于版权限制，店标中的链接字样用淘宝首页的链接代替，如图6-16所示。

图6-16

01 新建文档。在菜单栏中执行"文件>打开"命令，在弹出的"新建"对话框中设置文件"名称"为"动态店标制作"、"宽度"和"高度"均为80像素、"分辨率"为72像素/英寸、"颜色模式"为"RGB颜色8位"、"背景内容"为"白色"，设置完成后单击"确定"按钮，如图6-17所示。

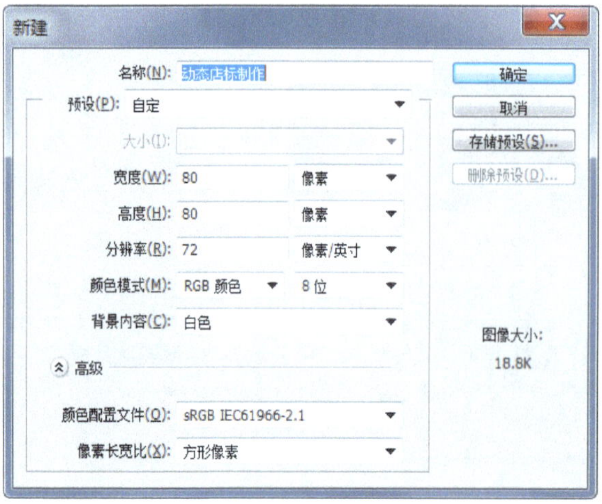

图6-17

02 绘制圆形边框。由于画布尺寸比较小，在操作前需要将图像放大到200%，再进行操作。选择"椭圆工具"，在选项栏中设置"路径"为"形状"、"填充"为无、"描边"为黑色、"描边大小"为1.5点，之后在画布上绘制一个椭圆，如图6-18和图6-19所示。

图6-18

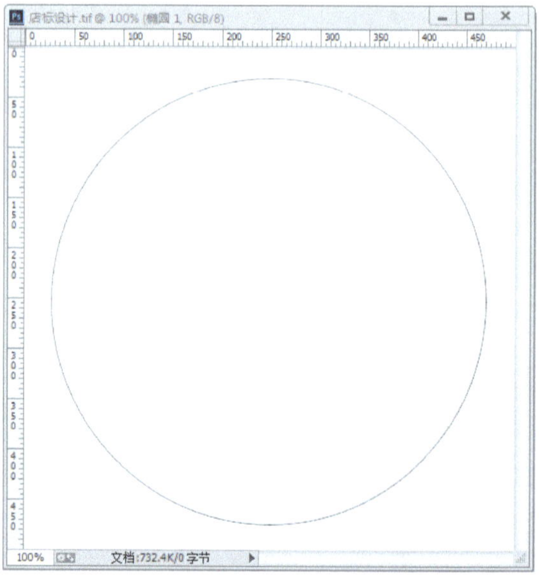

图6-19

03 添加链接字样。选择"横排文字工具"，在画布中单击输入"www.taobao.com"字样，如图6-20和图6-21所示。

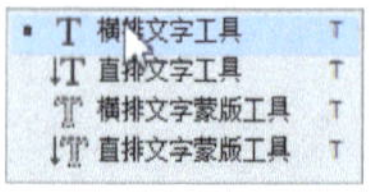

图6-20

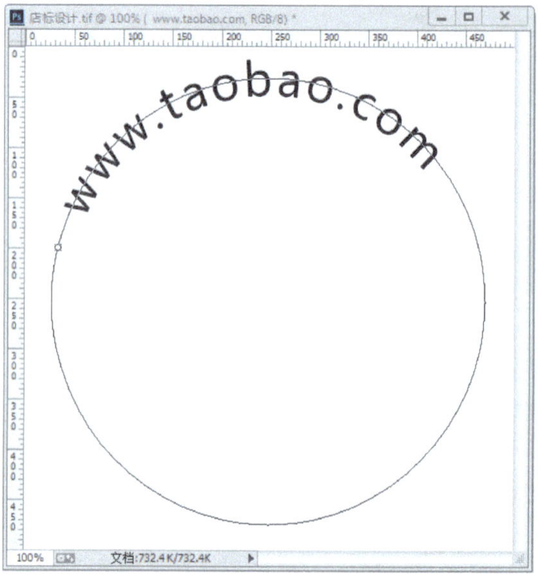

图6-21

04 添加店铺名称字样。 选择"直线工具"，在选项栏中设置"路径"为"形状"、"填充"为浅灰色（R:131、G:131、B:131）、"描边"为无、"粗细"为1像素，然后在画布中绘制两条直线。选择"文字工具"，在画布中输入"慕子小铺"字样，如图6-22和图6-23所示。

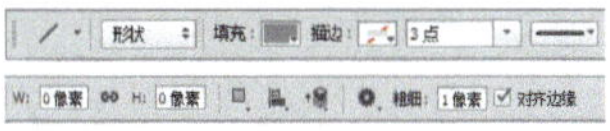

图6-22

图6-23

05 复制链接字样到下方。 按快捷键Ctrl+J，将链接字样复制一个出来，并按快捷键Ctrl+T执行"自由变换"命令。选中网址文字，单击鼠标右键，在弹出的快捷菜单中选择"垂直翻转"选项，并将字样向下移动到合适位置，如图6-24所示。

图6-24

06 创建时间轴。 按快捷键Ctrl+J将"慕子小铺"字样复制一层，然后在菜单栏中执行"窗口>时间轴"命令，打开"时间轴"面板。单击"创建视频时间轴"按钮，接着单击"转换为帧动画"按钮，转换到"帧动画"界面，如图6-25~图6-28所示。

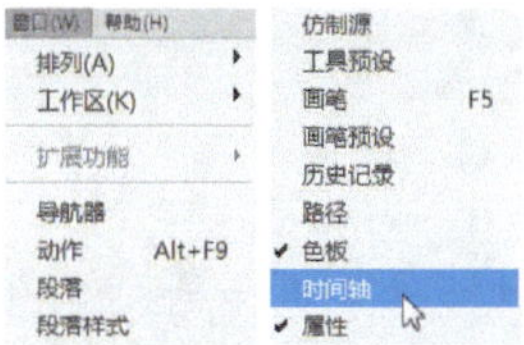

图6-25

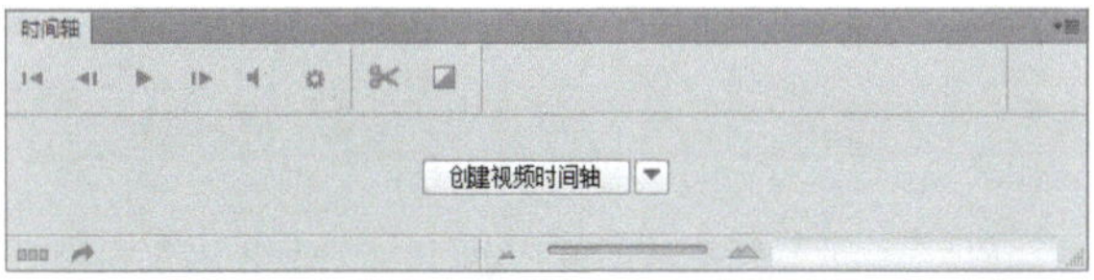

图6-26

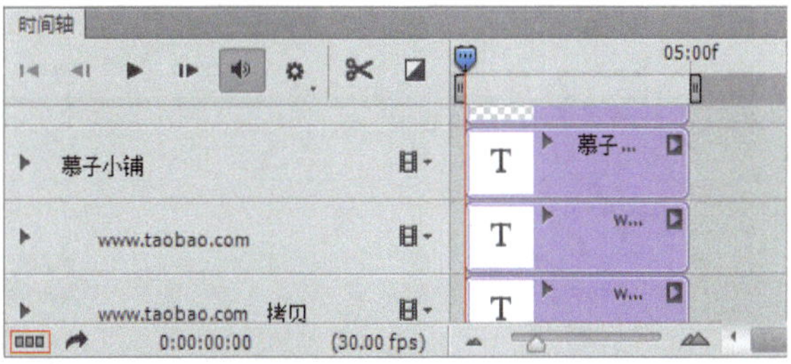

图6-27

图6-28

07 制作文字做动画效果。 选中"时间轴"面板上的第2帧即"慕子小铺"字样，然后单击面板下方的"复制所选帧"按钮，在时间轴上复制出第2帧，并将文字颜色换成红色（R:214、G:29、B:29）。继续单击"复制所选帧"按钮，在时间轴上复制第3帧即"慕子小铺"字样，并保持字体颜色不变。当操作完成后我们会发现，动画中的第1帧为黑色字体、第2帧为红色字体、第3帧为黑色字体，如图6-29~图6-32所示。

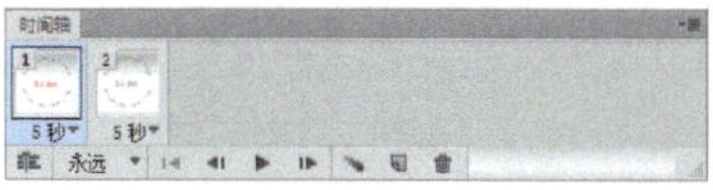

图6-29

图6-30

图6-31

图6-32

TIPS

这一步要注意的是，在每创建下一个图层时，需要关闭下方图层的小眼睛图标，这样可以避免视觉上字体重叠现象的发生。

08 设置动画播放速度和方式。 选中"时间轴"面板上的第1帧即"慕子小铺"字样，按住Shift键，将"时间轴"上所有的帧选中，之后单击"显示"面板下方的"一次"选项，在下拉菜单中选择"0.2"选项，即设定动画平均每帧播放的时间间隔为0.2秒（在实际操作中，这里时间的长短可根据需要自定），如图6-33~图6-35所示。

图6-33

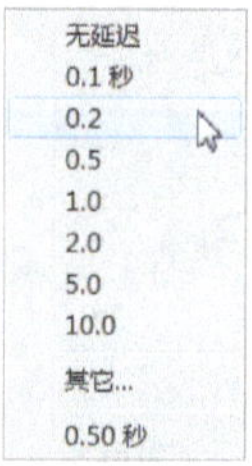

图6-34

图6-35

09 在“时间轴”面板上可以看到显示的帧速度均为0.2秒。再次单击“显示”面板下方的“一次”选项，在弹出的选项对话框中选择“永远”选项。当操作完成后，我们会看到“时间轴”面板上显示所有时间次数为“永远”，如图6-36和图6-37所示。

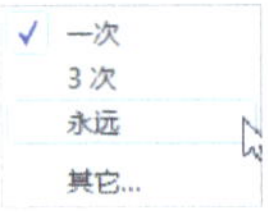

图6-36　　图6-37

TIPS

这里的“永远”选项设置表示动画在播放时将会一直闪动，而不是只闪一次。

10 在菜单栏中执行“文件＞存储为Web所用格式”命令（快捷键Ctrl+Shift+Alt+S），打开“存储为Web所用格式”对话框，选择优化文件格式为GIF，单击“存储”按钮。在弹出的“将优化结果存储为”对话框中设置“格式”为“仅限图像”，单击“保存”按钮，完成保存，如图6-38~图6-40所示。

图6-38

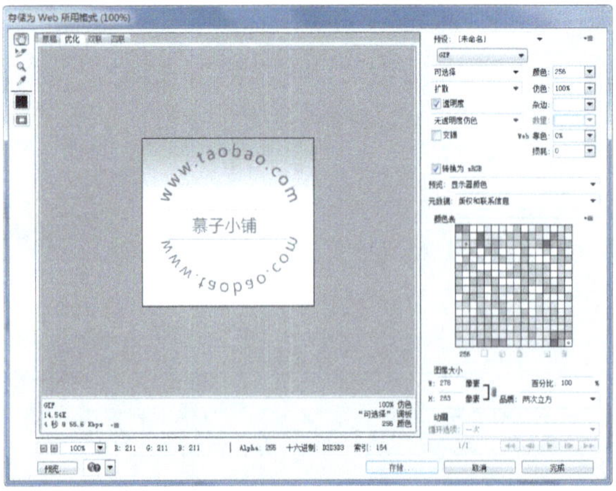

图6-39

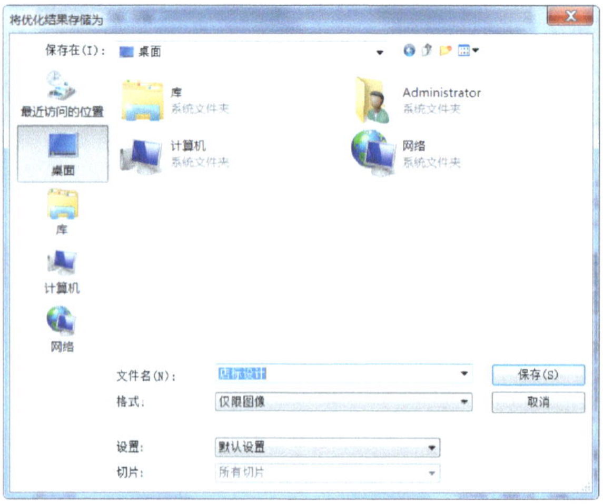

图6-40

11 将店标上传到店铺。登录淘宝网，单击页面上方的“我是卖家”选项，在左侧的“店铺管理”下方选择“店铺基本设置”选项，打开“店铺基本设置”页面。之后单击“上传图标”按钮，将“慕子小铺”店标以GIF格式进行上传。添加店铺介绍信息后，单击“保存”按钮，完成上传，如图6-41和图6-42所示。

图6-41

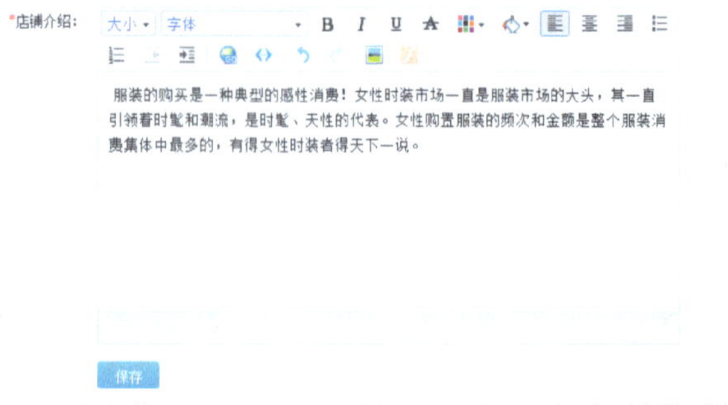

图6-42

TIPS

将店招上传之后，在淘宝网的搜索栏中输入对应的店铺名称，然后单击“搜索”按钮，就可以找到我们设计的店标了。

07

产品主图的设计与制作

什么是产品主图

产品主图设计的三要素

常见的主图排版结构

产品主图的五种展示角度

创意主图的制作

直通车主图的制作

7.1 什么是产品主图

在淘宝店铺里，产品主图的好坏在一定程度上决定着产品的销量。为什么这么说？那是因为我们在网上购买产品之前，都是无法直接看到或触摸到产品的，而一张好的产品创意主图，其带给人的视觉感受是完全不一样的。

多数买家都是通过单击主图进入淘宝店铺的，然后再浏览对应的详情页。如果详情页中展示的商品图和商品信息能吸引和打动客户，便可促成客户下单。所以说，一张吸引人的创意主图对于店铺装修来说是非常重要的，如图7-1~图7-4所示。

图7-1

图7-2

图7-3

图7-4

7.2 产品主图设计的三要素

产品主图设计的三要素，包括产品图片、文案和背景。

7.2.1 产品图片

一般来说，产品图大小在整体版面中会占到2/3。因此，产品图一定要选择像素清晰的图片。否则，无论你的产品有多么好，也会在顾客的心里大打折扣，如图7-5所示。

在主图尺寸的要求上，一般是800像素×800像素、750像素×750像素或700像素×700像素。

像素清晰的图片　　　　像素模糊的图片

图7-5

7.2.2 文案

在文案策划上，采用容易直击买家痛点的方式来呈现文案，会更加直观和有效，同时也迎合当下人们快节奏的网购生活体验。

在文案内容的提取上，要注意挖掘产品的卖点和噱头，例如“爆款包邮”“赠”等字样的呈现。同时，在文案排版上，无论是字体的选用，还是字体颜色的搭配，都要顾及顾客的视觉体验，与产品的调性相一致。与此同时，在文字排版时，避免文字遮挡产品，且保持风格上的统一，注意留白，体现空间感，不要给人一种压迫感。此外，有授权的产品可以加上品牌LOGO，提高产品的认知度，如图7-6和图7-7所示。

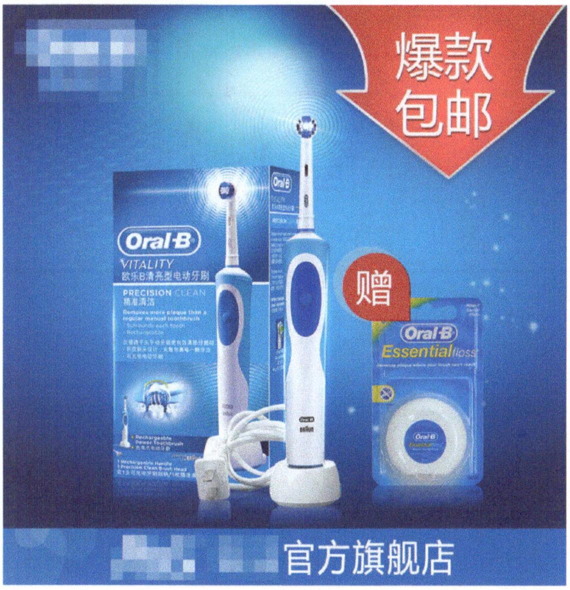

图7-6

图7-7

7.2.3 背景

对于产品主图的背景设计，一般会采用纯色、渐变、实拍场景及创意背景等方式来突出产品。要注意的是，无论采用哪种设计方式制作背景，产品背景永远都是为产品服务的，应避免本末倒置，喧宾夺主。

这里，我们来观察一组图，如图7-8所示。通过对比不难看出，第一张图背景过于复杂，易造成视觉干扰，从而无法直观分辨出图片中想要呈现的产品是什么。而从第二张图片中能够比较清楚地看到产品，而且图片整体的视觉效果让人感觉非常舒服。

背景过于复杂，主体表达不清晰

主体突出，表达清晰

图7-8

7.3 常见的主图排版结构

常见的淘宝主图的排版结构包括主体型、对称型、一字型、Z字型、左右型（左文右图或左图右文）、自由型、活力四射型、田字型、上下型及大小对比等，如图7-9所示。

主体型

对称型

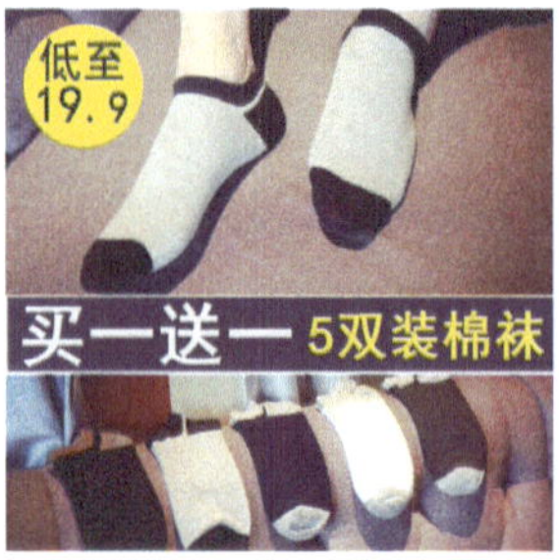

一字型

Z字型

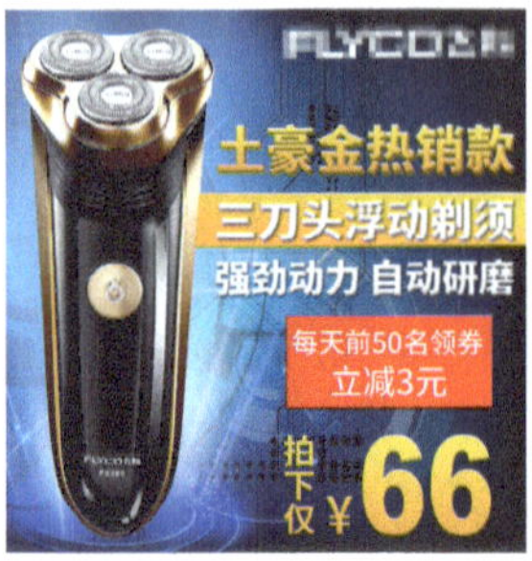

左右型

自由型

活力四射型

田字型

上下型

大小对比

图7-9

TIPS

淘宝如今对“报活动”第一张产品主图做了统一的设计规范，而且仅限于鞋、服装、配件和器械这4个类目，其具体设计规范如下：

1.商品主图只能展示一件商品，不可以复合图组形式出现；

2.准主图需要保持白底无水印；

3.主图背景必须是纯色的；

4.如有使用LOGO，使用者必须拥有商标使用权。

7.4 产品主图的五种展示角度

如果淘宝店铺主图上促销信息过多或排版杂乱，不仅会严重影响产品主图的整洁性，而且无法提升买家的购买欲望，同时降低买家的消费体验，进而影响销售。

一般情况下，淘宝详情页中通常有5张商品主图，标准尺寸为800像素×800像素，而且一般以纯白底为主，展示产品的正面、侧面、背面、内里细节、表面局部细节（如挂拍）等，如图7-10所示。

正面展示

侧面展示

背面展示

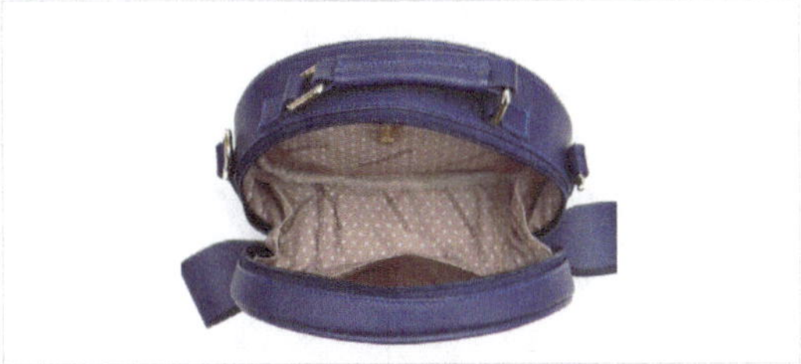

内里细节展示

表面局部细节展示

图7-10

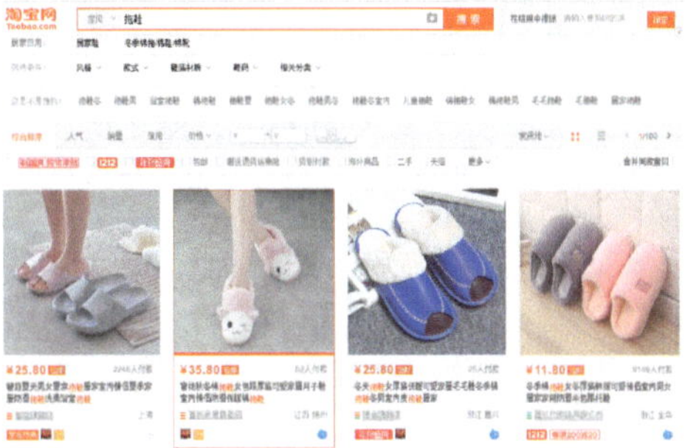

图7-11

图7-12

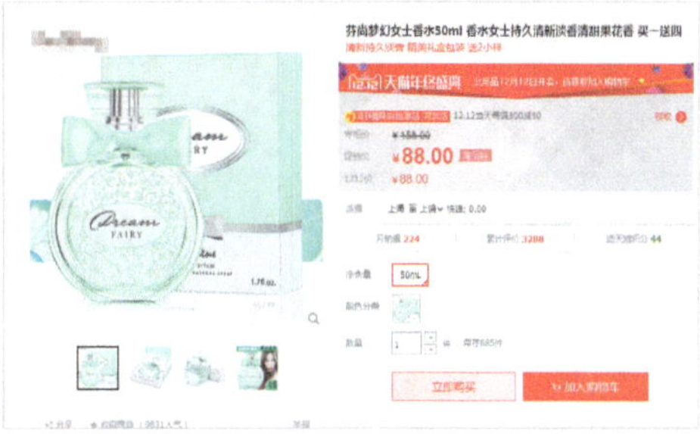

图7-13

7.5 创意主图的制作

创意主图的主要价值在于提升店铺的点击率。换句话说，创意主图就是要富有强烈的视觉效果，第一时间吸引客户的眼球。

7.5.1 展示位置介绍

创意主图通常在宝贝详情页的第一张图片的位置，以及搜索页面下方或右侧，如图7-11~图7-13所示。

7.5.2 设计原则

1. 差异化

在制作主图之前，需要多研究竞争对手的宝贝，提炼出产品不同的卖点，从而做出差异化。这里所说的差异化，就是指通过创意主图能够第一眼就让别人注意到你的宝贝，创意主图的设计手法要明显区别于其他同类产品。

2. 突出产品

主图首先要能第一时间抓住消费者的眼球，可以通过主图背景氛围的营造，起到吸睛的作用。与此同时，又要确保主图中的产品能够很好地凸显出来，让消费者能够快速知道我们要售卖的产品是什么。这样既通过主图吸引了消费者，又提升了产品的转化率。

3. 卖点少而精

在主图制作中，要特别注意的一点是，针对主图中卖点的提炼是否真正符合购买者的需求。因为精炼而恰到好处的文案可以直击产品痛点，引起购买者的消费冲动。

实战："电吹风"创意主图的制作

实例位置	实例文件>CH07>实战："电吹风"创意主图的制作
技术掌握	渐变/画笔/椭圆选框/钢笔/橡皮擦/文字工具、快捷键Ctrl+T/Ctrl+U/Ctrl+Enter/Alt+Delete、图层蒙版

这里，针对一款女性使用的负离子电吹风制作一张产品创意主图。尺寸为800像素×800像素，画面要简洁、大气，吸引眼球，同时在一定程度上体现出女性的柔美特性，如图7-14所示。

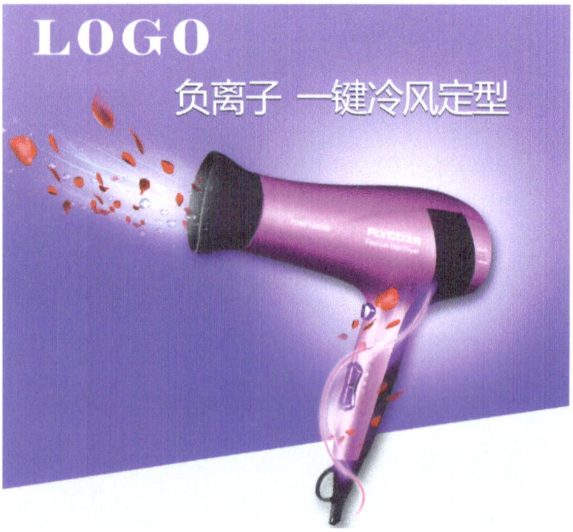

图7-14

- **相关信息说明**

产品主图尺寸：800像素×800像素

产品主体：电吹风

色调：以紫色调为主

- **要点分析**

配色：蓝色是科技的象征。在整体配色上，为了突出产品的科技感，主要采用紫色的产品与蓝色的渐变背景相搭配，画面和谐统一。同时，如果在版面上完全采用浅紫色的背景，会显得色彩过于浓烈、抢眼。因此如果在画面下方加上灰色的色块，可以很好地将画面分割成两部分，这样不仅减弱画面稍过于强烈的紫色，又可以给平淡的画面增添一丝联想的空间，更好地衬托出产品主体，在视觉上给人更加舒适的感觉。

排版：采用"品牌LOGO+一句简单的文案"的形式，简单直观，突出重点。

创意添加：由于产品主要针对女性消费者，因此在主图上添加一些飞舞的花瓣，不仅可以体现出画面的柔美和动感，迎合女性消费群体的心理需求，而且还对画面起到画龙点睛的作用，减轻纯色背景给人带来的沉闷感。

- **制作过程**

01 新建文档。在菜单栏中执行"文件>打开"命令，在"新建"对话框中设置文件"名称"为"电吹风创意主图"、"宽度"和"高度"均为800像素、"分辨率"为72像素/英寸、"颜色模式"为"RGB颜色 8位"、"背景内容"为"白色"，设置完成后单击"确定"按钮，如图7-15所示。

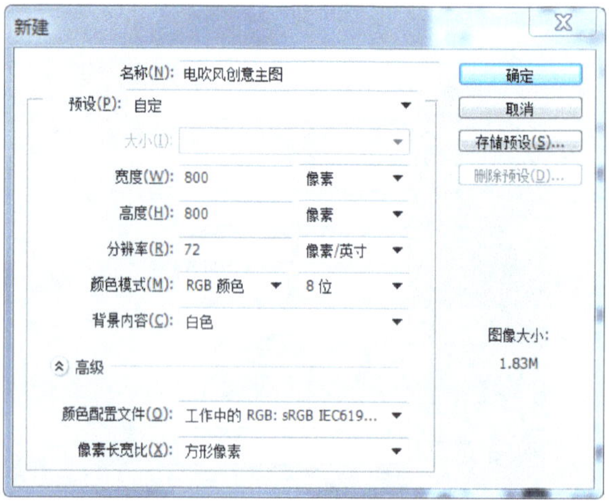

图7-15

02 制作渐变背景效果。单击工具栏中的"渐变工具"，在弹出的"渐变编辑器"对话框中设置一个由蓝(R:130、G:62、B242)到浅蓝(R:173、G:122、B:255)的渐变，完成设置后单击"确定"按钮。之后在画布上从左往右下拉出一个渐变背景效果，如图7-16和图7-17所示。

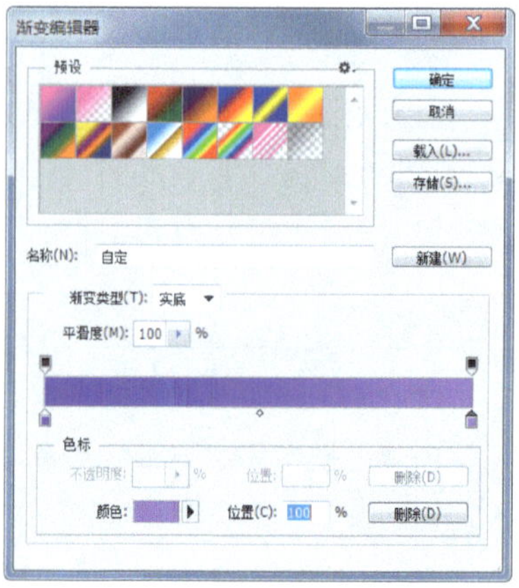

图7-16

图7-17

03 打开产品图片。 按快捷键Ctrl+O打开一张“电吹风”素材图片，并将其拖入画布中的合适位置，如图7-18所示。

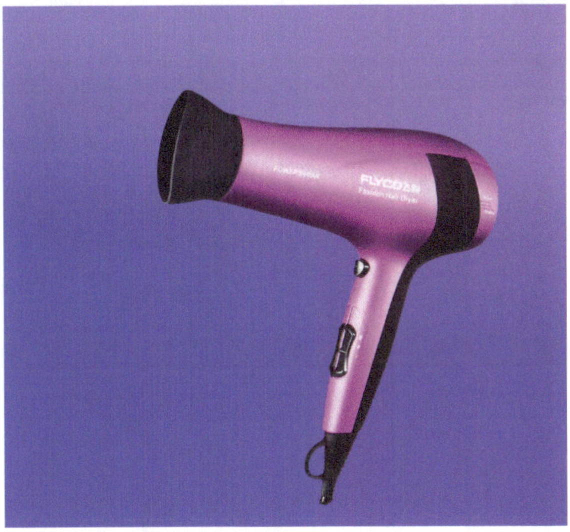

图7-18

TIPS

由于在某些情况下受拍摄条件和技术的限制，有些直接拍摄出的产品图的效果可能并不理想。因此在将图片拖入画布之前，先要确认产品图的效果是否理想。如果不理想，则需要先进行修图处理，然后再使用图片。

04 制作产品投影。 单击“图层”面板下方的“添加图层样式”按钮 fx，在弹出的快捷菜单中选择“投影”选项，设置“混合模式”为“正片叠底”、“不透明度”为62%、“距离”为16像素、“大小”为24像素，设置完成后单击“确定”按钮，完成该操作，如图7-19~图7-21所示。

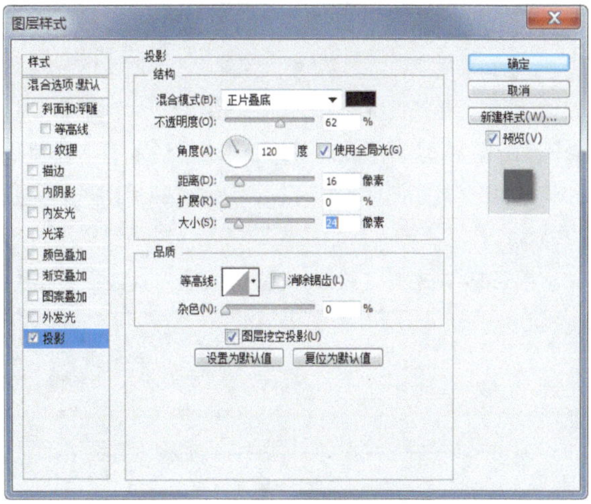

图7-19

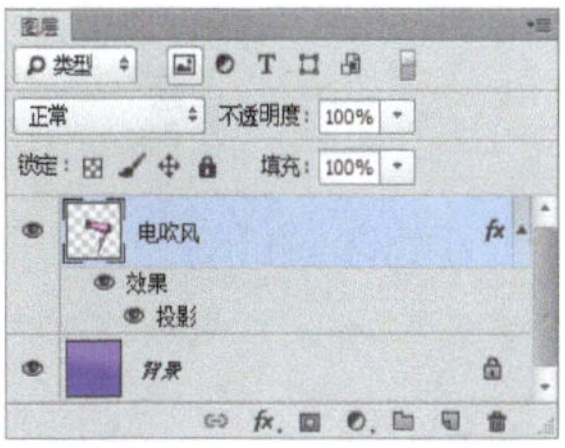

图7-20

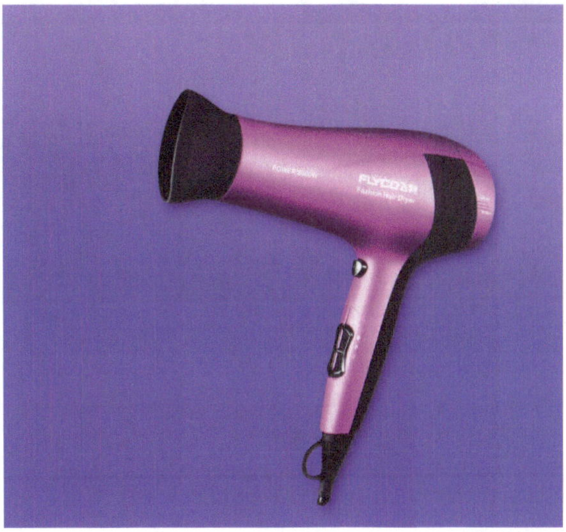

图7-21

05 绘制出风口的光效。 选中“电吹风”图层，单击“创建新图层”按钮，创建一个图层，并将图层命名为“吹风特效”，如图7-22所示。

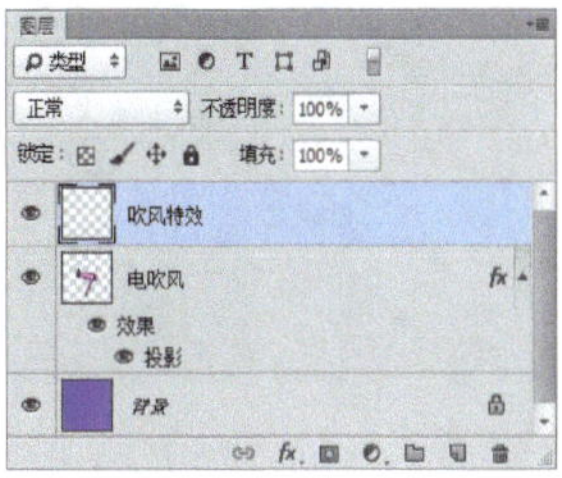

图7-22

06 按快捷键Ctrl+O打开“Blow Brush Frostbo-光束笔刷”文件，然后双击该文件，对其进行安装，之后会在软件里载入一个“画笔”功能。在工具栏中设置“前景色”为白色，打开“画笔”面板，选择1382画笔笔刷，同时调整画笔“大小”为434像素。接着在“吹风特效”图层上单击一下，绘制一些光束效果。按快捷键Ctrl+T执行“自由变换”命令，对“光束”进行“水平翻转”处理，按Enter键确认操作，如图7-23~图7-26所示。

图7-23

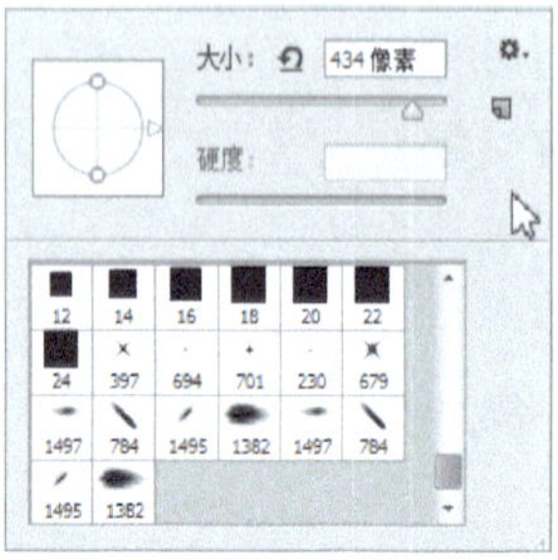

图7-24

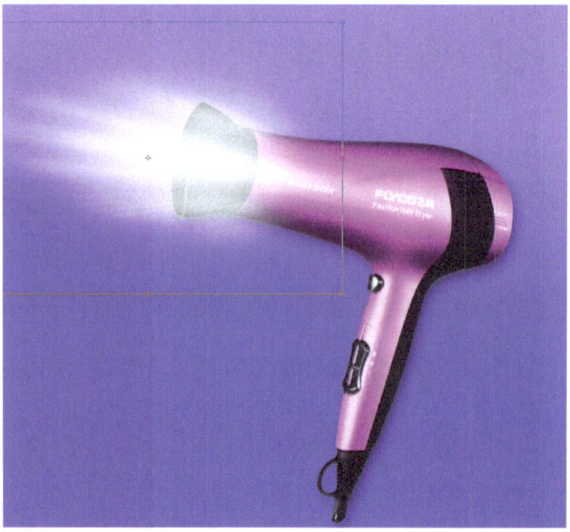

图7-25

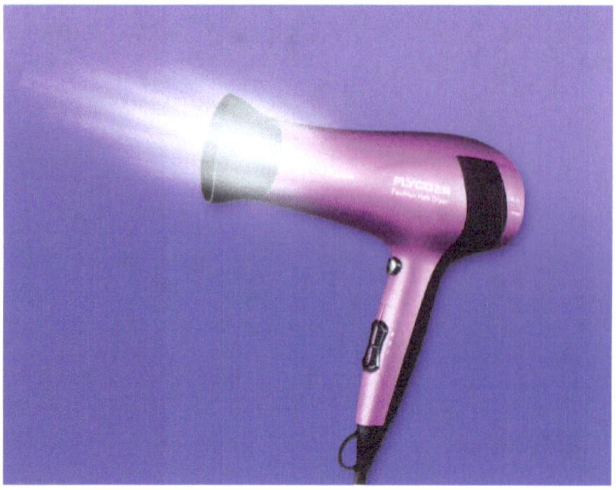

图7-26

07 将“光束”移动到“吹风口”合适的位置，然后选中“吹风特效”图层，单击“图层”面板下方的“添加图层蒙版”按钮，为其添加一个图层蒙版。在工具栏中设置“前景色”为黑色，单击“画笔工具”，选择“柔边圆”画笔，将画笔调至适当大小，并对“光束”多出的部分进行擦除处理，如图7-27~图7-29所示。

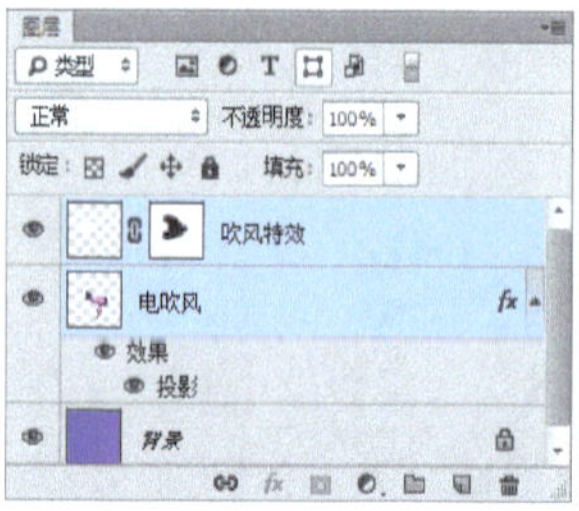

图7-27

图7-28

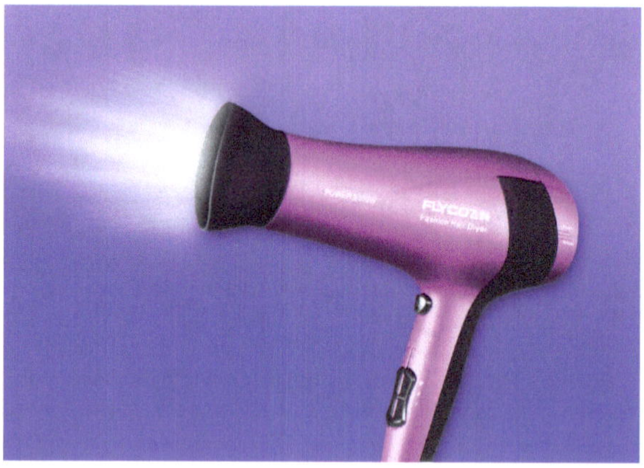

图7-29

08 按快捷键Ctrl+O打开一个“炫光”素材图片，将其拖入画布中“光束”的中间位置，按快捷键Ctrl+T执行“自由变换”命令，对“炫光”进行适当旋转和缩小处理，按Enter键确认操作。调整“炫光”图层的“混合模式”为“滤色”（去除黑色），同时将其移动到吹风机口的中间位置，为其添加一个图层蒙版，用“画笔工具”擦除多余的部分，如图7-30和图7-31所示。

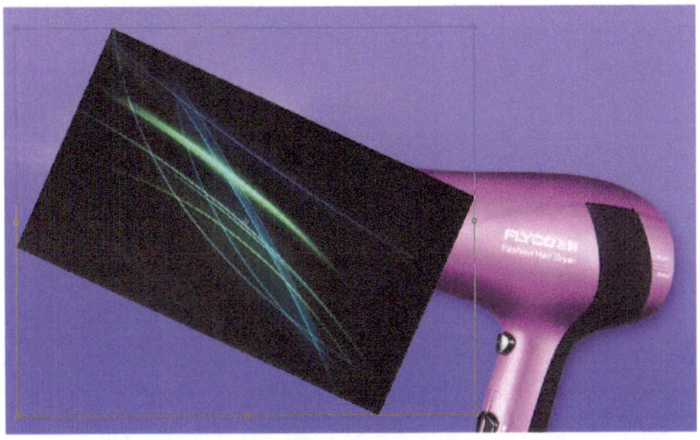

图7-30

图7-31

09 将一张“水珠”素材拖入画布中，并按快捷键Ctrl+T执行“自由变换”命令，对“水珠”进行适当旋转和缩小处理，按Enter键确认操作。将该图层移动至“光束”与“炫光”图层的中间位置，接着添加图层蒙版，用“画笔工具”擦除水珠图片周围不需要的部分，如图7-32~图7-34所示。

图7-32

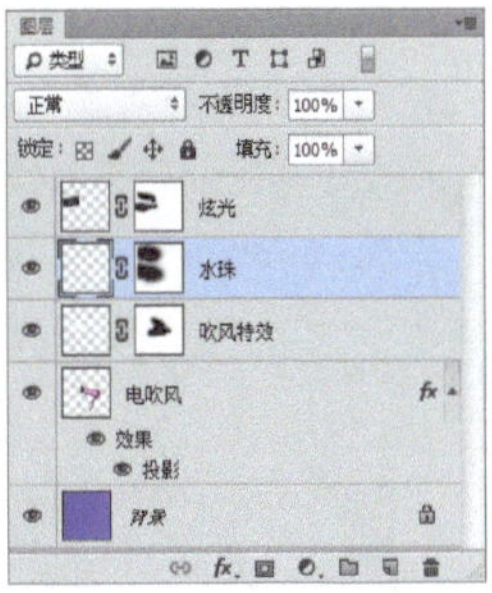

图7-33

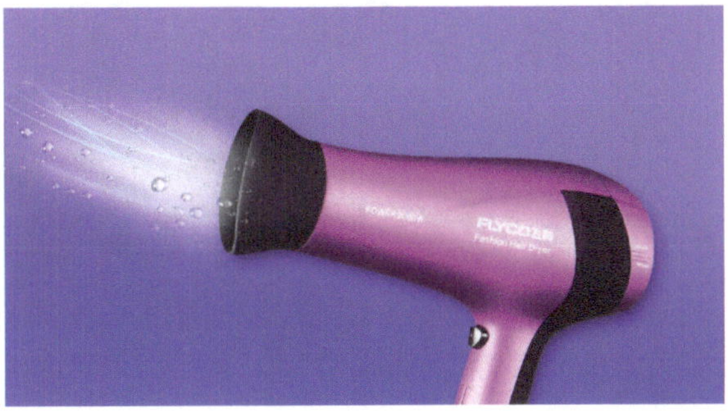

图7-34

10 添加进风口的白光。选中“背景”图层，单击“图层”面板下方的“创建新图层”按钮，在“背景”图层的上方添加一个“白光”图层。选择“椭圆选框工具”，按住Shift键的同时，在画布中绘制一个圆。按快捷键Shift+F6，在弹出的“羽化选区”对话框中设置“羽化半径”为100像素。在工具栏中设置“前景色”为白色，按快捷键Alt+Delete键填充前景色。最后将该图层命名为“白光”，如图7-35和图7-36所示。

图7-35

图7-36

11 添加手柄处的光效。按快捷键Ctrl+D取消选区。选中“白光”图层，单击“图层”面板下方的“创建新图层”按钮，在其上方添加一个新图层。在工具栏中选择“钢笔工具”，在电吹风的手柄位置绘制一条曲线路径，拖曳两端的控制点，进行曲线调节，直至其呈现出流畅的曲线效果，如图7-37所示。

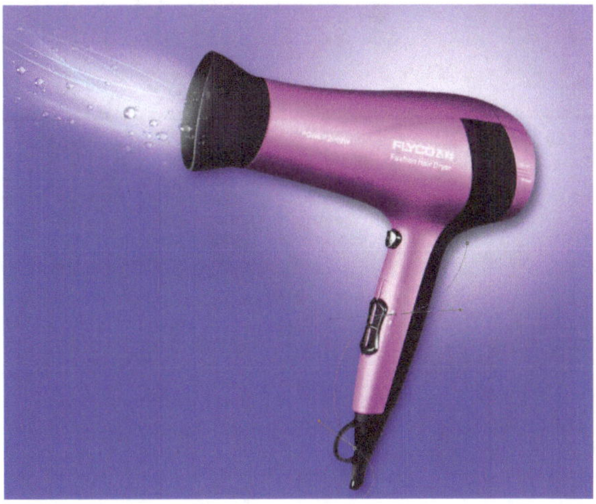

图7-37

12 在工具栏中选择“画笔工具”，同时在选项栏中设置画笔类型为“柔角画笔”、“大小”为8像素。在工具栏中设置“前景色”为紫红色（R:250、G:120、B:211），选择“钢笔工具”，在“曲线路径”上单击鼠标右键，在弹出的快捷菜单中选择“描边路径”选项，弹出“描边路径”对话框。勾选“模拟压力”选项，单击“确定”按钮。接着对路径进行“栅格化”处理，同时用“橡皮擦工具”对曲线上下两端进行适当的擦除处理，如图7-38~图7-40所示。

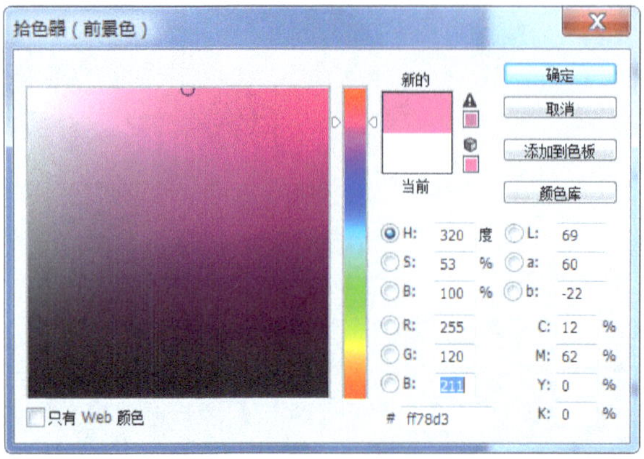

图7-38

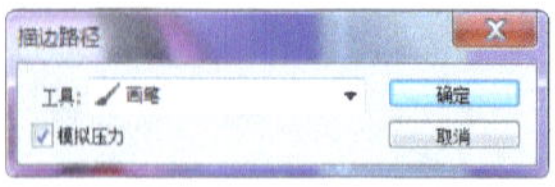

图7-39

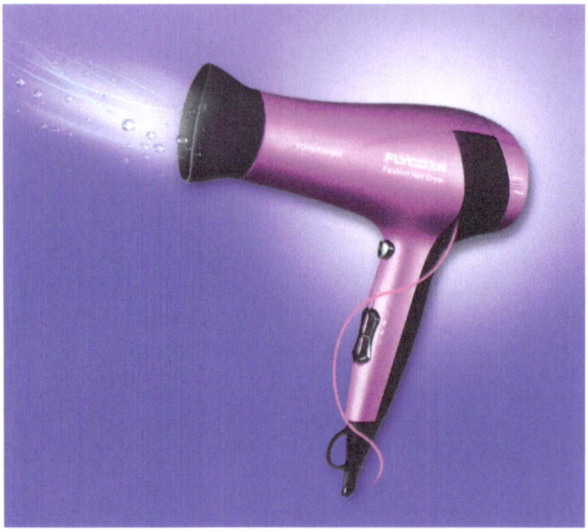

图7-40

13 选中“曲线”图层，单击“图层”面板下方的“添加图层样式”按钮，在弹出的快捷菜单中选择“外发光”选项。设置外发光的“混合模式”为“滤色”、“不透明度”为75%、“颜色”为“白色”、“大小”为5像素，其他参数保持默认状态，如图7-41和图7-42所示。

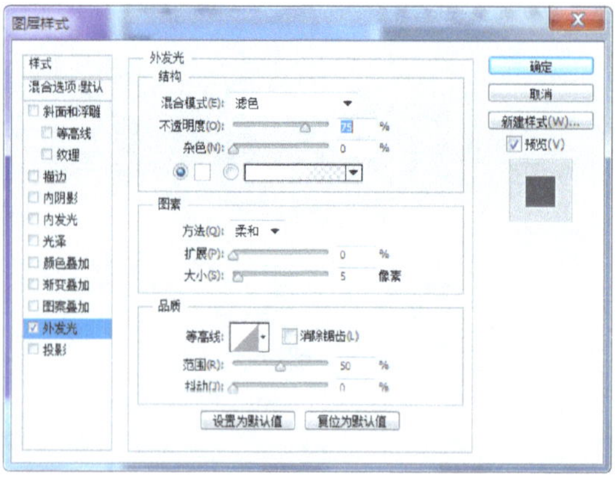

图7-41

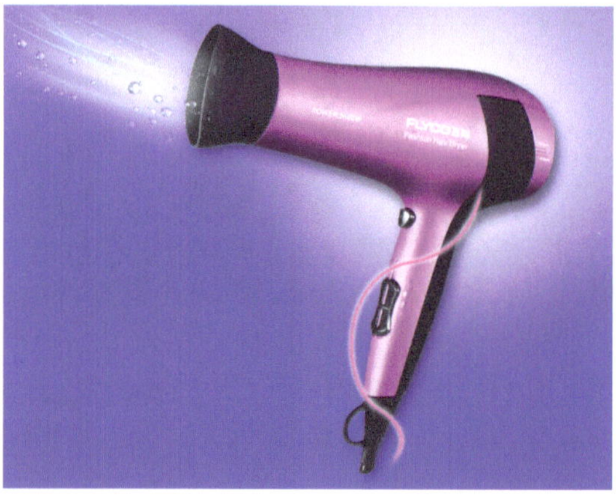

图7-42

14 为了体现产品的科技感，在画布中拖入一个叫作“炫酷光效”的图片素材。拖入素材之后，调整图层的“混合模式”为“滤色”。按快捷键Ctrl+T执行“自由变换”命令，适当旋转素材，并将其移动至与曲线线条并列的位置，按Enter键确认操作。按快捷键Ctrl+U打开“色相/饱和度”对话框，设置“色相”为+71，使光效变成紫色，与产品颜色相融合，如图7-43~图7-46所示。

图7-43

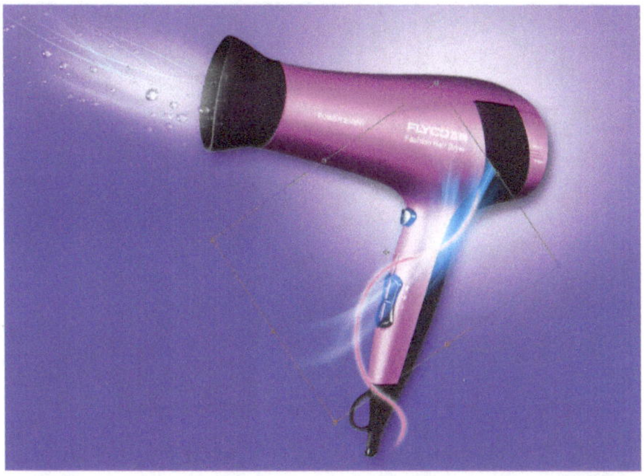

图7-44

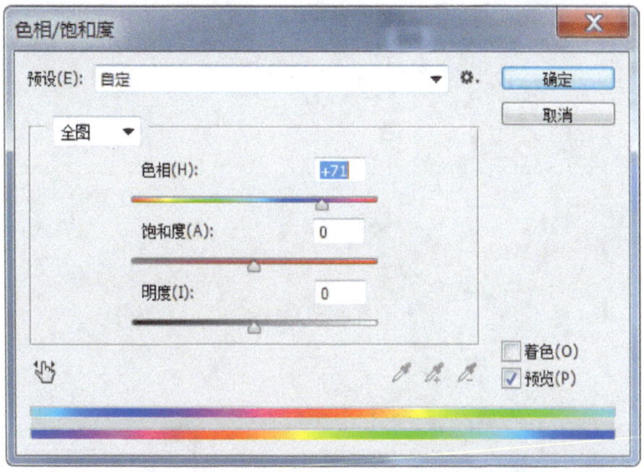

图7-45

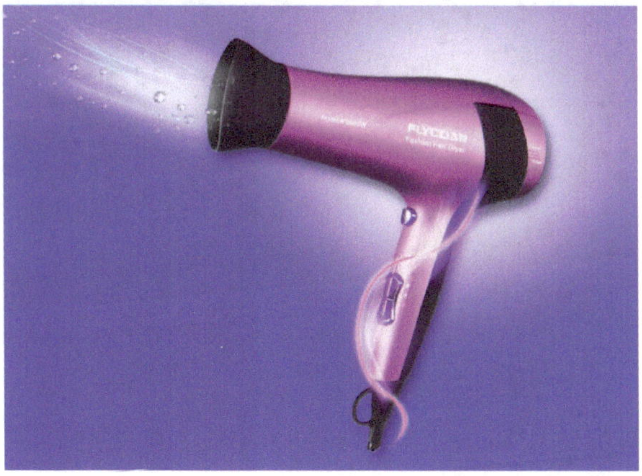

图7-46

15 为“炫酷光效”图层添加一个图层蒙版，然后在工具栏中设置“前景色”为黑色，单击“画笔工具”，选择“柔角画笔”，将画笔调至适当大小后，把炫酷光效多出的部分进行擦除，如图7-47和图7-48所示。

图7-47

图7-48

16 添加玫瑰花飞舞特效。这时，再给画面添加一些花瓣元素，让整个画面动起来，而且呈现出一种柔美的感觉。拖入“飞舞花瓣”素材，并将其放置在所有图层的最上方，然后按快捷键Ctrl+T执行“自由变换”命令，旋转并调整素材大小后，将其移动至产品图中的合适位置。为“飞舞花瓣”图层添加一个图层蒙版，在工具栏中设置“前景色”为黑色，单击“画笔工具”，选择“柔角画笔”，并将画笔调至适当大小，然后对花瓣素材多出的部分进行擦除，如图7-49~图7-51所示。

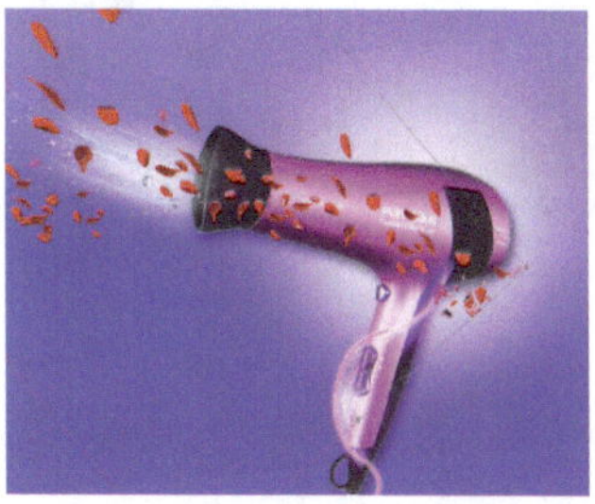

图7-49

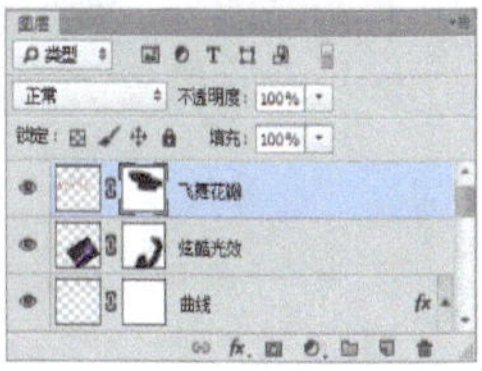

图7-50

图7-51

17 按快捷键Ctrl+[，将“飞舞花瓣”图层下移到“背景”图层的上方，然后按快捷键Ctrl+J将该图层复制一层，得到“飞舞花瓣 拷贝”图层。将其移动到吹风机手柄的下方位置，接着为其添加一个图层蒙版。在工具栏中设置“前景色”为黑色，单击“画笔工具”，选择“柔角画笔”，将画笔调至适当大小，对素材多出的部分进行擦除。此时，画面中会呈现出玫瑰花如同从吹风机里飞舞出来的效果，整体画面柔美动感，如图7-52和图7-53所示。

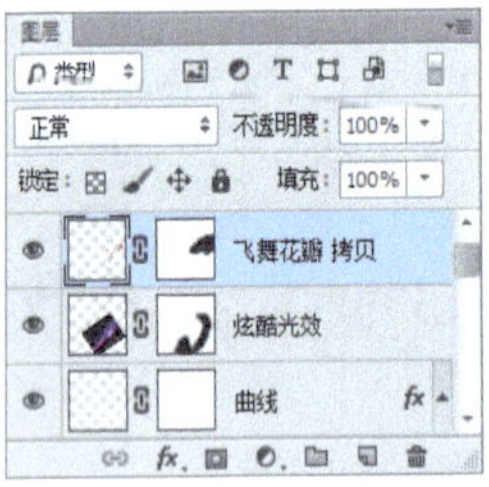

图7-52

图7-53

18 为主图添加文案。打开一张黑色的“LOGO”素材（由于版权原因，这里我们用LOGO字样代替实际的品牌LOGO），将其拖入画面左上方的位置。选中“LOGO”图层，按快捷键Ctrl+U打开“色相/饱和度”对话框，设置“明度”为+100，此时LOGO由黑色变成白色，如图7-54~图7-56所示。

图7-54

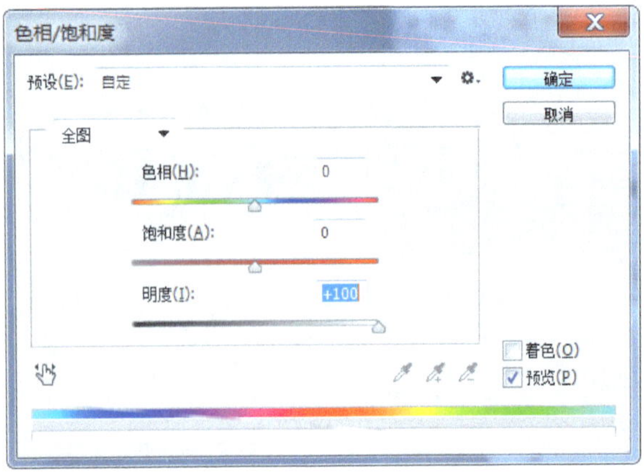

图7-55

图7-56

TIPS

以上我们所提及的改变LOGO颜色的方法是非常可取的，不仅可以快速改变LOGO的颜色，同时不会使像素缺失，因此值得大家借鉴和使用。

同时这里要说明的一点是，由于版权限制原因，本章节案例中涉及的LOGO名称都直接用LOGO字样代替。

19 在工具栏中选择“文字工具”，单击画布，在画布中输入“负离子 一键冷风定型”主题文案文字，字体选择“微软雅黑”，并将文案图层命名为“主题文字”。按快捷键Ctrl+J将文案复制一层，得到“主题文字 拷贝”图层。此时选中这个图层，设置图层中文字的颜色为黑色，利用键盘上的方向键将其向下移动1~2个像素，给字体增加一定的厚度，使其呈现出理想的立体效果，如图7-57~图7-59所示。

图7-57

图7-58

图7-59

20 添加和完善背景效果。选中“背景”图层，单击“图层”面板下方的“创建新图层”按钮，添加一个“分割形状”图层。选择“钢笔工具”，在画布下方绘制一个路径，并按快捷键Ctrl+Enter将其载入选区。在工具栏中设置“前景色”为浅灰色（R:238、G:238、B:238），按快捷键Alt+Delete填充前景色，如图7-60~图7-63所示。

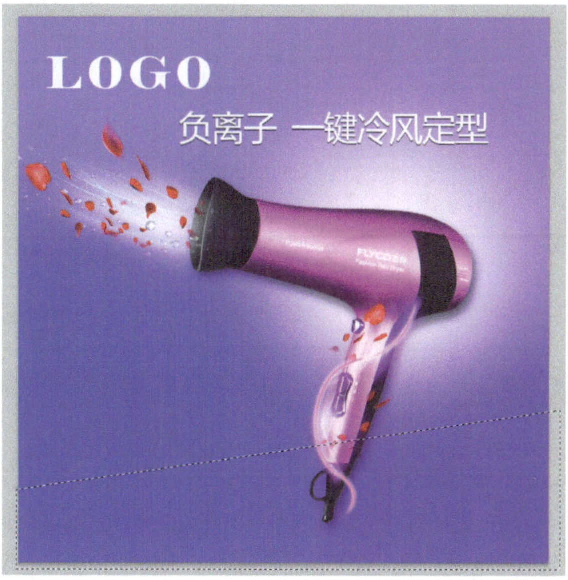

图7-60

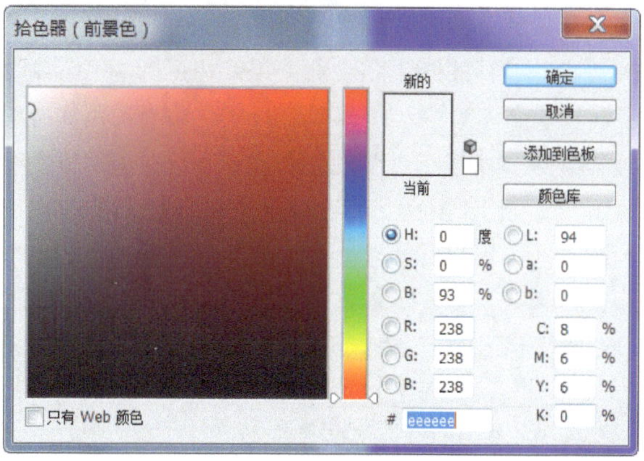

图7-61

图7-62

图7-63

7.6 直通车主图的制作

淘宝直通车是由阿里巴巴集团下属的雅虎中国和淘宝网进行资源整合后，推出的一种全新的搜索竞价模式。如今其在淘宝网上以图片+文字的形式得到全新和充分的展示。

在直通车主图的设计中，每件商品可以设置200个关键字，卖家可以针对每个竞价词自由定价，并且可以看到在雅虎和淘宝网上的排名位置，排名位置可用淘大象搜索查询，并按实际被单击次数付费（每个关键词最低出价0.05元，最高出价99元，每次加价最低为0.01元）。

因此可以说，直通车是为淘宝卖家量身定制的一款按单击次数付费的效果营销工具，能实现宝贝的精准推广。

7.6.1 展示位置介绍

直通车主图是一款产品的流量入口，对“引流”起着至关重要的作用，销售额=客单价×访客数×转换率。一个好的淘宝主图设计应突出产品卖点，牢牢吸引买家的眼球，让买家进入你的店铺，再通过浏览宝贝详情页打动买家，促进下单。

在设计之前，我们先要了解一下直通车商品展示的位置在哪里，也就是我们常说的广告图片或者信息会在哪里被买家看到。

打开淘宝网首页，直接搜索竞价词。例如，若是买家想要买一款高跟鞋，只需在搜索栏中输入“高跟鞋”，并单击“搜索”按钮即可，如图7-64所示。

图7-64

在执行完以上操作后，会出现一个搜索结果页面。同时，在页面的右侧，卖家热卖的高跟鞋产品会出现在直通车的广告位上，共有12个广告位。不过由于页面太长，这里只截取了6个广告位的图片，如图7-65所示。

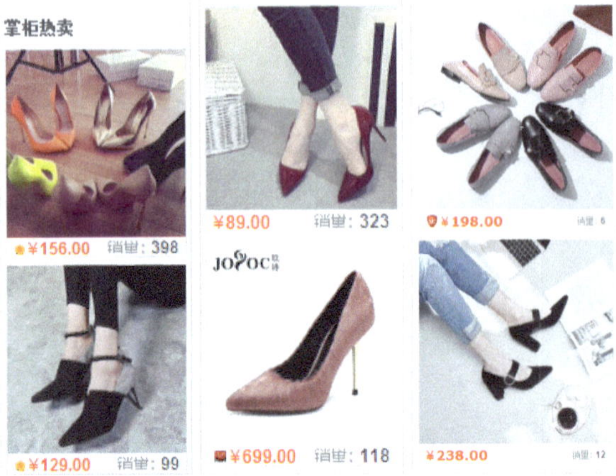

图7-65

同样，在页面下方，仍然可以看到5个一样的直通车广告。这就是淘宝直通车的宝贝展示位置，它可以给买家带来直观的感受，无论如何搜索，都会第一时间展现在买家面前，如图7-66所示。

图7-66

7.6.2 设计原则

1. 卖点明确

在设计中想必大家都听说过“少即是多”的设计原则。可是很多人在做直通车图片的时候，经常会过多地展示信息文字，从而导致根本看不清主图想要表达什么产品主题。其实，一张直通车图片通过一个卖点很好地与消费者产生共鸣就足够了，其他信息可以简化，如图7-67所示。

图7-67

2. 文案突出

经相关数据测试，买家在浏览网页时，对于一张产品图片平均只有0.3秒的停留时间。因此，在直通车主图设计中，可以通过文案突出产品的卖点，更好地传达产品的特性，击中买家的购买痛点，如图7-68所示。

图7-68

3. 视觉差异化

针对直通车主图的视觉差异化，可以分为产品图片拍摄创意差异化、直通车图设计排版差异化和卖点文案差异化。根据视觉差异化要求设计出的直通车主图有别于其他同类产品的直通车主图，其凭借着新颖的视觉表现，吸引消费者单击并达成购买。

在设计时，为了能够更好地表现产品特性，同时在最大限度上吸引消费者，就要在主图制作中体现创意与特色，如图7-69所示。

图7-69

> **TIPS**
>
> 在一个店铺里，直通车主图通常不止一张。因此，可以针对不同产品的不同卖点，按照不同的设计形式多设计几张，以此测试直通车的点击率如何，最终确认使用什么样的直通车图片来推广会更合适。

4. 背景干净清晰

设计中产品背景切忌太花哨，否则会让产品主体无法突出，给人一种喧宾夺主的感觉。如图7-70所示，这张图片背景看上去较杂乱，很难直接看出其想要表达的主体信息，容易让买家产生一种眼花缭乱的感觉，从而降低购买体验。

图7-70

实战："水云凝露晚霜"直通车主图的制作

实例位置	素材文件>CH07>实战："水云凝露晚霜"直通车主图的制作
技术掌握	快捷键Ctrl+T/Alt+Delete/Shift+F6、直线/椭圆选框/画笔工具、图层蒙版

下面，我们来学习化妆品的创意直通车主图的设计，本案例的制作手法主要以"合成"为主。制作完成后的效果如图7-71所示。

图7-71

- **相关信息说明**

产品主图尺寸：800像素×800像素

产品主体：水云凝露晚霜

色调：蓝色+紫色调为主

- **要点分析**

配色分析

我们常说："色调是画面的第一视觉。"本案例采用的色彩搭配方式为"蓝色+紫色"，这两种颜色由于属于相邻色，在色轮中的位置较近，因此在搭配上可以形成很强的关联性，让画面看起来非常和谐和统一，视觉冲击力较弱。

排版分析

采用产品与文字居中的形式进行排版，目的是为了更好地突出文案和产品创意。一句简单的创意文案，可以使画面简洁，突出重点，延续经典大牌的特性，优雅而高贵。

创意添加

由于这是一款晚霜的直通车主图制作，在背景上，用月亮搭配紫色的星空营造出夜晚浪漫的氛围，可以从视觉上抓住买家的眼球。同时，利用层层云朵制造景深，体现出画面的柔美与层次感，让人不禁联想到来自大自然的滋养，表现出产品的天然特性。

在背景的下半部分，深邃的蓝紫色分隔线与蓝色很好地融合在一起，给人一种由近及远的空间层次感，带给人视觉上的美感和享受。

- **制作过程**

01 新建文档。在菜单栏中执行"文件>打开"命令，在"新建"对话框中设置文件"名称"为"直通车主图"、"宽度"和"高度"均为800像素、"分辨率"为72像素/英寸、"颜色模式"为"RGB颜色 8位"、"背景内容"为"白色"，设置完成后单击"确定"按钮，完成新建，如图7-72所示。

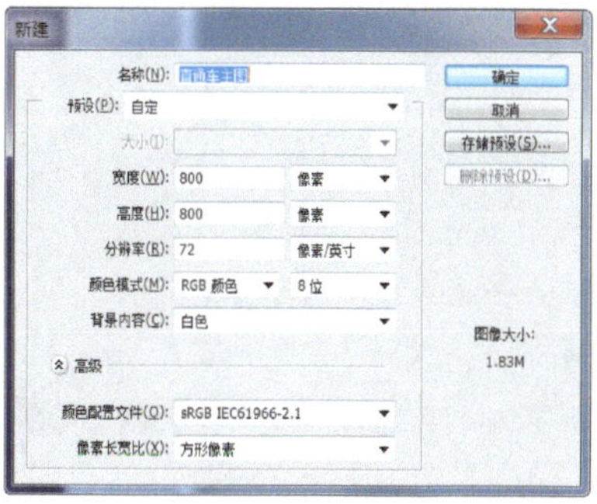

图7-72

02 制作渐变背景效果。在工具栏中选择“渐变工具”，然后单击“可编辑渐变”按钮，在弹出的“渐变编辑器”对话框中设置一个由紫(R:18、G:22、B:850)到蓝(R:173、G:122、B:255)的渐变，完成设置后单击“确定”按钮，在画布中从上往下拉出相应的渐变背景效果，如图7-73和图7-74所示。

图7-73

图7-74

03 制作光晕效果。单击“图层”面板下方的“创建新图层”按钮，在“背景”图层上方添加一个新的图层，并命名为“光晕”。在工具栏中选择“椭圆选框工具”，按住Shift键的同时在背景中间绘制一个圆形。在菜单栏中执行“编辑>描边”命令，在弹出的“描边”对话框中设置描边“颜色”为青色(R:87、G:231、B:252)、描边“宽度”为2像素，完成设置后单击“确定”按钮。单击鼠标右键，在弹出的快捷菜单中选择“取消选择”选项。在工具栏中选择“画笔工具”，选择“柔角画笔”，画笔大小自定，然后在蓝色圆形合适的位置上进行擦除，如图7-75~图7-78所示。

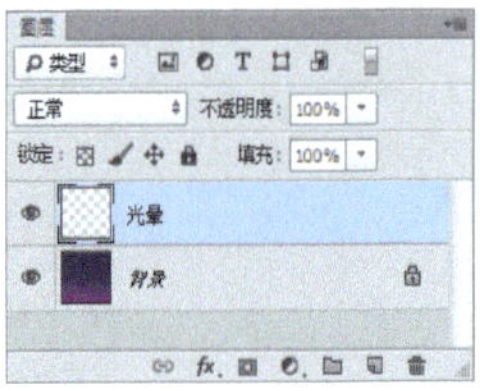

图7-75

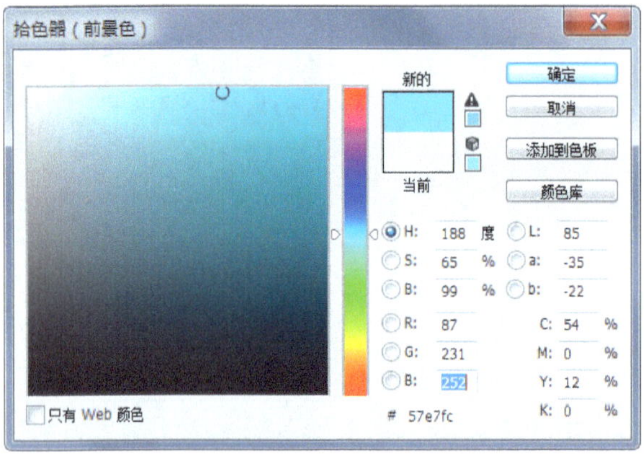

图7-76

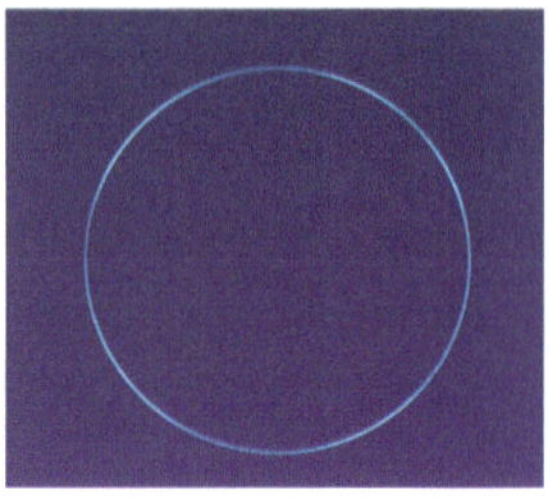

图7-77 图7-78

04 选中用画笔涂抹过的光圈，按快捷键Shift+Alt，进行复制，并交叉重叠地进行摆放，使其形成一个不规则的光圈，富于变化，不至于显得呆板，如图7-79所示。

图7-79

05 选中“光晕”图层，按住Ctrl键的同时，单击“图层”面板下方的“创建新图层”按钮，在“光晕”图层上方添加一个图层，并命名为“加强光晕”。在工具栏中单击“画笔工具”，在选项栏中设置画笔类型为“柔边圆”、“大小”为65像素、“不透明度”为100%、“流量”

为100%。将光标移动至光圈的合适位置进行涂抹，最后将光标移动至“蓝色强光”与“圆形”图层的中间并按住Alt键，待该位置出现一个黑色的三角箭头时，单击“创建剪贴蒙版”按钮，创建剪贴蒙版，如图7-80～图7-82所示。

图7-80

图7-81

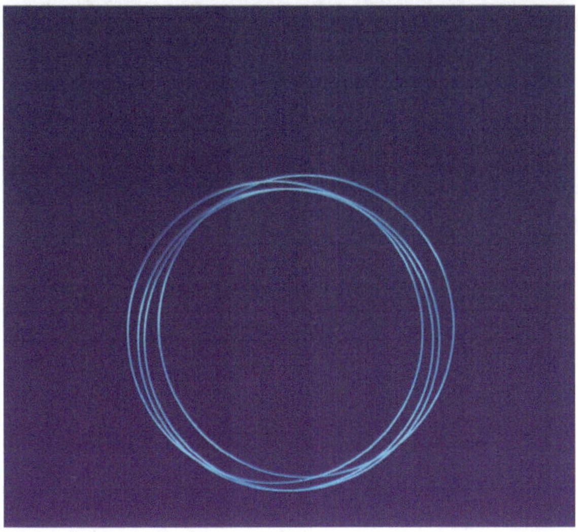

图7-82

06 单击工具栏中的“画笔工具”，在选项栏中设置画笔类型为“柔边圆”，单击“切换画笔面”按钮，在弹出的“画笔”面板中单击“画笔笔尖形状”选项，勾选“形状动态”选项，设置“大小”为14像素、“硬度”为0%、“间距”为210%，如图7-83所示。

07 勾选“散布”选项，设置“散布”为570%、“数量”为2、“数量抖动”为16%（具体数值可根据画面需求进行设置），如图7-84所示。

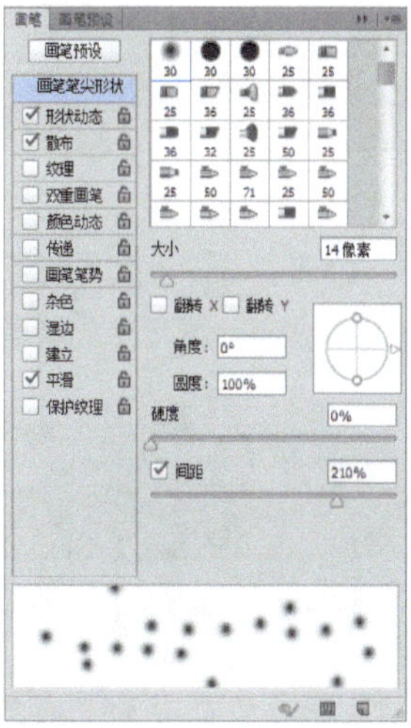

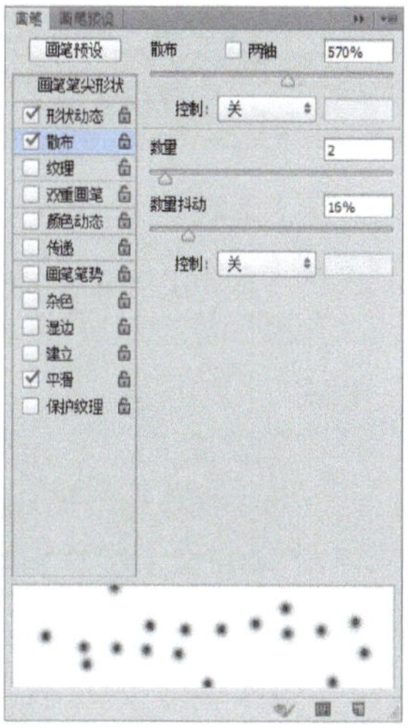

图7-83　　图7-84

08 在工具栏中设置“前景色”为白色，按住Ctrl键的同时，单击“图层”面板下方的“创建新图层”按钮，在“加强光晕”图层上方添加一个新的图层，并命名为“蓝色光晕”。在光圈的上下或左右的任意位置单击，添加一些光晕效果，让画面显得更有层次感，如图7-85和图7-86所示。

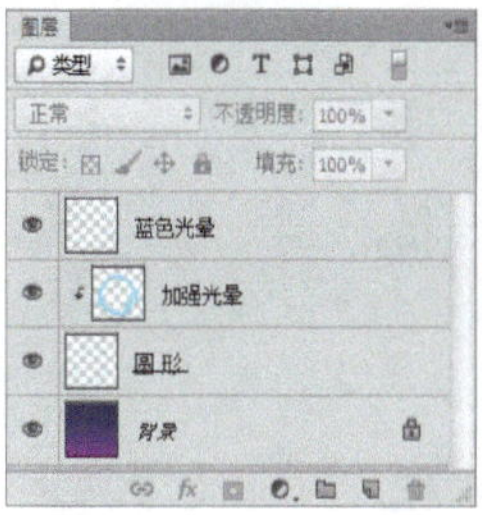

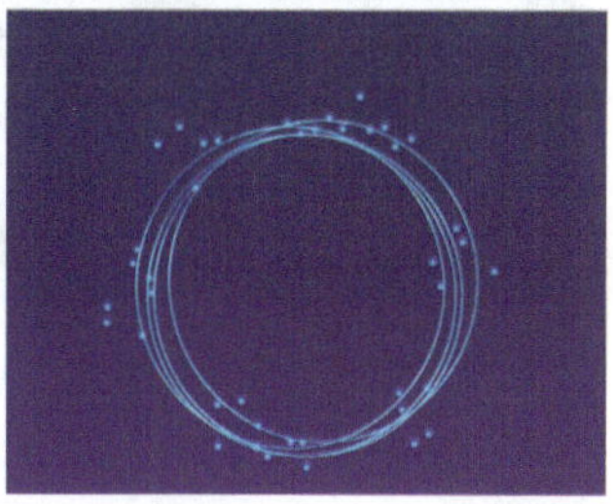

图7-85　　图7-86

09 添加产品主体。将事先准备好的“化妆品”矢量素材拖入画布中，并将其调整到背景光圈上方的合适位置，同时将图层命名为“晚霜”，如图7-87和图7-88所示。

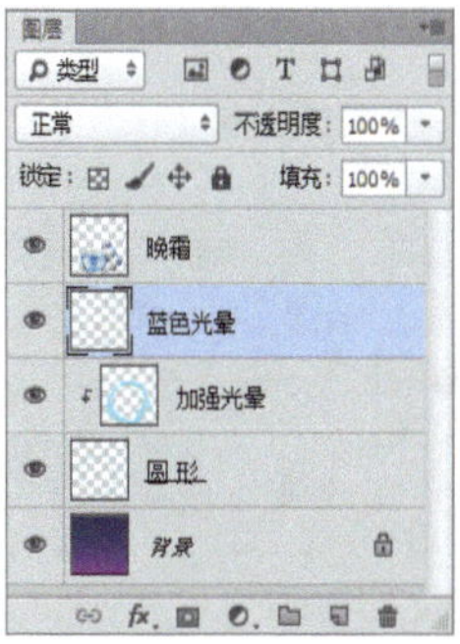

图7-87　　图7-88

10 制作瓶身的投影。结合前面所讲解的有关“阴影”的知识，了解到光源若在上边，相对应的阴影就应该在下边。在这里，为化妆品做一个“接触阴影”。首先，新建一个“瓶身阴影”图层，在工具栏中选择“椭圆选框工具”，在化妆品的瓶身下方绘制一个椭圆选区，按快捷键Shift+F6，在打开的“羽化选区”对话框中设置“羽化半径”为2像素。在工具栏中设置“前景色”为黑色，按快捷键Alt+Delete填充前景色，如图7-89~图7-91所示。

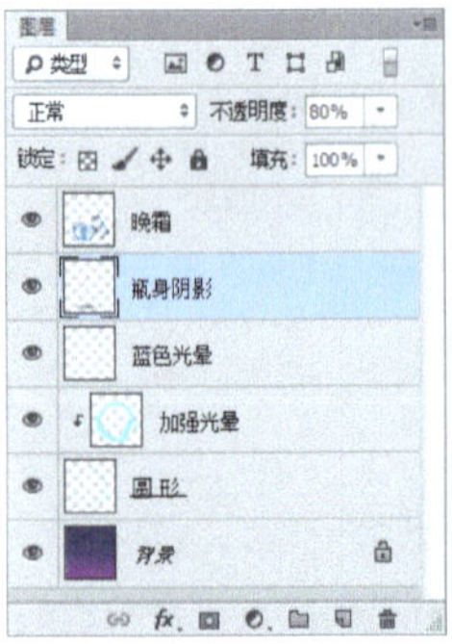

图7-89

图7-90

图7-91

11 选中“瓶身阴影”图层，在菜单栏中执行“滤镜>模糊>高斯模糊”命令，在弹出的“高斯模糊”对话框中设置“半径”为4.8像素，如图7-92和图7-93所示。

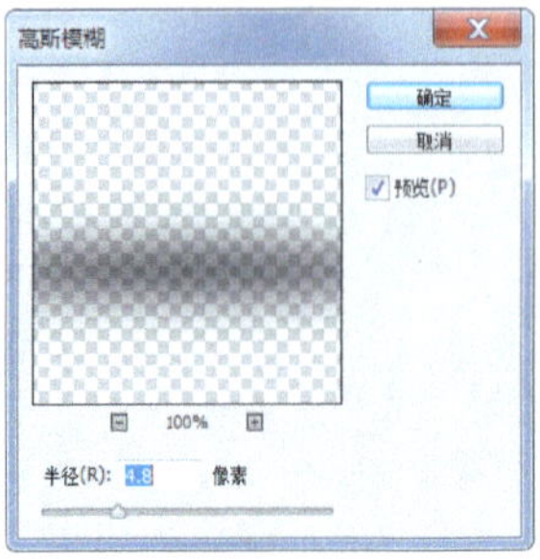

图7-92

图7-93

12 按快捷键Ctrl+T执行“自由变换”命令，将“阴影”图形向两端进行等比例拉伸，使其变得更长一些。调整图层的“不透明度”为80%，完成“瓶身阴影”的制作，如图7-94所示。

图7-94

13 制作瓶盖的投影。瓶盖的投影绘制方法同瓶身相同。绘制完成后同样需调整图层的“不透明度”为80%，并按Ctrl+G将“晚霜”图层、“瓶身阴影”图层和“瓶盖阴影”图层编成一个组，并命名为“化妆品”，如图7-95和图7-96所示。

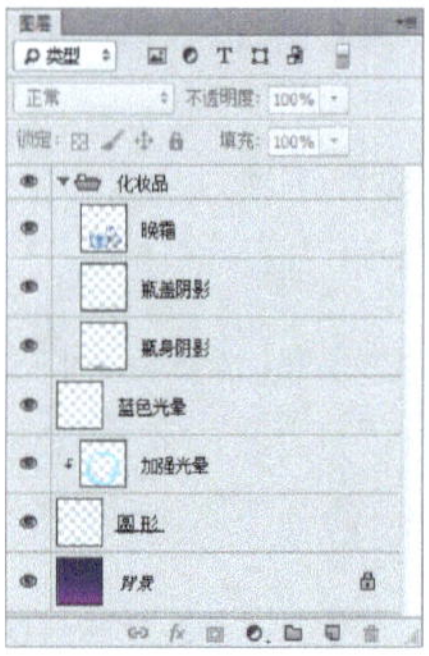

图7-95

图7-96

14 添加光晕特效。在工具栏中设置“前景色”为白色，按住Ctrl键的同时，单击“图层”面板下方的“创建新图层”按钮，在“蓝色光晕”图层上方添加一个图层，并命名为“白色光点”。单击工具栏中的“画笔工具”，在选项栏中选择“柔边圆”画笔（画笔大小自定），同样在光圈的上下或左右任意位置单击，在光圈周围绘制一些白色光点，使画面层次感更强，如图7-97所示。

图7-97

15 选中“背景”图层，单击“图层”面板下方的“创建新图层”按钮，在“背景”图层上方添加一个图层，并命名为“底部光效”。在画布中拖入一个叫作“星光”的PSD素材文件，然后将该素材图层命名为“底部光效”，将其往下移动到化妆品下方的合适位置，设置图层的“混合模式”为“叠加”，让星光素材与背景很自然地融合，如图7-98~图7-100所示。

图7-98

图7-99

图7-100

16 为了加强“底部光效”，让产品显得更加耀眼，这里需要对“底部光效”进行复制，得到一个“底部光效拷贝”图层。按快捷键Ctrl+T执行“自由变换”命令，将该光效等比例缩放到中间位置，按Enter键确认操作。选中“底部光效 拷贝”图层，单击“图层”面板下方的“添加图层蒙版”按钮，为其添加一个图层蒙版。在工具栏中选择“画笔工具”，设置画笔类型为“柔边圆”，画笔大小自定，设置“前景色”为黑色。设置完成后，对“底部光效 拷贝”图层的边缘进行擦除，使其与背景融合得更加自然，如图7-101~图7-103所示。

图7-101

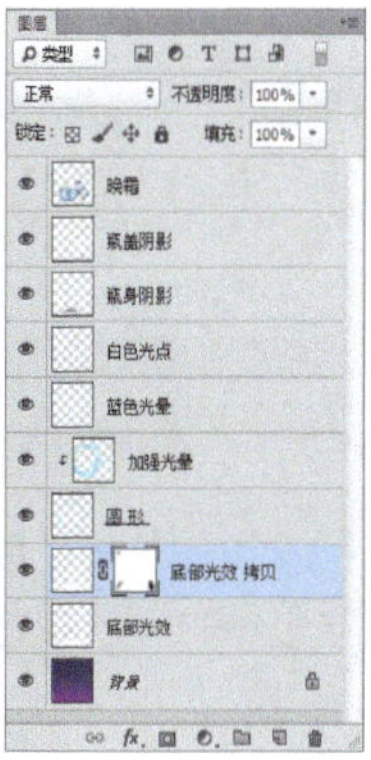

图7-102

图7-103

17 继续在画布中拖入另外两张“星光”素材图片，将其中一张移动至化妆品瓶盖的上方位置，另一张则移动至化妆品偏上方的背景上，最后分别将图层命名为“星光1”和“星光2”，如图7-104和图7-105所示。

图7-104　　图7-105

18 添加云素材。按快捷键Ctrl+O打开“云朵”素材图片，并将其放置到“背景”图层的上方，同时将图层命名为“云朵”，并设置该图层的“混合模式”为“柔光”。在“图层”面板下方单击“添加图层蒙版”按钮，为“云朵”图层添加一个图层蒙版。在工具栏中设置“前景色”为“黑色”，选择“画笔工具”，并在选项栏中设置画笔类型为“柔边圆”，画笔大小自定，对“云朵”素材下方多余的部分进行擦除，让边缘过渡得更加自然，并与底部完美融合，如图7-106~图7-108所示。

图7-106

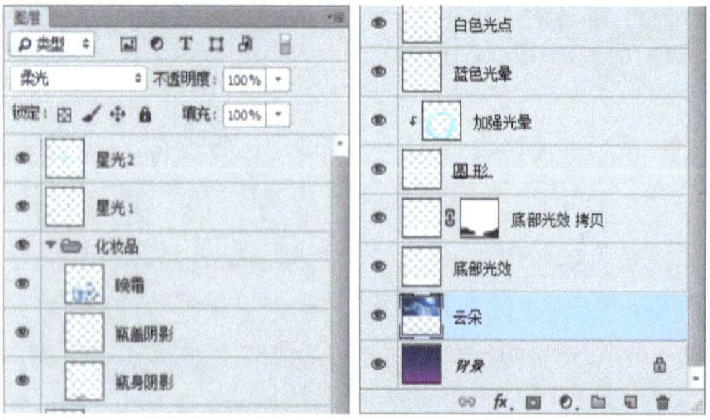

图7-107

图7-108

19 添加星光素材。为了营造出夜晚星光点点的氛围，让画面体现出一定的空间和层次感，在“云朵”图层下方拖入一张“夜晚星光”素材图片，并命名为“夜晚星光”，并将该素材移动至“背景”图层上方的合适位置，如图7-109和图7-110所示。

图7-109

图7-110

20 选择“夜晚星光”图层，单击“图层”面板下方的“添加图层蒙版”按钮，为其添加一个图层蒙版。在工具栏中选择“画笔工具”，在选项栏中设置画笔类型为“柔边圆”，画笔大小自定，对“夜晚星光”素材下方多余的部分进行擦除，让边缘过渡得更加自然，如图7-111和图7-112所示。

图7-111

图7-112

21 为了给背景添加一丝神秘和浪漫的气息，在画布中再拖入一张深紫色的“星光”素材图片，将其移动至“背景”图层的上方位置，并将图层名称修改为“深紫色星光”，然后为其添加一个图层蒙版。在工具栏中选择“画笔工具”，擦除图片中多余的黑色，并改变“星光”图层的“混合模式”为“柔光”，让整体背景融合得更自然一些，如图7-113~图7-115所示。

图7-113

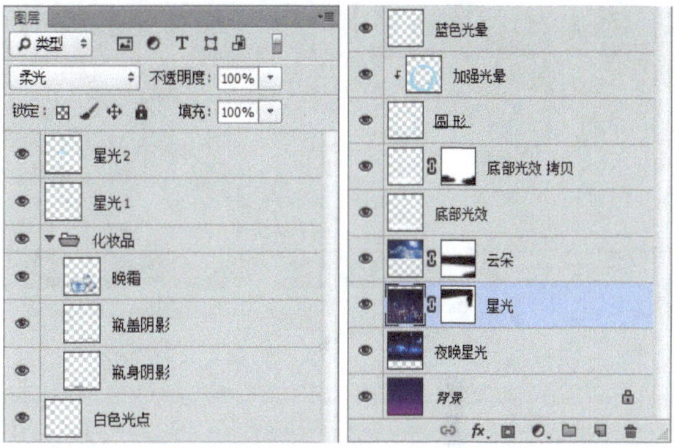

图7-114

图7-115

22 添加水珠特效。将“水珠”素材拖入画布中，单击“图层”面板下方的“添加图层蒙版”按钮，为其添加一个图层蒙版。在工具栏中设置“前景色”为黑色，单击“画笔工具”，在选项栏中设置画笔类型为“柔边圆”，画笔大小自定，将“水珠”图层上多余的一些水珠进行擦除，并设置“水珠”图层的“混合模式”为“柔光”。复制“水珠”图层，得到一个“水珠 拷贝”图层，这样画面中的水珠效果就更加丰富了，同时画面整体也会更加饱满，如图7-116和图7-117所示。

图7-116

图7-117

23 添加文案信息。在工具栏中选择“文字工具”，输入“晚间滋养 深度锁水”主文案信息，设置字体为“文泉驿正黑”、“字体大小”为68点。选择“直线工具”，设置“前景色”为白色、“填充”为无、“描边”为浅灰色（R:170、G:172、B190）、“粗细”为1.49点，在文案下方画一条直线。输入“水云凝露晚霜”副文案信息，设置字体为“微软雅黑”、“字体大小”为60点，同时调整文字为“居中对齐”样式，操作完成，如图7-118~图7-121所示。

图7-118

图7-119

图7-120

图7-121

08

电商海报的设计与制作

什么是电商海报

全屏海报的制作

促销海报的制作

8.1 什么是电商海报

目前，电商海报设计成为一种将产品展示给客户的直接营销方式，在很大程度上决定了产品的销售和传播广度。通过电商海报的展示，可以将产品精美的质地引人入胜地呈现出来，给人以逼真的现实感，使消费者对所宣传的产品产生一种亲切感和信任感。

那么，针对电商海报的设计，其重点就在于能否运用各种方式抓住和强调产品与众不同的特征，把它鲜明地表现出来，使买家很快就能被海报吸引，达到刺激其购买欲望的促销目的，如图8-1~图8-4所示。

图8-1

图8-2

图8-3

图8-4

8.2 全屏海报的制作

8.2.1 什么是全屏海报

在淘宝天猫店铺中，经常可以看到许多商家的首页都会放置一些非常大气简洁的全屏海报。一般全屏海报的宽度是1920px（即像素），高度自定。全屏海报的主题内容都会集中在画面中部950px的区域，这样设计是为了保证不同的显示器都能看到海报铺满全屏。

8.2.2 全屏海报的设计意义

一般来说，全屏海报除了放置在店铺首页的顶部，还可以放在首页促销产品的模块中间，也可以作为产品分类区域的引导页。好的店铺首页相当于线下实体店铺的门面，应根据商品分类进行陈列。

平时店铺做一些活动或者想要突出哪个宝贝时，都会设计一款或几款全屏海报，放置在首页突出展示，这也是一种促销手段。因为在首页上会比较醒目，让人一眼就看到哪款是店铺主推或热销的产品，全屏海报能带给人一种很强的视觉冲击力，当买家浏览店铺首页时，容易成为第一视觉焦点，所以设计一款好的全屏海报能对店铺产品起到很好的宣传作用。

实战：彩妆品牌的全屏海报制作

实例位置	实例文件 >CH08> 实战：彩妆品牌的全屏海报制作
技术掌握	快捷键Ctrl+N/Ctrl+Delete/Ctrl+J、“滤镜 > 像素化 > 晶格化”命令、“排列 > 对齐 > 居中对齐”命令、“选择 > 修改 > 收缩”命令、“滤镜 > 滤镜库 > 艺术效果 > 绘画涂抹”命令、渐变 / 矩形 / 添加锚点 / 创建文字变形 / 文字 / 直线 / 套索工具

这里要制作的是一款全屏海报，以粉色玫瑰花为主要背景，体现女性成熟柔美又略带小清新的风格。对于全屏海报的设计，首先要学会画布的建立、辅助线的设置、背景纹理的制作，以及不规则形状的绘制等。通过此次海报的制作讲解，希望大家了解合成海报的制作过程和一些实操技巧等。全屏彩妆海报效果如图8-5所示。

图8-5

- **相关信息说明**

海报尺寸： 1920像素×570像素(高度可自定)

产品主体： 彩妆

产品主标题： 美妆情人节专享

产品副标题1： “满300减30 满500减50”

产品副标题2： “美丽旅程 邂逅惊艳” “旅程5大惊喜，等你来体验”

色调： 以女性化的粉色调为主

- **要点分析**

配色： 粉色，与“爱情”和“浪漫”有关，通常也被当作是女性的象征，甜美温柔而又不失活泼。与此同时，粉色还代表可爱、温馨、娇嫩、青春、明快和时尚等。

此次海报利用粉色来进行设计，可以体现出产品的时尚感，突显女性特征，与蓝色搭配会显得极为雅致。

排版说明： 采用上下式构图。

创意添加： 以“曲线肌理”为背景，体现女性的柔美与纤细；画面中出现的玫瑰花瓣作为“无声情人节”的标志物，营造出整体氛围，让女性意味十足；画面中点缀一抹蓝色，减弱了大面积的粉色，打破了整个画面沉闷的气氛，平添一丝小清新。

- **制作过程**

01 制作背景。在菜单栏中执行“文件>打开”命令，在“新建”对话框中设置文件“名称”为“化妆品手工海报”、“宽度”和“高度”为1920像素×570像素（高度可自定）、“分辨率”为72像素/英寸、“颜色模式”为“RGB颜色 8位”、“背景内容”为“白色”，设置完成后单击“确定”按钮，如图8-6所示。

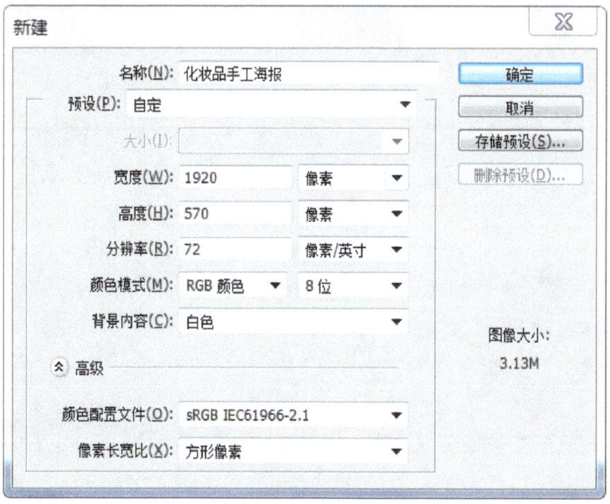

图8-6

02 按快捷键Ctrl+N继续新建一个950像素×570像素的画布，并按快捷键Ctrl+Delete填充任意颜色，然后将其拖至“背景”图层上方，并将图层命名为“色块”。按住Shift键选择“背景”与“色块”两个图层，执行菜单栏中的“排列>对齐>居中对齐”命令，将两个图层对齐，并拖拉出左右两条辅助线，之后将辅助线隐藏，如图8-7和图8-8所示。

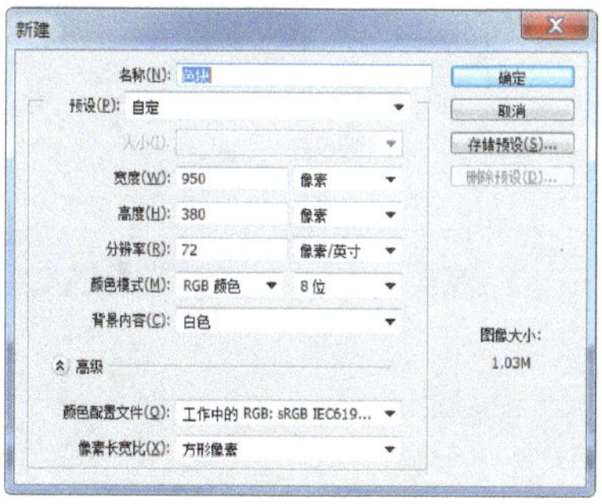

图8-7

图8-8

TIPS

在淘宝店铺的海报展示当中，海报内容一般都会显示在屏幕区域的中间位置。因此在设计海报时，需要创建辅助线来精准划分主体内容的位置，在买家浏览页面时，避免由于计算机屏幕较小，造成视线遮挡。

03 单击工具栏中的“渐变工具”，然后打开“渐变编辑器”对话框，给画布设置一个由浅粉（R:251、G:225、B:233）到深粉（R:237、G:127、B:155）的渐变效果，如图8-9和图8-10所示。

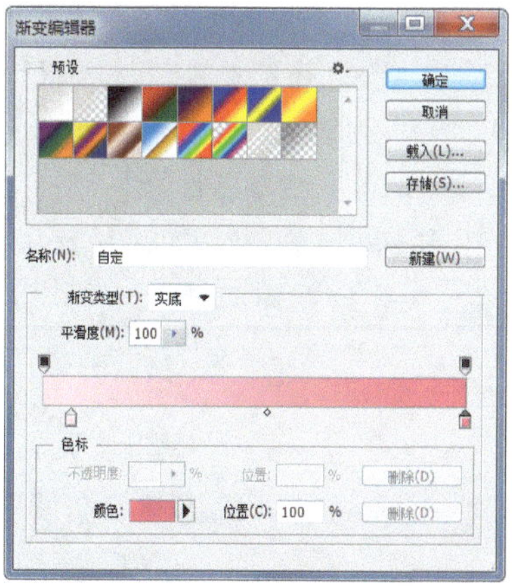

图8-9

图8-10

04 按快捷键Ctrl+J复制一个“背景”图层，并命名为“背景纹理”。在菜单栏中执行“滤镜>像素化>晶格化”命令，在弹出的“晶格化”对话框中设置“单元格大小”为72，单击“确定”按钮。这时可以看到画面中出现了明显的纹理变化，如图8-11~图8-13所示。

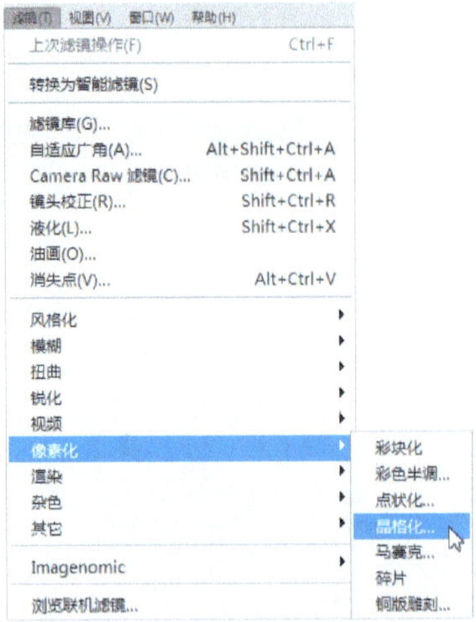

图8-11

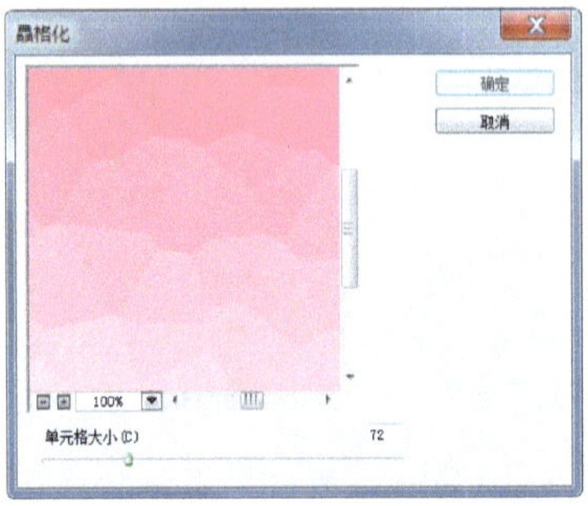

图8-12

图8-13

05 在菜单栏中执行“滤镜>滤镜库>艺术效果>绘画涂抹”命令，在弹出的“绘画涂抹”对话框中设置“画笔大小”为50、“锐化程度”为50，单击“确定”按钮。此时我们会看到画面中出现了互相缠绕的曲线纹理，背景制作完成，如图8-14和图8-15所示。

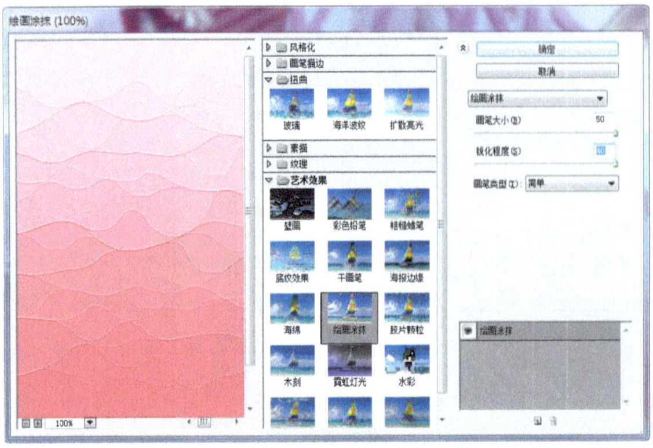

图8-14

图8-15

06 制作文案底框。选中“背景纹理”图层，单击“图层”面板下方的“创建新图层”按钮，在“背景纹理”图层上方新建一个图层并命名为“白底”。在工具栏中设置“前景色”为白色，选择“矩形工具”，在背景中间位置绘制一个矩形。在工具栏中选择“添加锚点工具”，在矩形左右两边各添加两个节点。选中节点，分别向里拖曳，调节成弧形之后，按快捷键Ctrl+Enter将其载入选区，按快捷键Ctrl+D取消选区，如图8-16和图8-17所示。

图8-16

图8-17

07 选择“白底”图层，单击鼠标右键，在弹出的快捷菜单中选择“删格化”选项，栅格化图层。在菜单栏中执行“选择>修改>收缩”命令，在弹出的“收缩选区”对话框中设置“收缩量”为6像素，单击“确定”按钮。在菜单栏中执行“编辑>描边”命令，在弹出的“描边”对话框中设置“描边”为1像素，描边颜色为黄色（R:245、G:170、B:60），单击“确定”按钮，完成设置，如图8-18~图8-21所示。

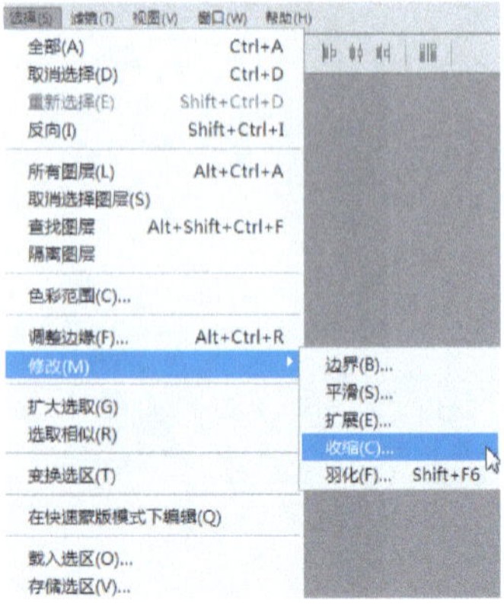

图8-18

图8-19

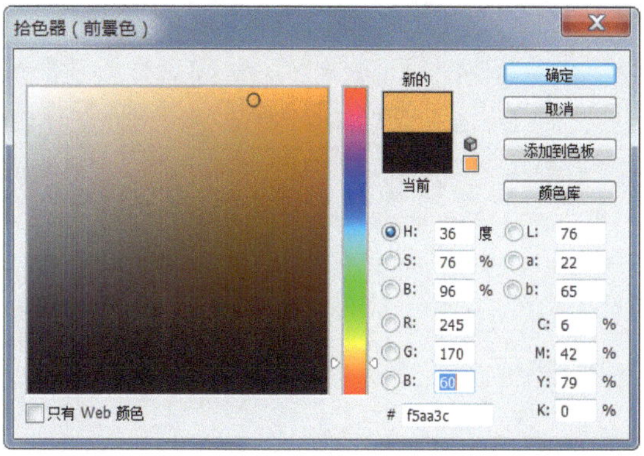

图8-20

图8-21

08 在“图层”面板下方单击“添加图层样式”按钮 fx，在弹出的菜单中选择“投影”选项，设置“混合模式”为“正片叠底”、“不透明度”为75%、“角度”为120度、“距离”为5像素、“大小”为5像素，单击“确定”按钮。按快捷键Ctrl+J复制“白底”图层，得到一个“白底 拷贝”图层。选中该图层，按快捷键Ctrl+T执行“自由变换”命令，对图形进行适当旋转，按Enter键确认操作，如图8-22~图8-25所示。

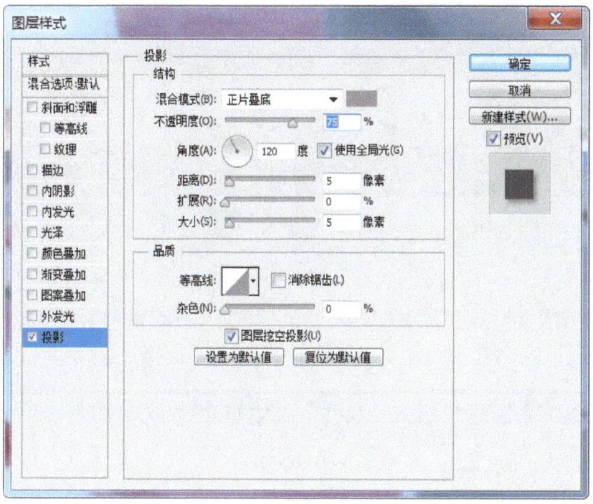

图8-22

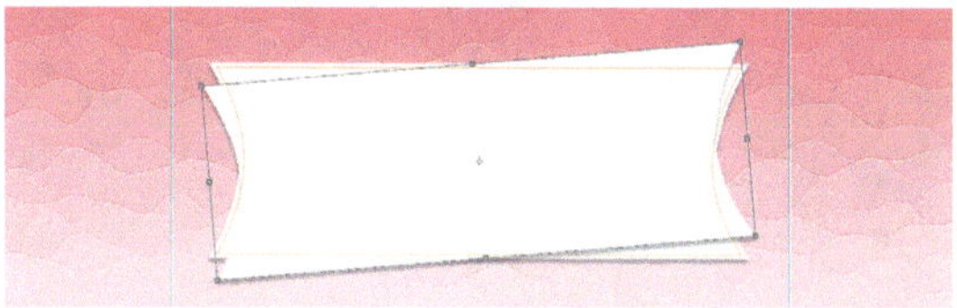

图8-23

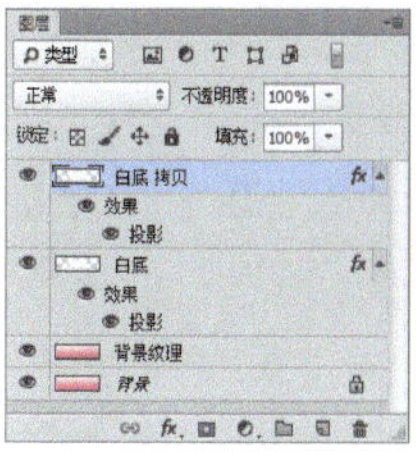

图8-24

图8-25

09 先绘制飘带中间的部分，打开“拾色器”对话框或按快捷键Alt+Delete填充前景色——红色（R:229、G:64、B:76）。选择“矩形工具”，在白底中间位置绘制一个矩形，并命名为“飘带”。选中“飘带”图层，按快捷键Ctrl+T执行“自由变换”命令，单击鼠标右键，在弹出的快捷菜单中选择“斜切”选项。按住Alt键的同时，将左右两端的节点分别向内移动，使其产生变形效果，如图8-26和图8-27所示。

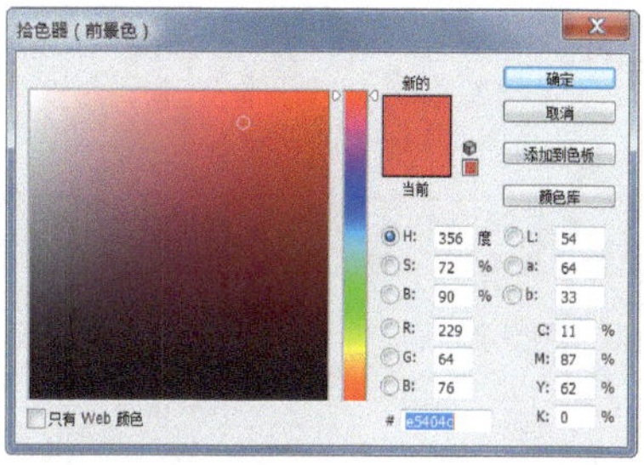

图8-26

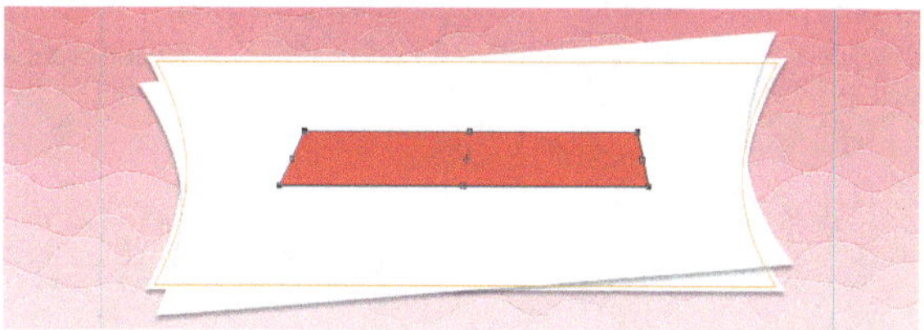

图8-27

10 在工具栏中选择“添加锚点工具”，在矩形上下两边分别添加两个节点。选中节点分别向内进行拖拉，使其形成弧形效果，按快捷键Ctrl+Enter将其载入选区，按快捷键Ctrl+D取消选区，如图8-28~图8-30所示。

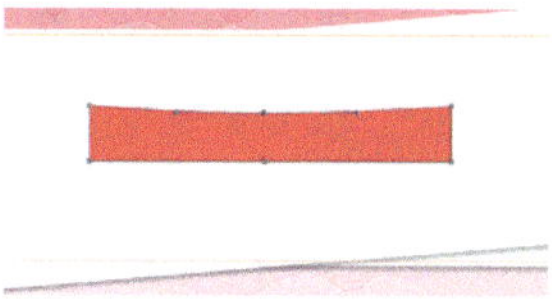

图8-28

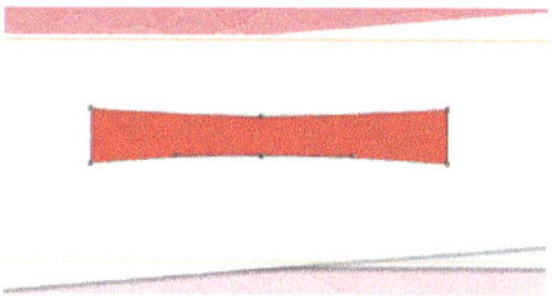

图8-29

图8-30

11 在工具栏中设置“前景色”为浅红色（R:132、G:132、B:132），选择“矩形工具”，在选项栏中设置“描边样式”为无，然后沿着红色飘带的左侧位置绘制一个矩形，并将图层命名为“左角”。在工具栏中选择“添加锚点工具”，在“左角”图形的左侧添加一个节点并选中节点，分别向里拖拉，使该处形成一个弧形，操作完成后按快捷键Ctrl+Enter将其载入选区，按快捷键Ctrl+D取消选区，如图8-31和图8-32所示。

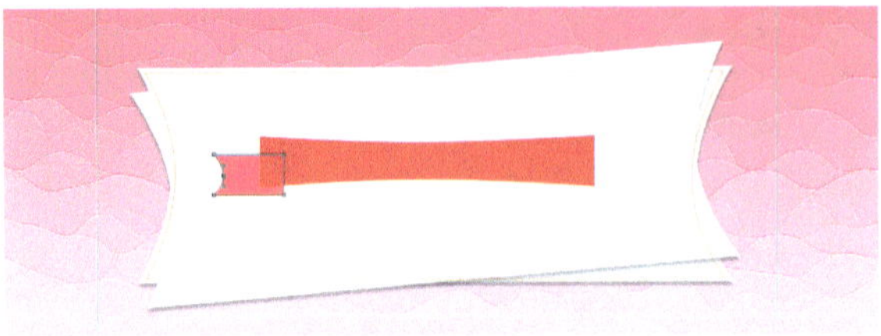

图8-31

图8-32

12 选择“左角”图层，按住Alt键的同时，拖动复制出一个“左角 拷贝”图层。按快捷键Ctrl+T执行“自由变换”命令，单击鼠标右键，在弹出的快捷菜单中选择“翻转处理”选项，对图形做水平翻转处理，按Enter键确认操作。将图形拖动到合适的位置，使左右两侧的图形对称，然后将该图层名称修改为“右角”，如图8-33和图8-34所示。

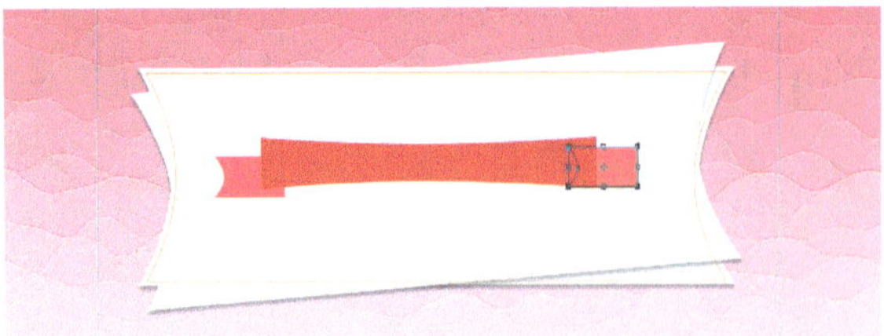

图8-33

图8-34

13 添加文案信息。在工具栏中选择“文字工具”，依次输入“美妆情人节专享”字样，然后将文字移动到白底中间位置，再输入“满300减30 满500减50”字样。选择“创建文字变形工具”，在弹出的“变形文字”对话框中选择变形“样式”为旗帜，选择“水平”选项，设置“弯曲”为+13%，单击“确定”按钮，如图8-35和图8-36所示。

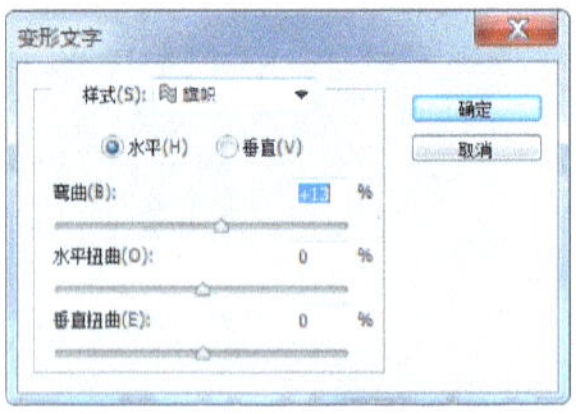

图8-35

图8-36

14 在工具栏中设置“前景色”为黑色，选择“直线工具”，并在选项栏中设置“描边大小”为1.5点，“粗细”为1像素，输入文字“美丽旅程 邂逅惊艳”“旅程5大惊喜，等你来体验”，并在字样的左右两端分别绘制出两条直线。使用“选择工具”框选画布中除“背景”图层以外的所有图层，并适当往上方移动，如图8-37和图8-38所示。

图8-37

图8-38

15 合成。按快捷键Ctrl+O打开一张PSD格式的“彩妆”素材文件，将其移动到画面中的合适位置。按快捷键Ctrl+M，在弹出的“曲线”对话框中对素材图片进行整体提亮，如图8-39~图8-41所示。

图8-39

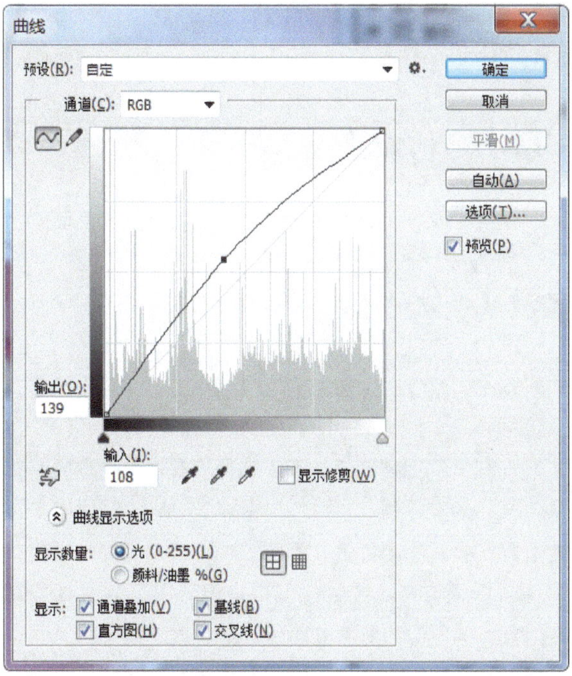

图8-40

图8-41

16 在“图层”面板下方单击“添加图层样式”按钮 fx，在弹出的菜单中选择“投影”选项，设置“混合模式”为“正片叠底”、“不透明度”为75%，“角度”为120度、“距离”为5像素、“大小”为5像素，单击“确定”按钮，完成操作，如图8-42和图8-43所示。

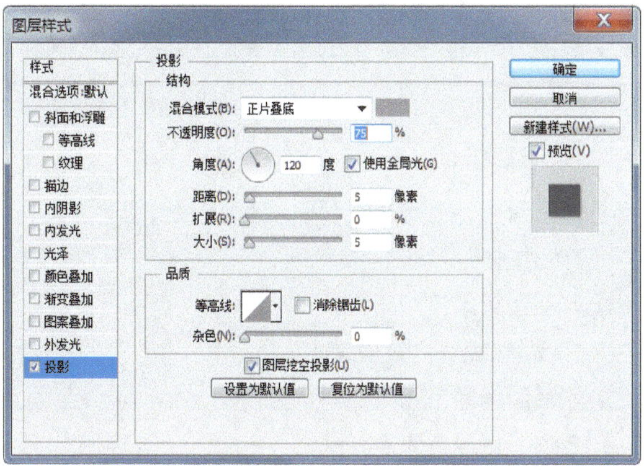

图8-42

图8-43

17 按快捷键Ctrl+O打开一张PSD格式的“玫瑰花瓣”素材图片，将其移动至“背景”图层的上方。在工具栏中选择“套索工具”（快捷键Ctrl+F），从中框选出任意3片花瓣，并拖入背景上，同时分别命名为“花瓣1”“花瓣2”“花瓣3”。在菜单栏中执行“滤镜>模糊>动感模糊”命令，在弹出的“动感模糊”对话框中设置“角度”为90度、“距离”为10像素，单击“确定”按钮，完成操作，如图8-44~图8-46所示。

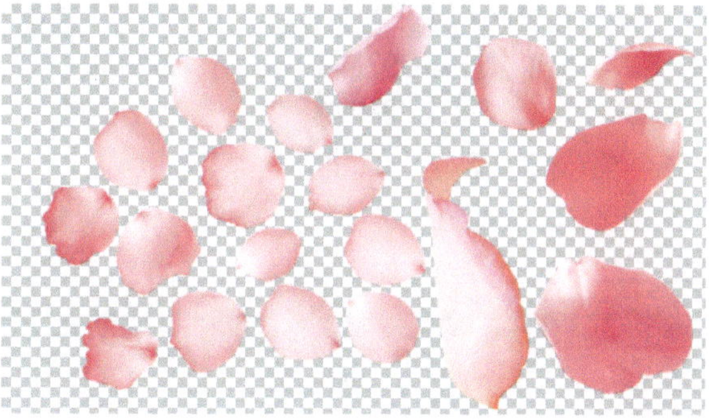

图8-44

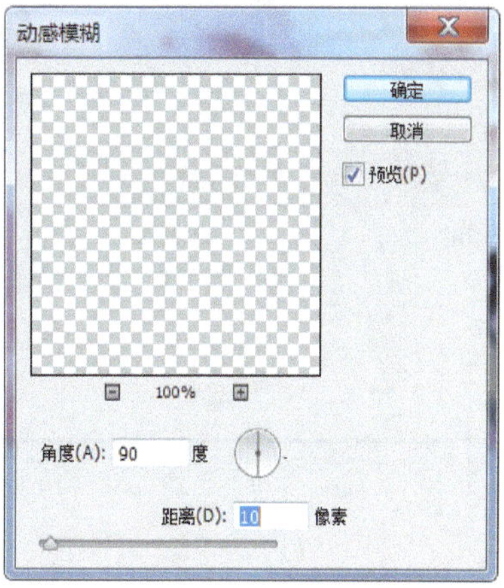

图8-45

图8-46

18 按快捷键Ctrl+O打开一张PSD格式的“蓝色丝带”素材图片，按快捷键Ctrl+T执行“自由变换”命令，将素材旋转调整到合适位置。在“图层”面板下方单击“添加图层样式”按钮 fx.，在弹出的菜单中选择“投影”选项，设置“混合模式”为“正片叠底”、“不透明度”为75%、“角度”为120度、“距离”为13像素、“大小”为5像素，单击“确定”按钮。适当将蝴蝶结素材整体向下移动一些，此时，海报的设计操作就全部完成，如图8-47~图8-49所示。

图8-47

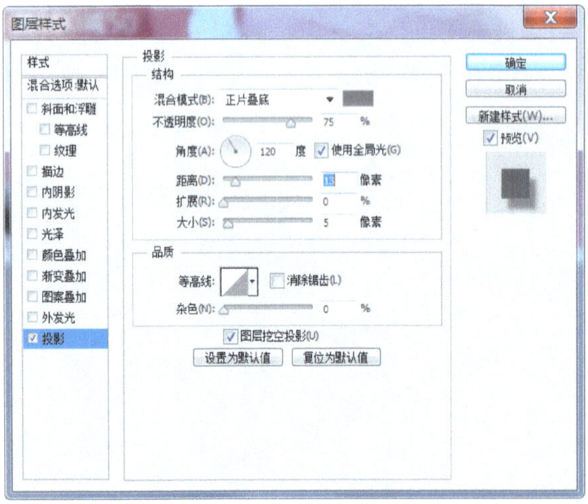

图8-48

图8-49

TIPS

蓝色丝带装饰素材的添加，可以减弱画面中大面积的粉色，打破整个画面沉闷的气氛，使其视觉效果更丰富。

8.3 促销海报的制作

8.3.1 什么是促销海报

顾名思义，促销海报就是为了促销某款产品而专门设计的海报。此类型的海报在“双11”“双12”“圣诞节”“春节”等大型节日活动中比较常见。

8.3.2 促销海报的设计意义

一张好的促销海报，不一定是非常华丽炫酷的，要结合产品的实际情况，提炼出精准的文字，同时有突出的主题及合适的配色等。不仅要表达产品本身的特性，更要告诉顾客产品会给他们带来哪些实际的好处或利益，如此才能吸引顾客的眼球，从而达成购买。

实战：运动鞋品牌的促销海报制作

实例位置	实例文件 >CH08> 实战：运动鞋品牌的促销海报制作
技术掌握	画笔/移动/减淡/文字工具、图层蒙版、“滤镜 > 模糊 > 动感模糊”命令、快捷键 Ctrl+T、图层样式

这里我们要制作的是一款给人环保、健康和舒适感觉的运动鞋产品促销海报，以大自然为背景，让人联想到户外、生命、健康及环保的一些特质，如图8-50所示。

图8-50

- **相关信息说明**

海报尺寸： 990像素×500像素(高度可自定)

产品主体： 运动鞋

产品主标题： 炫夏新品

产品副标题1： 强势登陆

产品副标题2： 新品体验价：199元

色调： 以绿色为主

- **要点分析**

配色：海报整体色调为绿色，同时辅以少许的红色作为对比与点缀。当将两种或两种以上的对比色运用在一起时，可产生格外强烈的视觉对比效果。例如红与绿、黄与紫、蓝与橙等。

本案例中的红色只作为点缀色出现，主要目的是突出产品价格，很好地减弱了画面中大面积的绿色，起到一定的衬托作用。

排版：海报整体采用“左图右文”的方式呈现，而且为了体现“近大远小”的关系，画面中的花草、蒲公英和树叶离我们视线较近，白云和隐隐约约的山脉离我们视线较远，飞舞的树叶增强了空间层次感，构造出一幅生动和谐的大自然场景，让人联想到生命、健康、活力和环保等一系列符合产品特质的词语。

创意添加：飞舞的树叶，给静止的画面增添了一些活力，在利用绿色传递生机感的基础上，让画面更加富有活力与动感。

- **制作过程**

01 制作背景。在菜单栏中执行“文件>打开”命令，在“新建”对话框中设置文件“名称”为“运动鞋促销海报”、“宽度”和“高度”为990像素×500像素（高度可自定）、“分辨率”为72像素/英寸、“颜色模式”为“RGB颜色 8位”、“背景内容”为“白色”，设置完成后单击“确定”按钮，完成新建，如图8-51所示。

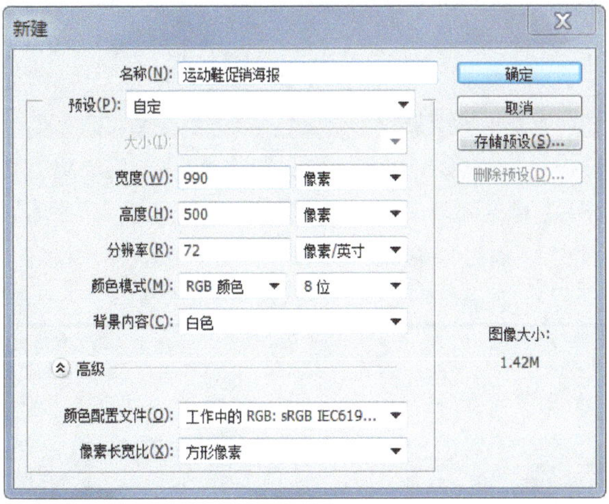

图8-51

02 按快捷键Ctrl+O打开打开一张“树桩”素材图片。按快捷键Ctrl+T执行“自由变换”命令，按住Shift键的同时，将素材图片等比例缩放到合适大小，并移动到画布偏左边的黄金分割点上，同时命名为“树桩”，如图8-52和图8-53所示。

图8-52

图8-53

03 按快捷键Ctrl+J将“树桩”图层复制一层，得到一个“树桩 拷贝”图层，然后将“树桩 拷贝”图层往右移动。选中“树桩 拷贝”图层，单击“图层”面板下方的“添加图层蒙版”按钮，为其添加一个图层蒙版。在工具栏中设置“前景色”为黑色，并选择“画笔工具”，在选项栏中设置画笔类型为“柔边圆”，画笔大小自定，在蒙版图层中对图片多余的部分进行擦除，将两张图片进行融合，如图8-54和图8-55所示。

图8-54

图8-55

04 按快捷键Ctrl+O打开“白云1”“白云2”素材图片，将这两个图层都置于“树桩”图层的上方。分别选中“白云1”图层和“白云2”图层，然后单击“图层”面板下方的“添加图层蒙版”按钮，为这两个图层添加图层蒙版。在工具栏中设置“前景色”为黑色，选择“画笔工具”，在选项栏中设置画笔类型为“柔边圆”、“画笔流量”为100%，像素大小自定，在蒙版图层中对图片多余的部分进行擦除，使“白云1”图层和“白云2”图层自然融合，如图8-56~图8-58所示。

图8-56

图8-57

图8-58

05 按快捷键Ctrl+O打开一张“云朵”素材图片，然后选中“云朵”图层，单击“图层”面板下方的“添加图层蒙版”按钮，为其添加一个图层蒙版。在工具栏中设置“前景色”为黑色，选择“画笔工具”，在选项栏中设置画笔类型为“柔边圆”、不透明度为100%、“流量”为100%，像素大小可自定义，在蒙版图层中对图片多余的部分进行擦除，使“云朵”图层与整个画面相融合，如图8-59~图8-61所示。

图8-59

图8-60

图8-61

06 按快捷键Ctrl+O打开一张“阳光”素材图片，然后按快捷键Ctrl+T执行“自由变换”命令。按住Alt键的同时，缩小“阳光”素材，并将其摆放到画布的右上角位置，模拟一种光线从右上角照射过来的感觉，如图8-62和图8-63所示。

图8-62

图8-63

07 选中“阳光”图层，单击“图层”面板下方的“添加图层蒙版”按钮，为其添加一个图层蒙版。在工具栏中设置“前景色”为黑色，选择“画笔工具”，在选项栏中设置画笔类型为“柔边圆”、“不透明度”为100%、“流量”为100%、“大小”为175像素，在图层蒙版上对图片多余的部分进行擦除，使“阳光”图层与画面整体进行融合，如图8-64~图8-67所示。

图8-64

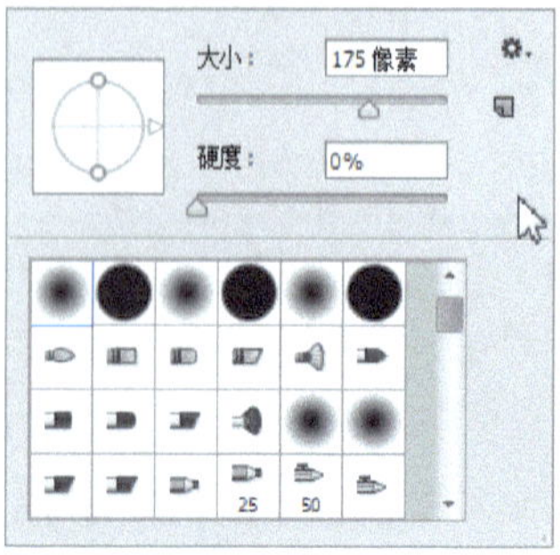

图8-65

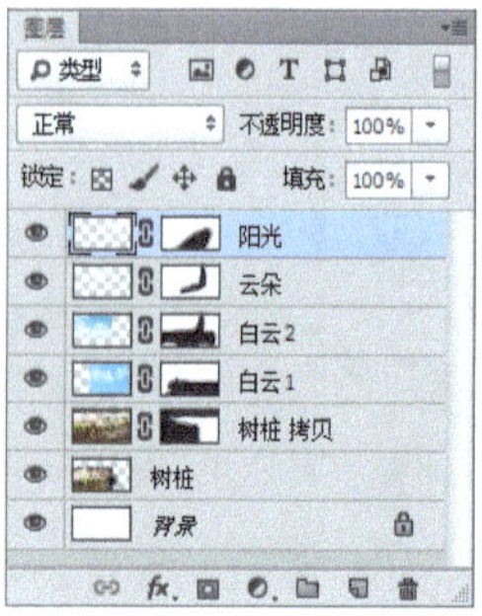

图8-66

图8-67

TIPS

做合成海报最重要的过程就是"拼合图像"，在此过程中要特别善于把握空间氛围的营造和透视原理。针对电商海报设计，每款产品的更新速度往往非常快，因此通常需要美工在较短的时间内就完成一幅作品。所以在平时我们要养成收集素材的好习惯，这样使用起来也会更加快捷和方便。

08 添加产品图片。首先在画布中拖入一张PSD格式的"运动鞋"素材图片，然后选择"移动工具"，将运动鞋图片移动到树桩上方，并适当调整其具体的摆放位置，如图8-68和图8-69所示。

图8-68

图8-69

09 选中"运动鞋"图层，单击"图层"面板下方的"创建新图层"按钮，在"运动鞋"图层下方添加一个"阴影"图层。在工具栏中设置"前景色"为黑色，选择"画笔工具"，在选项栏中设置画笔类型为"柔边圆"、"不透明度"为70%、"流量"为70%，像素大小自定，在"运动鞋"图层的下方轻轻涂抹，绘制阴影效果。调整"阴影"图层的"不透明度"为80%，如图8-70~图8-72所示。

图8-70

图8-71

图8-72

10 添加装饰元素。按快捷键Ctrl+O分别打开"花草""蒲公英""绿草"素材图片，并将其拖入画布中。按住Alt键，分别复制"花草"和"绿草"图层，得到"花草 拷贝"图层和"绿草 拷贝"图层。选中"花草"图层，按快捷键Ctrl+T执行"自由变换"命令，按住Shift键的同时，将"花草"素材在画布中适当拉大，对"绿草 拷贝"图层做同样的操作处理。依照"近大远小"原理，将素材调整到合适的位置，体现一定的空间层次感的同时，让画面呈现出一种清新自然的效果，如图8-73~图8-76所示。

图8-73

图8-74

图8-75

图8-76

11 选中“运动鞋”图层，在工具栏中选择“减淡工具”，在选项栏中设置减淡“范围”为“中间调”、“曝光度”为80%，对鞋子的鞋面上方进行擦拭，使其变亮一些，与画面整体光线的效果更加协调一致，如图8-77和图8-78所示。

图8-77

图8-78

12 按快捷键Ctrl+O打开一张PSD格式的“树叶”素材图片，同样依照“近大远小”的原理，将各片数叶调整到合适的位置。在菜单栏中执行“滤镜>模糊>动感模糊”命令，在弹出的对话框中设置“角度”为90度、“距离”为6像素，完成设置后单击“确定”按钮，完成操作，如图8-79~图8-81所示。

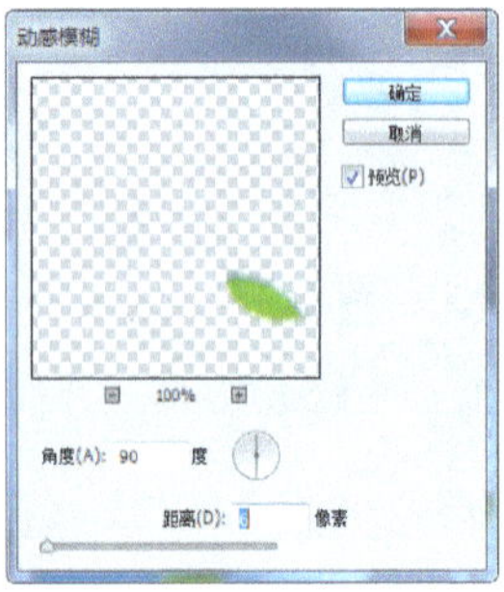

图8-79　图8-80

图8-81

13 添加文案信息。在工具栏中选择“文字工具”，分别输入“炫夏新品　强势登陆”“新品体验价：199”，文字采用“左右对齐”样式，同时设置文字大小——“炫”字为72像素、“夏新品”为60像素、“新品体验价”为24像素、“199”为60像素，并且将“199”改成红色字体，并适当调整字间距（按快捷键Alt+→增加字距，按快捷键Alt+←减小字距），如图8-82所示。

图8-82

TIPS

一般情况下，针对海报中的主标题和价格可以选择稍粗一些的字体进行突出显示，然后副标题选择细一些的字体搭配，文案之间会形成一个对比，以强化主次关系。

14 给“炫夏新品　强势登陆”“新品体验价”添加绿色描边，给“199”添加白色描边，以让字体从画面中适当凸显出来，让画面层次更加清晰。此时，该海报的制作就全部完成了。最后观察画面，我们会看到该海报是以“左图右文”的形式呈现的，产品的摆放也正好处在视觉的焦点位置，容易让人第一眼就被主体产品所吸引，如图8-83~图8-85所示。

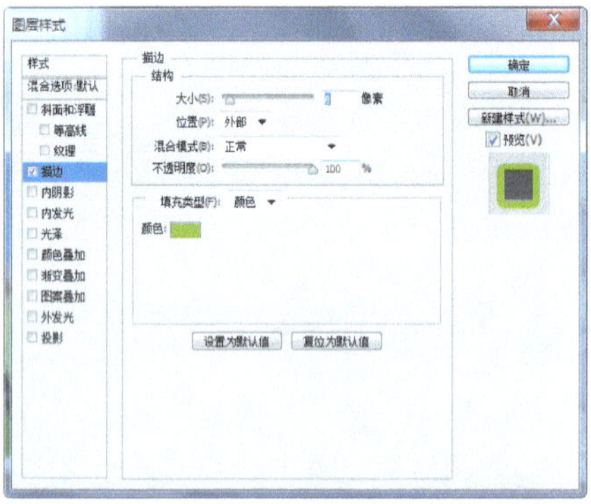

图8-83

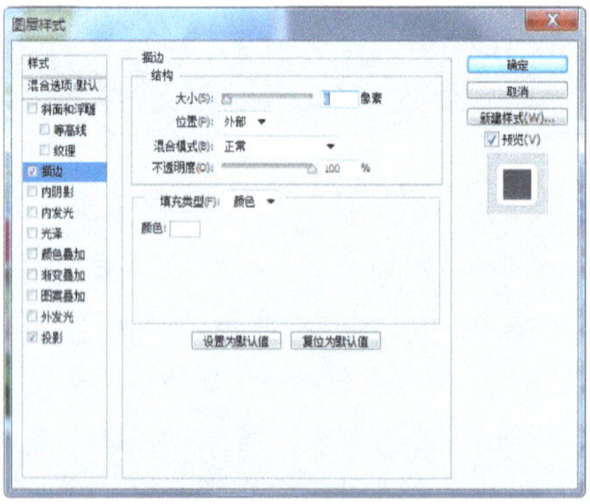

图8-84

图8-85

09

店铺首页背景的制作、代码安装与发布

什么是店铺首页背景

首页移动背景的制作与安装

首页固定背景的制作与安装

9.1 什么是店铺首页背景

当我们浏览店铺时，可以看到首页产品促销区外会有一些背景作为衬托，这就是店铺首页背景。

一个好的店铺首页背景，可以使整个店铺的调性得到提升，同时让店铺整体感觉更大气，画面更丰富，能更好地烘托产品氛围，带给浏览者良好的购物体验，如图9-1~图9-3所示。

店铺背景的设计不一定要很花哨，也许是一段文字，也许是一束花，背景一般会根据产品来决定风格。也有的是以产品分类作为背景。当我们拖动鼠标时，店铺背景一直作为陪衬停留着，无论如何拖动网页都可以看到背景的存在。所以说，一家专业的电商店铺一定少不了首页背景的设计。

图9-1

图9-2

图9-3

9.2 首页移动背景的制作与安装

当我们浏览店铺首页时，拖动鼠标，可以看到经过设计的背景高度可无限延伸，这就是所谓的移动背景。

就首页移动背景的设计尺寸而言，通常宽度为1920像素，高度可自定。移动背景必须选择无缝的拼接图案，否则延伸时可能会产生断点。因此，在素材选择上，考虑到移动背景的延伸性，要尽量选择对称图案。

实战：女鞋店铺首页移动背景的制作

实例位置	实例文件 >CH09> 实战：女鞋店铺首页移动背景的制作
技术掌握	快捷键 Ctrl+Delete/Ctrl+T/Shift+Alt/Ctrl+Enter/Ctrl+Alt+S、“图层 > 对齐 > 水平居中” 命令、图层样式

下面为大家讲解一下，如何制作一款女鞋店铺首页移动背景，如图9-4所示。

图9-4

- **操作步骤**

01 新建文档。在菜单栏中执行“文件>打开”命令，在“新建”对话框中设置文件“名称”为“店铺移动背景设计”、“宽度”和“高度”为1920像素×482像素、“分辨率”为72像素/英寸、“颜色模式”为“RGB颜色 8位”，“背景内容”为“白色”，设置完成后单击“确定”按钮，完成新建，如图9-5所示。

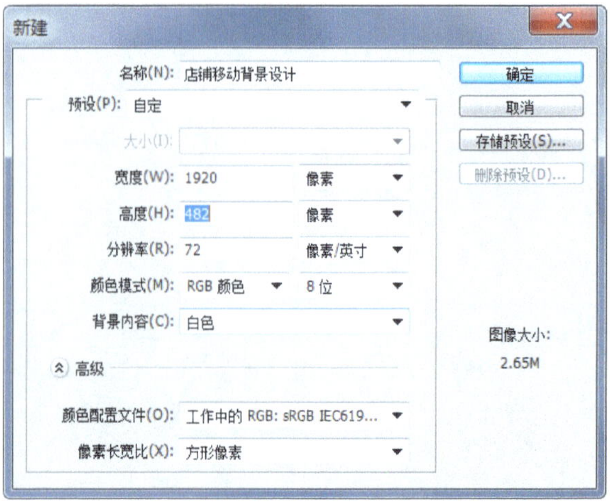

图9-5

02 填充背景色。按快捷键Ctrl+Delete，将背景填充浅咖色（R:217、G:208、B:193），如图9-6和图9-7所示。

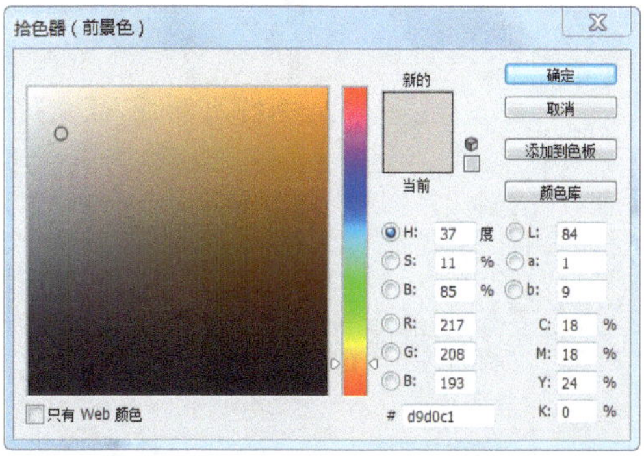

图9-6

图9-7

03 再次新建一个文档，并设置辅助线。在菜单栏中执行“文件>打开”命令，在“新建”对话框中设置文件“名称”为“色块”、“宽度”和“高度”为950像素×482像素、“分辨率”为72像素/英寸、“颜色模式”为“RGB颜色 8位”、“背景内容”为“白色”，设置完成后单击“确定”按钮，完成新建。选中“背景”图层和“色块”图层，在菜单栏中执行“图层>对齐>水平居中”命令，使色块在背景中居中对齐，同时拖曳出两条辅助线，如图9-8和图9-9所示。

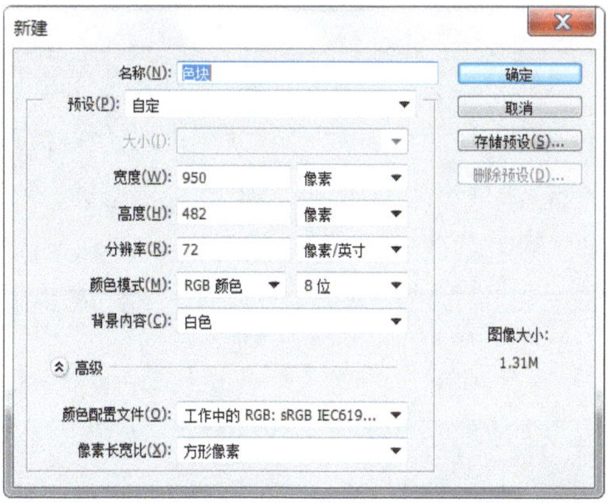

图9-8

图9-9

04 给背景左侧添加花边。按快捷键Ctrl+O打开一张PSD格式的“花边”素材图片，然后将其拖动到“色块”的左下方，并命名为“左花边”图层，如图9-10和图9-11所示。

图9-10

图9-11

05 修改花边样式。选中“左花边”图层，在“图层”面板下方单击“添加图层样式”按钮 fx，在弹出的菜单中选择“颜色叠加”选项，设置“颜色”为白色；选择“投影”选项，设置“混合模式”为“正片叠底”、“不透明度”为75%、“角度”为0度、“距离”为5像素、“大小”为5像素，完成设置后单击“确定”按钮，如图9-12~图9-14所示。

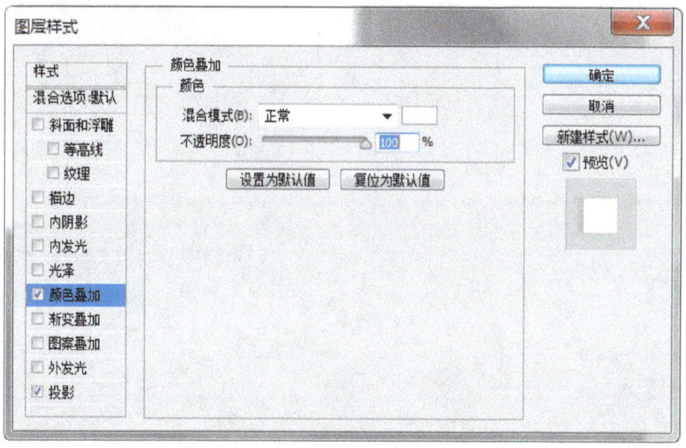

图9-12

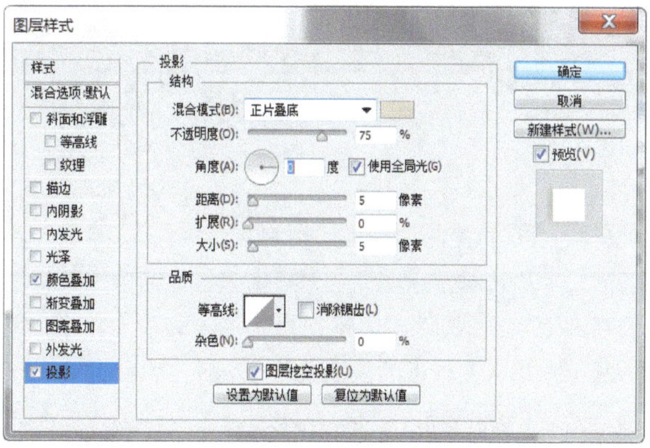

图9-13

图9-14

06 给背景右侧添加花边。按快捷键Shift+Alt，平移复制出一个“左花边 拷贝”图层。按快捷键Ctrl+T执行“自由变换”命令，单击鼠标右键，在弹出的快捷菜单中选择“水平翻转”选项，将图形进行翻转调整，按Enter键确认操作。按←键将图形移动到画布右边的合适位置，使其与左边的花边对称，如图9-15和图9-16所示。

图9-15

图9-16

07 添加复古背景装饰。先从左边开始，按快捷键Ctrl+O打开一张PSD格式的“复古背景”素材图片，然后将其拖动到“色块”图层的下方、“背景”图层的左上方，并适当调整大小。修改图层名称为“左复古花朵”，同时调整图层的“不透明度”为10%，如图9-17和图9-18所示。

图9-17

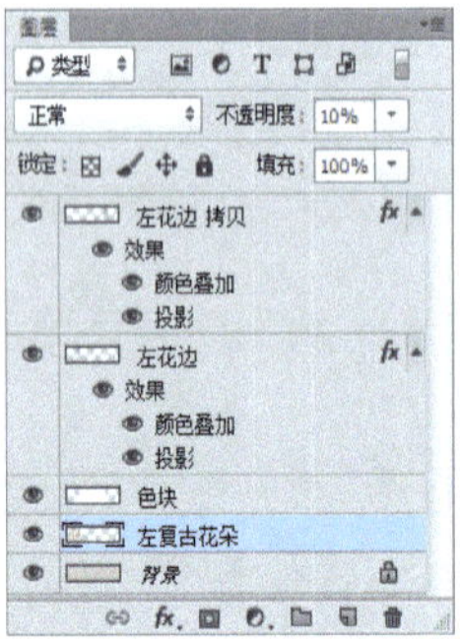

图9-18

08 按快捷键Shift+Alt平移复制出一个“左复古花朵拷贝”图层。选中该图层，并将该图层中的图形移动到画布右边。按快捷键Ctrl+T执行“自由变换”命令，单击鼠标右键，在弹出的快捷菜单中选择“水平翻转”选项，对图形进行翻转调整，按Enter键确认操作，并将图形向画布中间移动对齐，如图9-19~图9-22所示。

图9-19

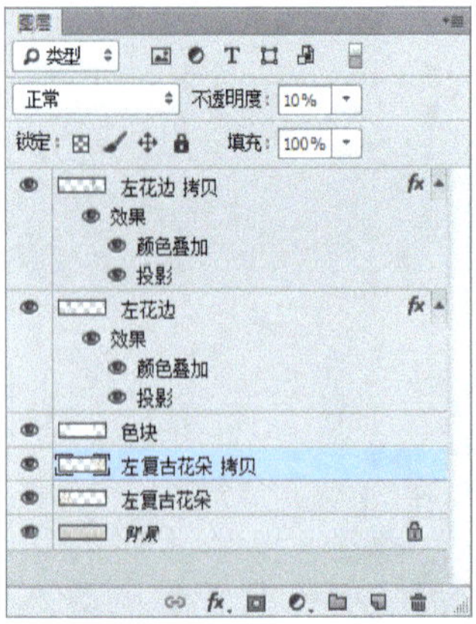

图9-20

图9-21

图9-22

09 保存文件。按快捷键Ctrl+Alt+S执行“保存文件”命令，并将“文件名”修改为“店铺背景图片”，设置“格式”为“仅限图像”，完成操作，如图9-23所示。

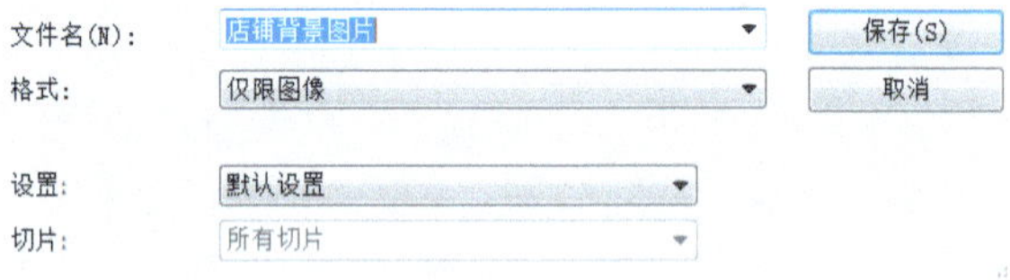

图9-23

TIPS

在存储文件时，“店铺背景”图片的大小不得超过200KB。

10 安装与发布。打开淘宝网（https://www.taobao.com/），输入“用户名”和“密码”，登录网站，然后在导航栏上方单击“卖家中心”选项，选择“店铺管理>店铺装修”选项，然后进入“店铺装修后台”页面，如图9-24~图9-26所示。

图9-24

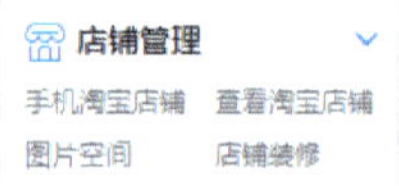

图9-25

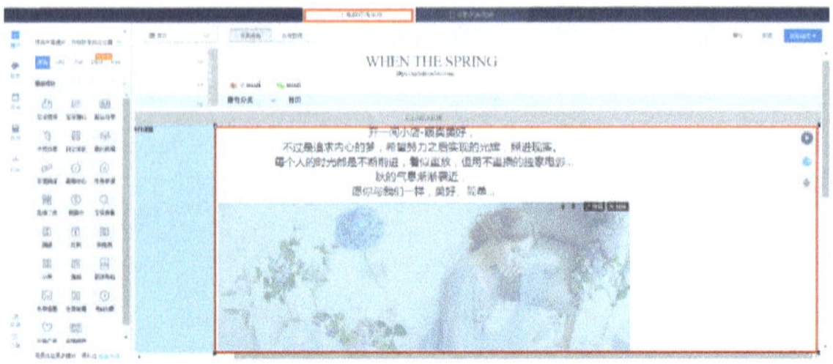

图9-26

11 单击左侧的“页面”图标，会出现一个对应的“页面背景图”模块。在模块中单击“更换图片”按钮，选择我们前面设计好的“店铺背景图片”进行上传，如图9-27所示。

12 在“背景显示”一栏中选择“平铺”选项，在“背景对齐”一栏中选择“居中”对齐样式，然后保存。这时，装修页面上有了“店铺背景图片”，如图9-28和图9-29所示。

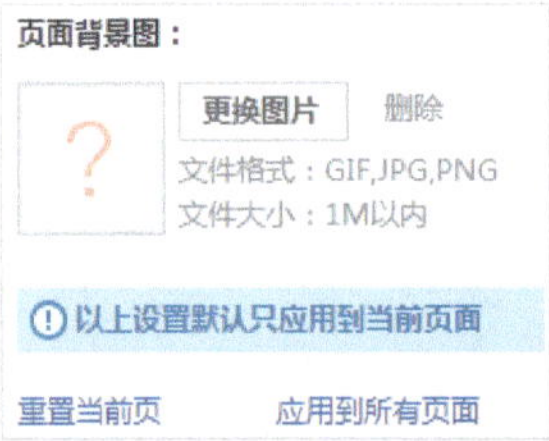

图9-27

图9-28

图9-29

TIPS

关于“背景显示”的4种形式的说明。

平铺：指的是一个背景图片无限重复地充满整个背景。不论你使用的计算机屏幕有多大，都会无限重复。

横向平铺：指的是一个背景图片向左右两边无限延伸，高度不变。

纵向平铺：指的是一个背景图片上下无限延伸，宽度不变。

不平铺：指的是一个背景图片在上传后原图片有多大，其在页面中就显示多大，上下左右均不延伸。

13 单击页面右上角的“发布”按钮，在弹出的“发布”对话框中单击“确认发布”按钮，之后单击“查看店铺”按钮，可以看到页面发布后的效果，此时说明“店铺背景图片”已上传成功，如图9-30~图9-32所示。

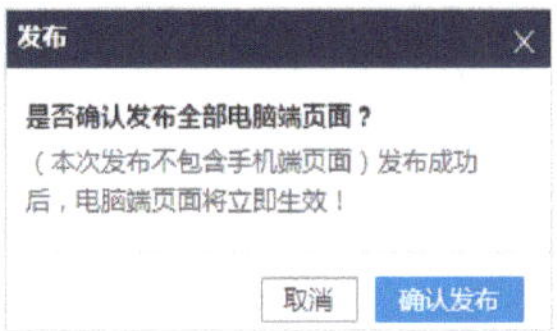

图9-30

图9-31

图9-32

9.3 首页固定背景的制作与安装

店铺固定背景不像移动背景那样可以通过“平铺”“居中”等方式来改变背景的对齐方式，需要通过代码来实现。当店铺内容超过两屏，往下拉时只有中间的内容在动，而背景内容是固定不动的。固定背景让店铺更大气、更专业。

固定首页背景的宽度同样为1920像素，高度可自定。

实战：女鞋店铺首页固定背景的制作

实例位置	实例文件 >CH09> 实战：女鞋店铺首页固定背景的制作
技术掌握	快捷键 Ctrl+Delete/Ctrl+T、“图层 > 对齐 > 水平居中”命令、图层样式、文字工具

下面讲解如何制作女鞋店铺首页固定背景，如图9-33所示。

图9-33

• 操作步骤

01 新建文档。在菜单栏中执行“文件>打开”命令，在“新建”对话框中设置文件“名称”为“店铺固定背景设计”、“宽度”和“高度”为1 920像素×1 200像素、“分辨率”为72像素/英寸、“颜色模式”为“RGB颜色 8位”，“背景内容”为“白色”，设置完成后单击“确定”按钮，完成新建，如图9-34所示。

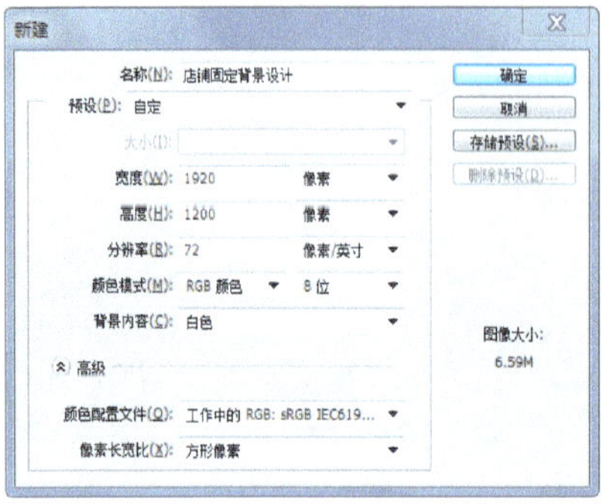

图9-34

02 填充背景色。按快捷键Ctrl+Delete，将背景填充为浅绿色（R:228、G:237、B:217），如图9-35所示。

图9-35

03 再次新建一个文档，并与背景居中对齐。在菜单栏中执行“文件>打开”命令，在“新建”对话框中设置文件“名称”为“色块”，“宽度”和“高度”为950像素×1 200像素，“分辨率”为72像素/英寸，“颜色模式”为“RGB颜色 8位”，“背景内容”为“白色”，设置完成后单击“确定”按钮，完成新建。同时选中“背景”图层和“色块”图层，在菜单栏中执行“图层>对齐>水平居中”命令，使色块在背景中居中对齐，同时拖曳出两条辅助线，如图9-36~图9-38所示。

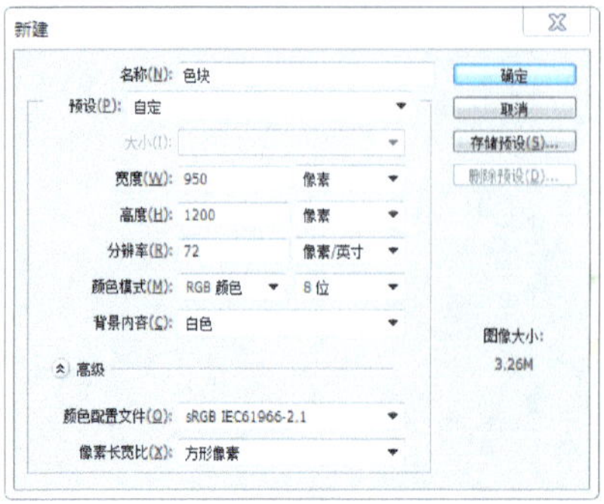

图9-36

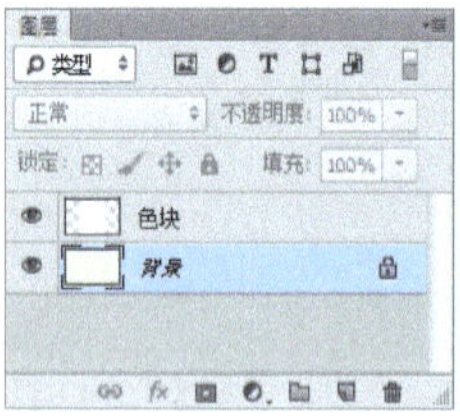

图9-37

图9-38

04 添加花朵装饰。按快捷键Ctrl+O打开一张“雏菊碎花”素材图片，并将其移动到“色块”图层的下方，同时将该图形移动到画布中的左上角。选中“雏菊碎花”图层，按快捷键Ctrl+T执行“自由变换”命令。单击鼠标右键，在弹出的快捷菜单中选择“水平翻转”选项，对图形进行翻转调整。按Enter键确认操作，并将图形移动到画布右边的合适位置，如图9-39和图9-40所示。

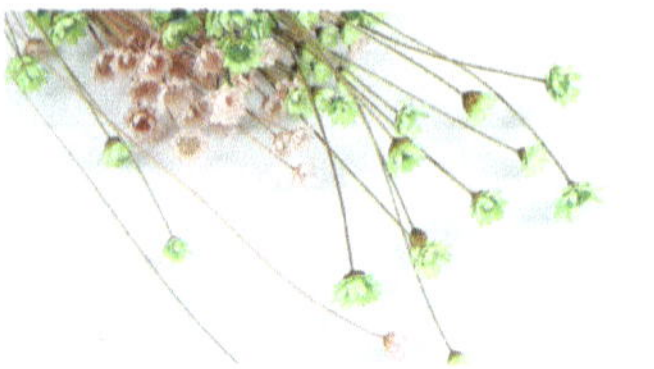

图9-39

图9-40

05 添加装饰文字。在工具栏中选择“文字工具” T，在画布左侧输入“每周不定时上新 新品早知道”字样。按快捷键Ctrl+O打开一张“店铺二维码图片”素材，并将其移动至画布右侧。继续选择“文字工具” T，在画布右侧“店铺二维码图片”素材的下方输入“扫一扫 进本店”字样，如图9-41和图9-42所示。

图9-41

图9-42

TIPS

通常情况下，天猫店铺的内容宽度是990像素，淘宝C店的内容宽度是950像素，并且保存文件时页面背景图片大小保持在200KB以内为宜。

06 给“色块”图层添加阴影。选中“色块”图层，单击“图层”面板下方的“添加图层样式”按钮 fx.，在弹出的“图层样式”对话框中选择“投影”选项，设置“混合模式”为“正片叠底”、“颜色”为灰色（R:162、G:160、B:160）、“不透明度”为75%、“角度”为-45度、“大小”为35像素，同时取消勾选“使用全局光”选项，单击“确定”按钮，完成操作，如图9-43~图9-45所示。

图9-43

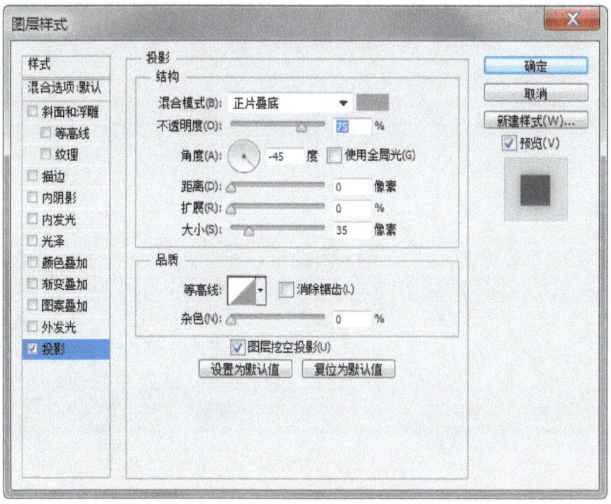

图9-44

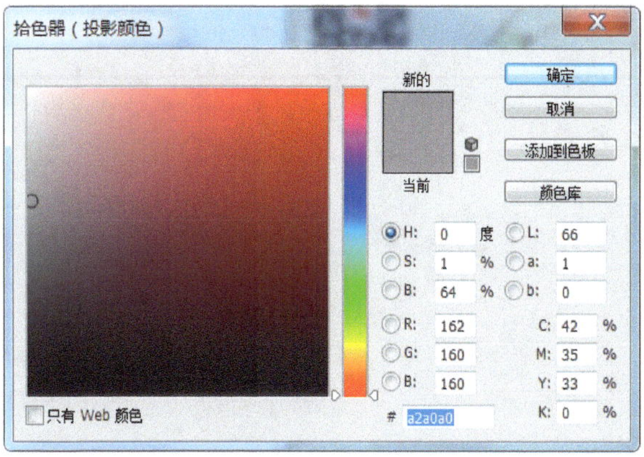

图9-45

07 安装与发布。将“固定背景”图片上传到空间。打开淘宝网，输入“用户名”和“密码”，登录网站。在导航栏上方找到“卖家中心”，并依次选择“店铺管理>图片空间”选项，打开“图片空间”页面，如图9-46和图9-47所示。

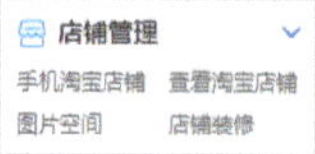

图9-46

图9-47

08 单击“上传图片”按钮，然后单击“通用上传”选项下方的“点击上传”按钮，将之前做好的“固定背景图片”进行上传，如图9-48~图9-50所示。

图9-48

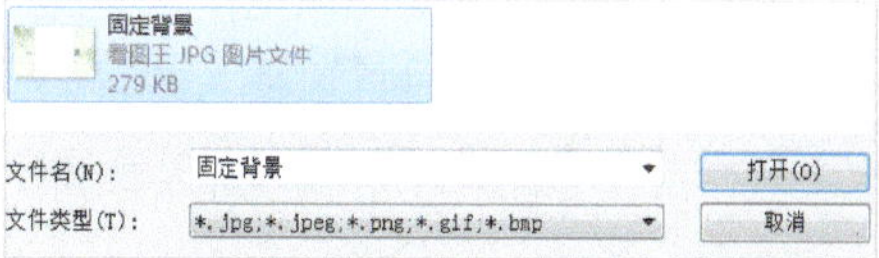

图9-49

图9-50

09 **固定背景代码：**body{background:url(背景图片地址) no-repeat center;background-attachment:fixed;}。

body：是整个页面的基本元素，也是最外面的一个HTML标签。

background：是背景样式，其中url后的括号里面是背景图片地址，no-repeat 代表图片不平铺，center 代表图片居中。

background-attachment：规定背景图片是固定的还是滚动的。这里设置的是当页面的其余部分滚动时，背景图像不会移动。

10 再次打开淘宝网，输入“用户名”和“密码”，登录网站，在导航栏上方找到“卖家中心”，并在左侧依次选择“店铺管理>店铺装修”选项，进入“店铺装修后台”页面。接着单击导航栏区域的“编辑”按钮，选择“显示设置”选项，如图9–51所示。

图9–51

11 将复制的固定背景代码body{background:url(背景图片地址) no-repeat fixed center top transparent;}粘贴到店铺“导航条的CSS显示设置”里。此时，如果导航栏中有其他CSS自定义代码，直接按Enter键便可以将其添加到代码后面，把背景“图片地址”链接替换掉，如图9–52所示。

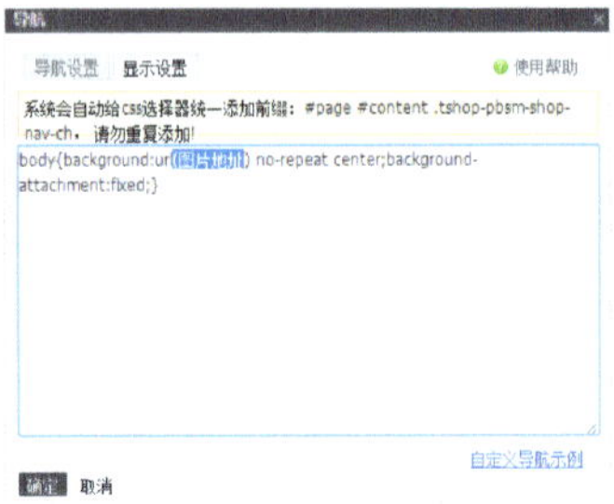

图9–52

12 切换到淘宝后台的“图片空间”页面，将光标移动到“固定背景”图片上，单击中间的“复制链接”图标，复制“固定背景”的链接地址，如图9–53所示。

图9–53

13 将复制的空间“固定背景”图片链接地址替换掉，单击“确定”按钮，代码修改完成，如图9–54所示。

图9–54

14 以上步骤都完成之后，将光标移动至页面右侧的滚动条，并向下滑动鼠标，会发现只有中间的“宝贝推荐区”会随之改变，而背景始终保持不变，这就是固定背景的浏览效果，如图9–55和图9–56所示。

图9–55

图9–56

TIPS

使用背景固定代码，一定要删除页面背景图，取消勾选“显示”选项，否则背景固定图片无法正常显示，如图9–57所示。

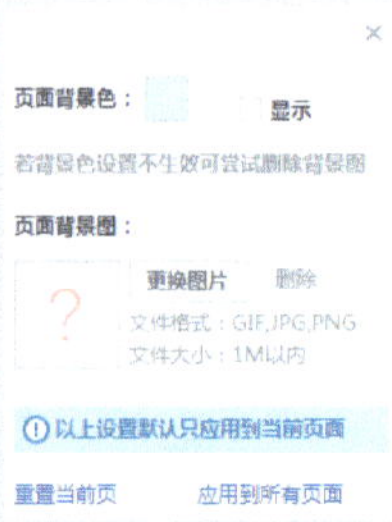

图9–57

10

宝贝详情页的制作、代码安装与发布

什么是宝贝详情页

宝贝详情页的设计要点

宝贝详情页的结构拆分与说明

宝贝详情页设计实战解析

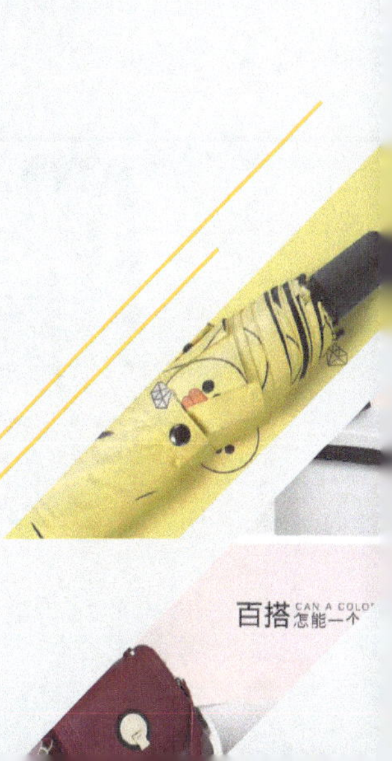

10.1 什么是宝贝详情页

宝贝详情页是由文案、产品图片等组成的，是卖家向顾客介绍宝贝属性、产品使用方法及产品优势等详细情况的页面。一个好的宝贝详情页，可以提高转化率，激发顾客的消费欲望，打消顾客的消费疑虑，树立顾客对店铺的信任感，促使顾客下单。简单来说，宝贝详情页的主要作用就是完成订单，实现购买率的转化，如图10-1所示。

图10-1

10.2 宝贝详情页的设计要点

对于详情页的设计要点，可以划分为以下三点。

要点1：文案要运用“情感营销”引发共鸣

在文案编写之前，需要仔细揣摩和分析消费者的心理特点，然后从消费者的角度出发进行文案的编写。诚信、诚实和诚恳，需要尽量表现在详情页的每一处。但要注意的是，宝贝详情页的软文里的产品信息不宜过多，否则会影响用户的阅读体验，导致用户不能聚焦在产品上，因此在产品文案卖点上能发挥的空间就十分有限。所以就必须做“单点突破”，抓住产品的1~2个卖点进行提炼。这些卖点必须是产品最有特色而且最让人印象深刻的点，越独特、越具体就越好。

要点2：卖点的提炼

对于详情页的卖点提炼要简短易记，这里可以用一句话提炼产品卖点，并且这句话在详情页中可以被反复强调，以激发顾客的潜在需求。

要点3：充分运用FAB法则

我们卖的不仅仅是宝贝，还要满足顾客精神上的需求。让理性的顾客进来，最后感性地下单。找到顾客的利益诉求给他们一个购买的理由。

疑难问答

问：FAB销售法则与宝贝详情页的关系是什么？

答：FAB，Feature、Advantage和Benefit的简称，即在进行产品介绍、销售优惠政策和销售细节等表述的时候，针对客户需求意向，有选择、有目的地逐条进行说服，促使顾客下单。

F：指属性或功效。针对自己的产品有哪些特点和属性，需要重点介绍出来。如图10-2所示的关于羽毛伞的功能说明——它足够轻·超乎想象。

超轻羽毛伞
它足够轻·超乎想象

图10-2

A：指优点或优势。这里所说的优点就是和同等价位产品之间比较出的优势或性价比等。在产品文案中，是指自己的产品与竞争对手的产品之间的差异化的表现和说明。如图10-3所示的关于裙装的面料解说——精选优质面料、80%聚酯纤维、柔软舒适、透气性好、不起球、不褪色。

面料解说
FABRIC COMMENTARY
精选优质面料、80%聚酯纤维，柔软舒适、透气性好，且不起球、不褪色

图10-3

B：指客户利益与价值。针对一个产品说明，需要让顾客感觉到“物有所值”。如图10-4所示，在产品销售的同时，可以注明会提供哪些优惠或福利，例如“加赠半年碎屏宝”“加赠半年延保”等。

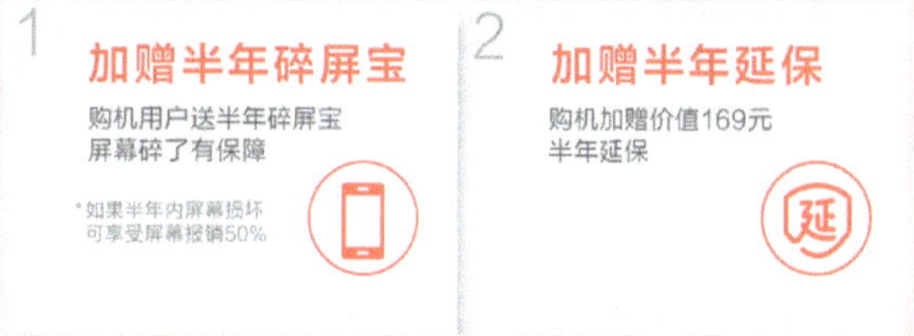
1
加赠半年碎屏宝
购机用户送半年碎屏宝
屏幕碎了有保障
*如果半年内屏幕损坏
可享受屏幕报销50%
2
加赠半年延保
购机加赠价值169元
半年延保
延

图10-4

再如图10-5所示，该图展示的是一件免费烫衬衫的产品说明。其中“免烫工艺处理，保留了纯棉的柔软，面料笔挺不易起皱，方便打理，省时省心”这句话，充分体现了该产品的价值，从而达到吸引客户购买的目的。

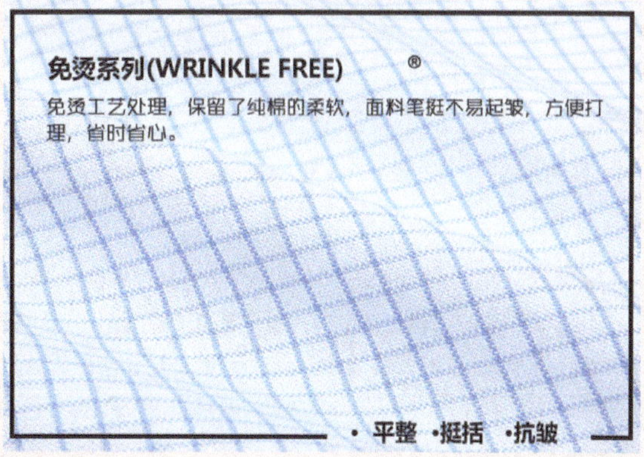
免烫系列(WRINKLE FREE)®
免烫工艺处理，保留了纯棉的柔软，面料笔挺不易起皱，方便打理，省时省心。
·平整 ·挺括 ·抗皱

图10-5

10.3 宝贝详情页的结构拆分与说明

一般来说，宝贝详情页的基本框架和结构包括创意海报、宝贝参数信息、宝贝卖点、宝贝展示、宝贝细节、宝贝优劣对比和售后服务这七大块，宝贝详情中这些内容是必不可少的，如图10-6所示。

图10-6

创意海报：突出单品的卖点，吸引买家眼球，引导买家点击购买。

宝贝参数信息：产品详情+尺寸表，包括产品的编号、产地、颜色、面料、重量及一些洗涤建议等。

宝贝展示：产品图。要求是就产品角度而言，至少包含产品的一张正面效果图、一张反面效果图和一张侧面效果图（如果效果带有场景会更好），同时还要把产品颜色和种类展示出来。

宝贝细节：产品细节图。例如针对一款女鞋产品，产品的材质特点与比较有特色的设计可以放大进行特写展示。

宝贝优劣对比：找一些质量不好的，或高仿效果不好的同类产品来进行对比展示，以充分说明自身产品的优势。

售后服务：例如购物须知、发货时间、退换货、洗涤保养等。

TIPS

很多店铺在详情页重要的第一屏，都喜欢设置许多篇幅较长的宝贝推荐、关联新品、热卖商品、搭配套餐等信息，这种做法是非常不可取的。如果是做活动，在流量较大的情况下，在活动产品页面做“套餐搭配”“新品促销”都是可以的，但是不能在详情页上放太多这样的内容，否则很容易引起买家视觉疲劳，减弱买家对新品的关注，从而影响转化率。

10.4 宝贝详情页设计实战解析

10.4.1 宝贝详情页的尺寸规范

宝贝详情页有两种尺寸规范。淘宝C店的详情页宽度为750像素，高度不限；天猫店铺的详情页宽度为950像素，高度不限。

10.4.2 “黄金前三屏3秒注意力”原则

在宝贝详情页中，我们所看到的第一屏内容一般是屏幕高度的内容。例如，显示器分辨率为1024像素×768像素，那么第一屏就是768像素以内的内容，以此类推，第二屏、第三屏的高度都保持在768像素以内，因为每一屏的内容不宜超过768像素的屏幕高度，这样便于买家有更好的浏览体验，这也是设计详情页时必须要注意的问题。前三屏应该如何设计才能更有效地留住买家，这才是交易的本质，转化的根本！

那么，针对“黄金前三屏3秒注意力”原则，这里做出以下一些说明。

第一屏：当买家浏览详情页面时，他最迫切想要知道的是“你的宝贝值不值得我停留查看”，因此我们必须要先解答客户的这个问题。因此详情页的第一屏，必须以瞬间展开的形式呈现给客户，而其最快展开的方法，就是文字，所以这一屏需要着重展现一些文字信息。

第二屏：这一屏我们要解决的问题是如何留住买家。因此这里我们需要去进行逆向设计操作，先了解买家“想什么”和“要什么”，然后在设计中突出相应的产品卖点和信息。对此，这里可以用海报大图的展示形式来呈现视觉焦点，背景可采用能够展示品牌调性及产品特点的意境构图，在第一时间吸引买家注意力，以让买家有一种继续往下浏览的欲望。

第三屏：在网店购物时，没有一个买家是喜欢“被说服”的，相反更喜欢自己做决定。因此在这块设计中，我们需要抓取一些“醒目”和“有效”的数据呈现给买家，而不能以“逼迫”买家的形式，把“重点”强行植入到客户的脑海中。

简而言之，“黄金前三屏”主要与人的注意力相关。顾客在浏览产品详情页的时候，对于前三屏注意力是最集中的，因此这些版块所放置的内容能否激发顾客的购买欲望就变得非常重要。

实战：女鞋产品详情页的制作

实例位置	实例文件 >CH10> 实战：女鞋产品详情页的制作
技术掌握	快捷键 Ctrl+J/Ctrl+T/Ctrl+Enter/Alt+Delete/Ctrl+T、钢笔 / 文字 / 渐变 / 椭圆 / 矩形选框 / 椭圆选框 / 橡皮擦 / 直线 / 矩形 / 裁剪 / 移动工具、“滤镜 > 模糊 > 高斯模糊”命令、“选择 > 反向”命令、“编辑 > 填充”命令、图层蒙版

这里，我们要给大家讲解的是一款女鞋产品的详情页制作，希望大家能够认真学习和领会，如图10-7所示。

图10-7

- **操作步骤**

01 抠取出所需要的产品。按快捷键Ctrl+O打开一张“素材1”图片，然后在工具栏中选择“钢笔工具”，将产品主体勾勒出来。按快捷键Ctrl+Enter载入选区，并按快捷键Ctrl+J将产品主体复制出来，同时保存为PSD格式，并将该文件名修改为“女鞋侧面”（其他素材图片的抠图方法同理，这里不做过多描述），如图10-8~图10-11所示。

图10-8

图10-9

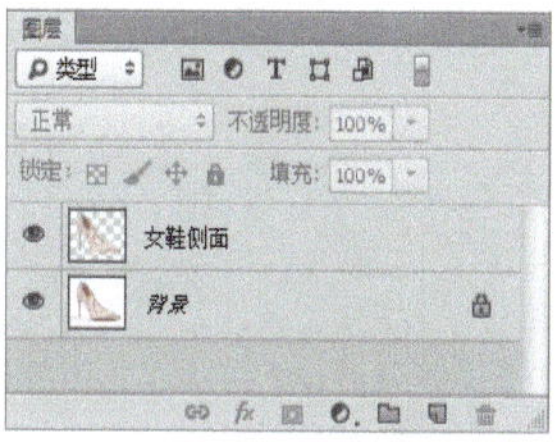

图10-10

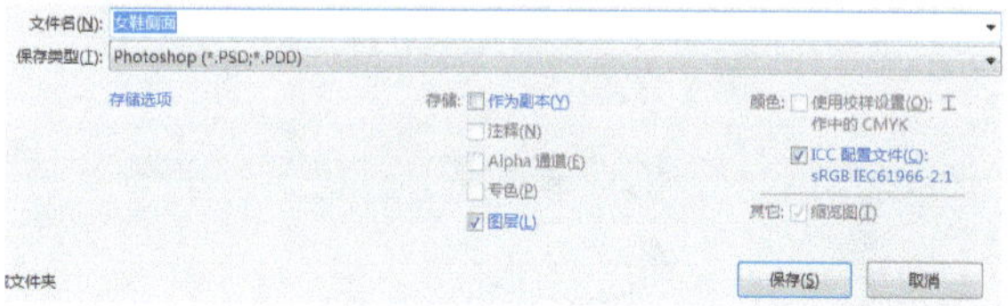

图10-11

02 制作头图海报。按快捷键Ctrl+N新建一个文件，设置文件“名称”为“海报”、“宽度”和“高度”为790像素×729像素、“分辨率”为72像素/英寸、“颜色模式”为“RGB颜色 8位”、“背景内容”为“白色”，设置完成后单击“确定”按钮，如图10-12所示。

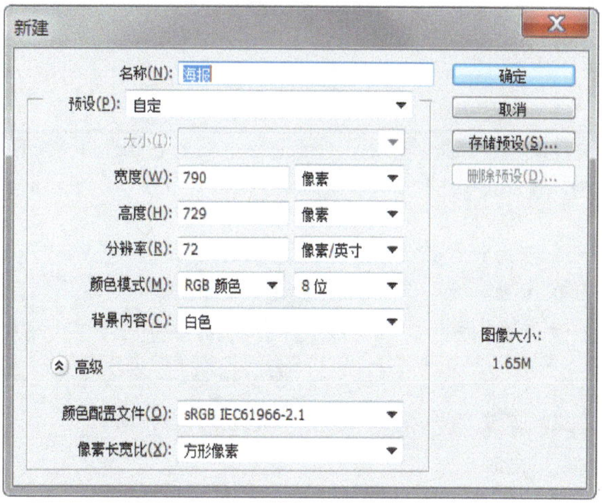

图10-12

03 按快捷键Ctrl+O打开一张“梦幻背景”素材图片，然后在工具栏中选择“矩形选框工具”，在新建图层上绘制一个矩形选区，如图10-13和图10-14所示。

图10-13

图10-14

TIPS

针对产品海报的制作，一定要有一个符合该产品调性的背景图片，如此能够很好地烘托出产品的氛围。

04 在工具栏中选择“渐变工具”（快捷键G），依次设置4种不同的黄色色值，即（R:241、G:219、B:196）（R:254、G:242、B:225）（R:213、G:170、B:126）（R:221、G:183、B:144）。按住Shift键，在选区内从左至右进行渐变调整，按快捷键Ctrl+D取消选区，如图10-15~图10-18所示。

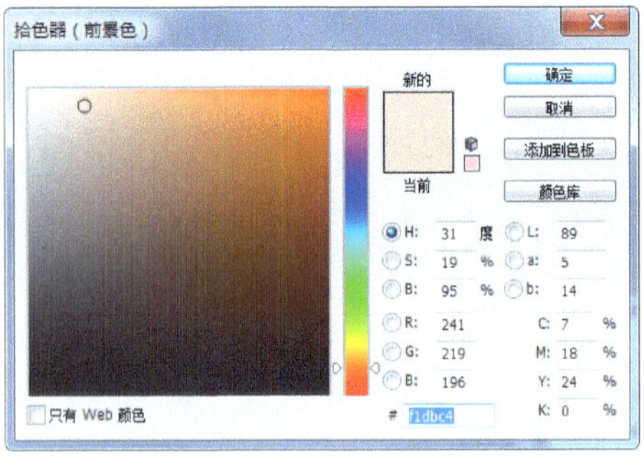

图10-15

图10-16

图10-17

图10-18

05 在工具栏中选择“椭圆工具”，在圆柱的上方绘制一个椭圆选区，并设置“前景色”为淡黄色（R:238、G:221、B:211），同时按快捷键Alt+Delete填充前景色，如图10-19~图10-21所示。

图10-19

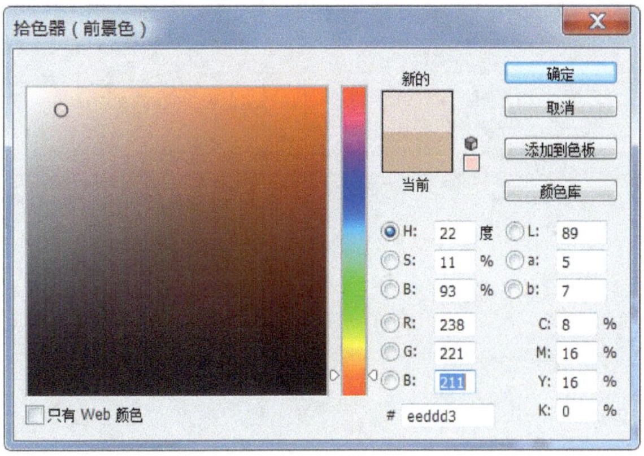

图10-20

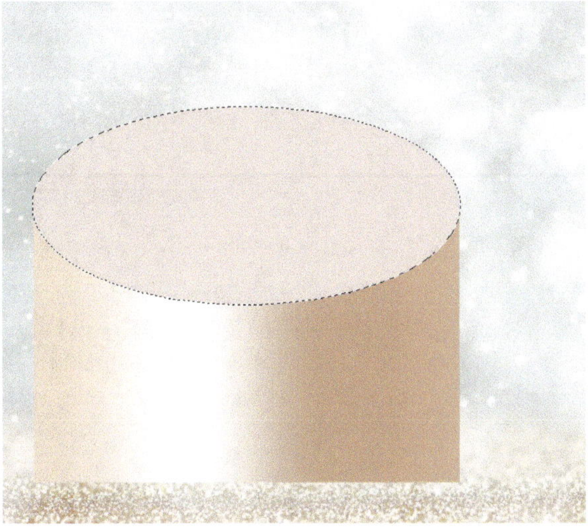

图10-21

06 保持选区状态，按键盘上的↓键，将椭圆选区图形适当往下移动。在工具栏中选择“矩形选框工具”，单击选项栏中的“添加到选区”按钮，按Shift键进行加选，如图10-22~图10-24所示。

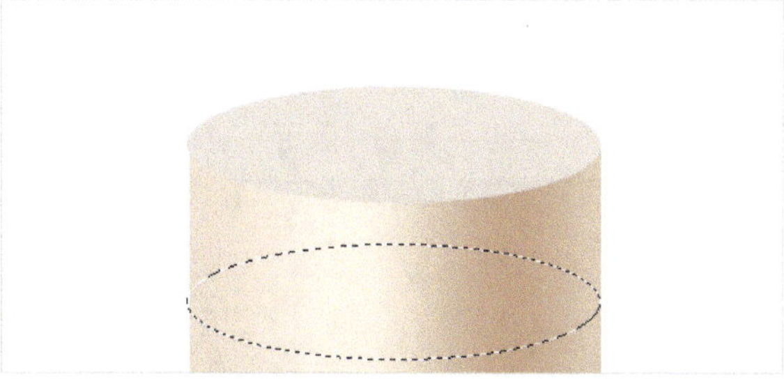

图10-22

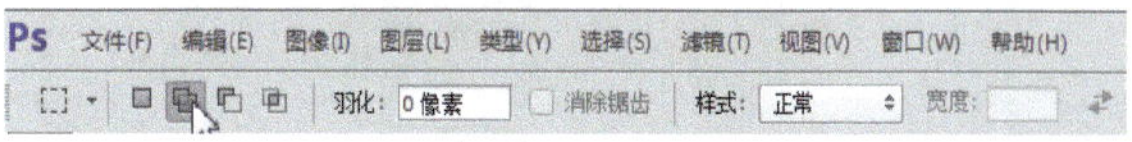

图10-23

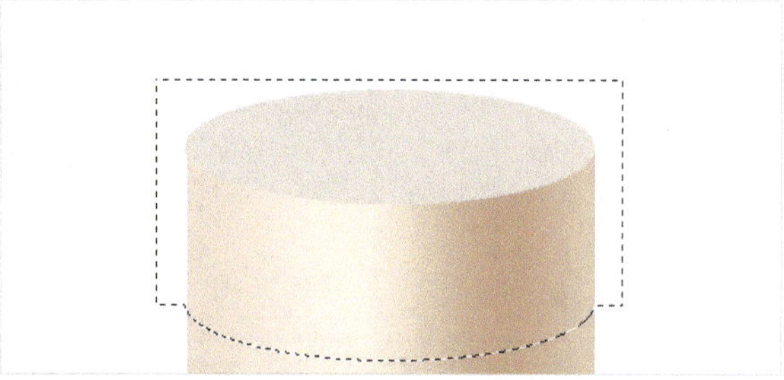

图10-24

07 在菜单栏中执行“选择>反向”命令，然后按Delete键对不需要的部分进行删除。按快捷键Ctrl+D取消选区，完成舞台图形的绘制，如图10-25和图10-26所示。

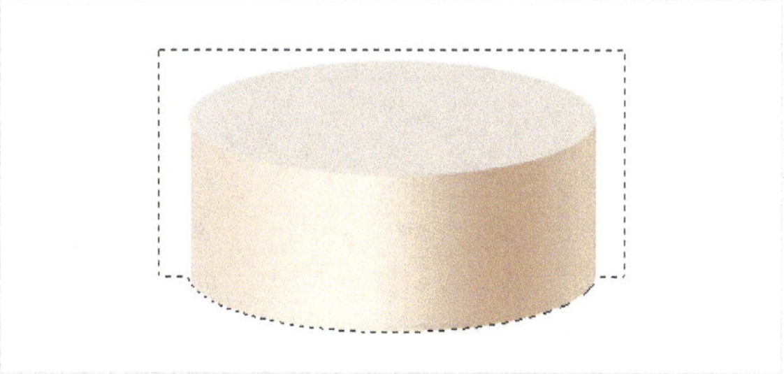

图10-25

图10-26

08 给舞台图形添加阴影。在“舞台”图层下方新建一个“阴影”图层，然后在工具栏中选择“椭圆选框工具”，在舞台图形的底部绘制一个椭圆选区。设置“前景色”为黑色，按快捷键Alt+Delete填充前景色，接着按Ctrl+D取消选区。执行“滤镜>模糊>高斯模糊”命令，在弹出的“高斯模糊”对话框中设置“半径”为15.5像素，单击“确定”按钮。用“橡皮擦工具”将周围多余的阴影进行擦除，如图10-27~图10-30所示。

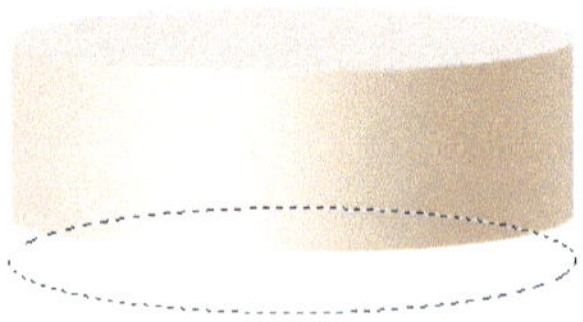

图10-27

图10-28

图10-29

图10-30

TIPS

由于物体在光线的作用下才产生立体感，因此在绘制一个物体时就要去找出物体的明暗交界线，最后再绘制出投影，如此物体的立体感就会显得自然而真实了，如图10-31所示。

图10-31

09 按快捷键Ctrl+O打开之前处理好的“女鞋侧面”图片，并将其放置到“舞台”上方。用“钢笔工具”在鞋跟底部和前面的鞋底处分别绘制一个阴影形状，按快捷键Ctrl+T执行“自由变换”命令，将绘制好的阴影形状变形调整一下，使其与舞台边缘能够更好地融入。在菜单栏中执行“滤镜>模糊>高斯模糊”命令，让阴影呈现出自然柔和的效果，如图10-32和图10-33所示。

图10-32

图10-33

10 按快捷键Ctrl+O打开一张“女鞋背面”素材图片，调整其所在图层的“混合模式”为“正片叠底”，同时将其调整到画面中合适的位置，如图10-34和图10-35所示。

图10-34

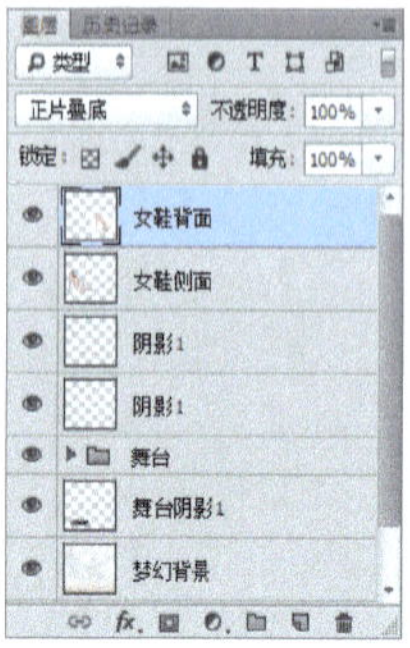

图10-35

11 在工具栏中选择“文字工具”T，在画布的空白区域输入“魅力蕾丝 时尚气息”字样，并设置字体“大小”为48像素。继续输入“穿上它，仿佛有了魔力般，立刻显现公主气质！”字样，并设置字体“大小”为“18像素”。接着输入“BUD SILK”字样，并设置字体“大小”为80像素。最后将制作好的文字摆放到女鞋素材的上方，完成制作，如图10-36所示。

图10-36

TIPS

头图海报是视觉的焦点，因此背景应该采用能够展示品牌调性及产品特色的意境图，以第一时间吸引买家的注意力。

12 制作宝贝参数信息栏。按快捷键Ctrl+N新建一个文件，设置文件“名称”为“产品参数”、“宽度”和“高度”为790像素×505像素、“分辨率”为72像素/英寸、“颜色模式”为“RGB颜色 8位”、“背景内容”为“白色”，设置完成后单击“确定”按钮，完成新建，如图10-37所示。

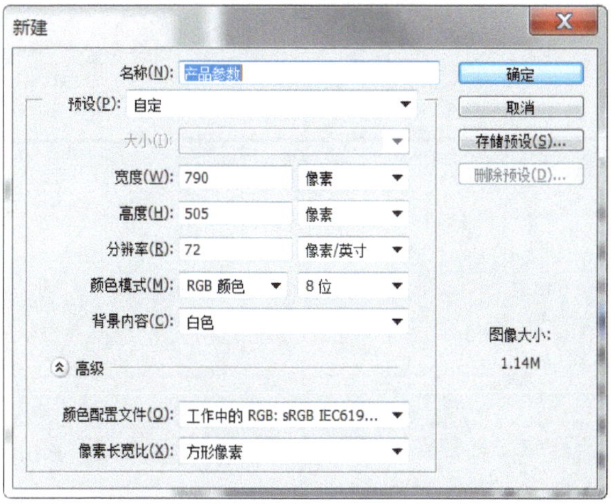

图10-37

13 在菜单栏中选择“矩形选框工具”⬚，在画布中绘制一个矩形选区。执行“编辑>填充”命令，在“填充”对话框中选择需要的图案，并单击“确定”按钮填充图形。调整图层的“不透明度”为30%。接着在图形下方绘制一条直线，并绘制一个黑色的小三角形居中对齐于图形（颜色可自由填充）作为装饰效果，如图10-38~图10-40所示。

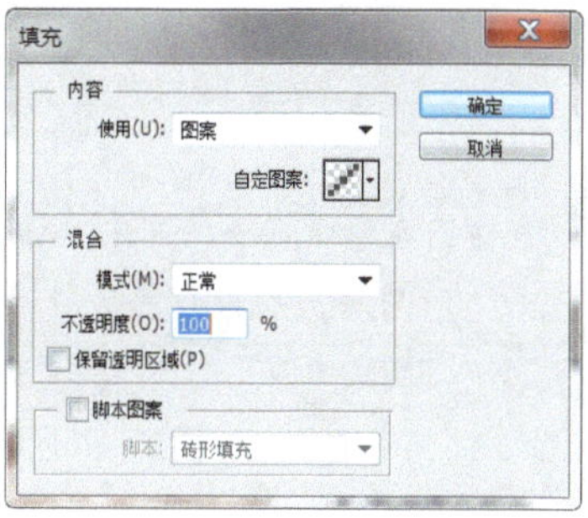

图10-38

图10-39

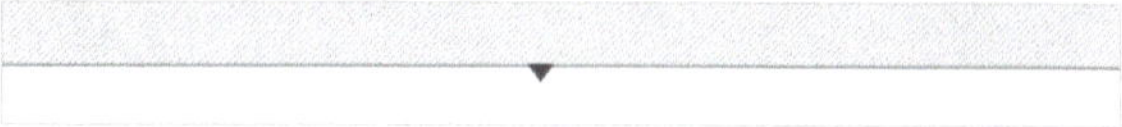

图10-40

14 按快捷键Ctrl+O打开一张“女鞋侧面”素材图片，并将其拖动到画布的左侧。按快捷键Ctrl+T执行“自由变换”命令，将素材图片适当缩小。在工具栏中选择“文字工具”T，在画布的空白区域输入“产品参数”字样，字体“大小”设置为25像素。选择“直线工具”⁄，在选项栏中将“描边大小”设置为0.92点，在“产品参数”字样的下方绘制一条虚线作为分隔线，效果如图10-41~图10-43所示。

图10-41

图10-42

图10-43

15 在工具栏中选择“矩形工具”，在画布中绘制一个矩形图形，同时设置图形颜色为灰色（R:242、G:242、B:242）、“描边”为“无”，将其作为字样衬底使用，如图10-44和图10-45所示。

图10-44

图10-45

TIPS

产品参数信息栏的制作目的是让顾客购买时能对产品有更好的了解，并按自己的需求来进行购买。

16 制作宝贝卖点信息栏。在工具栏中选择“裁剪工具”，并向下延长画布，然后按住Alt键，复制一个产品基本参数信息导航栏，并将其名称修改为“产品卖点”，如图10-46所示。

图10-46

17 按快捷键Ctrl+O打开一张“女鞋”素材图片，并将其拖动到画布右侧。按快捷键Ctrl+T执行“自由变换”命令，将素材图片缩放到合适大小。在工具栏中选择“椭圆工具”，在画布左上方的合适位置绘制一个椭圆图形，并将图形颜色填充为灰色（R:238、G:238、B:238）、“描边颜色”为浅黄色（R:180、G:132、B:107）、“描边大小”为2.06像素，如图10-47所示。

图10-47

18 在工具栏中选择“椭圆选框工具”，对“鞋尖”部位进行框选。选择“移动工具”，按住Alt键的同时，将框选好的“鞋尖”图形移动到上一步绘制好的椭圆图形上，并按快捷键Ctrl+Alt+G创建剪贴蒙版，如图10-48~图10-50所示。

图10-48

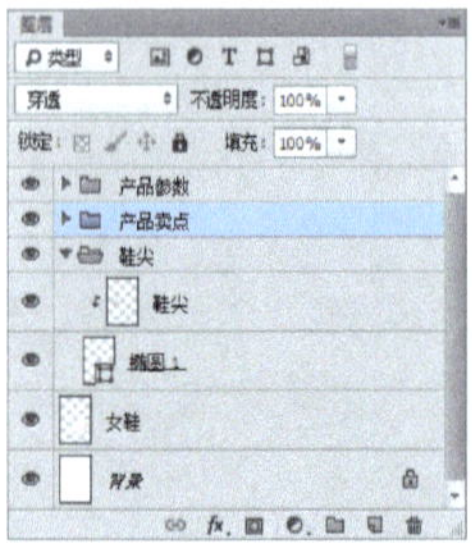

图10-49

图10-50

19 在工具栏中选择“椭圆工具”，按住Shift键的同时，在画布中绘制一个圆形。选择“文字工具”，在椭圆图形上输入编号“1”，并设置“字体大小”为36点，“字体颜色”为咖啡色（R:144、G:86、B:56）；输入主标题，设置“字体大小”为23.98点、“字体颜色”为浅黄色（R:180、G:132、B:107）；输入副标题，设置“字体大小”为14点，“字体颜色”为浅黄色（R:142、G:139、B:136）。选择“直线工具”，在主标题文字下方绘制一条直线，并填充上合适颜色，同时调整字样与直线的位置，如图10-51所示。

图10-51

20 用以上同样的操作方法，将“卖点2”和“卖点3”的信息制作出来，并适当调整位置。这样，产品卖点的信息栏就完成了，如图10-52所示。

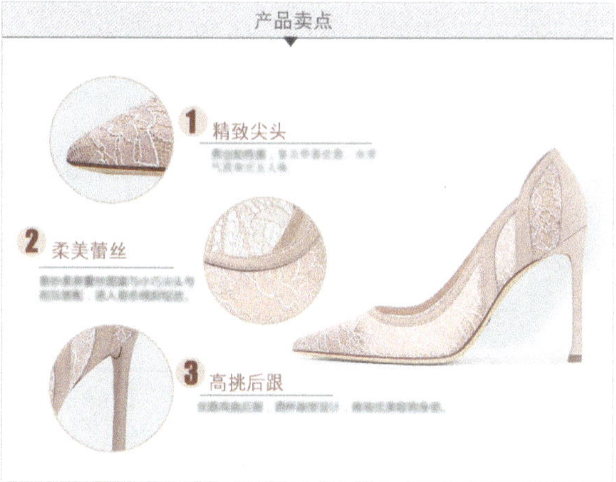

图10-52

TIPS

针对宝贝卖点信息栏的制作，需要根据FAB法则对文字信息进行排序。例如在本案例中，将女鞋的卖点按照“精致尖头”（特性）—“柔美蕾丝”（作用）—“高挑后跟”（好处）的顺序来进行提炼，以此来吸引顾客产生购买欲望。

21 制作产品展示导航栏。在工具栏中选择“裁剪工具”，向下延长画布，按住Alt键复制一个“产品卖点”导航栏，并将其名称修改为“产品展示”，如图10-53所示。

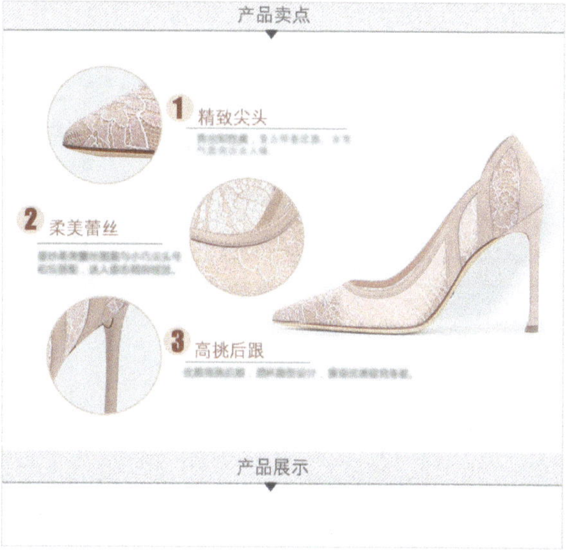

图10-53

22 在工具栏中选择“文字工具”，在“产品展示”导航栏下方输入“女人无法抗拒的时尚优雅……”字样，设置字体“字体大小”为30点、“字体颜色”为浅黄色（R:142、G:139、B:136）。选择“矩形工具”，在文字下方绘制一个矩形图形，并将图形颜色设置为灰色（R:242、G:242、B:242）、“描边颜色”为浅黄色（R:180、G:132、B:107），如图10-54所示。

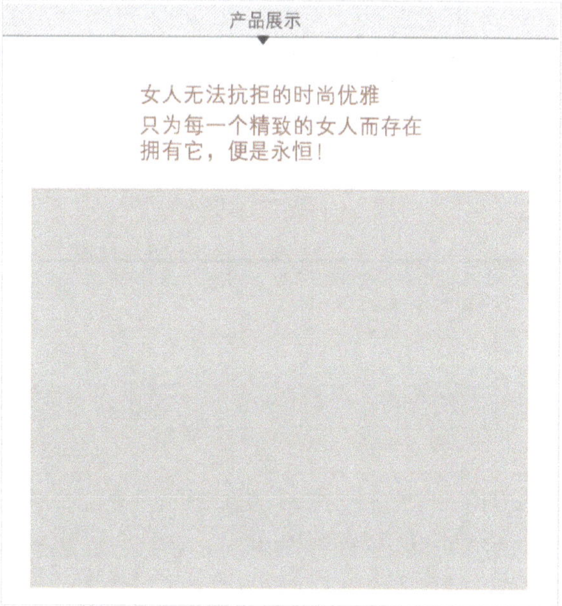

图10-54

23 按住Alt键，将上一步绘制好的矩形图形复制3个。按快捷键Ctrl+O打开一张“女鞋”素材图片，并将其拖动到画布的右侧。按快捷键Ctrl+T执行“自由变换”命令，适当调整其大小。最后按快捷键Ctrl+Alt+G给图层创建剪贴蒙版，如图10-55和图10-56所示。

图10-55

图10-56

24 依次将“女鞋侧面”、“女鞋正面”和“女鞋背面”素材图片拖入画布中的矩形上，并适当调整其大小和位置，按快捷键Ctrl+Alt+G给图层创建剪贴蒙版，如图10-57所示。

图10-57

> **TIPS**
>
> 产品展示栏主要以实拍清晰大图展示为主，包括产品正面、产品侧面、产品背面及产品整体图片的展示。通过多角度的展示，可以让买家较全面地了解产品情况，放心购买，促进成交率。

25 制作细节展示导航栏。在工具栏中选择“裁剪工具”，向下延长画布，按住Alt键，复制一个“产品展示”导航栏，并将其命名为“细节展示”，如图10-58所示。

图10-58

26 在工具栏中选择“矩形工具”，在“细节展示”区域的画布中绘制一个矩形图形，设置矩形的“描边颜色”为浅黄色（R:180、G:132、B:107）、“填充样式”为“无”。选择“直线工具”，在矩形图形的右侧绘制横竖两条装饰线。选择“文字工具”，在矩形图形右侧输入“柔软绒面拼接”标题字样，设置“字体大小”为24

点、“字体颜色”为浅黄色（R:142、G:139、B:136）。输入“柔软绒面拼接”等副标题字样，设置“字体大小”为24点、“字体颜色”为浅黄色（R:181、G:132、B:107），如图10-59所示。

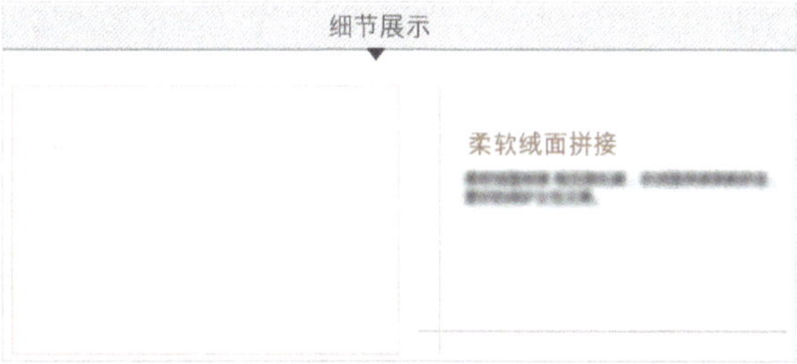

图10-59

27 按快捷键Ctrl+O打开一张“女鞋背面”素材图片。在工具栏中选择“椭圆选框工具”，在素材图片中的女鞋鞋背上进行框选。将选中的鞋背部分移动到上一步绘制好的矩形图形上，并按快捷键Ctrl+Alt+G给图层创建一个剪贴蒙版，如图10-60和图10-61所示。

图10-60

图10-61

28 按住Alt键，将上一步绘制好的矩形图形和装饰线进行框选，分别复制两个出来，并调整到左右位置。按快捷键Ctrl+O打开一张“女鞋正面”素材图片，并选择“椭圆选框工具”，对女鞋内里部分进行框选，之后将其拖入复制的矩形图形中，同样按快捷键Ctrl+Alt+G给图层创建剪贴蒙版。选择“文字工具”，在对应细节展示的左侧区域输入“舒适内里”标题字样和“舒适内里，简约布置……”等副标题字样，字体大小和字体颜色依照上面的字样设置即可，如图10-62和图10-63所示。

图10-62

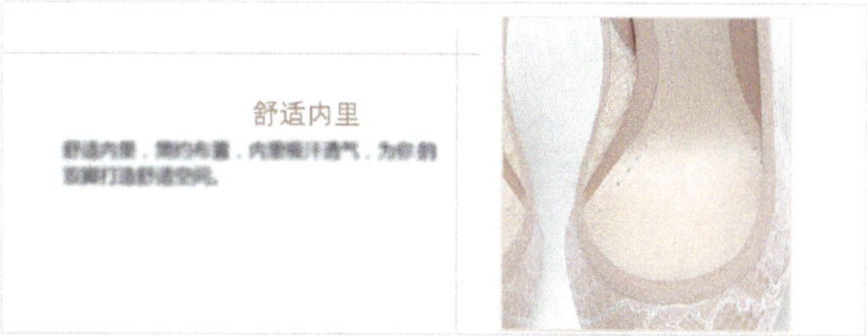

图10-63

29 按照以上同样的操作方法，将“女鞋鞋底”的细节展示信息制作出来。这样，产品细节展示栏的制作就全部完成了，如图10-64所示。

图10-64

30 制作优劣对比导航栏。在工具栏中选择“裁剪工具”，向下延长画布。按住Alt键，复制一个“细节展示”导航栏，并将其命名为“优劣对比”，如图10-65所示。

图10-65

31 在工具栏中选择“矩形工具”，在“优劣对比”展示区域绘制一个矩形图形，并设置矩形的“描边大小”为2.06点、“描边颜色”为浅黄色（R:180、G:132、B:107）、“填充”为“无”。按住Alt键，将制作好的矩形向右复制一个，如图10-66所示。

图10-66

32 打开一张“女鞋背面”素材图片，然后在工具栏中选择“椭圆选框工具”，对女鞋背部进行框选，并将其拖动到左侧的矩形上，按快捷键Ctrl+Alt+G给图层创建剪贴蒙版。输入大写字母“A”，设置“字体大小”为65点、“字体颜色”为灰色（R:181、G:181、B:181）；输入“后帮顶部软 穿着不打脚”主标题字样，设置“字体大小”为24点、“字体颜色”为浅黄色（R:142、G:139、B:136）；输入“优质蕾丝面料……”副标题字样，设置“字体大小”为14像素、“字体颜色”为灰黑色（R:38、G:38、B:38），如图10-67所示。

图10-67

33 接着上一步，打开另外一张需要对比展示的“女鞋背面”素材图片，并继续选择“椭圆选框工具”，对女鞋背部进行框选，将其拖动到右侧的矩形上，并按快捷键Ctrl+Alt+G给图层创建剪贴蒙版。然后输入大写字母“B”、“后帮顶部硬 穿着打脚”标题字样和“劣质蕾丝面料……”副标题字样，并对应左侧的文字信息对字体的大小和颜色进行设置与调整，如图10-68所示。

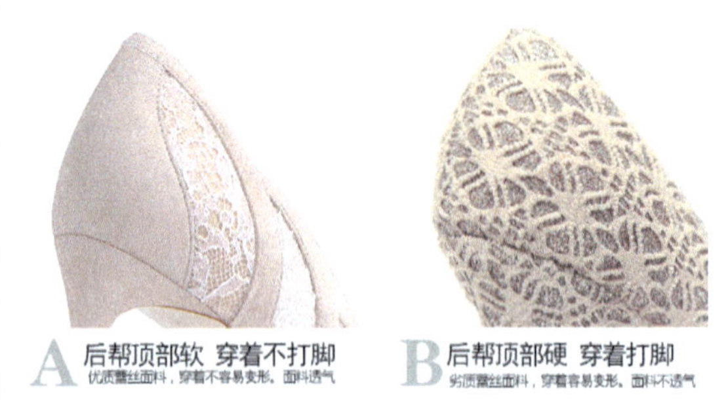

图10-68

34 选择“椭圆工具”，在做好的左右对比信息的中间位置绘制一个椭圆图形，并将图形的颜色设置为深黄色（R:178、G:136、B:80）。在椭圆图形上输入“Vs”字样，并设置“字体大小”为40像素、“字体颜色”为白色（R:255、G:255、B:255）。这样，产品的优劣对比导航栏就制作好了，如图10-69所示。

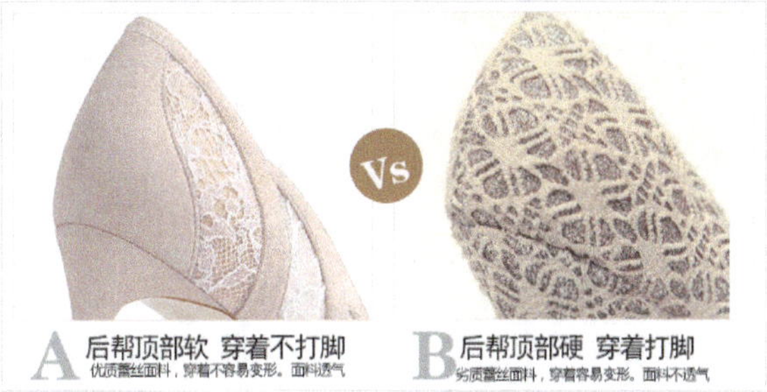

图10-69

35 制作售后服务信息栏。在工具栏中选择“裁剪工具”，向下延长画布，按住Alt键，复制一个“优劣对比”导航栏，并将其命名为“售后服务”，如图10-70所示。

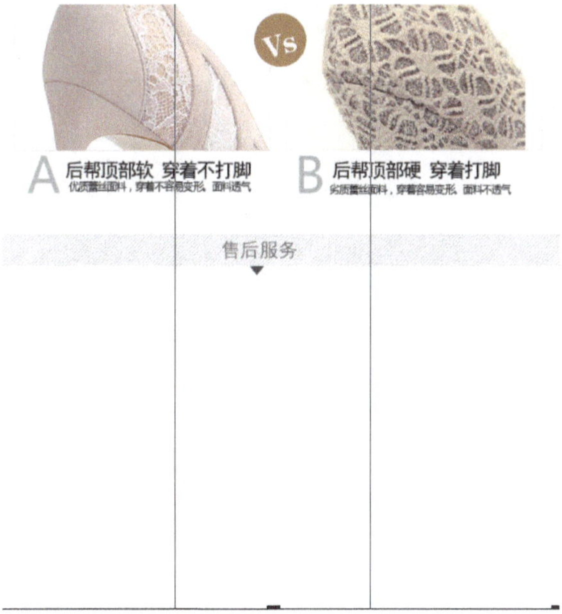

图10-70

36 在工具栏中选择“文字工具”，在“售后服务”导航区域里输入“好品质．敢承诺”字样，并设置“字体大小”为36点、“字体颜色”为浅黄色（R:142、G:139、B:136）。按快捷键Ctrl+O打开一张“图标”素材图片，并将其拖动到“好品质.敢承诺”字样的下方并居中对齐，如图10-71所示。

图10-71

37 继续选择“文字工具”，在图标下方输入“7天无理由 退换货0风险”字样，并设置“字体大小”为30点、“字体颜色”为浅黄色（R:142、G:139、B:136）；输入“质量不满意退……”字样，设置“字体大小”为18点、“字体颜色”为黑色（R:38、G:38、B:38），同时将文案中的“退”字改为红色（R:244、G:11、B:11），使其更加醒目。选择“圆角矩形工具”，在选项栏中设置“描边”样式为无，并绘制一个矩形边框，使其将文案框住。在文案下方输入“注：没有穿过，不影响第二次销售为前提”附加字样，设置“字体大小”为14点、“字体颜色”为灰黑色（R:38、G:38、B:38），最后将所有文字和图标“居中对齐”排列，如图10-72所示。

图10-72

TIPS

售后服务信息栏的主要作用是解决顾客已知和未知的各种问题。例如，类似“支持七天无理由退换货”的售后服务承诺，有利于打消顾客的顾虑，增加静默转化率。

疑难问答

问：宝贝详情页是否越长，信息越丰富越好?

答：一般来说，宝贝详情页的长度不宜太长。因为太多的图片不但会让买家产生厌烦心理，影响他们的购物体验，而且会导致页面太卡。因此在制作宝贝详情页时，如何简洁、有效地呈现产品信息就显得尤为重要。

在宝贝详情页的制作当中，我们需要根据产品的特性，提炼出产品的一些关键信息即卖点，然后以直截了当、一目了然的方式为买家呈现这些信息。页面要保持简洁大气的效果，适当留白，让买家在浏览网页时尽量轻松一些。

38 切片。按快捷键Ctrl+O打开一张之前做好的PSD格式的“宝贝详情页”图片，选择“移动工具”，根据需要，在标尺上拖曳出若干条水平向参考线，如图10-73和图10-74所示。

图10-73

图10-74

TIPS

如果想在切图时将图片切得短一些，可以多设置一些辅助线在对应位置作为参考。较短的图片在网页中加载会较快，因而不至于影响图片的打开速度。

39 对图片进行切片区域划分。在工具栏中选择“切片工具”，在选项栏中单击“基于参考线切片”按钮，这时软件会自动按我们设置好的参考线来进行切片，如图10-75和图10-76所示。

图10-75

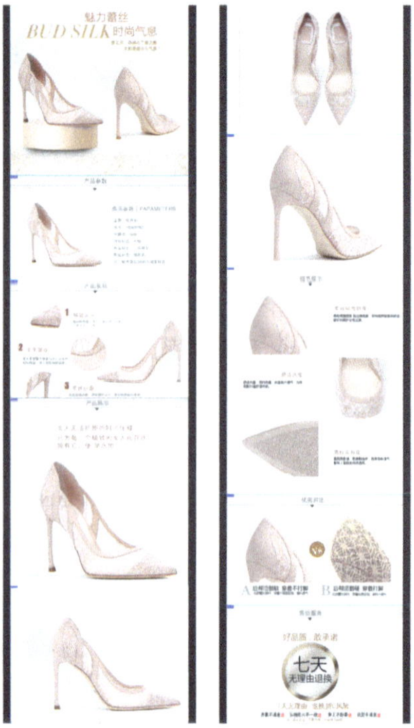

图10-76

40 在菜单栏中执行“文件>存储为Web所用格式”命令（快捷键Ctrl+Shift+Alt+S），在弹出的“存储为Web所用格式”对话框中设置“文件名”为“宝贝描述”，“格式”为“仅限图像”，其他参数保持默认设置，单击“存储”按钮。此时对应路径下若出现一个默认的images文件夹，则意味着切片成功，如图10-77~图10-81所示。

图10-77

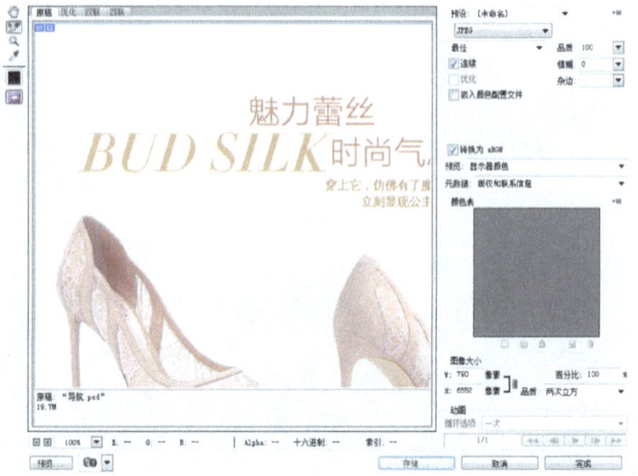

图10-78

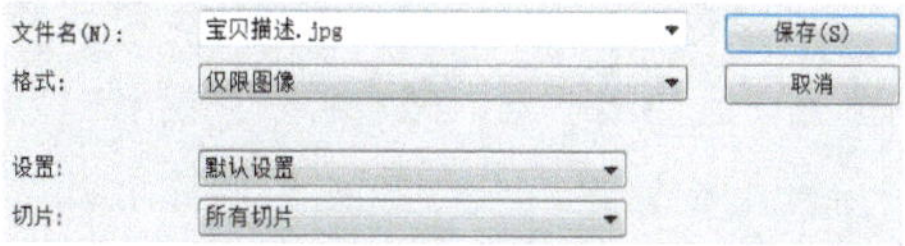

图10-79 图10-80

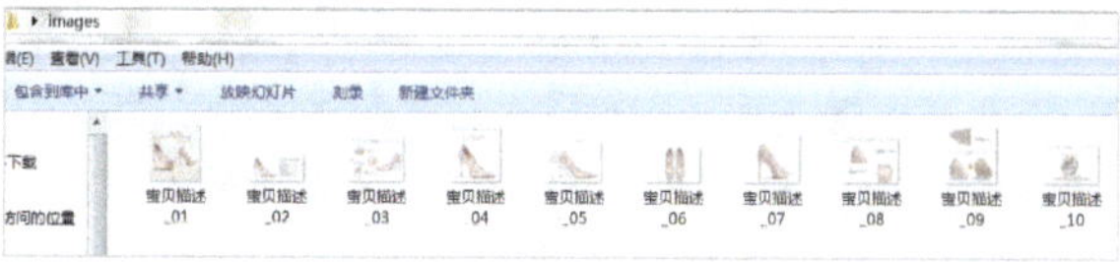

图10-81

41 安装。打开淘宝网，输入用户名和密码，登录网站，打开一款蕾丝女鞋的宝贝详情页面，单击右上方的“编辑”按钮，来到该款蕾丝女鞋的编辑页面后台，如图10-82~图10-84所示。

图10-82

图10-83

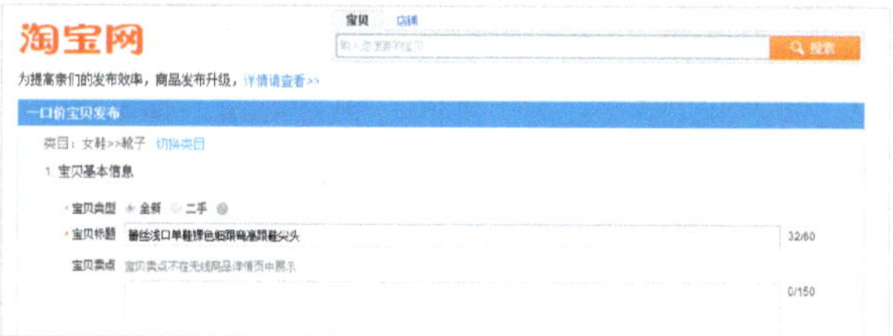

图10-84

42 找到“电脑端描述”编辑区，单击编辑区上方的“插入图片”按钮，此时会出现一个“图片空间”对话框，如图10-85和图10-86所示。

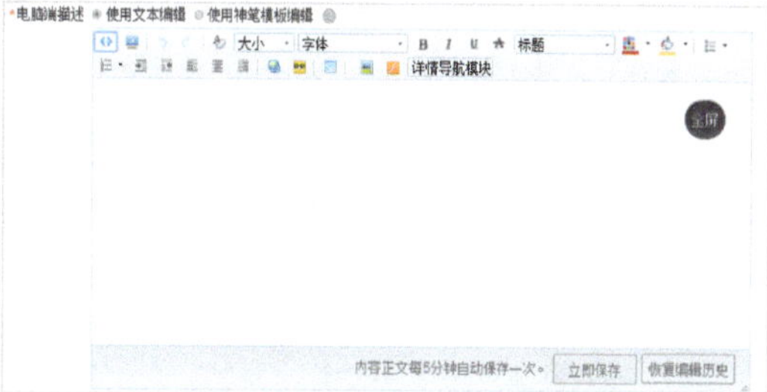

图10-85

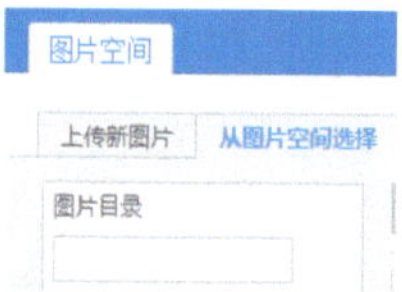

图10-86

43 在“图片空间”对话框的“上传新图片”一栏中单击“点击上传”按钮，并打开images文件夹。按快捷键Ctrl+A对图片进行全选，单击“打开”按钮，对所有的切片进行上传，如图10-87和图10-88所示。

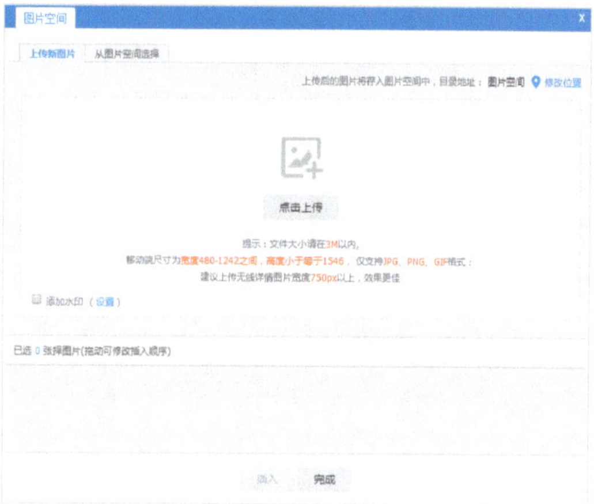

图10-87

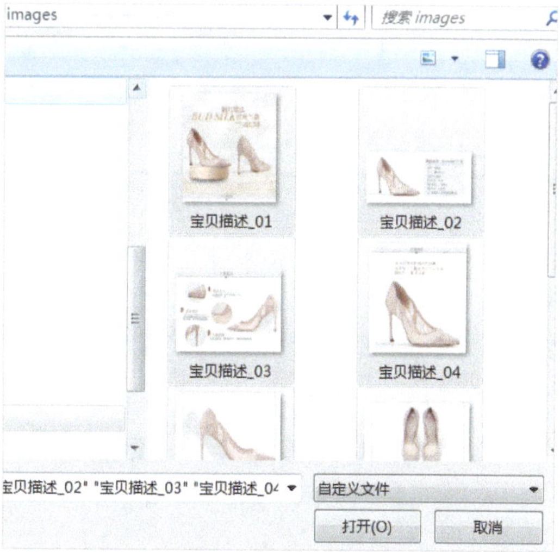

图10-88

44 此时会在“图片空间”对话框的左下方看到一个“已选择10张图片（拖动可还修改插入顺序）”的提示字样，单击“插入”按钮，即可将所有的切片图片都上传到“电脑端描述”的编辑区内，如图10-89和图10-90所示。

图10-89

图10-90

45 单击界面右上角的“全屏”按钮，可以预览上传的“宝贝详情页”的整体效果（由于页面较长，在网页上不方便截全图，因此这里不做全图展示，只是方便大家理解并掌握上传方法即可），如图10-91所示。

图10-91

46 发布。完成切片图片的上传操作后，用鼠标将“滚动条”拉到页面的最下方，然后检查并选择“宝贝其他信息”一栏中的“库存计数：买家拍下减库存”、“上架时间：立刻上架”和“橱窗推荐：是”（该选项可根据具体情况自定）选项，单击蓝色的“发布”按钮，对宝贝详情页面进行发布。到此，有关宝贝详情页的安装与发布操作就全部完成了，如图10-92~图10-94所示。

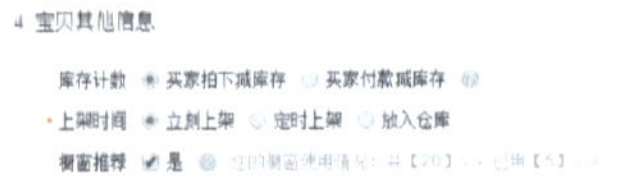

图10-92 图10-93

图10-94

11

优惠券的设计、代码安装与发布

什么是优惠券

优惠券的设置与发布

优惠券的领取位置说明

优惠券的制作实战解析

11.1 什么是优惠券

淘宝自2011年1月成立以来，一直以优惠券导购为主要经营方向，是国内较早的专业优惠券导购平台。淘宝优惠券是淘宝网推出的集合众多B2C淘宝卖家的优惠券和商品导购平台。淘宝优惠券向来以“优惠券，越用越优惠”为口号，给予消费者最大的优惠，如图11-1所示。

图11-1

店铺优惠券是指淘宝买家在淘宝购物、收藏店铺或进行其他交易活动时，淘宝卖家提供给买家的一种店铺电子优惠券。当买家在某店铺做商品结算时，其消费额度达到优惠的使用要求以后，会自动使用优惠，减免相应的额度。并且，卖家会针对新客户或者不同等级会员发放不同面额的店铺优惠券，如图11-2所示。

图11-2

优惠券的功能特点主要体现在两个方面，一是通过满就送、会员关系管理维护老客户；二是通过创建买家领取优惠券功能主动吸引新客户。

针对优惠券的种类，可以划分为以下3种，如图11-3和图11-4所示。

店铺优惠券： 全店通用，买家购买全店商品可凭券抵扣现金。

商品优惠券： 定向优惠，买家购买特定商品可凭券抵扣现金。

包邮券： 特色服务，买家购买全店商品可凭券享受包邮权益（仅限淘宝商家使用）。

图11-3

图11-4

淘宝优惠券的推送，改变了过去大卖场式的优惠券推广，它会根据用户的优惠券搜索习惯及商品浏览习惯进行分析，有针对性地为用户推荐适合的优惠券和商品，使用户不仅可以优惠购物，而且增强购物时的用户体验。

11.2 优惠券的设置与发布

如今，淘宝优惠券已经向集市卖家全面开放。淘宝卖家可以在自己的店铺中为单个商品单独设置满减的优惠券，并且所设置的商品优惠券可以免费推送到店铺活动的前台页面。

优惠券是一种虚拟的电子券，卖家可以在不用现金充值的前提下针对新客户或者不同等级会员发放不同面额的优惠券。所有优惠券的创建及设置，都是通过官方营销工具“优惠券”来实现的。

那么接下来，我们来了解一下作为淘宝卖家是如何在后台设置自己的优惠券的。

11.2.1 订购优惠券流程

首先，需要订购“优惠券”，打开并登录淘宝网，在网站的右上角单击“卖家中心”一栏，在下拉菜单中选择“卖家服务市场”选项，然后在搜索栏里输入“优惠券”，这里选择“优惠券 官方”来进行订购，如图11-5～图11-8所示。

图11-5

图11-6

图11-7

图11-8

在结账时，如果你的支付方式选择的是支付宝，需要在指定框中输入支付宝密码，之后单击“确认付款”按钮。若支付成功，会有成功支付的一些提示，如图11-9~图11-11所示。

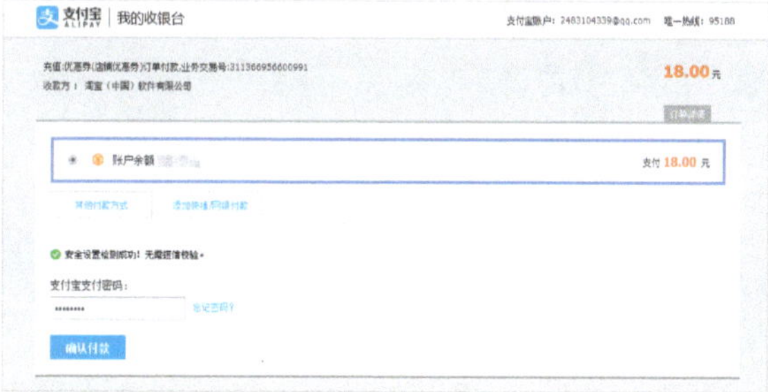

图11-9

图11-10

图11-11

11.2.2 创建店铺优惠券

创建店铺优惠券的流程如下。

01 在浏览器中打开淘宝网，登录淘宝账号后，单击进入“卖家中心”，如图11-12所示。

图11-12

02 在该页面左边的导航栏里选择“店铺营销中心”选项，如图11-13所示，进入“商家营销中心”后台。

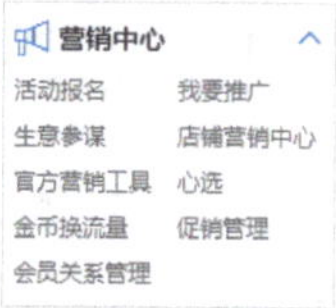

图11-13

03 在“商家营销中心”后台找到“店铺优惠券”图标，单击“立即创建”按钮，进入“店铺优惠券”创建页面，此时，可以根据需要填写和设置“店铺优惠券”的信息，完成后单击“保存”按钮，如图11-14和图11-15所示。

图11-14

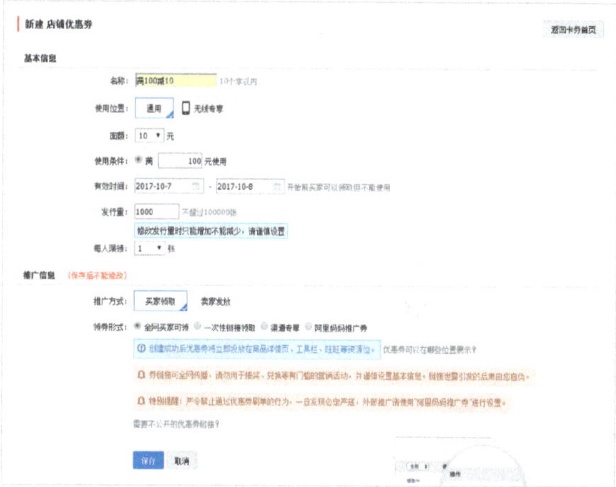

图11-15

TIPS

店铺优惠券的面值，一般有6个档位可供挑选，包括5元、10元、20元、50元、100元和200元，可根据实际需要设置。

04 最后，在“商家营销中心”页面的右上角单击“淘宝卡券”，在这里可以看到我们创建好的优惠券信息，如图11-16所示。

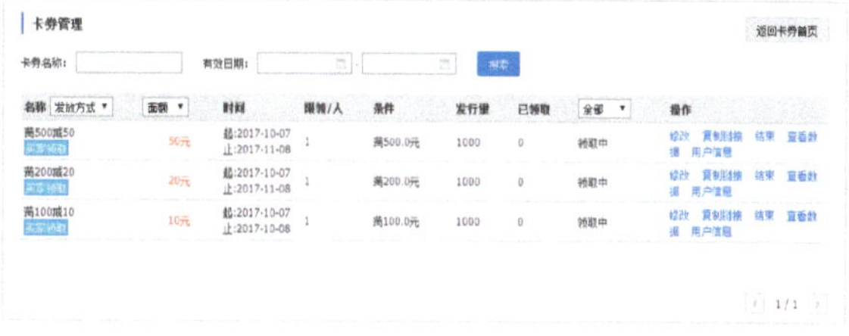

图11-16

11.2.3 创建商品优惠券

创建商品优惠券的流程如下。

01 在浏览器中打开淘宝网，登录淘宝账号后，单击进入“卖家中心”，如图11–17所示。

02 在该页面的左边导航栏里单击“店铺营销中心”选项，如图11–18所示，进入“商家营销中心”后台。

图11–17

图11–18

03 在“商家营销中心”后台找到“商品优惠券”图标，单击“立即创建”按钮进入“商品优惠券”创建页面，然后对“基本信息”进行设置与填写，如图11–19所示。

图11–19

04 在“商品范围”选项中，单击“选择商品”选项，在弹出的页面中查找要设置优惠条件的“宝贝”，勾选所有宝贝之后，单击“确定”按钮，如图11–20和图11–21所示。

图11–20

图11–21

05 单击“确定”按钮，完成商品优惠券的创建，如图11–22所示。

图11–22

11.2.4 创建包邮券

创建包邮券的流程如下。

01 在浏览器中打开淘宝网，登录淘宝账号后，单击进入“卖家中心”，如图11–23所示。

02 在该页面的左边导航栏里单击“店铺营销中心”选项，如图11–24所示，进入“商家营销中心”后台。

图11–23

图11–24

03 在“商家营销中心”后台，选择“包邮券”图标，单击“立即创建”按钮，进入“包邮券”创建页面，对“基本信息”和“推广信息”进行设置与填写，如图11–25和图11–26所示。

图11–25

图11–26

TIPS

无论是店铺优惠券、商品优惠券还是包邮券，除了可以使用于官方提供的推广渠道，卖家也可以自行复制优惠券代码，到论坛等渠道进行推广，如图11-27所示。

图11-27

11.3 优惠券的领取位置说明

11.3.1 在店招上方位置领取

任意打开一家店铺，找到店铺内的优惠券活动信息，然后单击即可领取。但领取了优惠券不代表就一定能够抵券，因为必须要满足商家的金额要求才能使用优惠券，如图11-28所示。

图11-28

例如，当我们在天猫店铺店招栏上单击一张10元优惠券时，会弹出“亲，确认领取xx旗舰店10.00元店铺优惠券么？”的提示对话框，单击“确认领取”按钮，即会提示“恭喜您领取成功”。之后单击“进入店铺”或“查看优惠券”按钮，在店铺后台就可以看到所领取的优惠券，此时便可以进行购物结算了，如图11-29～图11-31所示。

图11-29

图11-30

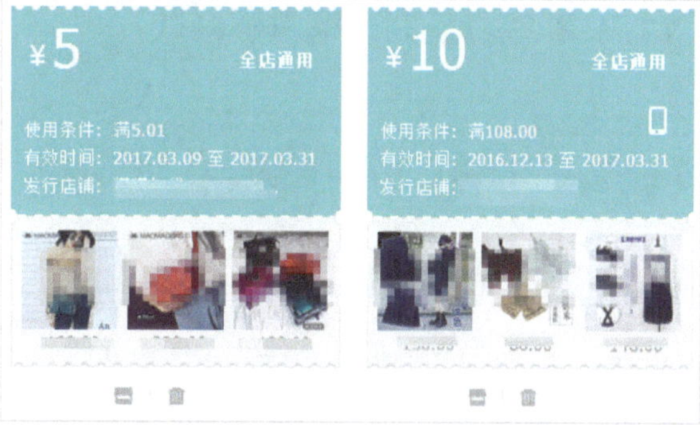

图11-31

TIPS

当然，如果我们不需要该优惠券，也可以对优惠券进行删除。在收藏的商品图片下方有一个“删除”按钮，单击该按钮，会弹出一个提示框，单击“删除”按钮，对应的优惠券即可被删除，如图11-32所示。

图11-32

同时要注意的是，通过以上方式我们所领取的店铺优惠券仅限在发放该优惠券的店铺使用。在淘宝网的右上角单击“我的淘宝”，在“首页”一栏中单击“我的优惠卡券”，即可查看获得的优惠券，如图11-33所示。

图11-33

当我们在领取了优惠券的店铺中进行购物结算时，一般会自动使用你所领取的优惠券进行金额抵扣。例如，我们选择一款原价为79元的商品，在满足商家满额减免条件的情况下，当我们使用10元优惠券时，就可以在付款过程中抵减10元，此时实际结算的商品金额便为69元，如图11-34所示。

图11-34

11.3.2 在旺旺对话框右侧领取

在进入卖家店铺之后，打开“旺旺”对话框，如果商家设置了“优惠券信息”，此时在对话框右侧可以看到相关的优惠活动信息。此时，可以根据需要单击领取对应的优惠券，如图11-35和图11-36所示。

图11-35

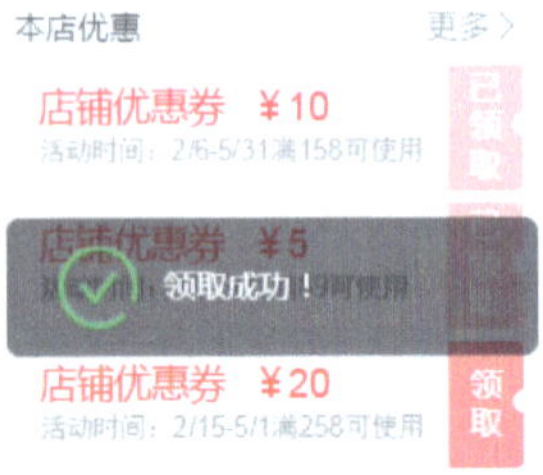

图11-36

11.3.3 在宝贝详情页领取

当进入卖家店铺之后，单击一款我们需要购买的宝贝，进入到“宝贝详情页面”时，如果卖家针对该款商品做了促销设置，在宝贝详情页的右侧就会出现对应的优惠活动信息，如图11-37所示。

图11-37

11.3.4 在首页领取

有时候，为了突出店铺优惠信息，使买家购物更加方便，同时也为了促进店铺成交率，卖家会选择在店铺首页将现有的优惠活动信息呈现出来。同时将一些小的标语放入宣传栏造势，着重提醒和突出商品的优惠力度。

当我们进入卖家店铺的首页之后，单击宣传栏中的“点击查看”按钮，即可进入店铺优惠券抢购活动页面领取优惠券，如图11-38和图11-39所示。

图11-38

图11-39

11.4 优惠券的制作实战解析

网店优惠券的制作相对其他版块的制作来说比较简单，主要就是按照需求将优惠信息清楚明了地展现出来。

实战：制作一张女装店铺优惠券

实例位置	实例文件 >CH11> 实战：制作一张女装店铺优惠券
技术掌握	快捷键 Ctrl+Delete/Ctrl+J/Ctrl+G、矩形 / 文字 / 直线 / 圆角矩形工具

通过以上内容，我们已经对店铺优惠券的订购、创建、设置、发布及领取等有了一个基本的了解。那么接下来，以一个女装店铺为例，给大家讲解店铺优惠券的设计方法。设计完成后的优惠券效果如图11-40所示。

图11-40

01 新建文档。在菜单栏中执行“文件>新建”命令，打开“新建”对话框，设置文件“名称”为“优惠券设计”、“宽度”和“高度”为1920像素×380像素，其他参数保持默认状态即可，如图11-41所示。

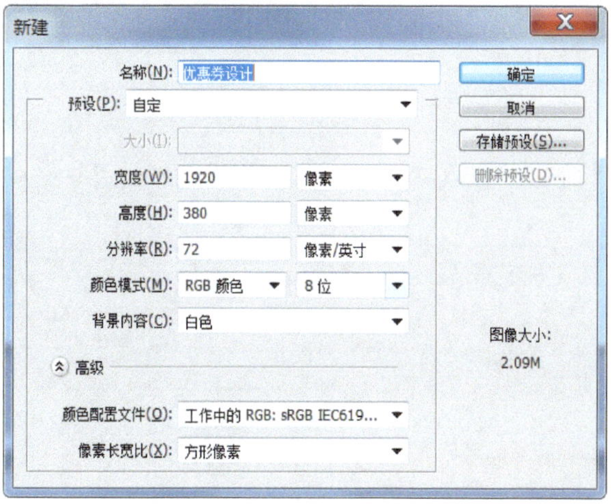

图11-41

02 绘制一个黄色色块。 按快捷键Ctrl+N再次新建一个950像素×380 像素的画布，按快捷键Ctrl+Delete将该画布填充为黄色（R:255、G:231、B:83）。将该图层命名为“色块”，并拖入上一步创建好的“优惠券设计”图层上，同时选择“居中对齐”样式。拖曳出两条辅助线，放在色块的左右两边，如图11-42和图11-43所示。

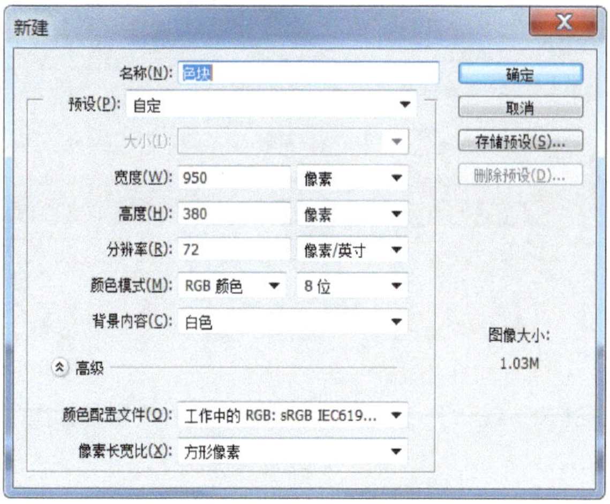

图11-42

图11-43

03 制作第一个优惠券。 在工具栏中设置“前景色”为蓝色（R:97、G:179、B:211），然后选择工具栏中的“矩形工具”，绘制一个矩形图形，设置“填充”为“蓝色”、“描边”为3点，并将图形移动到画布中的合适位置，如图11-44和图11-45所示。

图11-44

图11-45

04 添加文案信息。 在工具栏中选择“文字工具”，在选项栏中设置“字体”为“微软雅黑”、“字体大小”为72点，同时在工具栏中设置“前景色”为白色（R:255、G:255、B:255）；在上一步绘制好的蓝色矩形框中输入数字“10”，设置“字体大小”为72点；输入“元”字，设置“字体大小”为22点；输入“现金券”字样，设置“字体大小”为36点；输入“单笔满100使用”字样，设置“字体大小”为72点。完成以上操作后，对字样进行对齐处理，如图11-46和图11-47所示。

图11-46

图11-47

05 图层调整。 隐藏“色块”图层，然后单击“图层”面板下方的“创建新图层”按钮，在“背景”图层上方新建一个图层，并命名为“渐变背景”，如图11-48所示。

图11-48

06 制作渐变背景效果。在工具栏中选择“渐变工具”，单击渐变编辑器上的“三角滑块”，在弹出的“拾色器”对话框中设置一个由粉色（R:253、G:141、B:140）到浅粉色（R:243、G:175、B:174）的渐变效果，设置完成后单击“确定”按钮，在文档中由下到上拉出该渐变效果，如图11-49~图11-51所示。

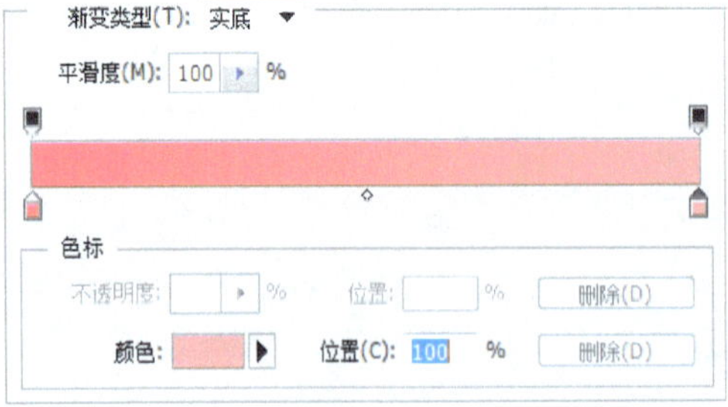

图11-49

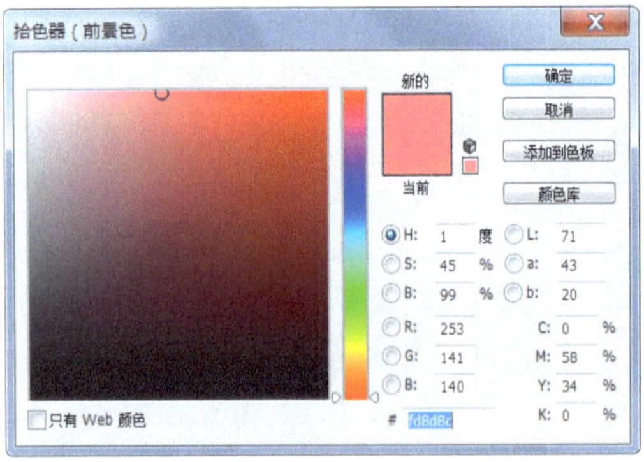

图11-50

图11-51

07 设置画笔效果。在工具栏中设置“前景色”为粉色（R:250、G 164、B164），选择“画笔工具”。在选项栏中设置画笔“大小”为15像素，然后单击“切换画笔面板”按钮，在弹出的“画笔预设”对话框中选择画笔笔尖选项，设置“角度”为0°、“圆度”为80%、“间距”为144%，这时在预览框中可以看到画笔的显示效果，如图11-52和图11-53所示。

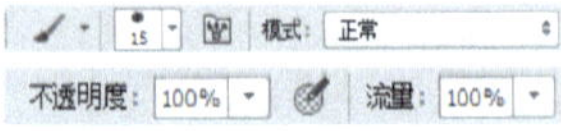

图11-52

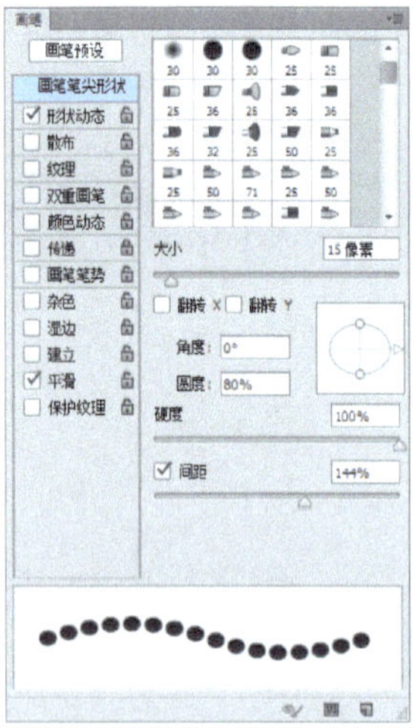

图11-53

08 绘制圆点装饰元素。选中“蓝色矩形形状”图层，单击“图层”面板下方的“创建新图层”按钮，在该图层上方新建一个图层，并命名为“圆点”。选中“蓝色矩形形状”图层，按住Shift键的同时，用“画笔工具”绘制一些竖排圆点图形，如图11-54和图11-55所示。

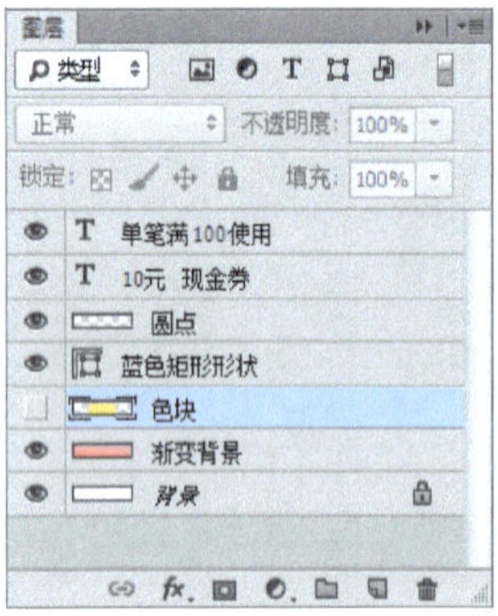

图11-54

图11-55

09 复制圆点至右侧。按快捷键Ctrl+J复制“圆点”图层，得到一个“圆点 拷贝”图层。按住Shift键的同时，将复制出的圆点水平移动至蓝色矩形的右侧并对齐，如图11-56所示。

图11-56

10 绘制装饰线。在工具栏中选择“直线工具”，在选项栏中设置“描边大小”为1.5点，“描边样式”为“虚线”，在“蓝色矩形形状”图层中分别绘制一条“横虚线”和一条“竖虚线”，作为文字的分割装饰线，如图11-57~图11-59所示。

图11-57

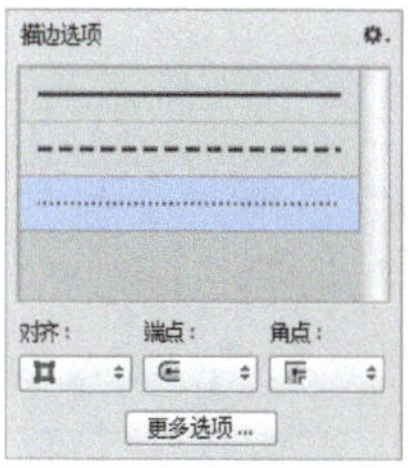

图11-58

图11-59

11 绘制“立即领取”按钮。在工具栏中设置“前景色”为白色（R255、G255、B255），在工具栏中选择“圆角矩形工具”，在选项栏中设置“填充”为白色，“描边”样式为“无”，“描边大小”为1点，在“蓝色矩形图形”中的文字下方绘制一个圆角矩形。选择“文字工具”，输入“立即领取”字样，设置“字体颜色”为“黑色”，“字体大小”为22点。这样，女装店铺的第一个优惠券就制作好了，如图11-60和图11-61所示。

图11-60

图11-61

12 复制优惠券。将蓝色矩形图形所包含的所有信息的所在图层选中，按快捷键Ctrl+G编组，并命名为“10元现金券”。按快捷键Ctrl+J复制图层组，得到一个“10元现金券 拷贝”图层。接着按住Shift键，将复制的优惠券水平向右移动，如图11-62和图11-63所示。

图11-62

图11-63

13 修改文案信息。选中“10元现金券 拷贝”图层，单击工具栏中的“矩形工具”，单击选项栏中的“填充”后面的颜色图标，打开“拾色器”对话框。设置颜色为深红色，并将优惠券里的“10元”改成“20元”、“单笔满100使用”改成“单笔满200使用”，其他文字不变，同时将“10元现金券 拷贝”图层命名为“20元现金券”，如图11-64~图11-67所示。

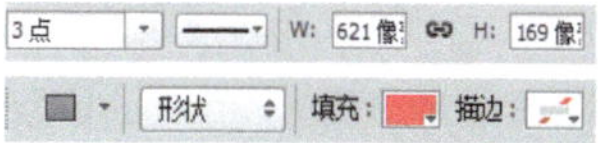

图11-64

图11-65

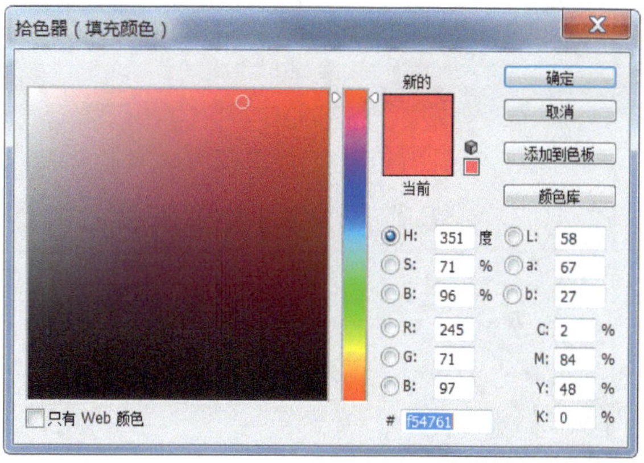

图11-66

图11-67

14 再次复制优惠券。按快捷键Ctrl+J复制“20元现金券”图层，得到一个“20元现金券 拷贝”图层，然后按住Shift键将该图层向右平移，如图11-68所示。

图11-68

15 修改文案信息。选中“20元现金券 拷贝”图层，单击工具栏中的“矩形工具”，单击选项栏中“填充”后面的颜色图标，打开“拾色器”对话框。设置颜色为紫色（R:147、G:63、B:166），“描边样式”为无。将图形里的“20元”改成“50元”、“单笔满200使用”改成“单笔满500使用”，其他文字保持不变，如图11-69~图11-72所示。

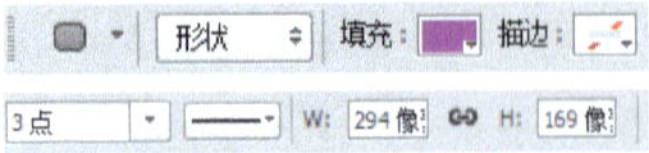

图11-69

图11-70

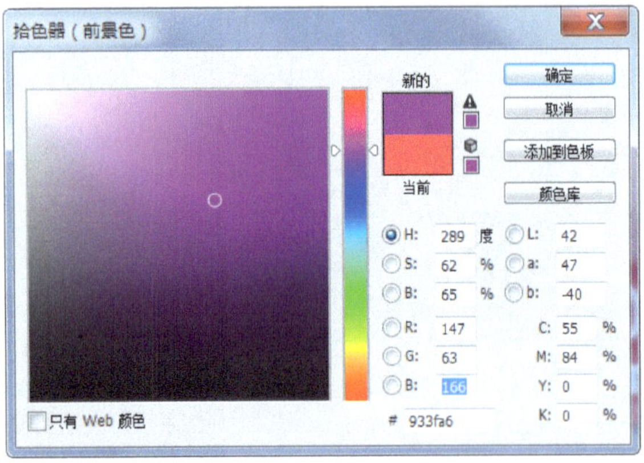

图11-71

图11-72

16 添加剩余页面信息。在工具栏中选择“文字工具”，在之前制作好的优惠券上方输入“快来领现金券”字样，设置“字体颜色”为紫色（R147、G66、B166）、“字体大小”为60点；输入“第一步：立即领取现金券……”优惠券领取流程字样，设置“字体颜色”为灰色（R61、G61、B61）、“字体大小”为18点。这样，女装店铺的优惠券就制作完成了，效果如图11-73所示。

图11-73

17 全屏代码的设置。下面所显示的是全屏优惠券代码，需要将这段代码复制并粘贴到店铺，保存并完成发布。这样，当买家进入店铺时，根据需要领取优惠券，而且满足商家优惠券指定的购买金额就可以享受减免优惠了。

```
<div data-title=" 全屏优惠券" style="height:380像素;">
  <div class=" most-footer footer-more-trigger"
style=" left:auto;right:auto;width:950像素;height:380像素;top:auto;padding:0;border:none;z-index:1;background:none; ">
    <div class=" most-footer footer-more-trigger" style=" left:-485像素;top:0像素;width:1920像素;height:380像素;border:none;padding:0;background:none; ">
      <img
src=" https://img.alicdn.com/imgextra/i1/385828991/TB2dy5RjbBmpuFjSZFuXXaG_XXa_!!385828991.JPEG"
usemap=" #ma1219994**" />
<!-- 红色部份这里可替换全屏优惠券图片 -->
      <map name=" ma121999429" id=" Map" >
    <area style=" outline:none;" target=" _blank" shape=" rect" coords=" 504,167,788,3**"
href=" https://taoquan.taobao.com/coupon/unify_apply.htm?
sellerId=385828991&activityId=ebe23afa481848b2b8becc5a1dc14097" />
```

```
<!-- 红色部份这里可替换10元优惠券 -->
        <area style=" outline:none;" target=" _blank"
shape=" rect" coords=" 814,162,1108,3**"
    href=" https://taoquan.taobao.com/coupon/unify_apply.
htm?
    sellerId=385828991&activityId=70dabd404b1d4277962f6
e891018a86d" />
<!-- 红色部份这里可替换20元优惠券 -->
        <area style=" outline:none;" target=" _blank"
shape=" rect" coords=" 1122,163,1415,3**"
    href=" https://taoquan.taobao.com/coupon/unify_apply.
htm?
    sellerId=385828991&activityId=ce1554cfe4b344438fa20a
ee6caafd9a" />
<!-- 这里替换50元优惠券 -->
                </map>
        </div>
      </div>
    </div>
```

TIPS

旺铺标准全屏代码设置说明

```
<div data-title="全屏优惠券" style="height:380像素;">
  <div class=" most-footer footer-more-trigger"
style=" left:auto;right:auto;width:950像素;height:380像素;top:
auto;padding:0;border:none;z-
index:1;background:none; ">
      <div class=" most-footer footer-more-trigger"
style=" left:-
485像素;top:0像素;width:1920像素;height:380像素;border:non
e;padding:0;background:none; ">
                <img
src="这里可替换全屏优惠券图片"
usemap=" #ma121999429" />
                <map name=" ma121999429"
id=" Map" >
        <area style="outline:none;" target="_blank" shape="rect"
coords="504,167,788,3**" href="这里可替换10元优惠券 " />
        <area style=" outline:none;" target=" _blank"
shape=" rect" coords=" 814,162,1108,3**"
    href="这里可替换20元优惠券" />
        <area style=" outline:none;" target=" _blank"
shape=" rect" coords=" 1122,163,1415,3**"
    href="这里替换50元优惠券" />
                </map>
        </div>
      </div>
    </div>
```

18 设置并发布代码。双击打开下面记事本里面的“全屏优惠券店招代码”，按快捷键Ctrl+A进行全选，同时按快捷键Ctrl+C复制代码，并按快捷键Ctrl+V将代码粘贴到店铺后台的“自定义区”。在“自定义区”编辑界面中选择“不显示”标题，完成代码粘贴，单击“立即保存”按钮，完成代码发布，如图11-74~图11-76所示。

图11-74

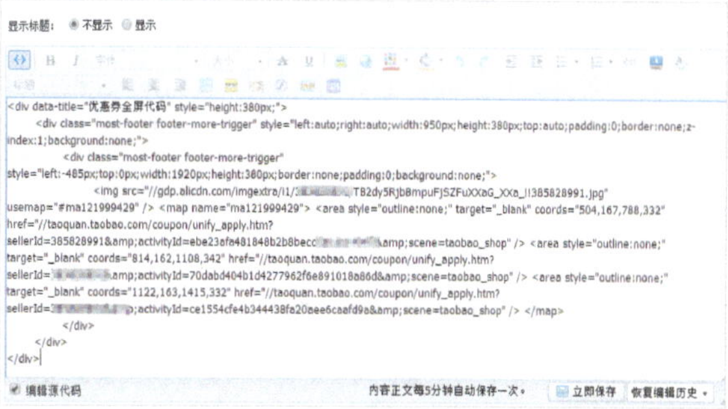

图11-75

图11-76

TIPS

这里的图片链接，10元、20元及50元优惠券链接只是测试学习使用，所以代码都进行了模糊处理。而在实际操作中，只需要换成自己店铺的优惠券链接地址，然后生成并发布页面即可。当然也可以使用在线生成全屏代码的软件进行全屏代码的生成。

19 测试使用代码。在发布好的优惠券页面中，单击“10元优惠券”，弹出“亲，确认领取**10.00元店铺优惠券么？”对话框，单击“确认领取”按钮即可，如图11-77和图11-78所示。

图11-77

图11-78

20 查看领取的优惠券。当完成上一步之后，在弹出的“恭喜您领取成功”对话框中单击“查看优惠券”按钮，此时，可以看到店铺后台“优惠卡券”中有我们领取的10元优惠券。单击下方的对应商品，就可以看到该商品在详情页显示的优惠信息了，并且只要店铺有优惠券活动，按照以上操作流程进行领取之后，优惠券就会显示在对应的详情页中，如图11-79所示。

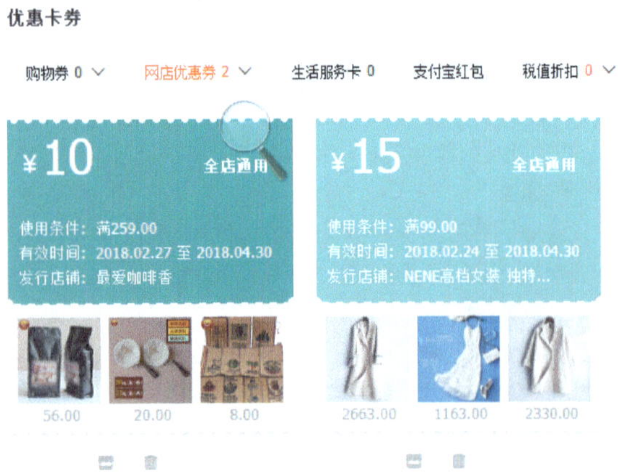

图11-79

12

客服中心栏的设计、代码安装与发布

什么是客服中心栏

客服中心栏背景的制作

如何在Dreamweaver中添加旺旺代码

如何在Dreamweaver中添加旺旺头像

如何将旺旺客服代码安装到店铺

12.1 什么是客服中心栏

一般来说，淘宝店铺都有系统自带的客服中心栏，但是用户体验度不够好。

旺旺客服中心栏在淘宝店铺中充当一个重要的角色。如果一个顾客进店后，不能及时找到客服，就会流失客户，造成购买转化率的下降。如果店铺的客服较多，一般都会根据职能进行细分，如售前客服、售后客服等，那么这时需要用自定义的方式来制作旺旺客服中心栏，以便添加多个客服，以及不同的旺旺名字，方便让买家能够快速联系对应的客服，如图12-1和图12-2所示。

为淘宝店铺增加客服功能有两种方法。第一种是将生成的客服代码放置到店铺中；第二种是设置主账号，然后再通过分流分配给其他账号。

那么，如何制作客服中心栏，如何添加多个客服，如何生成旺旺客服代码、如何添加旺旺名字，以及如何安装代码到淘宝店铺并进行发布，生成客服中心栏，是我们本章的学习要点。

图12-1

图12-2

12.2 客服中心栏背景的制作

实战：用Photoshop制作客服中心栏背景

实例位置	实例文件 >CH12> 实战：用 Photoshop 制作客服中心栏背景
技术掌握	文字 / 钢笔 / 画笔 / 橡皮擦 / 渐变工具

这里，针对客服中心栏背景的制作进行讲解。

01 新建文档。在菜单栏中执行“文件>新建”命令，打开“新建”对话框，设置文件“名称”为“客服中心”，“宽度”和“高度”为950像素×137像素，其他参数保持默认设置，如图12-3所示。

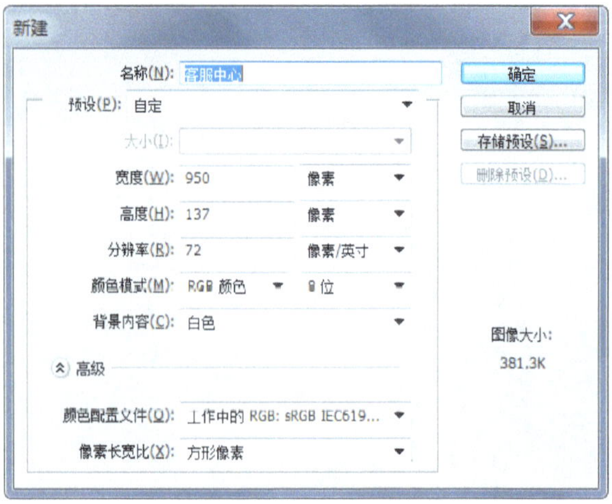

图12-3

02 制作渐变背景效果。单击工具栏中的“渐变工具”，打开“渐变编辑器”对话框，单击渐变编辑器上的“颜色”按钮，在弹出的“拾色器”对话框中设置一个蓝色（R:118、G:172、B:216）到深蓝（R:39、G:98、B:158）的渐变，完成设置后单击“确定”按钮，在画布上由下向上拉出渐变效果，如图12-4～图12-8所示。

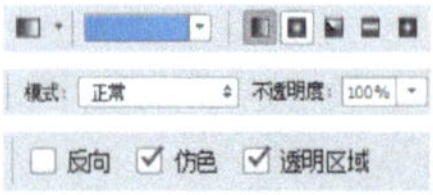

图12-4

图12-5

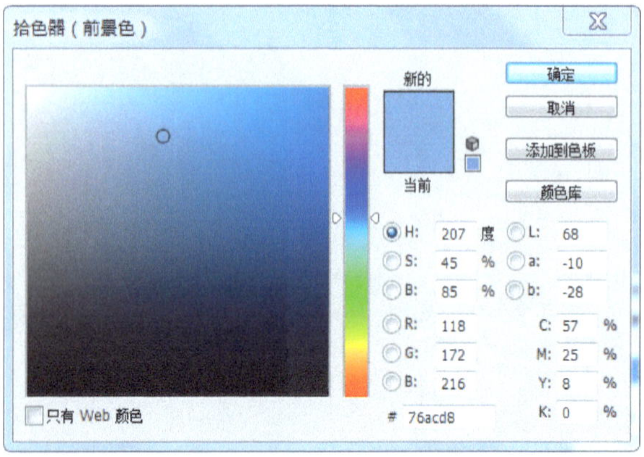

图12-6

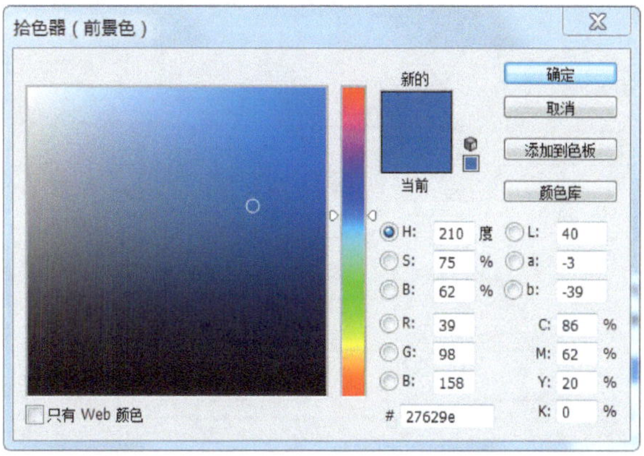

图12-7

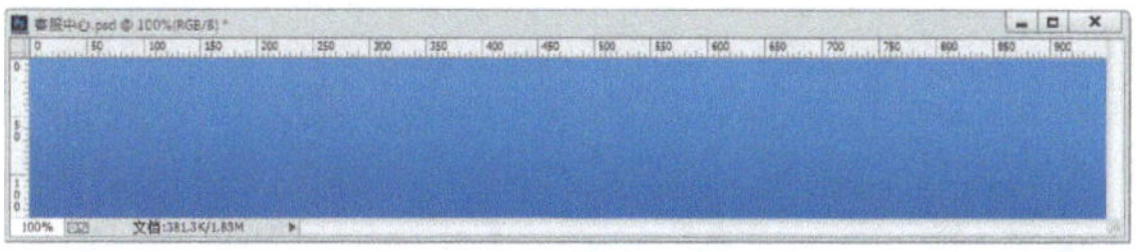

图12-8

03 添加文案信息。在工具栏中选择“文字工具”[T]，然后在画布中输入“客服中心 SERVICE”字样，设置“字体”为“微软雅黑”、“字体大小”为18点、“字体颜色”为白色（R255、G255、B255），如图12-9和图12-10所示。

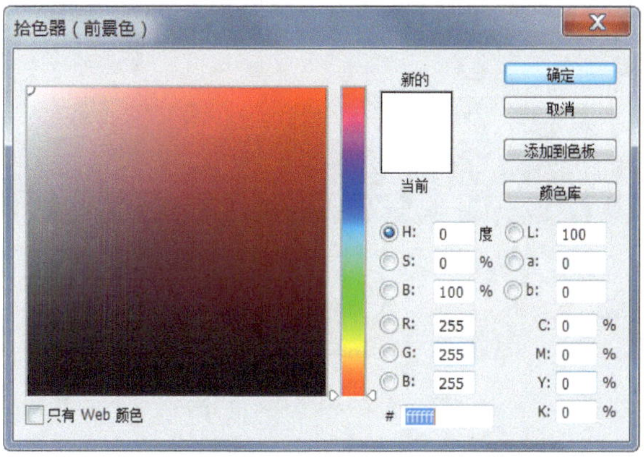

图12-9

图12-10

04 添加头像素材。按快捷键Ctrl+O打开一张PNG格式的“旺旺头像”素材图片，然后将其拖动到画布的左边位置，并命名为“旺旺头像”，如图12-11所示。

图12-11

05 绘制分界线。按快捷键Ctrl++，或按住Alt键的同时滚动鼠标，将画布放大。在工具栏中选择“钢笔工具”，绘制一个路径形状，作为分割装饰使用，如图12-12和图12-13所示。

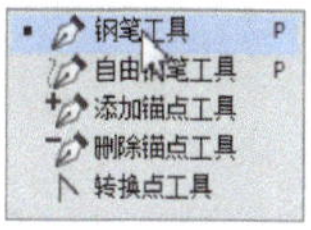

图12-12

图12-13

06 在工具栏中选择“画笔工具”，在选项栏中设置“画笔大小”为2像素。在工具栏中设置“前景色”为白色，新建一个图层，并将图层命名为“分界线”，如图12-14和图12-15所示。

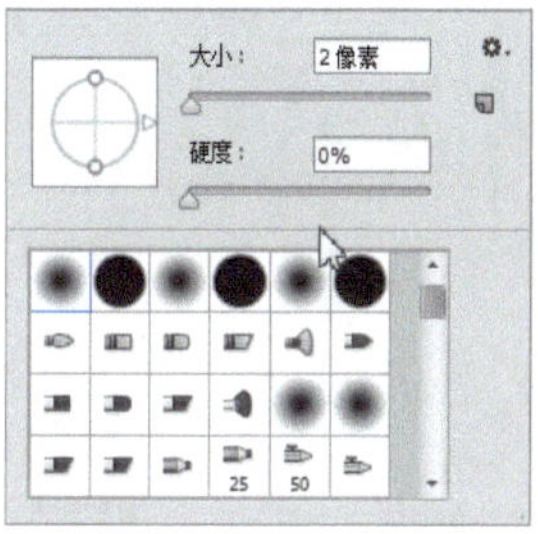

图12-14

图12-15

07 选中“分界线”图层，单击鼠标右键，在弹出的快捷菜单中选择“描边路径”选项，然后在弹出的对话框中设置“工具”为“画笔”。在工具栏中选择“橡皮擦工具”，对分界线上下两端进行擦除。按快捷键Ctrl+S保存文件，并将文件命名为“客服中心设计”，文件格式为JPEG，如图12-16~图12-18所示。

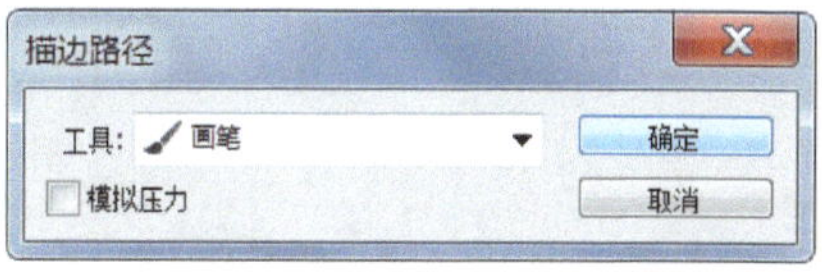

图12-16

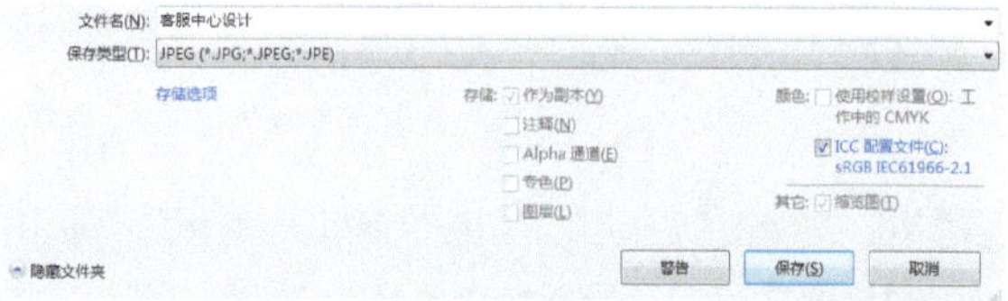

图12-17

图12-18

实战：用Dreamweaver制作客服中心栏背景

实例位置	实例文件 >CH12> 实战：用 Dreamweaver 制作客服中心栏背景
技术掌握	“插入 > 表格” 命令

01 新建文档，并插入一个表格。启动Dreamweaver软件，在主页中新建一个空白的XHTML文档，设置“文件名称”为“kfzx”。在菜单栏中执行“插入>表格”命令，在弹出的“表格”对话框中插入一个1行1列、表格宽度为950像素的表格，完成设置后单击“确定”按钮，如图12-19~图12-21所示。

图12-19

图12-20

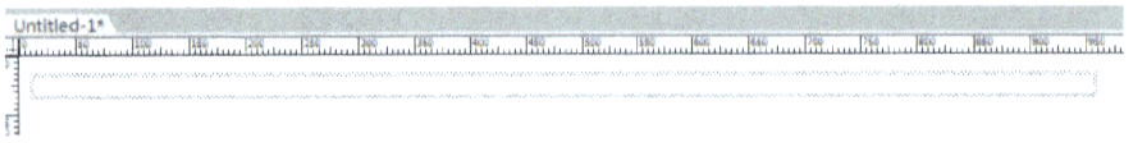

图12-21

02 将表格在文档界面中对齐。选中“表格”选项，在下方的“属性检查器”面板中单击“对齐”选项，选择“居中对齐”方式，此时表格就居中显示在“文档窗口栏”中，如图12-22和图12-23所示。

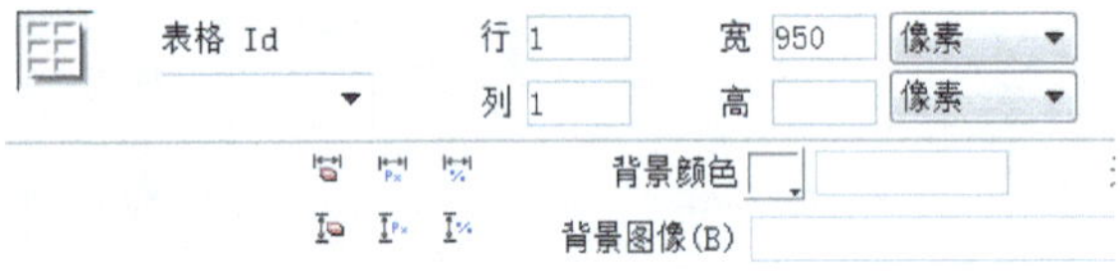

图12-22

图12-23

03 插入背景图像。在下方的“属性检查器”面板中单击“背景图像”，选择文件“1”，单击“确定”按钮，此时背景图像被插入。接着在“属性”面板中设置客服中心栏的尺寸为950像素×137像素，如图12-24~图12-26所示。

图12-24

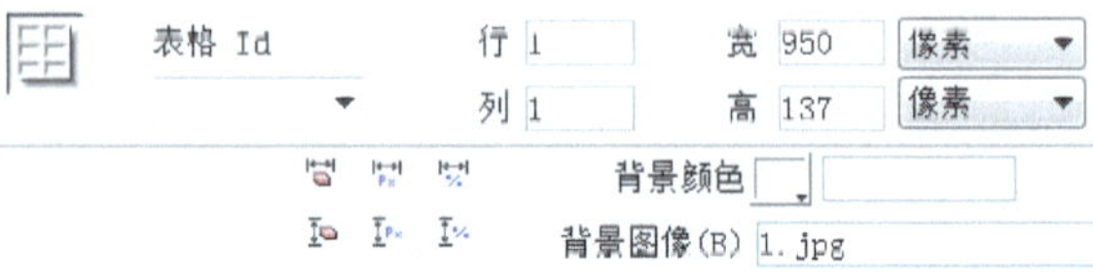

图12-25

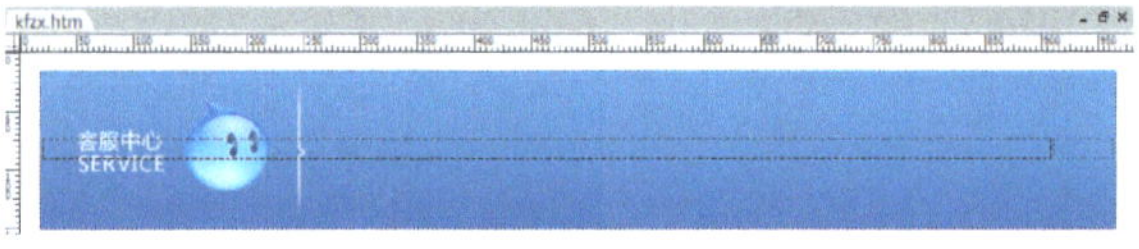

图12-26

04 继续插入表格。继续在菜单栏中执行“插入>表格”命令，在弹出的对话框中插入一个1行2列、表格宽度为950像素的表格。在表格内输入“售前01：”“售前02：”“售前03：”“售后 04：”字样，如图12-27所示。

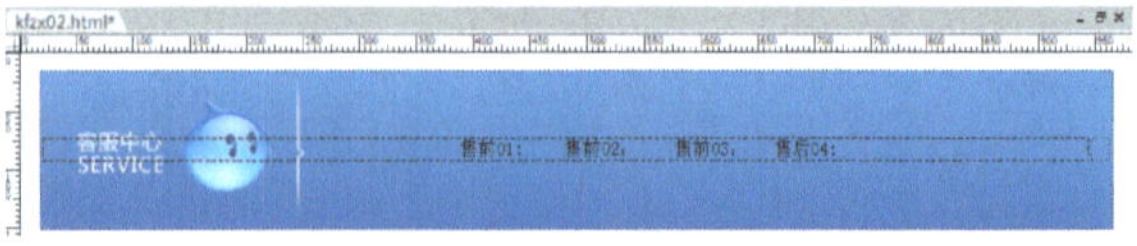

图12-27

05 修改文字颜色。在“属性”面板中将文字的颜色改成白色，同时将输入法切换成“全角”，并按空格键对文字进行间距调整，完成客服中心栏的制作，如图12-28~图12-30所示。

图12-28

图12-29

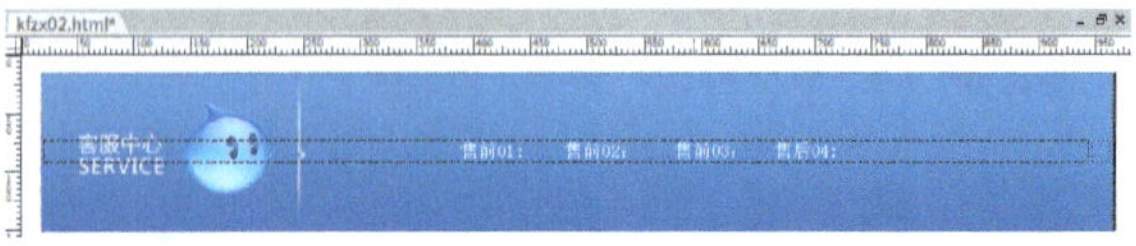

图12-30

12.3 如何在Dreamweaver中添加旺旺代码

这里，需要在线生成旺旺代码，同时将生成的旺旺代码复制到Dreamweaver客服中心的代码里，完成旺旺代码的安装。

具体的添加流程如下。

01 在百度中搜索“旺遍天下”，进入该网页，然后在“选择在线状态图片风格”一栏中选择“风格一”选项，如图12-31所示。

图12-31

02 在“填写您的文字提示信息”一栏中输入阿里旺旺号码，如图12-32所示。

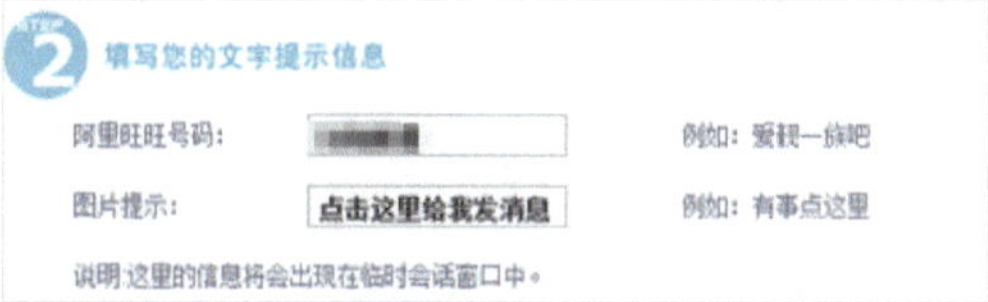

图12-32

03 单击“生成网页代码”按钮，待代码框中显示生成代码之后，单击“复制代码”按钮，这样旺旺代码的生成操作就完成了，如图12-33所示。

图12-33

12.4 如何在Dreamweaver中添加旺旺头像

01 回到Dreamweaver软件界面，将光标插入到“售前客服”文字右边，切换到“代码视图”界面，将以上复制的代码粘贴到有光标的位置，并切换回“设计视图”界面，如图12-34和图12-35所示。

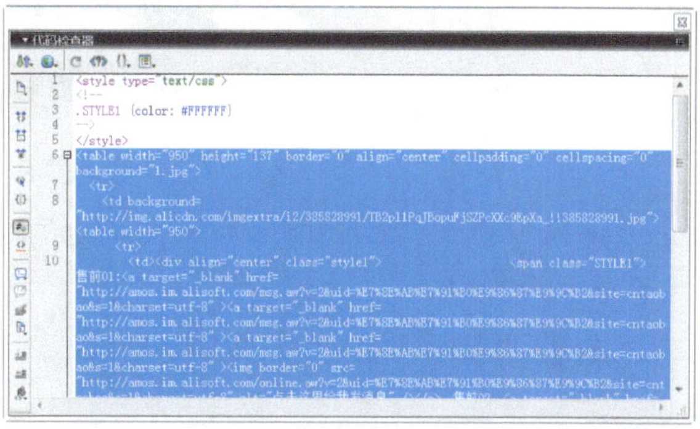

图12-34

图12-35

02 此时在对应页面中，可以看到kfzx文档的预览页面效果。这时，可以对其进行测试。首先试着换一个淘宝账号进行登录，单击旺旺图标，就可以跳转到卖家的旺旺对话框与之对话了，如图12-36所示。

图12-36

03 选中“1.jpg”背景图片（制作好的客服中心背景图片），然后将其上传到淘宝的“空间图片”中，复制客服中心图片的链接地址，在属性栏中替换“1.jpg”背景图片，如图12-37~图12-40所示。

图12-37

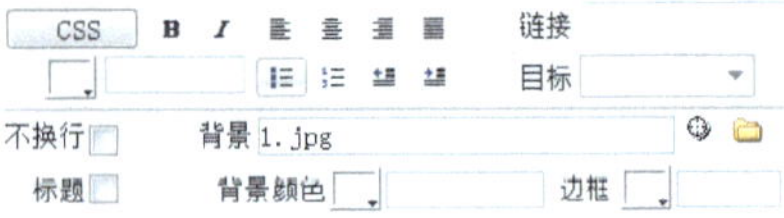

图12-38

图12-39

图12-40

12.5 如何将旺旺客服代码安装到店铺

打开淘宝网，输入用户名和密码登录到卖家店铺后台，并建立一个“自定义模块”，然后将Dreamweaver软件生成的旺旺代码粘贴到“自定义模块”里，单击“保存”按钮，即可完成客服中心的安装与发布。

具体的安装流程如下。

01 打开淘宝网，输入用户名和密码，进行登录，在导航栏上方单击“卖家中心”，在对应页面左侧依次选择“店铺管理>店铺装修”选项，如图12-41所示，来到“店铺装修后台”页面。

图12-41

02 按住鼠标右键，单击拖动950“自定义模块”到左侧页面中，出现黄绿色的“松开鼠标，模块会放到这里”的提醒字样时松开鼠标，“自定义模块”即可完成创建，如图12-42和图12-43所示。

图12-42

图12-43

03 进入Dreamweaver软件界面，再次切换到“代码视图”界面，按快捷键Ctrl+A对代码进行全选，并按快捷键Ctrl+C复制代码，按快捷键Ctrl+V将代码粘贴到可视页面中，如图12-44所示。

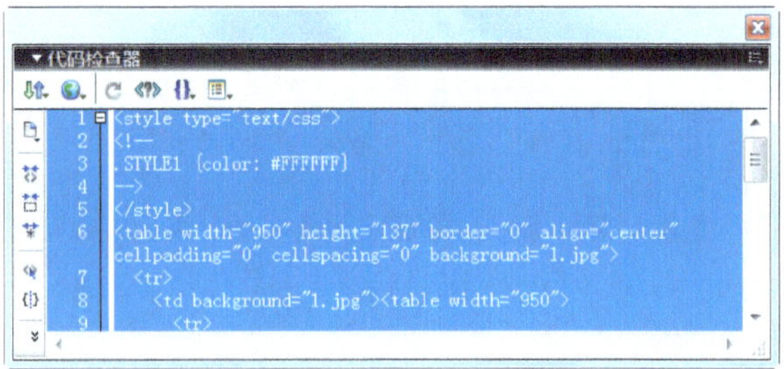

图12-44

04 单击“切换源代码”按钮，回到编辑区的可视页面，可以看到“客服中心”代码已粘贴进可视页面当中了。切换至“源代码”视图，单击“保存”按钮，完成代码的安装后，再单击右上角的“发布站点”按钮，对“客服中心”进行发布，如图12-45~图12-48所示。

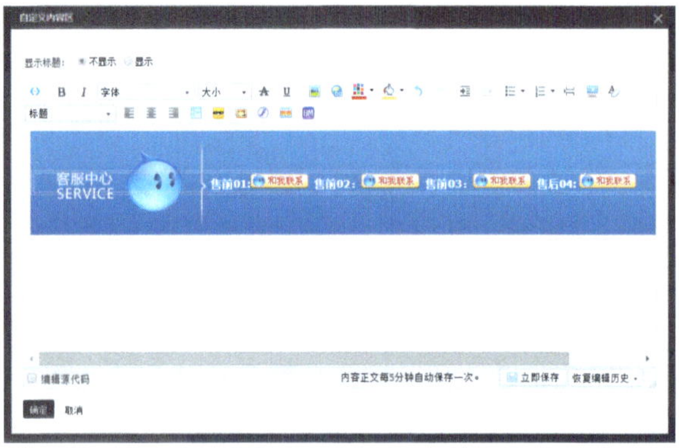

图12-45

图12-46

图12-47

图12-48

13

页尾图的
设计、代码安装与发布

什么是页尾图

页尾图的制作实战解析

13.1 什么是页尾图

淘宝店铺页尾图是淘宝店铺首页装修页面的最后一个自定义内容区。当我们把生成的代码加在页尾模块之后，页尾的内容可以在所有页面显示。页尾图的信息通常包含快递、发货、实物等相关信息，如图13–1和图13–2所示。

图13–1

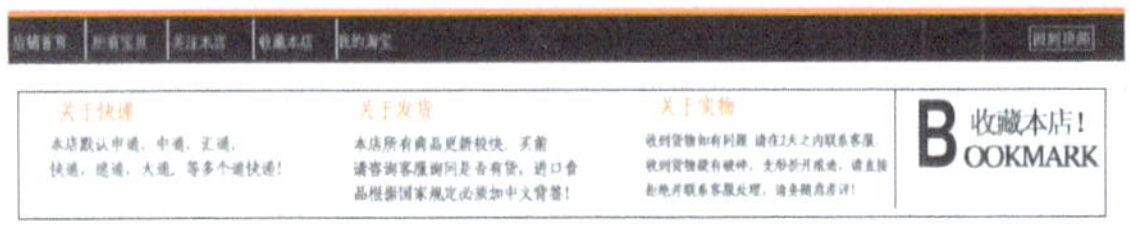

图13–2

13.2 页尾图的制作实战解析

针对页尾图的制作，其主要流程是先将制作好的页尾图进行切片处理，同时通过Dreamweaver软件进行对齐排列处理，然后将切片上传到空间，生成链接，将其复制并粘贴到Dreamweaver软件中生成代码，最后将生成的代码安装到店铺自定义区域内，保存并发布。

实战：女鞋店铺页尾图的设计、代码安装与发布

实例位置	实例文件>CH13>实战：女鞋店铺页尾图的设计、代码安装与发布
技术掌握	渐变/文字/圆角矩形/添加锚点/切片工具

这里，以一家女鞋店铺的页尾图制作为例进行讲解，如图13–3所示。

图13–3

01 新建文档。在菜单栏中执行“文件>新建”命令，打开“新建”对话框，设置文件“名称”为“页尾设计”、“宽度”和“高度”为950像素×240像素，其他参数保持默认设置即可，如图13–4所示。

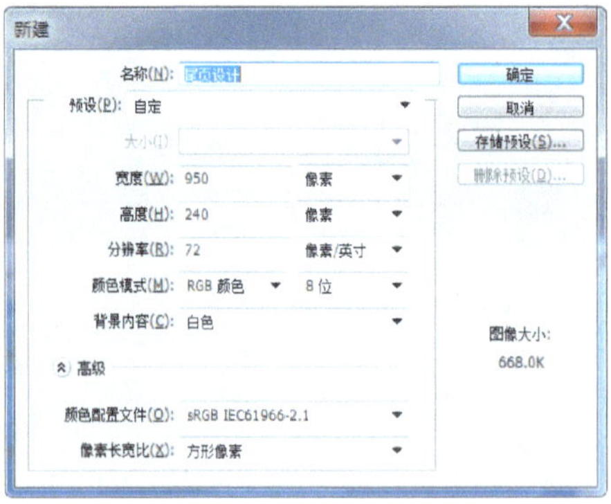

图13–4

02 制作渐变背景。单击工具栏中的“渐变工具”，在选项栏中设置填充颜色为蓝色，并打开“渐变编辑器”对话框，单击渐变编辑器上的三角滑块，在弹出的“拾色器”对话框中设置一个由蓝（R:78、G:146、B:201）到深蓝（R:32、G:95、B:158）的渐变，完成设置后单击“确定”按钮，在画布上由下向上拉出渐变效果，如图13–5~图13–8所示。

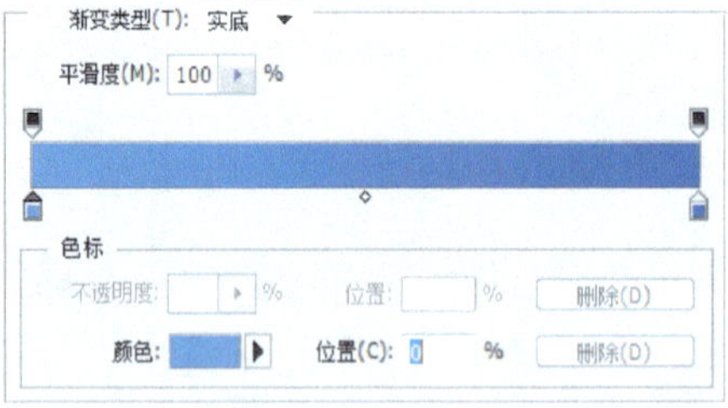

图13–5

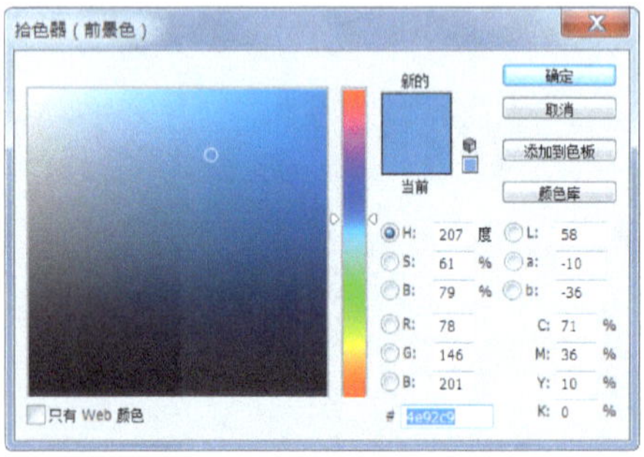

图13–6

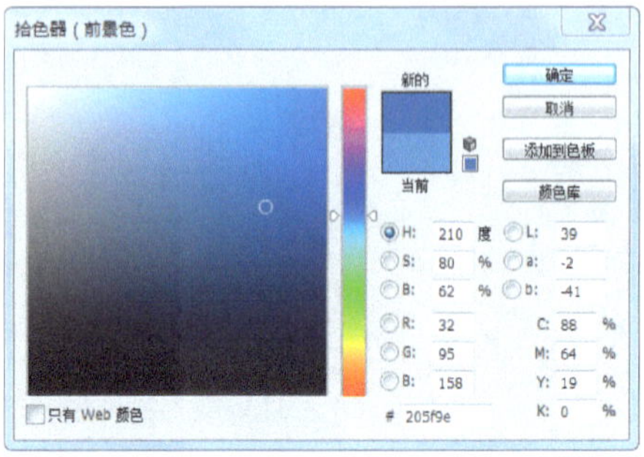

图13–7

图13-8

03 添加第1栏信息。按快捷键Ctrl+O打开“01.png”素材图片，将其拖动到画布的左侧。在工具栏中选择“文字工具”T，在画布中输入“关于快递”主标题字样，设置“字体大小”为19点、“字体颜色”为白色（R:255、G:255、B:255）；输入“本店默认申通快递……”副标题字样，设置“字体大小”为14点、“字体颜色”为白色（R:255、G:255、B:255）；为了突出“申通快递”这几个字，更改其颜色为黄色（R:236、G:173、B:8），如图13-9和图13-10所示。

图13-9

图13-10

04 添加第2栏信息。打开“02.png”素材图片，同样将其拖动到画布的左侧。在工具栏中选择“文字工具”T，在画布中输入“发货时间”主标题字样和“每天下午5点前订单当天发货”副标题字样，并按照上一步的字体样式设置方法对文字进行对应设置，同时为了突出“5点前订单当天发货”这几个字，更改其颜色为黄色（R:236、G:173、B:8），如图13-11和图13-12所示。

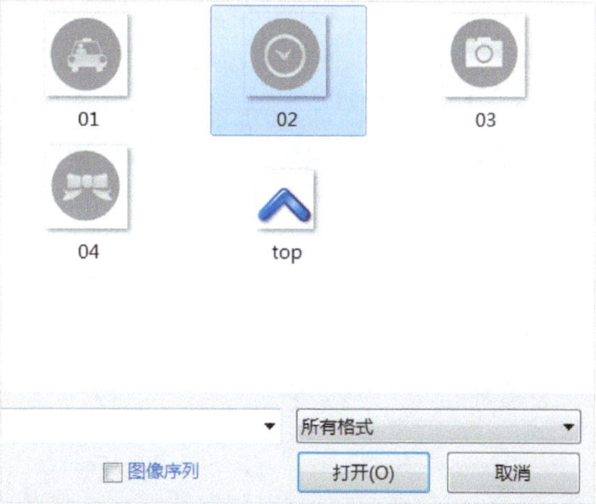

图13-11

图13-12

05 添加第3栏信息。打开“03.png”素材图片，并同样将其拖动到画布的右侧。在工具栏中选择“文字工具”T，在画布中输入“关于实物”主标题字样和“本店所有的产品100%实物拍摄”副标题字样，并按照上一步的字体样式设置方法对文字进行对应设置，同时为了突出“实物拍摄”这几个字，更改其颜色为黄色（R:236、G:173、B:8），如图13-13和图13-14所示。

图13-13

图13-14

06 添加第4栏信息。打开“04.png”素材图片，同样将其拖动到画布的右侧。在工具栏中选择“文字工具”T，在画布中输入“售后服务”主标题字样和“收到货物，验货如有质量问题请联系客服”副标题字样，并按照上一步的字体样式设置方法对文字进行对应设置，同时为了突出“如有质量问题请联系客服”这几个字，更改其颜色为黄色（R:236、G:173、B:8），如图13-15和图13-16所示。

图13-15

图13-16

07 制作装饰外框。在工具栏中设置“前景色”为白色，单击“圆角矩形工具”，在选项栏中设置“填充”为“无”、“描边”为“白色”、“描边大小”为0.74点、“半径”为30像素，其他参数保持默认状态。设置完成后在图层的最上方新建一个图层，并命名为“边框”，然后在该图层中绘制一个圆角矩形，如图13-17和图13-18所示。

图13-17

图13-18

08 单击工具栏中的“添加锚点工具”，先从界面的左上角开始，在圆角矩形的转角处添加节点，将其往内进行调节，使其形成一个弧形，并按快捷键Ctrl+Enter将其载入选区，再按快捷键Ctrl+D取消选区，如图13-19~图13-21所示。

图13-19

图13-20

图13-21

09 按照上一步同样的操作方法，将圆角矩形的其他3个圆角做同样的处理。最终制作完成后的装饰外框效果如图13-22所示。

图13-22

10 添加TOP字样。适当调整文字与边框的位置，并将边框和文字整体向上移动，按快捷键Ctrl+O打开“top .png”素材图片，将其拖动到画布中间偏底部的位置。在工具栏中选择“文字工具”T，在“top .png”图层下方输入“top”字样。按快捷键Ctrl+S保存文件，并将文件命名为“尾页设计”，文件格式为JPEG，如图13-23~图13-25所示。

图13-23

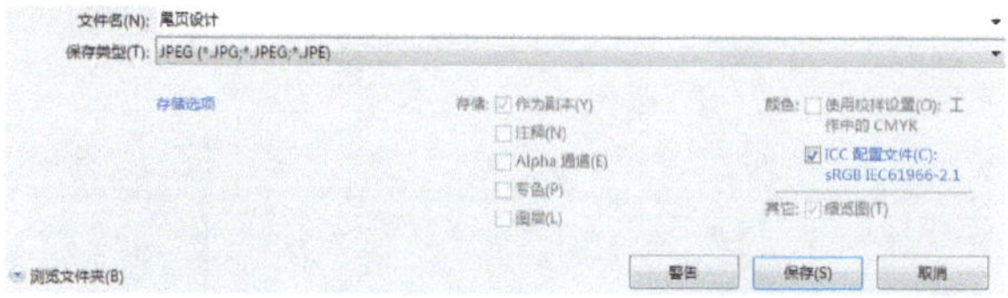

图13-24

图13-25

11 切片。在工具栏中选择“切片工具”，在画布中裁出一个区域，这时可以看到画布上的01~05这5个切片，隐藏“文字”图层与“图标”图层，如图13-26~图13-28所示。

图13-26

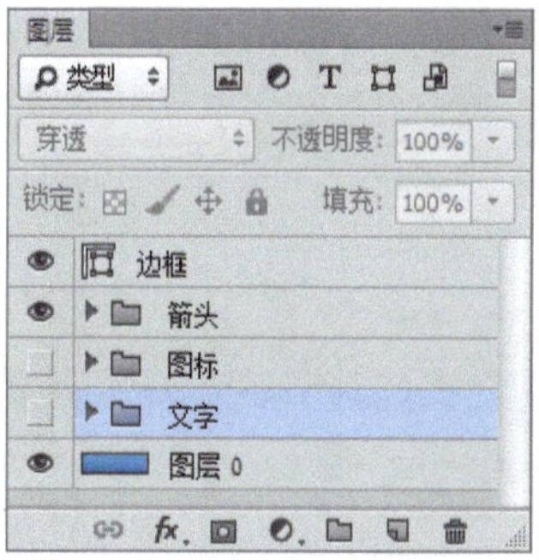

图13-27

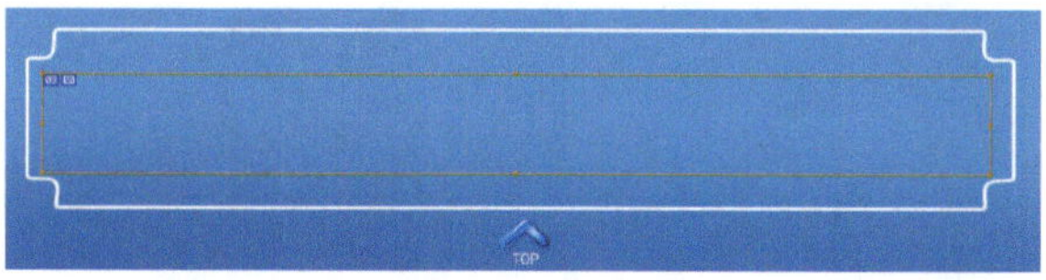

图13-28

12 保存文件。在菜单栏中执行“文件>存储为Web所用格式”命令（快捷键Ctrl+Shift+Alt+S），选择文件格式为JPEG，单击“存储”按钮，在弹出的“保存文件”对话框中设置文件名称为“WYsj”，“格式”为“HTML和图像”，选择“所有切片”，单击“保存”按钮，将其保存为images文件夹，如图13-29和图13-30所示。

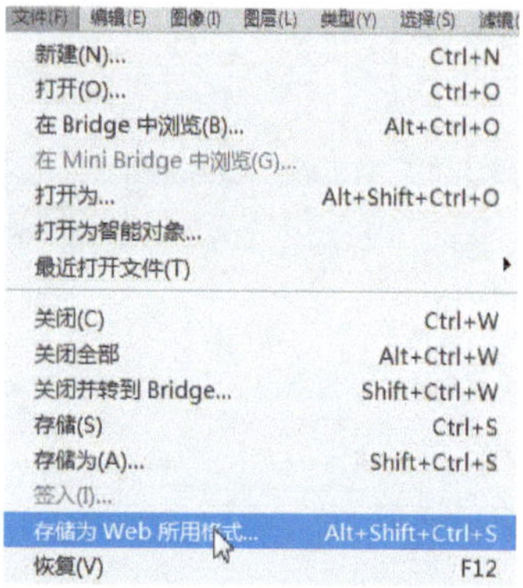

图13-29

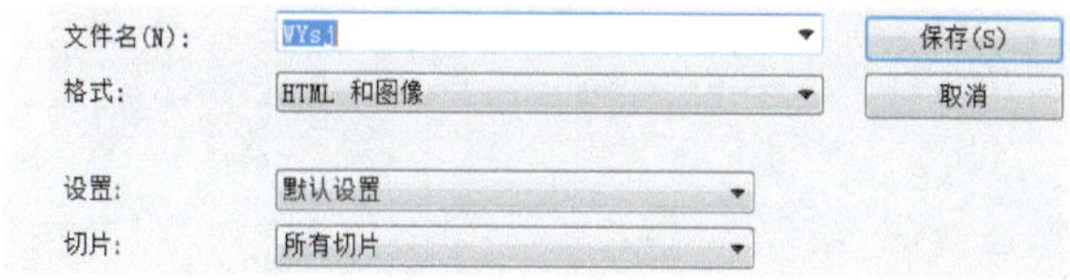

图13-30

13 将图片上传到空间。打开淘宝网，输入用户名和密码，登录网站。在导航栏上方单击“卖家中心”选项，在对应页面左侧逐步选择“店铺管理>图片空间”选项，进入店铺装修后台，打开图片空间界面，如图13-31和图13-32所示。

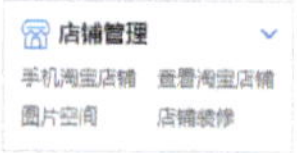

图13-31

图13-32

14 在图片空间编辑区域里，单击“通用上传”版块下方的“点击上传”按钮，选择images图片和素材图片，将images图片和素材图片上传到淘宝空间中，如图13-33~图13-36所示。

图13-33

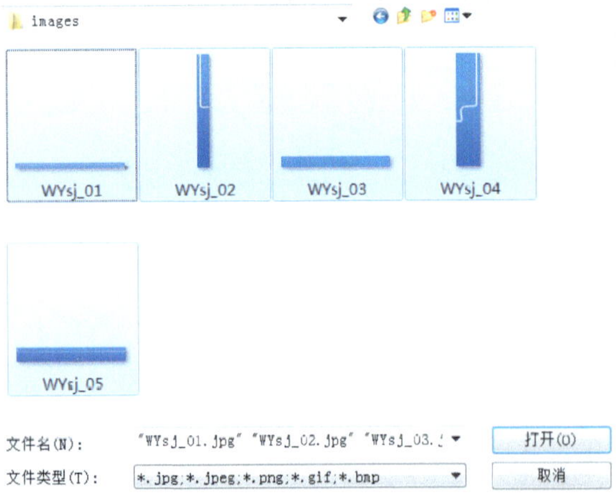

图13-34

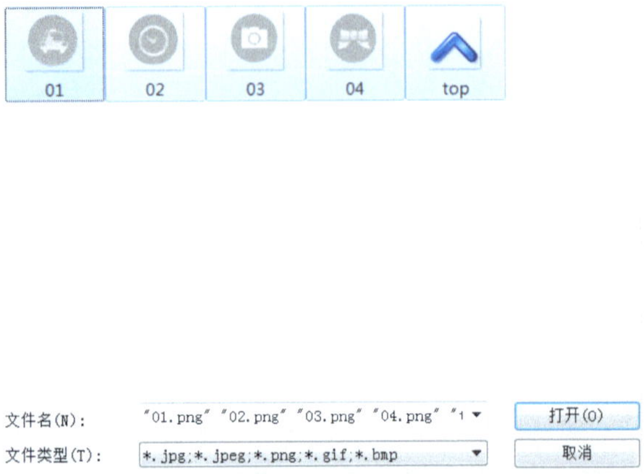

图13-35

图13-36

15 制作代码。启动Dreamweaver软件，在主页中新建一个空白的XHTML文档，打开前面保存的“WYsj”文件，如图13-37所示。

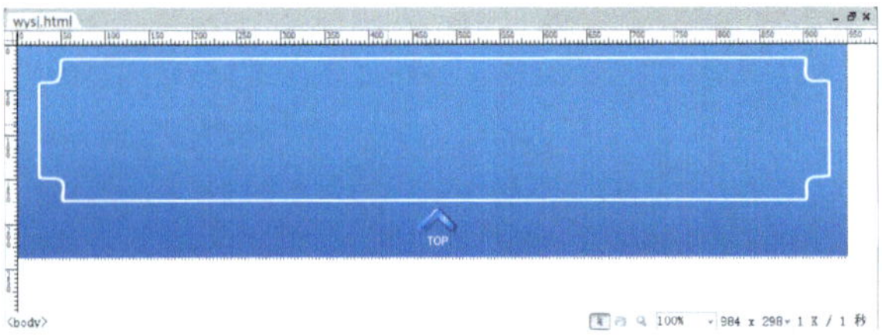

图13-37

16 选中“WYsj_03”图片，对属性栏下方的“imagess/WYsj_03.JPEG”图片进行剪切，如图13-38和图13-39所示。

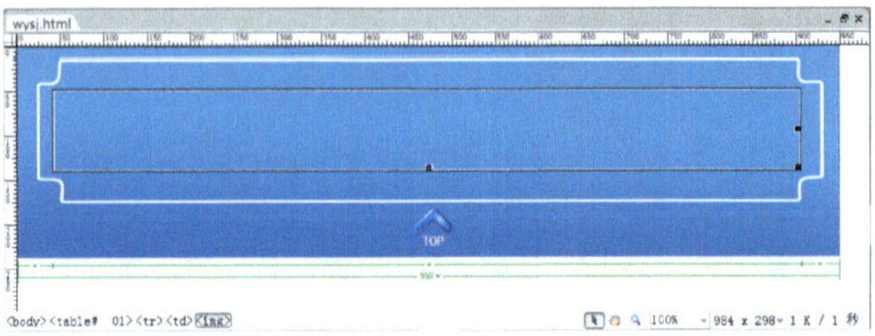

图13-38

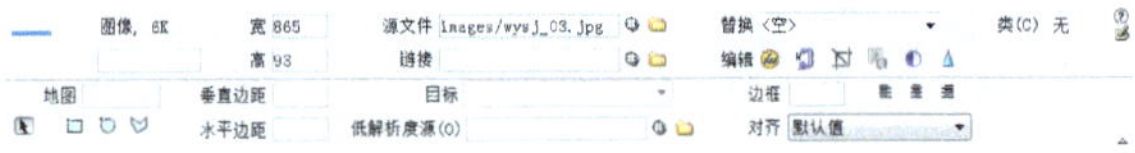

图13-39

17 记录下宽高数值（865×93），并按Delete键进行删除，如图13-40和图13-41所示。

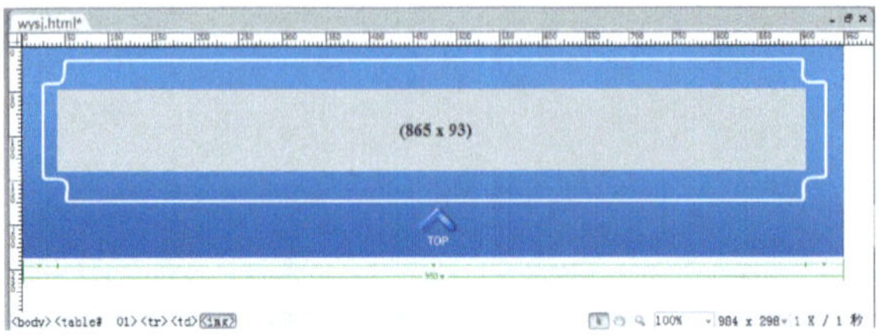

图13-40

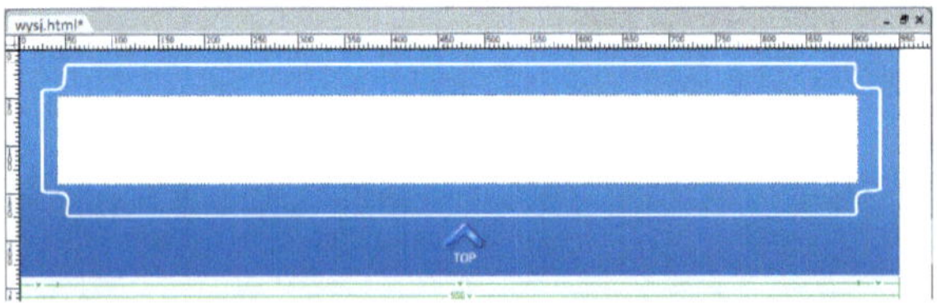

图13-41

18 切换到“图片空间”编辑区域，复制“WYsj_03”链接地址，然后粘贴到下方的“属性检查器”面板的“背景”地址栏中，如图13-42和图13-43所示。

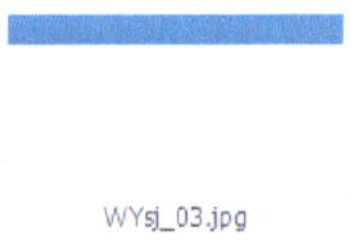

图13-42

图13-43

TIPS

这里要注意的是，在粘贴地址时，需要去掉Https中的字母s才行。

19 用同样的方法，分别更换“WYsj_01”、“WYsj_02”、“WYsj_04”和“WYsj_05”的图片空间地址。把光标放在“WYsj_03”背景图片上，在菜单栏中执行“插入>表格”命令，在弹出的“表格”对话框中设置“行数”为2，“列数”为8，“表格宽度”为886像素，单击“确定”按钮，完成设置，如图13-44和图13-45所示。

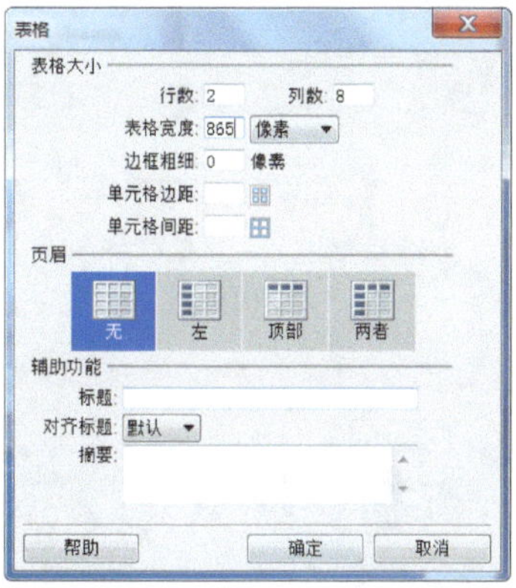

图13-44

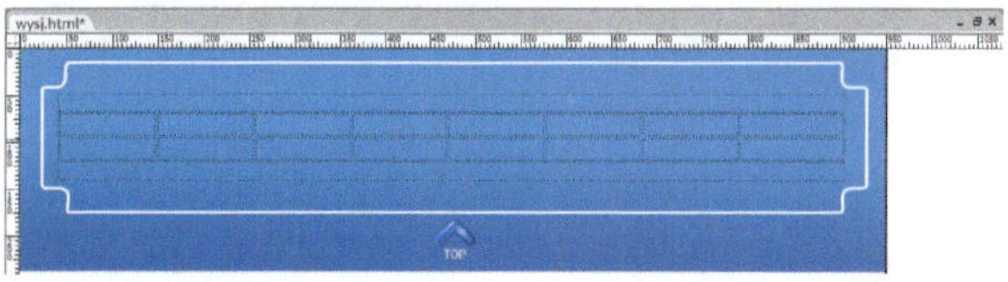

图13-45

20 分别选中表格的1、3、5、7列，然后单击鼠标右键，在弹出的快捷菜单中执行“表格>合并单元格”命令，同时在菜单栏中执行“插入>选择图片”命令，分别插入对应的4个素材图片，如图13-46~图13-48所示。

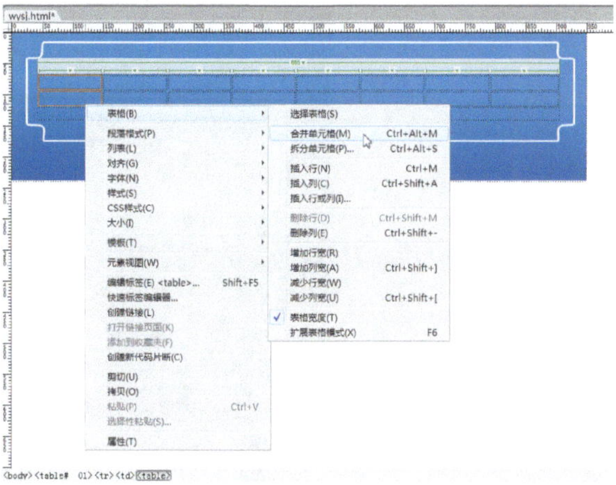

图13-46

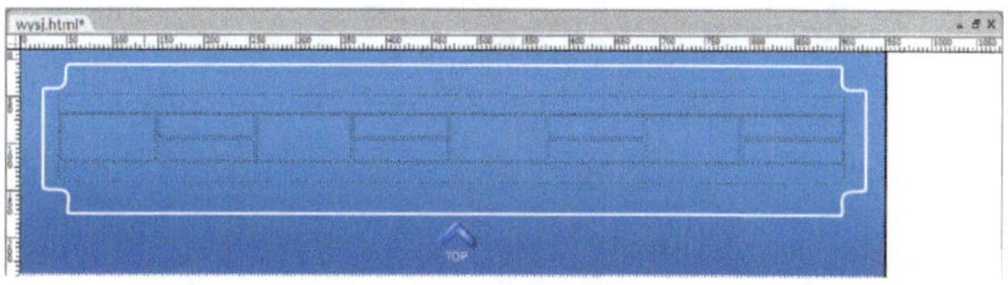

图13-47

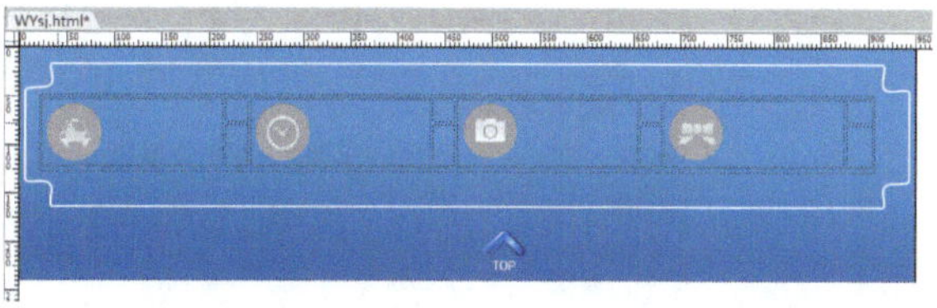

图13-48

21 分别在偶数单元格中输入对应的文字，并选择文字，在“属性”面板中统一调整字体大小为“较小”，并将颜色改成白色，同时把4个标题的文字加粗，如图13-49和图13-50所示。

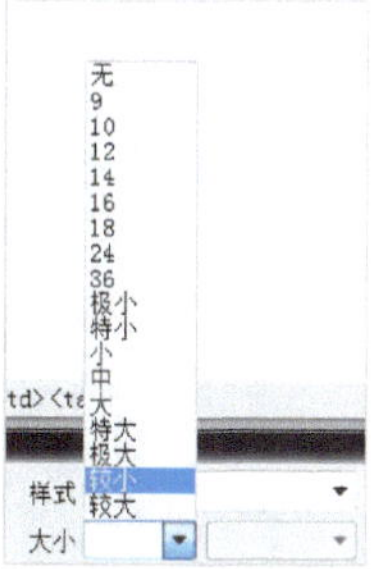

图13-49

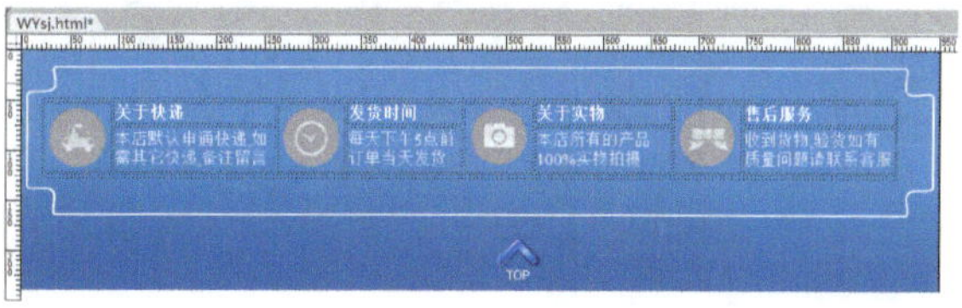

图13-50

22 选中图片“WYsj_05”，在“属性”面板的“链接”文本框中输入“http://www.taobao.com/”，在“目标”文本框中输入“_blank”，单击菜单栏上方的“在浏览器中预览和调试”按钮，进行测试预览，如图13-51所示。

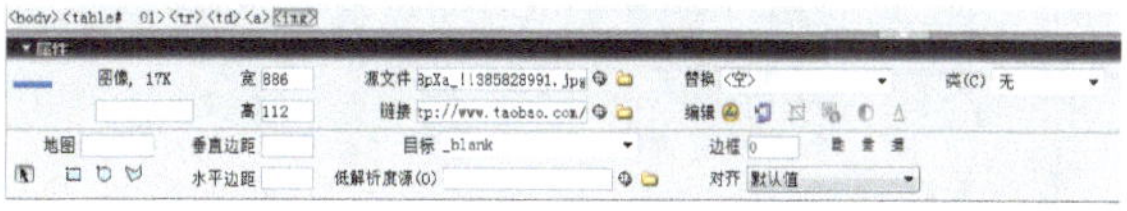

图13-51

23 安装。打开淘宝网，输入用户名和密码，登录网站。在导航栏上方单击“卖家中心”选项，在对应页面中依次选择“店铺管理>店铺装修”选项，进入店铺装修后台，如图13-52所示。

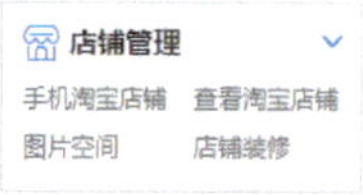

图13-52

24 用鼠标单击拖动“95自定义”模块到左侧的页面中，当拖动到页面时，会出现黄绿色的“松开鼠标，模块会放到这里”的提醒字样，此时松开鼠标，“自定区”编辑区域成功建立，如图13-53所示。

图13-53

25 单击“切换源代码”按钮，将Dreamweaver软件再次切换到“代码视图”界面。按快捷键Ctrl+A对代码进行全选，按快捷键Ctrl+C进行复制，之后回到淘宝后台的“自定区”编辑区域，单击切换“源代码”按钮，按快捷键Ctrl+V将代码粘贴到“自定区”编辑模块内，如图13-54和图13-55所示。

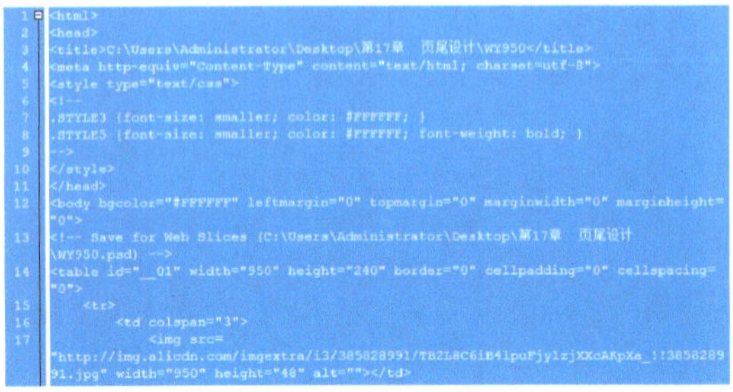

图13-54

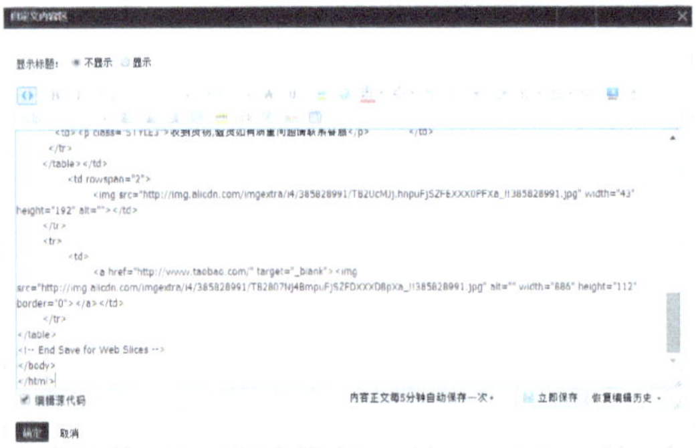

图13-55

26 保存。单击“切换源代码”按钮，切换到可视页面，单击“确定”按钮，对效果进行保存，完成代码安装，如图13-56所示。

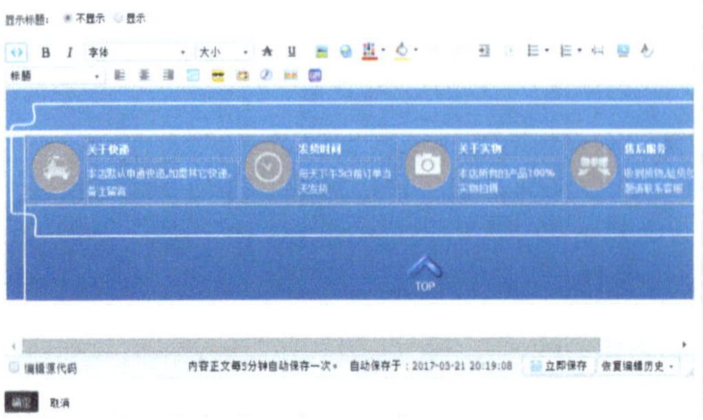

图13-56

27 发布。单击界面右上角的“发布站点”按钮，完成发布，如图13-57和图13-58所示。

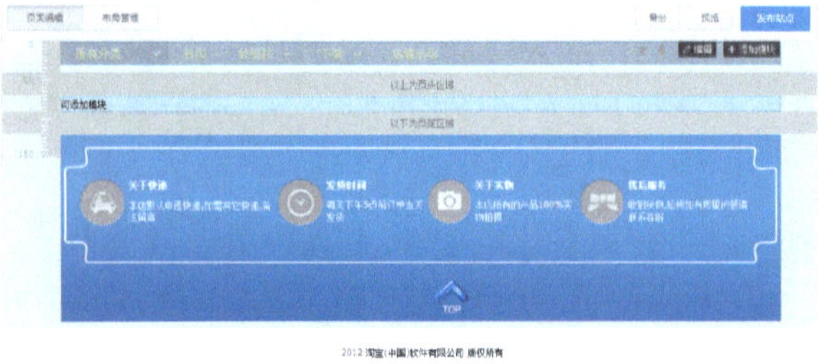

图13-57

图13-58

14

淘宝官方视频的制作、订购、上传与发布

什么是淘宝官方视频

淘宝官方视频的制作

关于“淘宝官方无线视频”的订购

视频的上传与发布方法

14.1 什么是淘宝官方视频

要订购无线视频，首先需要开通旺铺智能版。据淘宝相关数据统计，信息不真实、图片与货物不符等是造成退货率高的重要因素，客户很难从静态图片中获取他们想要了解的信息。无线视频展示就很好地解决了这一难题，左右摆动手机便能观看产品的不同角度，惟妙惟肖。无线视频互动体验式消费无疑是淘宝电商的大趋势，能够从感觉上拉近消费者与商品之间的距离，如图14-1和图14-2所示。

图14-1

图14-2

14.2 淘宝官方视频的制作

视频制作有很多方法，下面为大家讲解一种很简单的视频制作方法，即用手机“美拍”软件来拍摄和制作视频。

“美拍”软件的安装、视频录制和发布流程如下。

01 首先下载并安装“美拍”客户端，打开“美拍”软件，进入“美拍”界面，如图14-3~图14-5所示。

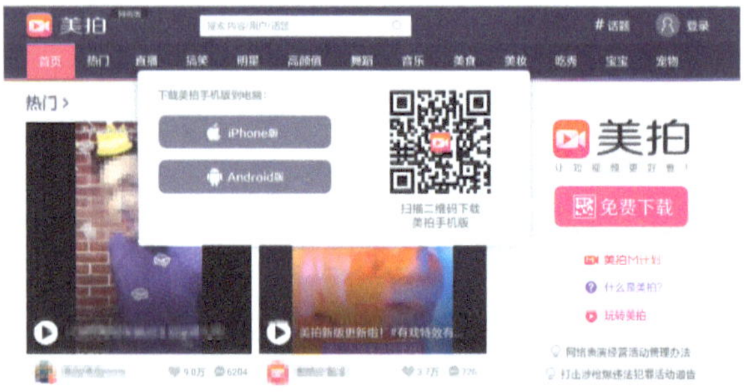

图14-3

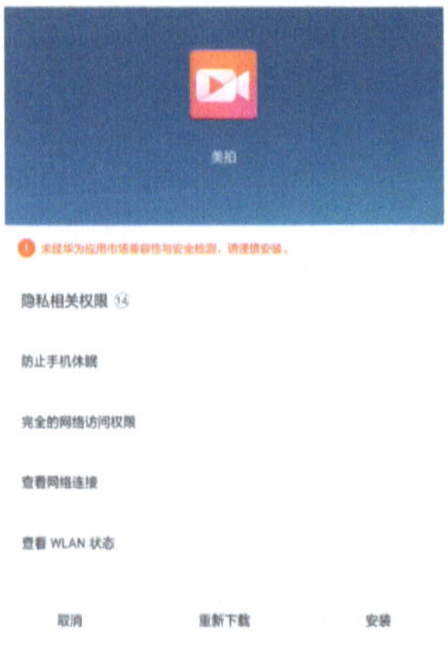

图14-4 图14-5

02 单击“短视频”图标，开始对产品进行拍摄，录制完成后单击“确认”图标■，然后依次单击“下一步”和“分享”按钮，同时将视频保存到手机相册中，如图14-6~图14-9所示。

图14-6

图14-7

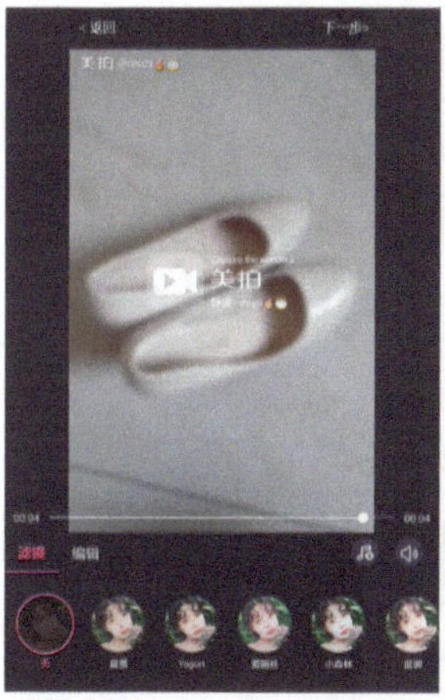

图14-8

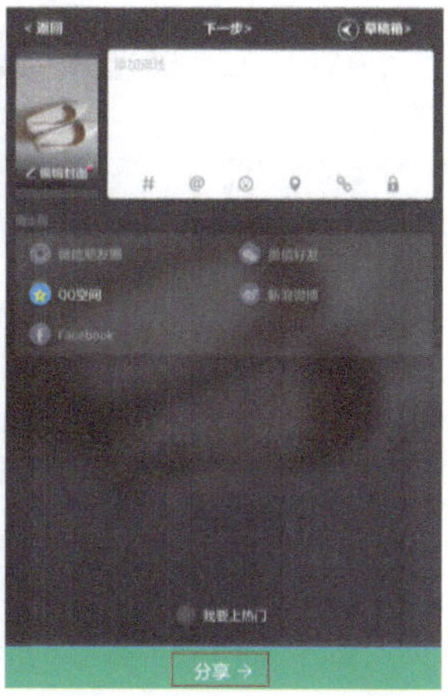
分享 →

图14-9

14.3 关于“淘宝官方无线视频”的订购

如果卖家想把“视频”发布到相应的店铺场景中，需要先订购“淘宝官方无线视频”。可以在淘宝服务市场订购，但是只有旺铺智能版的卖家才可以订购。针对不同商家来说，其订购“官方无线视频”的方式也会不一样，这里给大家简单介绍一下。

14.3.1 “无线视频”功能对于商家的划分

1. 新近商家

推荐日均UV在3 000及以下的商家使用，价格为20元/月。预计可满足每月8个不超过两分钟的视频同时在线存储；预计每月可播放1分钟的视频1 000次，如图14-10所示。

新晋商家
（日均 UV 3000及以下推荐使用）
普及版
20元/月
100M存储空间
10G播放流量

图14-10

2. 专业商家

推荐日均UV在3 000~9 000的卖家使用，价格为50元/月。预计可满足不超过两分钟的视频同时在线，存储量在20个左右；预计每月可播放1分钟的视频2 500次，如图14-11所示。

专业商家
（日均UV 3000~9000 推荐使用）
高级版
50元/月
250M存储空间
25G播放流量

图14-11

3. 品牌商家

推荐日均UV在1万以上的商家使用，价格为128元/月。预计可满足不超过两分钟的视频同时在线，存储量在50个左右；预计每月可播放1分钟的视频5 000次，如图14-12所示。

品牌商家
（日均UV 10000及以上推荐使用）
旗舰版
128元/月
650M存储空间
50G播放流量

图14-12

14.3.2 无线视频的订购流程

针对一些新旺铺基础版用户，一般不能免费使用视频服务，因此在订购无线视频时通常会给出“需订购淘宝旺铺”的提示，如图14-13所示。

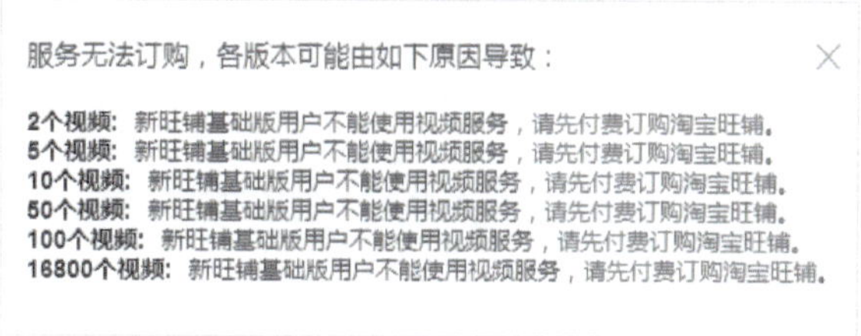
服务无法订购，各版本可能由如下原因导致：
2个视频：新旺铺基础版用户不能使用视频服务，请先付费订购淘宝旺铺。
5个视频：新旺铺基础版用户不能使用视频服务，请先付费订购淘宝旺铺。
10个视频：新旺铺基础版用户不能使用视频服务，请先付费订购淘宝旺铺。
50个视频：新旺铺基础版用户不能使用视频服务，请先付费订购淘宝旺铺。
100个视频：新旺铺基础版用户不能使用视频服务，请先付费订购淘宝旺铺。
16800个视频：新旺铺基础版用户不能使用视频服务，请先付费订购淘宝旺铺。

图14-13

无线视频的服务版本有普及版、高级版、旗舰版、铂金版和钻石版5个版本，周期有一个月、一季度和半年之分。对于无线视频的订购与使用，必须是使用旺铺智能版的卖家，若是使用基础版的卖家，必须先订购“无线视频＋智能版套餐”。

“无线视频＋智能版套餐”的具体订购流程如下。

01 首先，开通旺铺智能版，在服务市场搜索“无线视频”，然后找到需要订购的无线视频商品，在对应页面中单击 “立即购买”按钮，如图14-14所示。

图14-14

02 去支付宝进行支付，完成“无线视频＋智能版套餐”的订购，如图14-15~图14-18所示。

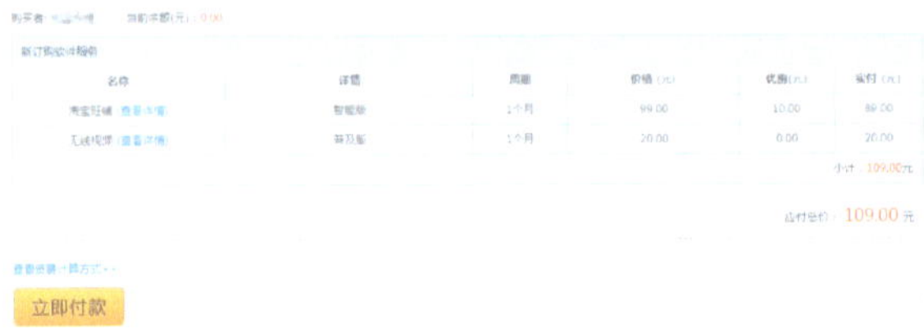

图14-15

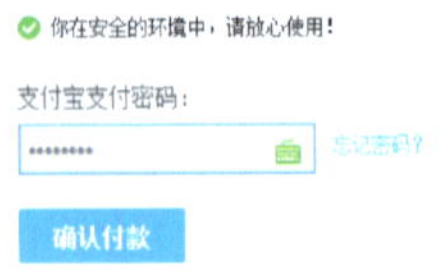

图14-16　　图14-17

图14-18

03 订购成功之后，可以在“我的服务”里查看已订购的无线视频服务商品，如图14-19所示。

图14-19

14.4 视频的上传与发布方法

针对视频的上传与发布，这里主要围绕将视频发布到手机淘宝首页、将视频发布到微淘，以及将详情页视频发布到手机淘宝首页这三个方面做示范讲解。

14.4.1 将视频发布到手机淘宝首页

这里，以淘宝C店智能版为例来讲解如何将视频发布到手机淘宝首页，如图14-20所示。

图14-20

01 进入装修后台。打开淘宝网，输入用户名和密码，登录网站。单击导航栏上方的“卖家中心”选项，进入卖家工作台，在左侧菜单栏中执行“店铺管理>手机淘宝店铺”命令，选择“立即装修”选项，进入无线装修后台，如图14-21和图14-22所示。

图14-21

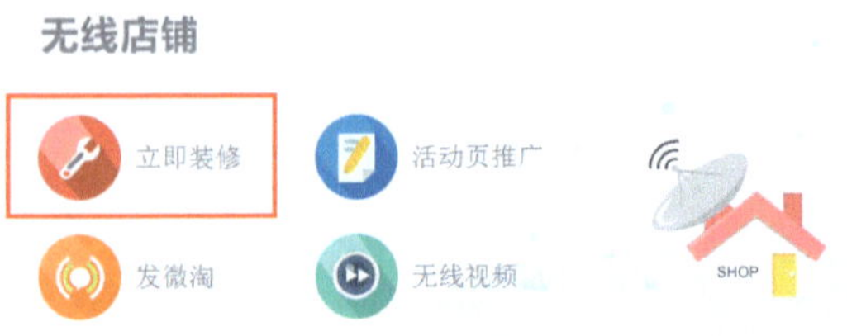

图14-22

02 在“装修手机淘宝店铺”页面的下方单击“店铺首页”图标，进入无线端店铺首页的“编辑”界面即装修后台。单击“首页页面管理”下的“编辑页面”按钮，进入“首页页面管理”界面，准备编辑，如图14-23~图14-24所示。

图14-23

图14-24

03 添加无线首页视频。在页面左侧的“图文类”模块下方单击“视频模块”选项，并将其拖动到中间模拟手机编辑区进行实时预览，这时可以看到已为“无线装修页面”添加了一个视频模块，如图14-25和图14-26所示。

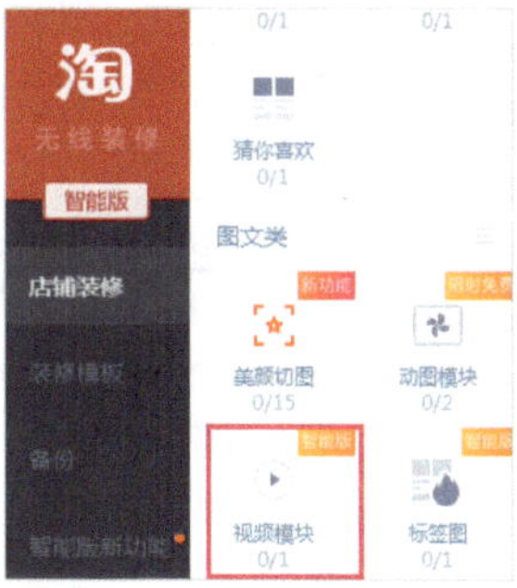

图14-25

图14-26

04 上传视频。在视频模块的编辑区域里，单击“选择互动视频”一栏下方的“+”按钮，添加要上传的视频，对视频进行上传，如图14-27所示。

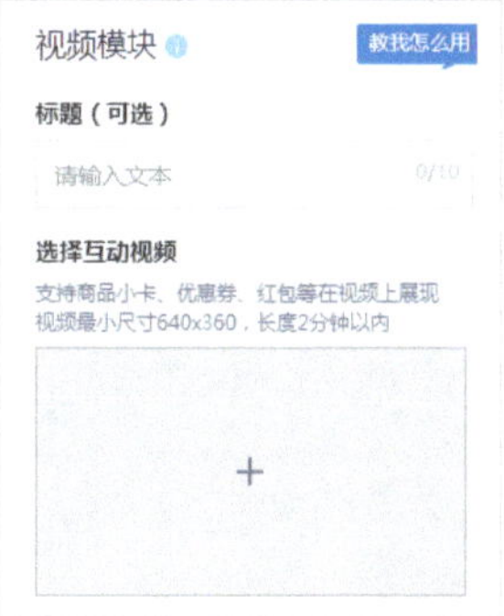

图14-27

TIPS

在上传视频的时候，如果上传的视频是之前已经上传过的，可以直接选择“选择现有互动视频”选项进行选择和上传；如果要上传的视频是原来没有上传过的，那么则需要单击“上传视频”按钮，在本地文件中选择视频进行上传，如图14-28所示。

图14-28

05 对视频命名，并查看上传后的视频。将视频上传完成后，在弹出的“请为新互动视频进行命名”对话框中给视频命名为“女鞋”，单击“确定”按钮，来到“互动视频编辑”界面，再单击页面上方的“完成编辑”按钮，在弹出的“确认完成视频编辑吗？”对话框中单击“确定”按钮，这时可以看到编辑界面上已经有上传好的“女鞋视频”了，如图14-29~图14-33所示。

图14-29

图14-30

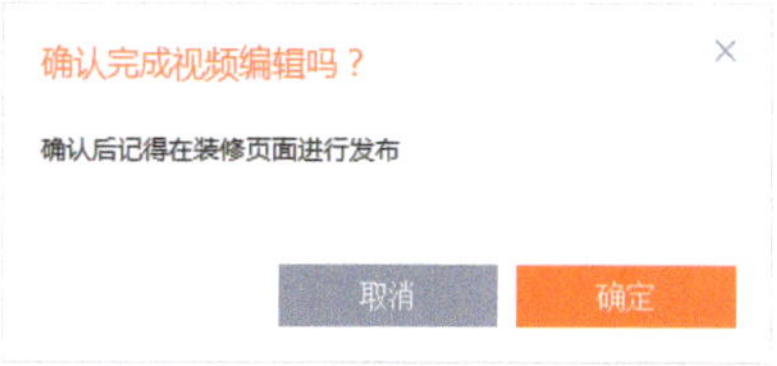

图14-31

图14-32

图14-33

14.4.2 将视频发布到微淘

下面为大家讲解如何将视频发布到微淘。

01 打开“店铺管理”界面。打开淘宝首页，输入淘宝账号和密码，登录网站。单击导航栏上方的“卖家中心”选项，进入“店铺管理”界面，如图14-34和图14-35所示。

图14-34

图14-35

02 打开“阿里·创作平台”界面。在界面中依次选择“手机淘宝店铺>发微淘”选项，进入“阿里·创作平台”管理中心界面，如图14-36和图14-37所示。

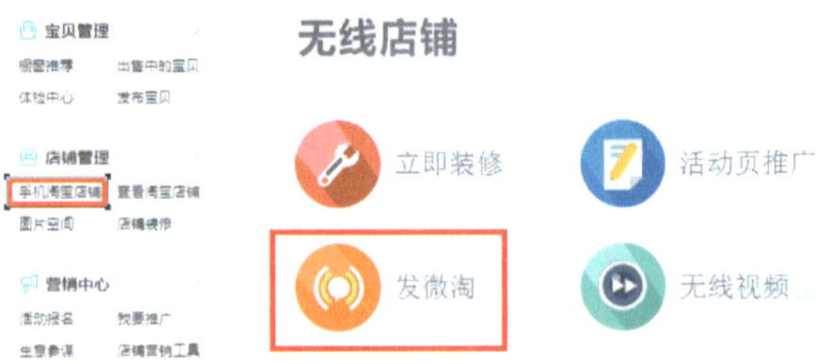

图14-36

图14-37

03 打开添加视频界面。单击“阿里·创作平台”管理中心界面右上角的“发布新作品”选项，跳转到“发微淘”管理界面，单击“短视频”发布按钮，来到“发布新作品”的编辑界面，如图14-38~图14-40所示。

图14-38

图14-39

图14-40

04 添加视频文字信息。输入标题文字和视频描述文字，如图14-41所示。

图14-41

05 上传并发布视频。单击“添加视频”按钮，选择需要上传的视频，然后单击“确定添加”按钮，进行上传。在“设置视频封面”一栏下方单击“添加上传图片”按钮，添加需要的视频封面（一般来说，这里上传的视频封面尺寸在750像素×422像素比较合适）。最后依次单击“确定”和“完成”按钮，此时页面又跳转回“发布新作品”的界面，这时候单击页面右下角的“发布（今日还可发布：1篇）”按钮，可以在“阿里·创作平台”界面的“作品”列表中看到发布的视频，如图14-42~图14-49所示。

图14-42

图14-43

图14-44

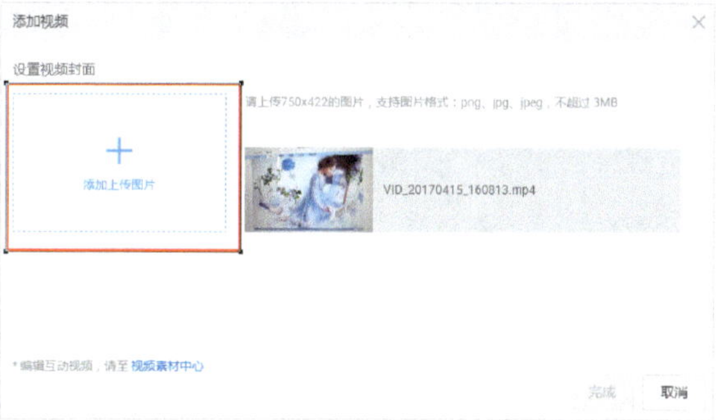

图14-45

图14-46

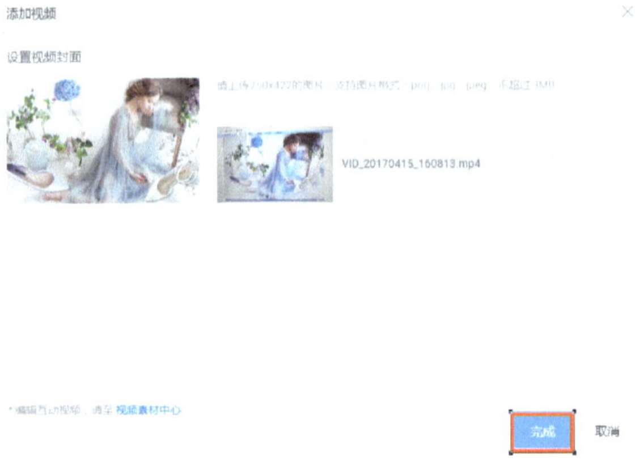

图14-47

图14-48

图14-49

14.4.3 将详情页视频发布到手机淘宝首页

下面为大家讲解如何将详情页视频发布到手机淘宝首页。

01 打开“无线运营中心”界面。打开淘宝首页，输入淘宝账号和密码，登录网站。单击导航栏上方的“卖家中心”，在对应的界面依次选择“手机淘宝店铺>立即装修”选项，跳转到“无线运营中心”界面，如图14-50~图14-52所示。

图14-50

图14-51

图14-52

02 进入“手机端描述”编辑界面。在“无线运营中心”界面中选择“详情装修”选项，来到“淘宝神笔”

操作中心界面，这时在“无线详情装修”一栏中单击“宝贝详情管理”选项，选择一个需要编辑的宝贝详情页，然后在对应编辑栏的“关联手机模板”选项下方单击“编辑”按钮，进入“手机端描述”编辑界面，如图14-53~图14-56所示。

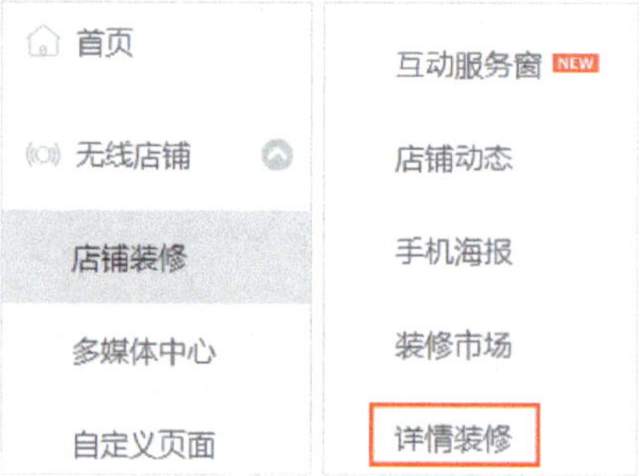

图14-53

图14-54

图14-55

图14-56

图14-57

图14-58

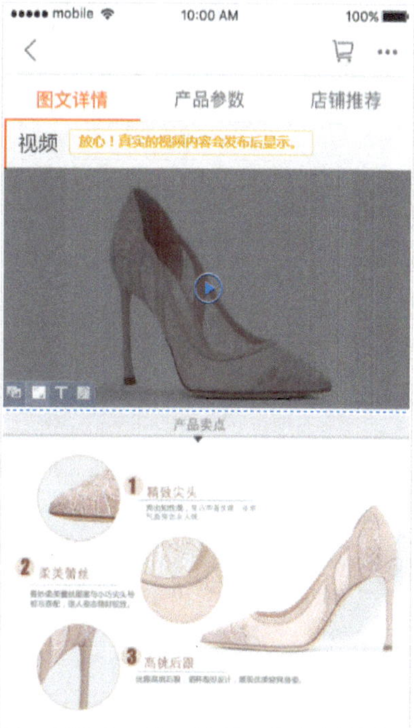

图14-59

03 选择并上传视频。在“手机端描述”编辑界面右侧选择“视频”模块，单击“视频添加”按钮，选择一个我们已经上传好的视频，单击“确定”按钮，完成视频的上传，如图14-57~图14-59所示。

04 当将视频上传好之后，单击编辑页面右上方的“保存”按钮，会弹出“我明确了解同步详情会覆盖现有的宝贝详情页面”对话框，单击“确定同步”按钮，此时会弹出一个“手机端宝贝详情同步成功”的提示框，说明已经完成视频的添加。之后，打开手机淘宝首页，找到该款宝贝的详情页面，就可以看到发布好的视频了，如图14-60~图14-63所示。

图14-60

图14-61

图14-62

图14-63

15

手机淘宝店铺的
设计、代码安装与发布

装修后台的位置说明

装修后台的模块组成与介绍

15.1 装修后台的位置说明

打开淘宝网，输入用户名和密码，登录网站。在导航栏上方的“卖家中心”一栏的对应页面左侧单击“手机淘宝店铺”选项，然后在页面右侧单击“立即装修”按钮，如图15-1~图15-3所示。

图15-1

图15-2　　图15-3

在装修首页选择“店铺装修”选项，然后单击“店铺首页”按钮，进入无线端“店铺首页”装修后台。在这个后台页面中，可以在界面左侧查看组成模块类型，在界面中间可以模拟手机进行实时预览，在界面右侧为编辑模块内容，如图15-4和图15-5所示。

图15-4

图15-5

15.2 装修后台的模块组成与介绍

由于手机淘宝装修后台经常升级更新，这里以2017年的“淘宝无线装修基础版”后台为例来进行讲解（大多数中小型卖家都在使用这个版本）。

“淘宝无线装修基础版”后台装修模块共分为四大类，包括“宝贝类”、“图文类”、“营销互动类”和“智能类”，如图15-6所示。

图15-6

在以上所述的手机淘宝后台装修模块中，“宝贝类”和“图文类”模块是常用的手机装修模块。单击“宝贝类”模块右边的“展开”按钮，在下拉菜单中可以看到该模块由“智能单列宝贝”、“智能双列宝贝”、“宝贝排行榜”和“搭配套餐模块”等子模块组成，如图15-7所示。

单击“图文类”右边的“展开”按钮，在下拉菜单中可以看到该模块由“美颜切图”、“标签图”、“多图模块”和“自定义模块”等子模块组成，如图15-8所示。

图15-7　　图15-8

当然，以上所提及的这些模块并不是全都可以直接使用的。当把光标移动到某个模块上时，如果出现“未开通”字样，说明该模块是需要进行付费开通才可以使用的，这时可以根据需要来进行选择，如图15-9所示。

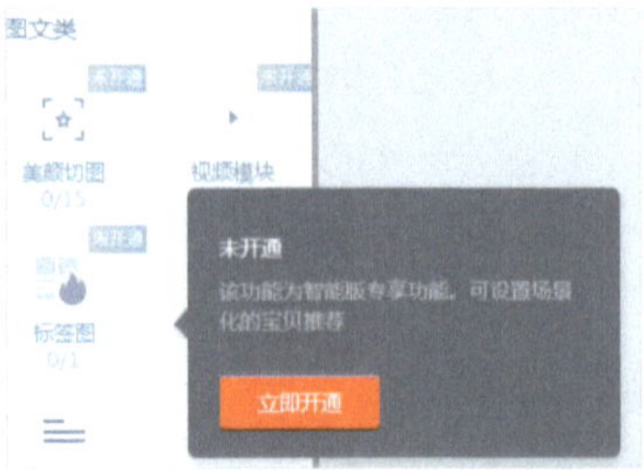

图15-9

TIPS

在手机淘宝装修时，只需用鼠标将需要的模块从页面左侧拖动到页面中间位置，模拟手机进行实时预览和安装，并在页面右侧编辑模块内容，编辑完成后进行保存，即可完成装修。

15.3 综合案例：手机淘宝女鞋店铺的首页装修与发布

实例位置	实例文件>CH15>综合案例：手机淘宝女鞋店铺的首页装修与发布
技术掌握	文字/矩形/直线/画笔/移动/直排文字/选择/圆角矩形/切片工具、快捷键Ctrl+G/Ctrl+Delete/Ctrl+T/Ctrl+Enter/Ctrl+D、"文件>存储为Web所用格式"命令、"视图>新建参考线"命令、"选择>修改>收缩"命令、"编辑>描边"命令、图层样式

手机淘宝店铺的装修整体其实是由一个个模块组成的。由于篇幅有限，同时为了便于操作，也方便大家理解，这里以手机店铺的首页装修为例，给大家详细讲解一些常用和必备的模块制作，主要包括店招图片、轮播图、双列分类图片、自定义模块、优惠券模块和页尾图的制作与安装。

本次装修的店铺略偏清新风格，简约时尚，以春天的花朵和绿叶为元素，整体色调为绿色，清新自然，给人一种积极向上、富有生命力的感觉，整体色调和谐统一，点缀紫红色，传统而略带一丝跳跃，仿佛万绿丛中一点红，给画面增加生机勃勃的感觉。首页制作完成后的效果如图15-10所示。

图15-10

15.3.1 店招图片的制作、安装与发布

01 新建文档。在菜单栏中执行"文件>打开"命令，在"新建"对话框中设置文件"名称"为"手淘店招设计"、"宽度"和"高度"为750像素×254像素、"分辨率"为72像素/英寸、"颜色模式"为"RGB颜色 8位"、"背景内容"为"白色"，单击"确定"按钮，完成新建，如图15-11所示。

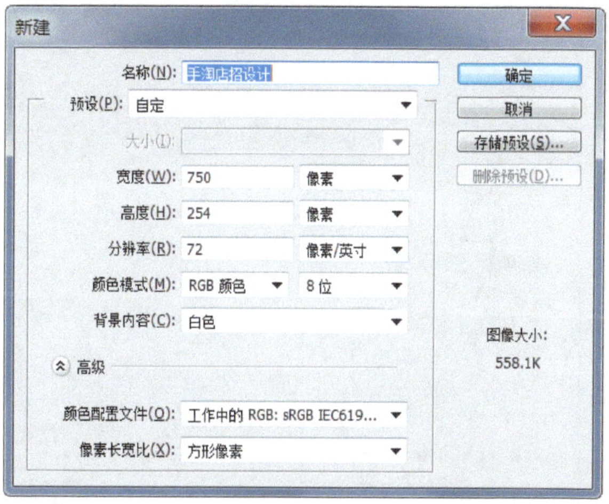

图15-11

02 添加背景。按快捷键Ctrl+O打开一个PSD格式的花卉素材图片，然后将其拖动到画布中间位置，作为店招背景，如图15-12所示。

图15-12

03 添加主标题。在工具栏中选择"文字工具"T，在画布中输入"2017初春"字样，设置"字体大小"为24点、"字体颜色"为浅灰色（R:67、G:71、B:72）；输入"邂逅春天"字样，设置"字体大小"为35点、"字体颜色"为浅灰色（R:67、G:71、B:72）。选中"邂逅春天"图层，在"图层"面板下方单击"添加图层样式"按钮fx，打开"图层样式"对话框。选择"渐变叠加"选项，然后在对应界面中单击"渐变"图标，打开"渐变编辑器"对话框，单击"颜色"图标，设置一个由紫色（R:111、G:21、B:108）到绿色（R:0、G:98、B:28）再到蓝色（R:121、G:192、B:201）的渐变效果，完成设置后单击"确定"按钮，如图15-13~图15-17所示。

图15-13

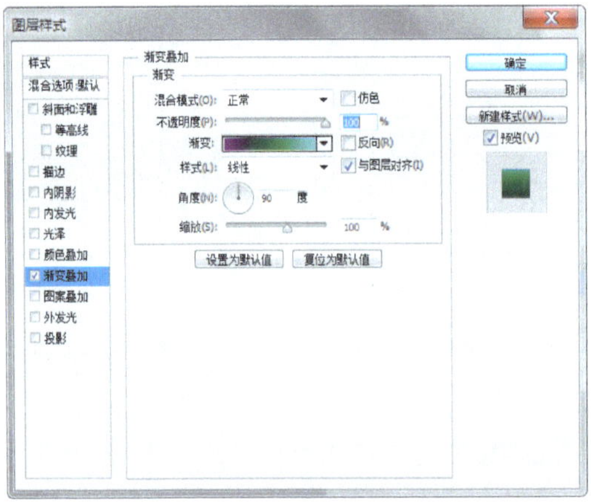

图15-14

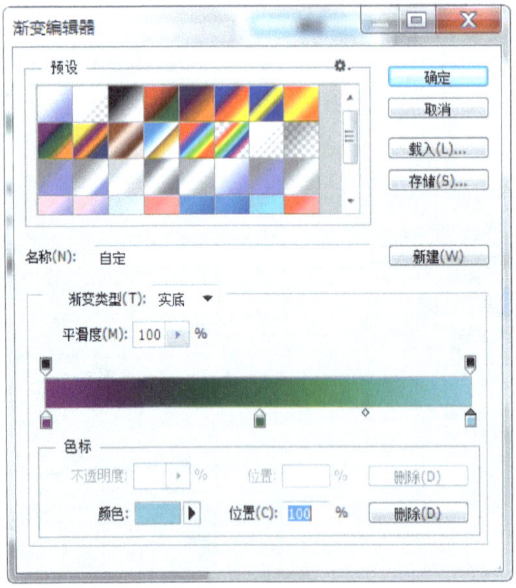

图15-15

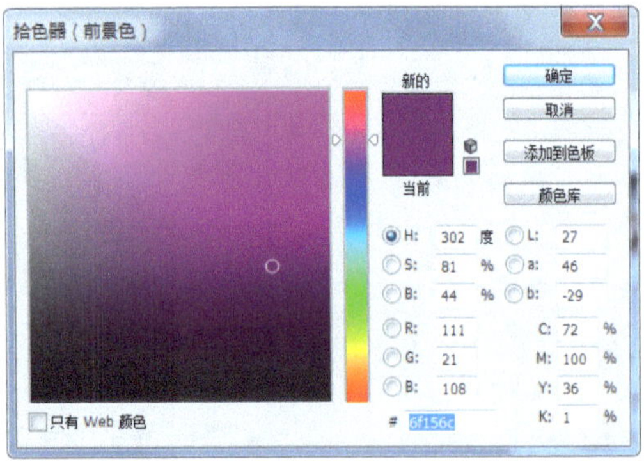

图15-16

图15-17

04 添加副标题。继续选择“文字工具” T，在“邂逅春天”文字下方输入“SPRING IS COMING”字样，设置“字体”为Arial、“字体大小”为22点，“字体颜色”为浅绿色（R:150、G:193、B:174）；在下方输入“礼惠全场”字样，设置“字体大小”为19点、“字体颜色”为浅灰色（R:67、G:71、B:72），如图15-18~图15-20所示。

图15-18

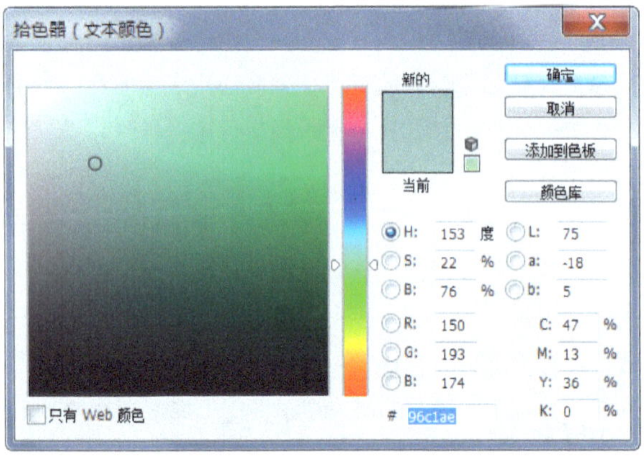

图15-19

图15-20

05 制作装饰线。在工具栏中选择“直线工具”，在“礼惠全场”的右右两侧分别绘制两条装饰线。选择“画笔工具”，设置画笔类型为“柔边圆”、画笔“大小”为73像素，对两条装饰线的外端进行擦除，使边缘虚化。按快捷键Ctrl+G将所有图层进行编组，并将其命名为“新版店招”，如图15-21和图15-22所示。

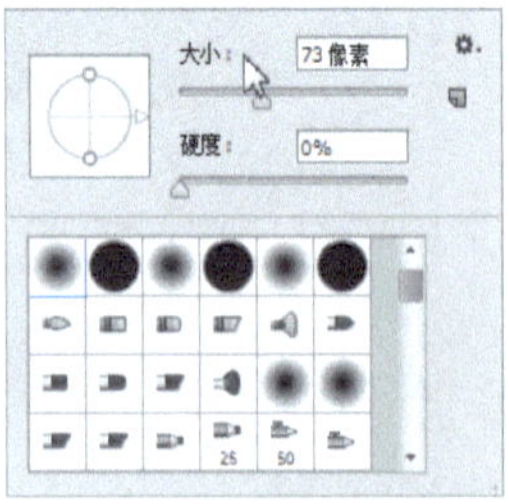

图15-21

图15-22

06 上传图片。打开淘宝首页，输入淘宝账号和密码，进行登录。在“卖家中心”页面依次单击“店铺管理>手机淘宝店铺>立即装修”选项，进入“装修手机淘宝店铺”页面，然后单击“店铺首页”选项，如图15-23所示。

图15-23

07 进入手机店铺“首页编辑页面”的装修后台，然后单击手机界面最上方的“店铺招牌”，单击“店招背景”下方的“替换图片”按钮，然后选择并保存好需要替换的图片，进入“店招图片”上传界面，如图15-24~图15-26所示。

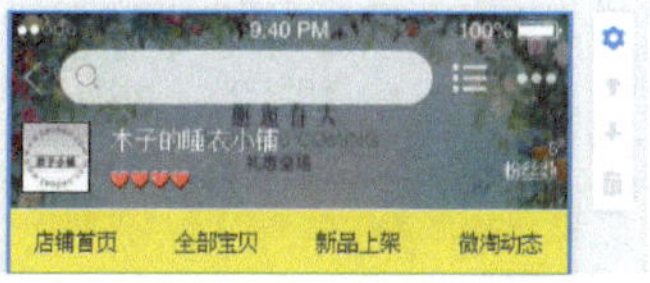

图15-24

图15-25

图15-26

08 添加链接。店招图片上传完成之后，单击“店招链接”下方的“链接”图标🔗，会出现一个“链接小工具”对话框。进入“常用链接”界面，勾选“店铺首页”选项，单击“确定”按钮，如此便给店招图片添加好了链接，最后单击“保存”按钮进行保存，如图15-27~图15-29所示。

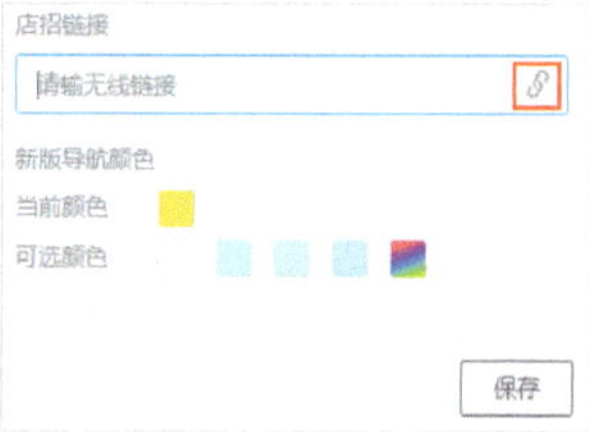

图15-27

图15-28

图15-29

09 发布图片。在完成了上面的步骤之后，还要记得单击编辑页面右上方的“保存”按钮，然后再单击“立即发布”按钮。待图片发布成功之后，会弹出“发布成功！”的提示信息，意味着店招图片成功发布。单击“去设置首页”按钮，即可预览发布后的店招图片效果，如图15-30~15-33所示。

图15-30

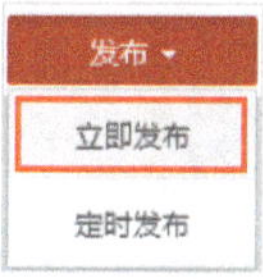

图15-31

图15-32

图15-33

15.3.2 轮播图的制作、安装与发布

01 新建文档。在菜单栏中执行“文件>打开”命令，在“新建”对话框中设置文件“名称”为“轮播图”，“宽度”和“高度”为640像素×320像素、“分辨率”为72像素/英寸、“颜色模式”为“RGB颜色 8位”、“背景内容”为“白色”，单击“确定”按钮，完成新建，如图15-34所示。

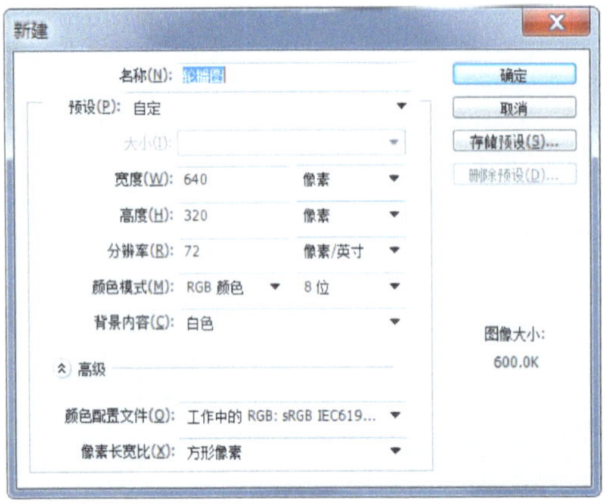

图15-34

02 填充背景色。打开“拾色器”对话框，设置“背景色”为浅蓝色（R:212、G:242、B:248），单击“确定”按钮，然后按快捷键Ctrl+Delete给背景填充浅蓝色，如图15-35和图15-36所示。

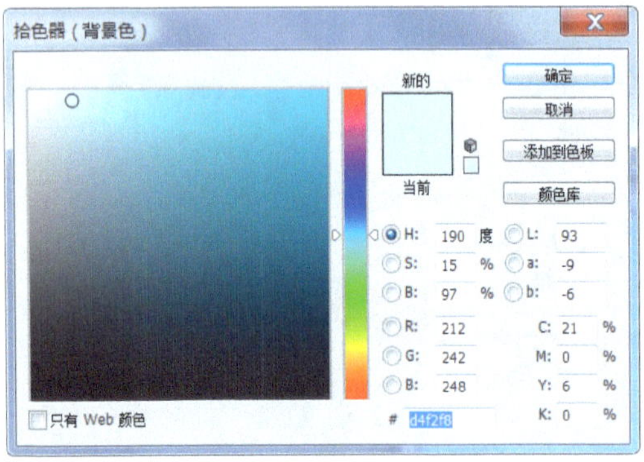

图15-35

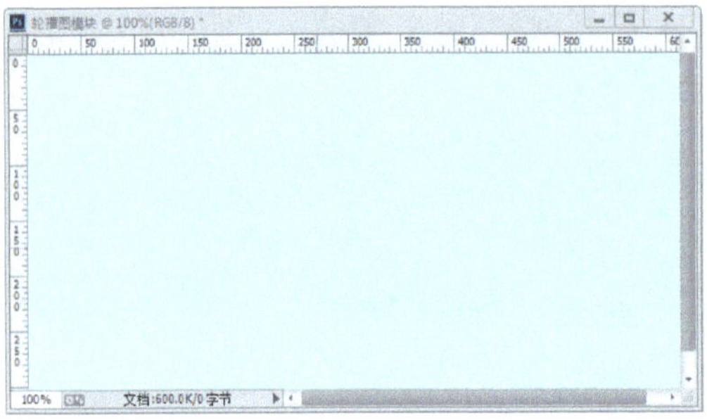

图15-36

03 添加蓝天素材。按快捷键Ctrl+O打开一张JPEG格式的白云素材图片，然后将其拖动到画布上，并与画布对齐，并命名为“白云”图层，同时改变图层的“不透明度”为20%，如图15-37~图15-39所示。

图15-37

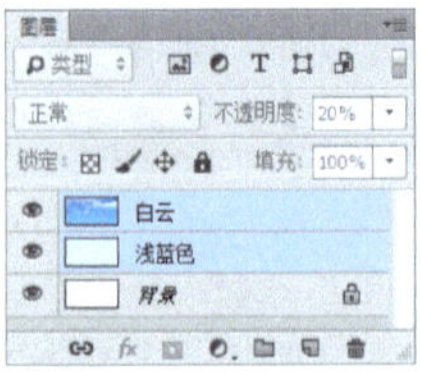

图15-38

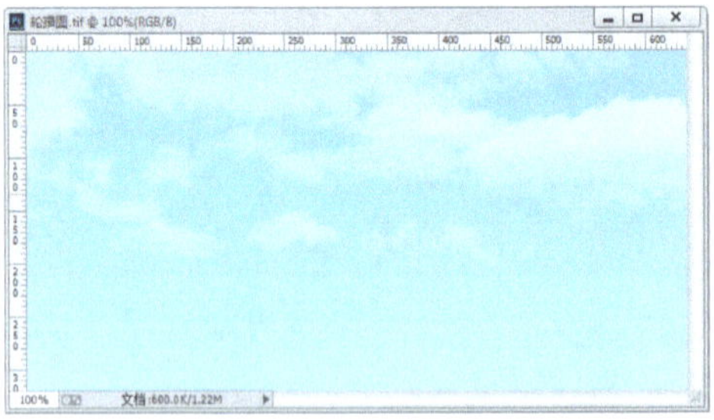

图15-39

04 添加植物素材。按快捷键Ctrl+O打开一张PSD格式的植物素材图片，然后将其拖动到画面下方的合适位置，并命名为“植物”图层，如图15-40和图15-41所示。

图15-40

图15-41

05 添加模特素材。按快捷键Ctrl+O打开一张PSD格式的模特素材图片，并将其置于“植物”图层的下方，同时将其移动到画布中间位置，如图15-42所示。

图15-42

06 选中“模特”图层，在“图层”面板下方单击“创建新的填充或调整图层”按钮，在“模特”图层上方添加一个曲线调整图层。在曲线的中间位置单击创建一个节点，并向上提拉，对图片做适当的提亮调整，之后按快捷键Ctrl+Alt+G创建剪贴蒙版，如图15-43~图15-45所示。

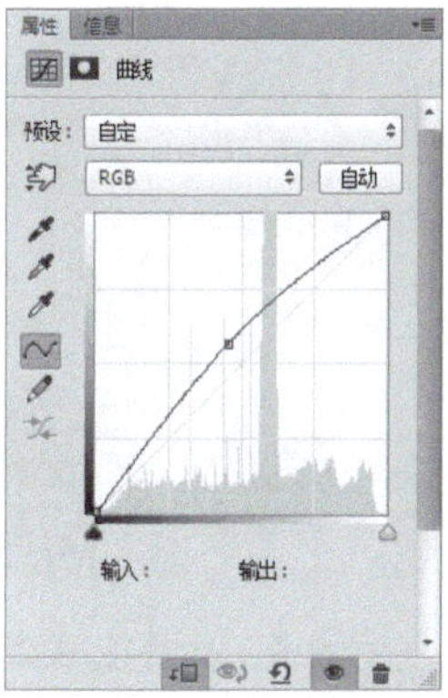

图15-43

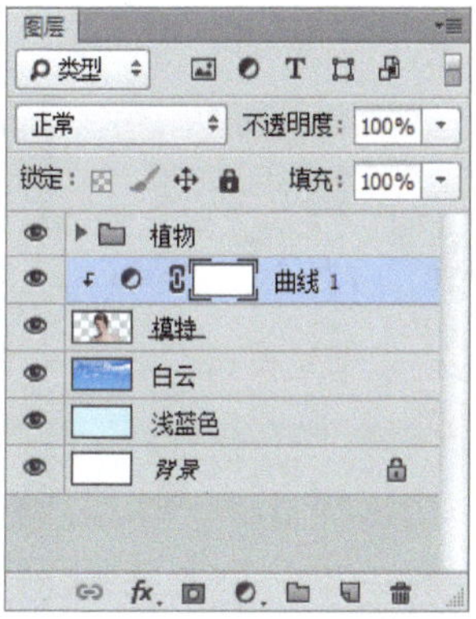

图15-44

图15-45

07 添加叶子素材。按快捷键Ctrl+O打开一张PSD格式的叶子素材图片，在工具栏中选择“移动工具”，将素材图片拖入画面右上角的合适位置，并将该图层命名为“叶子”。在“图层”面板下方单击“添加图层样式”按钮，选择“投影”选项，在“图层样式”对话框中设置“混合模式”为“正片叠底”、“不透明度”为75%、“角度”为120度、“距离”为2像素、“大小”为2像素，设置完成后单击“确定”按钮，如图15-46~图15-48所示。

图15-46

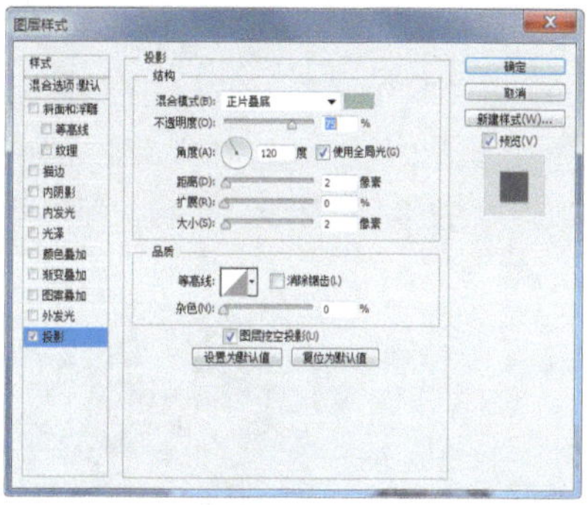

图15-47

图15-48

08 添加主标题字样。在工具栏中选择“直排文字工具”，输入“初春”字样，设置“字体大小”为68点，“字体颜色”为绿色（R:100、G:188、B:126）。继续在“初春”字体下方输入“new spring”字样，选择字体样式为“Zeferino One”、“字体大小”为19点、“字体颜色”为白色（R:255、G:255、B:255），如图15-49和图15-50所示。

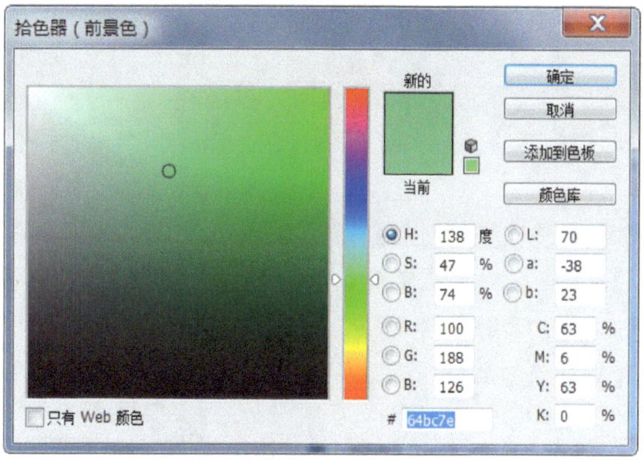

图15-49

图15-50

09 添加鞋子素材。按快捷键Ctrl+O打开一张PSD格式的鞋子素材图片，然后选中该图层，在工具栏中选择“选择工具”，并将淡紫色鞋子的图片，拖动到画面左侧，并置于“植物”图层下方，如图15-51所示。

图15-51

10 继续选择“选择工具”，将另一只“白色”鞋子拖动到画面右侧，并置于“植物”图层的下方，目的是在传达产品信息和效果的同时，让画面层次感更强，同时给画面增添一些动感。按快捷键Ctrl+G将所有图层进行编组，并将其命名为“轮播图”，如图15-52所示。

图15-52

11 上传轮播图。打开淘宝网首页，登录淘宝账号，依次单击页面左侧的“店铺装修>轮播图模块”选项，添加轮播图模块，同时在对应页面中单击“+”图标，将前面制作好的“轮播图片”进行上传，如图15-53~图15-55所示。

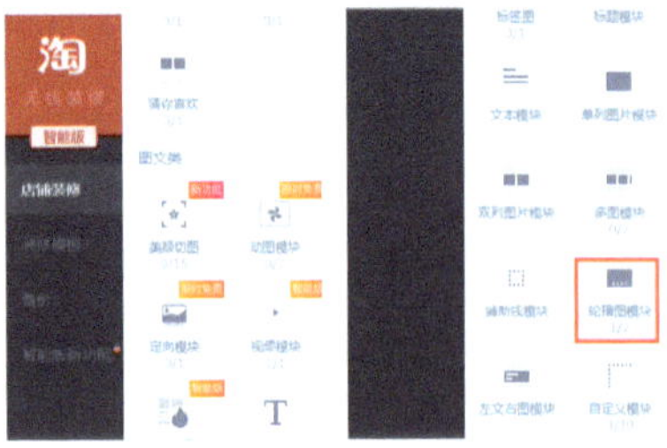

图15-53

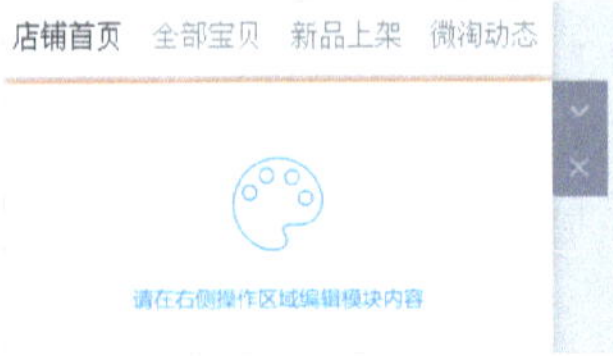

图15-54

图15-55

12 添加链接。单击“图片编辑工具”下方的“链接”图标，弹出“链接小工具”对话框。进入“宝贝链接”界面，选择女鞋产品图，单击“选择链接”按钮，最后单击“确定”按钮，完成链接的添加，如图15-56~图15-58所示。

图15-56

图15-57

图15-58

13 完成发布。将上述操作都完成之后，单击编辑页面右上方的“保存”选项，然后单击“立即发布”按钮，可以预览轮播图的发布效果，如图15-59~图15-61所示。

图15-59

图15-60

图15-61

15.3.3 双列分类图片模块的制作与安装

下面为手淘后台首页添加一个“双列图片”模块。在后台页面中，可以看到该模板由“第一张图片”、“第一个链接”、“第二张图片”和“第二个链接”这几个子模块组成，如图15-62所示。

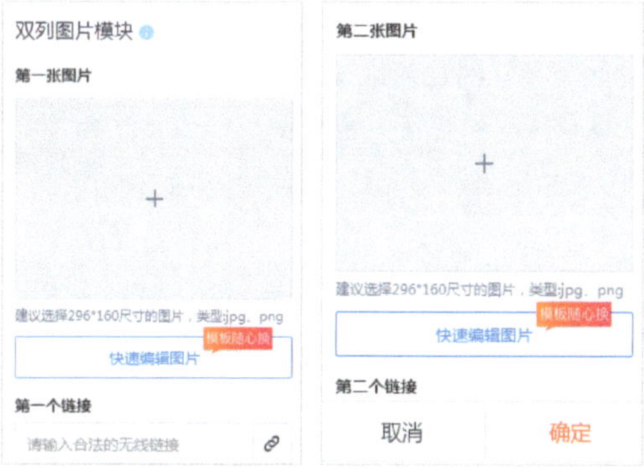

图15-62

下面将针对双列分类图片模块的制作、切片和安装进行比较详细的讲解。

01 新建文档。在菜单栏中执行“文件>打开”命令，在“新建”对话框中设置文件“名称”为“双列分类图片”、“宽度”和“高度”为608像素×160像素、“分辨率”为72像素/英寸、“颜色模式”为“RGB颜色 8位”、“背景内容”为“白色”，单击“确定”按钮，完成新建，如图15-63所示。

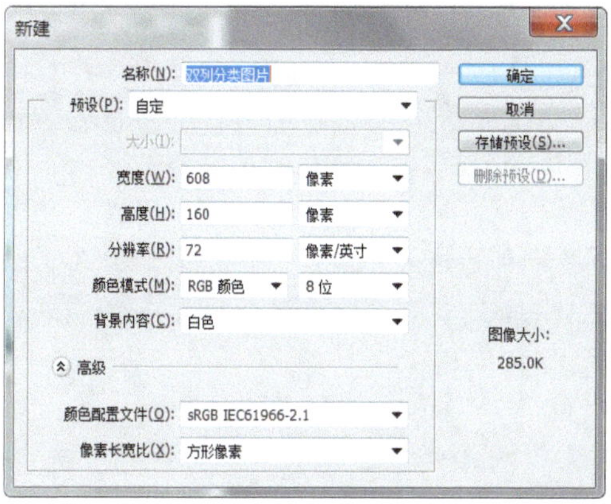

图15-61

02 填充背景色。打开“拾色器”对话框，设置“背景色”为浅蓝色（R:212、G:242、B:248），然后按快捷键Ctrl+Delete填充背景颜色，如图15-64和图15-65所示。

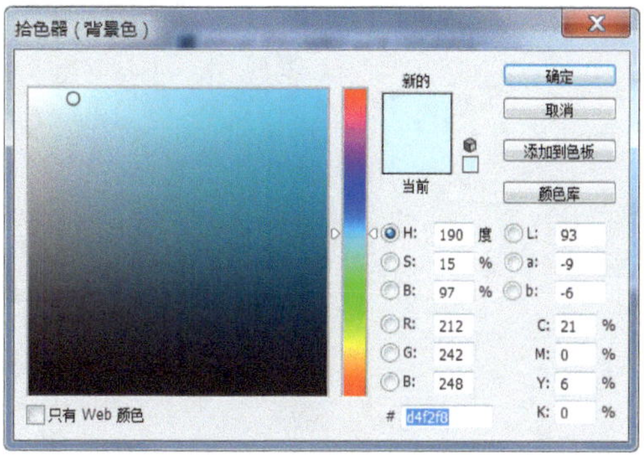

图15-64

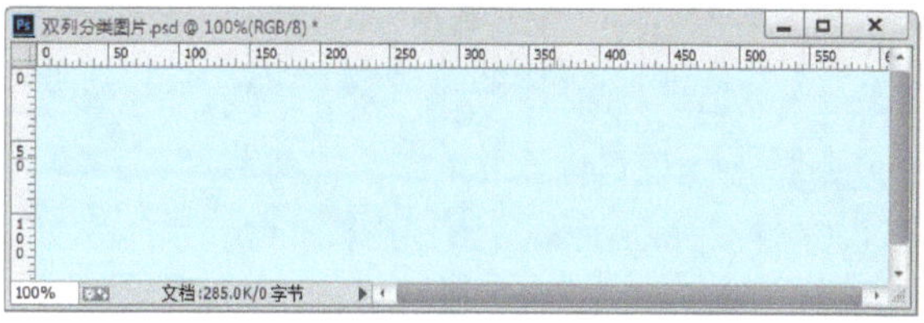

图15-65

03 建立参考线。在画布标尺上单击鼠标右键，在弹出的“标尺单位”对话框中选择“百分比”选项。在菜单栏中执行“视图>新建参考线”命令，在弹出的对话框中选择“垂直”选项，同时在“位置”文本框中输入“304像素”，完成设置后单击“确定”按钮，新建一条参考线，如图15-66~图15-68所示。

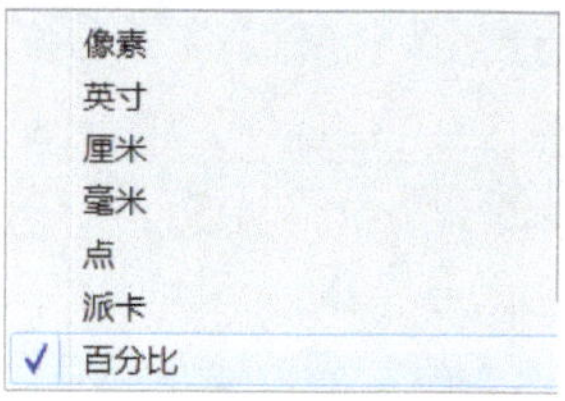

图15-66

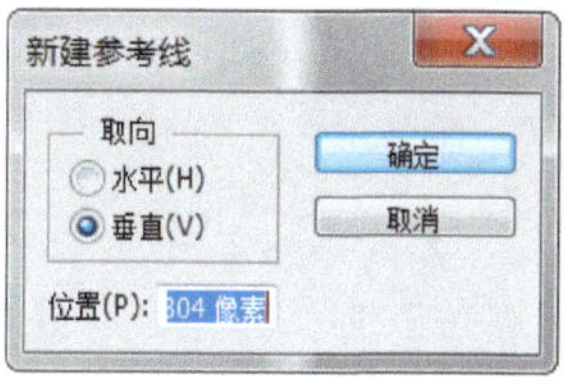

图15-67

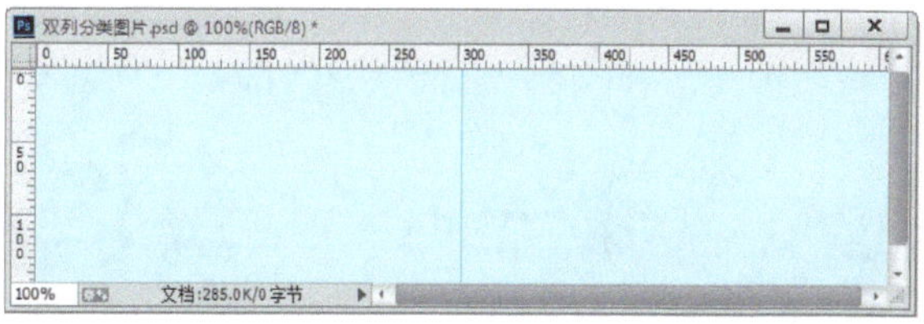

图15-68

04 添加花卉素材。按快捷键Ctrl+O打开一张PSD格式的花卉素材图片，然后用“选择工具”将该图片拖动到画布下方，如图15-69和图15-70所示。

图15-69

图15-70

05 添加主标题字样。在工具栏中选择“文字工具” T，在画布区域输入“春季热卖区”字样，设置“字体颜色”为绿色（R:84、G:174、B: 137）、“字体大小”为24点；在下方输入“Hot spring area”字样，设置“字体颜色”为绿色、字体大小为24点，如图15-71所示。

图15-71

06 添加“点击进入”按钮。在工具栏中选择“圆角矩形工具”，在选项栏中设置“填充”颜色为紫红色（R:231、G:57、B:103）、“描边样式”为“无”，然后在“春季热卖区”文字下方绘制一个矩形图形。选择“文字工具” T，输入“点击进入”字样，设置“字体颜色”为白色（R:255、G:255、B: 255）、“字体大小”为16点，按快捷键Ctrl+G将所有图层合并成组，并将其命名为“春季热卖区”，如图15-72和图15-73所示。

图15-72

图15-73

07 复制并修改字样。选中“春季热卖区”图层，按快捷键Shift+Alt平移复制出一个“春季热卖区 拷贝”图层。在工具栏中选择“文字工具” T，将“春季热卖区”文字修改为“换季清仓区”、“Hot spring area”修改为“A clearance”，保留“点击进入”按钮，如图15-74所示。

图15-74

08 添加小鸟素材。按快捷键Ctrl+O打开一张PSD格式的小鸟素材图片，选择“移动工具”，将该素材图片拖动到画布中“春季热卖区”字样的左侧，并按快捷键Shift+Alt平移复制至“换季清仓区”字样的左侧位置，完成制作，如图15-75和图15-76所示。

图15-75

图15-76

09 对图片进行切片。按快捷键Ctrl+O打开做好的PSD格式的双列分类图片，然后在工具栏中选择“切片工具”，在选项栏中单击“基于参考线切片”按钮，这时软件会自动按原先设置分布好的垂直参考线来进行切片，如图15-77和图15-78所示。

图15-77

图15-78

10 保存切片好的图片。在菜单栏中执行“文件>存储为Web所用格式”命令（快捷键Alt+Shift+Ctrl+S），在弹出的对话框中选择文件格式为“JPEG”格式，单击“存储”按钮，如图15-79和图15-80所示。

图15-79

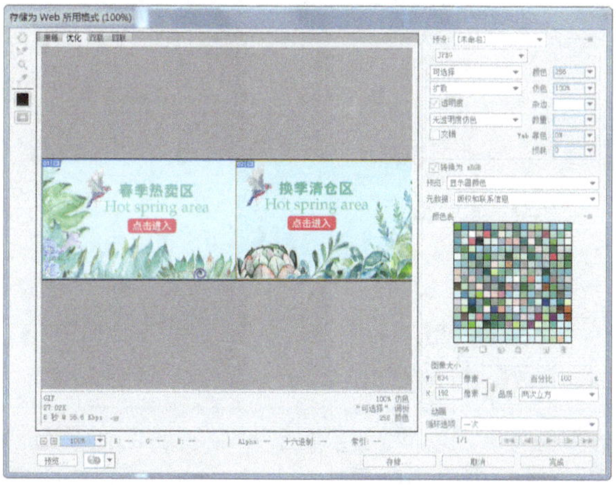

图15-80

11 在弹出的“保存文件”对话框中选择存储“格式”为“仅限图像”，单击“保存”按钮进行保存。此时存储的文件夹名为默认的images，打开该文件夹，可以看到切好的图片，如图15-81和图15-82所示。

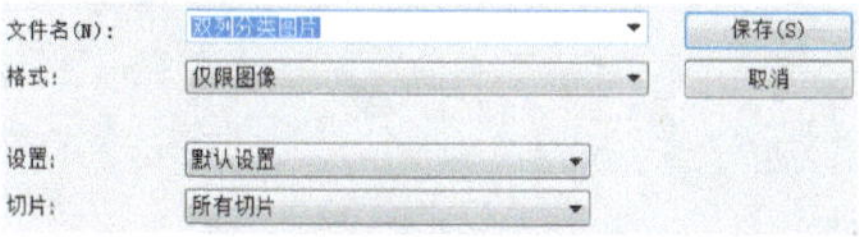

图15-81 图15-82

12 上传第一张图片。打开“店铺装修”页面，单击页面左侧的“双列图片模块”，进入模块编辑界面。单击“第一张图片”下方的“+”图标，将前面切好的“双列分类图片_01”图片进行上传，如图15-83~图15-86所示。

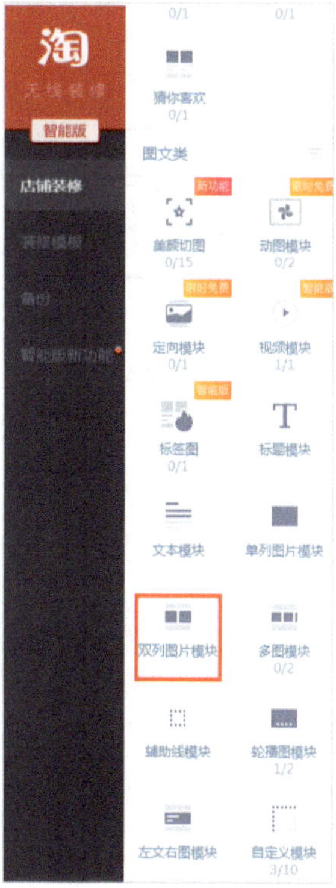

图15-83 图15-84

图15-85

图15-86

13 添加链接。单击“第一个链接”后的“链接”图标，然后选择所需链接的类目即“高跟鞋”，单击“选择链接”按钮，完成对链接的添加，如图15-87和图15-88所示。

图15-87 图15-88

14 上传第二张图片。单击“第二张图片”下方的“+”图标，然后将前面切好的“双列分类图片_02”进行上传，如图15-89~图15-91所示。

图15-89

图15-90

图15-91

15 添加链接。 单击“第二张图片”下方的“链接”图标，选择“凉鞋”类目，单击“选择链接”按钮，完成图片的上传与发布，如图15-92~图15-94所示。

图15-92

图15-93

图15-94

15.3.4 自定义区模块的制作、切片与安装

01 新建文档。 在菜单栏中执行“文件>打开”命令，在“新建”对话框中设置文件“名称”为“自定义区模块”、“宽度”和“高度”为608像素×696像素、“分辨率”为72像素/英寸、“颜色模式”为“RGB颜色 8位”、“背景内容”为“白色”，单击“确定”按钮，完成新建，如图15-95所示。

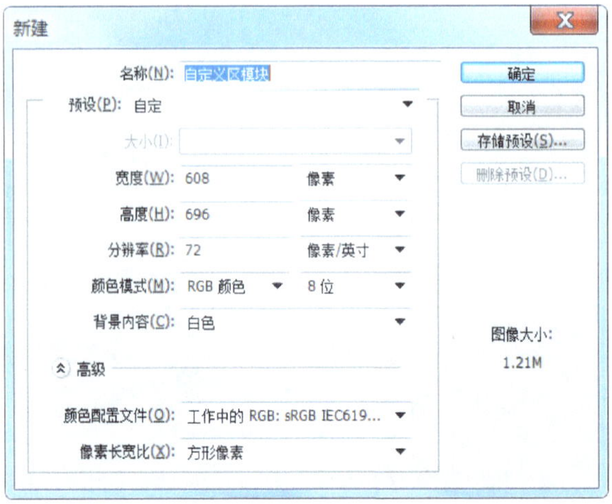

图15-95

02 添加花海素材。 在工具栏中选择“矩形工具”，在辅助线上方区域绘制一个矩形形状，并填充深绿色（R:252、G:155、B:93），然后按快捷键Ctrl+Enter将其载入选区。打开一张花海素材图片，选择“移动工具”，将“花海”素材拖动到矩形选区中，在“花海”与“矩形形状”两个图层之间，按快捷键Ctrl+Alt+G创建剪贴蒙版，再按快捷键Ctrl+D取消选区，如图15-96~图15-98所示。

图15-96

图15-97

图15-98

03 建立垂直参考线。在菜单栏中执行“视图>新建参考线”命令，在弹出的对话框中选择“垂直”选项，并在“位置”文本框中输入“304像素”，完成设置后，单击“确定”按钮，并在页面中新建一条参考线，如图15-99和图15-100所示。

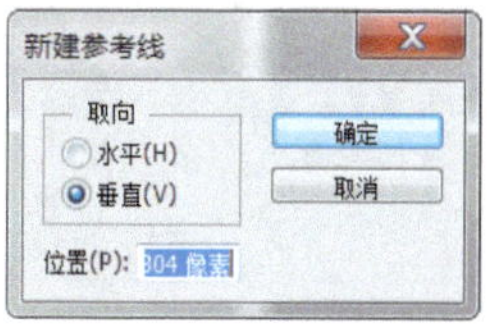

图15-99

图15-100

04 填充背景色。在工具栏中设置“前景色”为浅蓝色（R:185、G:225、B:243），按快捷键Ctrl+Delete填充背景颜色，如图15-101所示。

图15-101

05 添加主标题字样。在工具栏中选择“文字工具”，输入“春夏新风尚”字样，设置“字体颜色”为白色（R:255、G:255、B: 255）、“字体大小”为48点；输入“HOT SALE”英文字样，设置“字体颜色”为“白色”、“字体大小”为28点；继续输入“热卖推荐”字样，设置“字体大小”为28点，字体颜色与前边的字样保持一致即可，如图15-102所示。

图15-102

06 绘制装饰线。在工具栏中选择“直线工具”，然后在“春夏新风尚”的右侧绘制一条装饰线。选中装饰线，单击鼠标右键，在弹出的快捷菜单中选择“删格化图层”选项，对该图层进行栅格化处理。选择“画笔工具”，设置画笔类型为“柔边圆”，对直线的上下两端进行擦除，使边缘虚化。按快捷键Ctrl+G对所有图层进行编组，并命名为“新版店招”，如图15-103和图15-104所示。

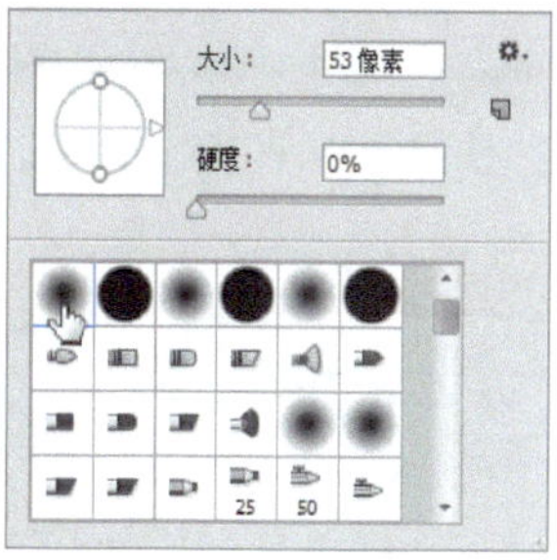

图15-103

图15-104

07 建立水平参考线。执行“视图>新建参考线”命令，在弹出的对话框中选择“水平”选项，在“位置”文本框中输入“456像素”，完成设置后单击“确定”按钮，在原先的水平线下方再创建一条水平的参考线，如图15-105和图15-106所示。

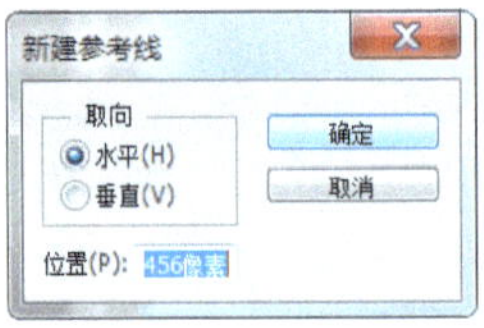

图15-105

图15-106

08 添加第一个产品信息。在工具栏中选择“矩形工具”，然后在垂直参考线的左侧绘制一个矩形图形，并填充任意颜色。打开一张JPEG格式的女鞋素材图片，将其置入到矩形图形中，按快捷键Ctrl+Alt+G创建剪贴蒙版，按快捷键Ctrl+T将该图片适当缩小，并调整到居中的位置，如图15-107~图15-109所示。

图15-107

图15-108

图15-109

09 在工具栏中选择“文字工具”，在女鞋素材图片的下方输入“RMB:289”字样，设置“字体颜色”为绿色（R:52、G:155、B:93）、“字体大小”为24点。选择“圆角矩形工具”，在选项栏中设置“颜色”为紫红色（R:231、G:57、B:103）、“描边颜色”为红色、“描边大小”为3点，然后在“RMB:289”文字的右边绘制一个圆角矩形。继续选择“文字工具”，在圆角矩形上输入“点击购买”字样，设置“字体颜色”为白色（R:255、G:255、B:255）、“字体大小”为16点。按快捷键Ctrl+G将所有产品图层进行编组，并命名为“产品1”，如图15-110~图15-113所示。

图15-110

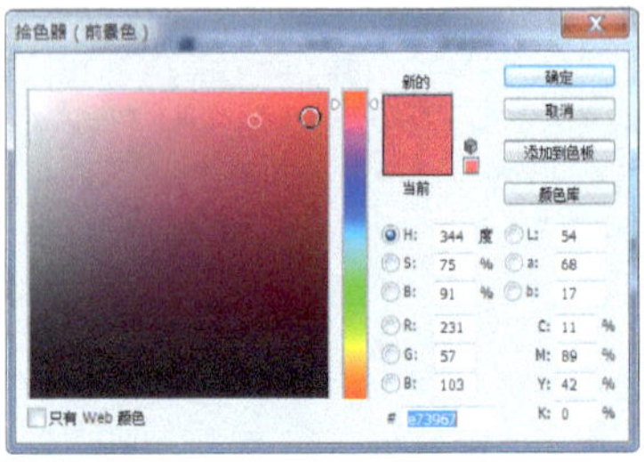

图15-111

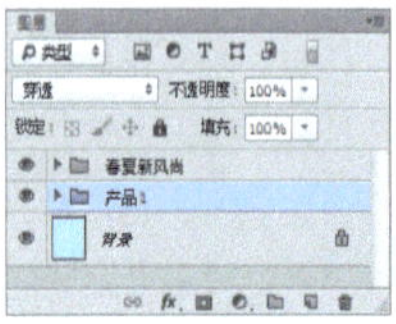

图15-112

图15-113

10 添加第二个产品信息。选择“产品1”图层，按快捷键Shift+Alt平移复制图层，如图15-114和图5-115所示。

图15-114

图15-115

11 添加剩余产品信息。用以上相同的方法，在界面中依次平移复制出“矩形3”和“矩形4”图层，再按快捷键Ctrl+O打开“产品3”图片、“产品4”图片，更换图片的方法和“产品1”的操作方法相同，完成“春夏新风尚”自定义模块的制作，如图15-116所示。

图15-116

12 保存文件。按快捷键Ctrl+S将文件另存为“五折抢鲜购”文件，作为“自定义区模块2”图片，此时可以对产品图片进行更换，完成后的效果如图15-117所示。

图15-117

13 新建参考线。按快捷键Ctrl+O打开之前做好的PSD格式的“春夏新风尚”模块，然后按照上文中所讲到的添加参考线的方法，在该图片中分别建立两条水平参考线，“位置”分别为152像素、380像素，接着建立一条垂直参考线，设置“位置”为304像素，如图15-118和图15-119所示。

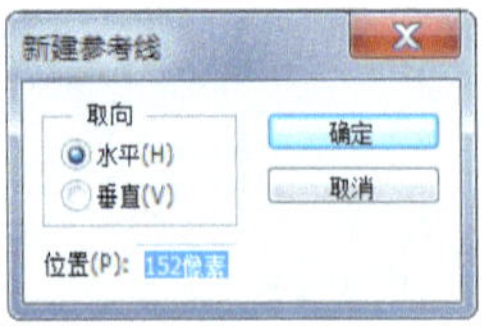

图15-118

图15-119

14 对图片进行切片。在工具栏中选择“切片工具”，然后在选项栏中单击“基于参考线的切片”按钮，这时软件会自动按我们设置分布好的参考线来进行切片，如图15-120和图15-121所示。

图15-120

图15-121

15 选择“切片选择工具”，选中01切片和02切片（当界面中出现黄色的线时，表示切片被选中），然后单击鼠标右键，在弹出的快捷菜单中选择“组合切片”选项，将01切片和02切片进行组合，如图15-122和图15-123所示。

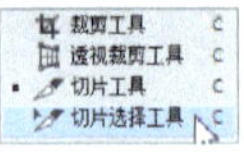

图15-122

图15-123

16 保存文件。在菜单栏中执行“文件>存储为Web所用格式”命令，在弹出的对话框中选择“JPEG”格式，单击“存储”按钮，在弹出的“将优化结果存储为”对话框中选择存储“格式”为“仅限图像”，完成设置后单击“保存”按钮，此时会生成一个images文件夹，完成自定义区模块图片的切片制作，如图15-124~图15-127所示。

图15-124

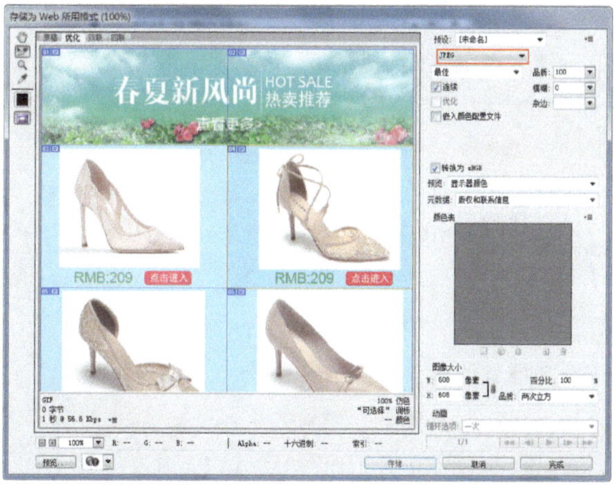

图15-125

图15-126　图15-127

17 添加“自定义模块”。打开淘宝首页，输入淘宝账号和密码，登录网站。在“买家中心”页面单击“店铺装修”选项，选择“图文类”模块下的“自定义模块”，进入手机店铺的装修页面。双击鼠标右键，创建一个608像素×152像素的模块，之后再按照304像素×208像素的标准分别创建4个模块，如图15-128和图15-129所示。

图15-128　图15-129

18 上传图片。单击“模块编辑”下方的“+”图标，对“自定义区_01”图片进行上传，单击“确定”按钮，如图15-130~图15-132所示。

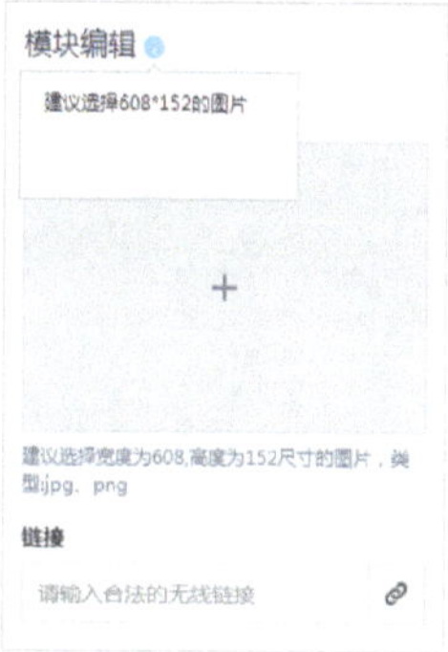

图15-130

图15-131

图15-132

19 按照同样的方法，依次对“自定义区_02”、“自定义区_03”、“自定义区_04”和“自定义区_05”图片进行上传，如图15-133和图15-134所示。

图15-133

图15-134

20 保存并上传文件。以上操作都完成之后，单击编辑页面右上方的“保存”按钮，然后在弹出的下拉菜单中选择“保存”选项，单击“立即发布”按钮，此时可以预览“自定义区模块”发布后的效果，如图15-135和图15-136所示。

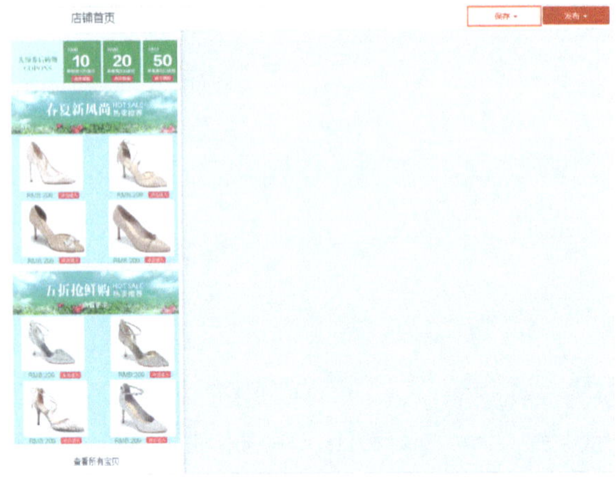

图15-135

图15-136

21 添加链接。选中一个“宝贝产品模块”，单击“链接”下方的“链接”图标，单击“宝贝链接”按钮，选择一款产品，单击右边的“选择链接”选项，然后单击“确定”按钮，完成链接的添加，如图15-137所示。

图15-137

22 按照上一步的操作方法，依次完成其他宝贝产品链接的添加，添加时只需找到对应的“宝贝产品”，单击“选择链接”选项，即可完成所有“宝贝产品”链接的添加，如图15-138所示。

图15-138

15.3.5 优惠券模块的制作与安装

01 新建文档。在菜单栏中执行“文件>打开”命令，在“新建”对话框中设置“名称”为“优惠券”、“宽度”和“高度”为608像素×152像素、“分辨率”为72像素/英寸、“颜色模式”为“RGB颜色 8位”、“背景内容”为“白色”，单击“确定”按钮，完成新建，如图15-139所示。

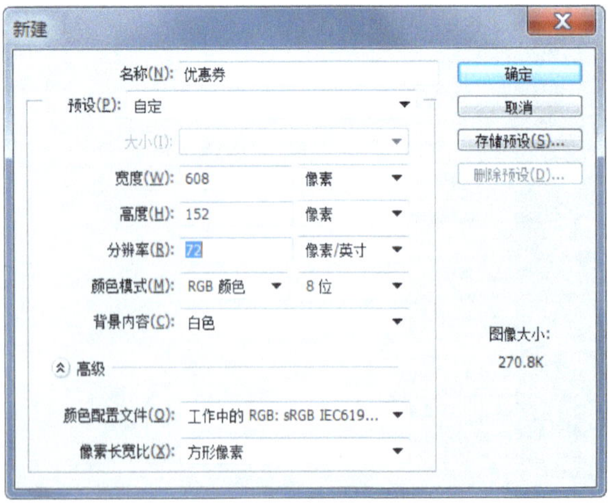

图15-139

02 填充背景色。在工具栏中设置“前景色”为浅蓝色（R:185、G:225、B:243），按快捷键Ctrl+Delete填充背景色，如图15-140所示。

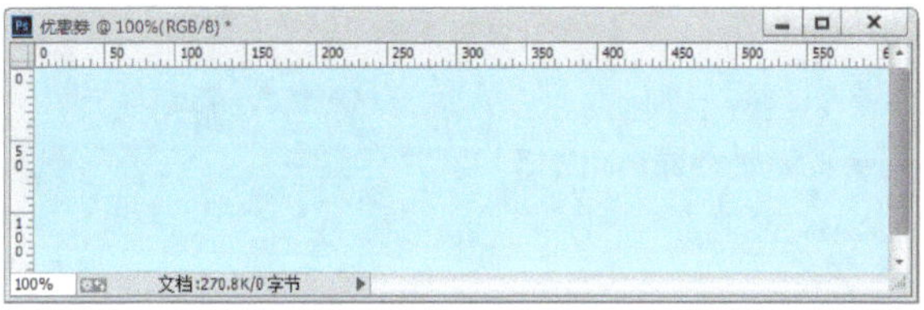

图15-140

03 添加主标题字样。在工具栏中选择“文字工具”，在画布左侧输入“先领券后购物”字样，设置“字体颜色”为绿色（R:52、G:155、B:93）、“字体大小”为24点；在其下方输入“COPONS”英文字样，同时将字体颜色和字体大小做同样设置，如图15-141所示。

图15-141

04 添加优惠信息。在工具栏中选择“圆角矩形工具”，在画布偏中间的位置绘制一个矩形图形，同样填充绿色（R:52、G:155、B:93）。选择“文字工具”，在矩形图形里面依次输入“RMB”“20”“单笔满500使用”字样，并设置“字体颜色”为白色（R:255、G:255、B:255），字体大小依照感觉进行适当设置即可，如图15-142所示。

图15-142

05 在工具栏中选择“直线工具”，在“RMB”字样下方绘制一条直线作为装饰。选择“圆角矩形工具”，在“单笔满200使用”字样下方绘制一个矩形图形，并填充紫红色（R:231、G:57、B:103）。选择“文字工具”，输入“单击领取”字样，设置“字体颜色”为“白色”、“字体大小”为15点。按快捷键Ctrl+G将所有图层编组，并命名为“20元优惠券”，如图15-143和图15-144所示。

图15-143

图15-144

06 按快捷键Ctrl+J复制“20元优惠券”图层组，得到一个“20元优惠券 拷贝”图层组，按住Shift键，将复制的图层水平移动到画布偏右侧位置，并将图层中的文字“20”改成“30”、“单笔满200使用”改为“单笔满300使用”，其他文字保持不变，如图15-145和图15-146所示。

图15-145

图15-146

07 最后，按照上一步的操作方法，在画布的最右侧制作出一个“50元优惠券”图层，如图15-147和图15-148所示。

图15-147

图15-148

08 建立参考线。按快捷键Ctrl+O打开之前制作好的PSD格式的“优惠券模块”图片，然后按照152像素、304像素、456像素的位置要求添加3条垂直参考线，并移动到界面的合适位置，如图15-149和图15-150所示。

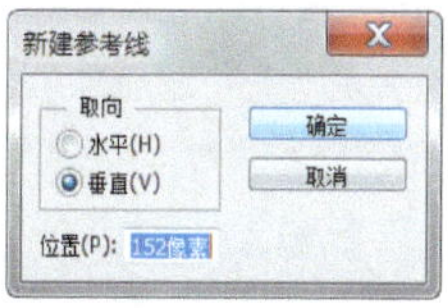

图15-149

图15-150

09 对图片进行切片。在工具栏中选择“切片工具”，然后在选项栏中单击“基于参考线的切片”按钮，这时候软件会自动按我们设置和分布好的垂直参考线来进行切片，如图15-151和图15-152所示。

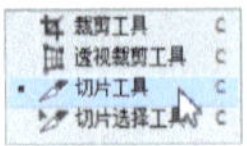

图15-151

图15-152

10 保存文件。在菜单栏中执行“文件>存储为Web所用格式”命令，在弹出的对话框中选择“JPEG”格式。单击“存储”按钮，在弹出的“将优化结果存储为”对话框中选择存储“格式”为“仅限图像”，单击“保存”按钮，此时会生成一个images文件夹，完成自定义区模块图片的切片制作，如图15-153~图15-156所示。

图15-153

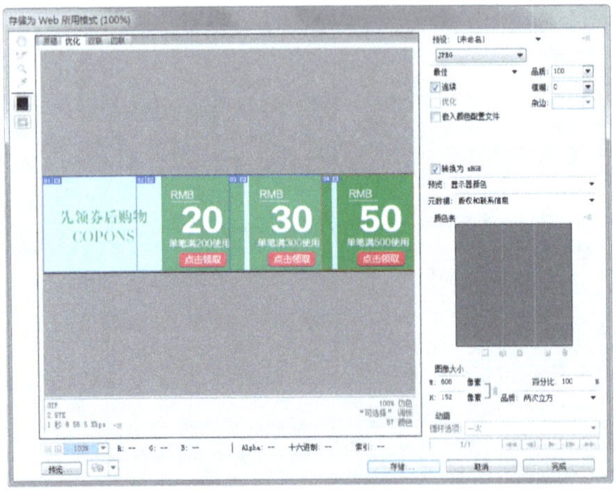

图15-154

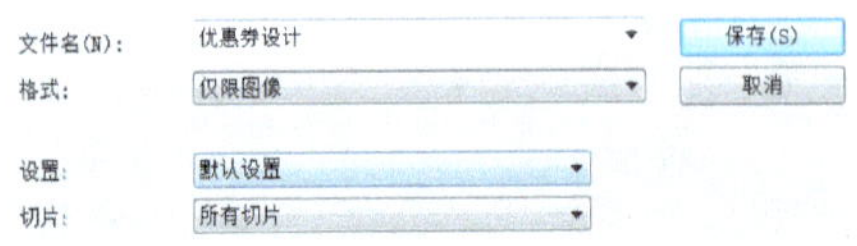

图15-155 图15-156

11 进入手机店铺首页编辑页面。打开淘宝首页，输入淘宝账号和密码，进行登录。在“卖家中心”页面依次单击“店铺管理>手机淘宝店铺>立即装修”选项，进入“装修手机淘宝店铺”页面，单击“店铺首页”，进入手机店铺首页编辑界面，如图15-157所示。

图15-157

12 新建编辑模块。依次单击页面左侧的“店铺装修>图文类>自定义区模块”选项，将“自定义模块”拖到手机淘宝装修编辑区里，双击鼠标右键按照152像素×152像素的标准分别建立4个模块，如图15-158和图15-159所示。

图15-158 图15-159

13 上传图片。单击“编辑模块”页面中“图片”下方的“+”图标，将“优惠券设计_01”图片进行上传，上传完成后单击“确定”按钮，如图15-160所示。

图15-160

14 添加链接。按照同样的操作方法，将“优惠券设计_02”、“优惠券设计_03”和“优惠券设计_04”图片依次进行上传，同时分别在图片选项下方单击“链接”图标 ，将事先做好的“10元优惠券链接”“无线端20元优惠券链接”“无线端50元优惠券链接”分别粘贴到对应的地址栏中，每完成一个链接添加就单击“确定”按钮，直至添加完成，如图15-161~图15-163所示。

图15-161

图15-162

图15-163

15 通过“自定义模块”上传优惠券图片，需添加无线优惠券的链接，所以先要将PC端的优惠券链接进行转换，然后再粘贴到无线端的优惠券链接栏中。具体操作流程：进入“卖家中心”页面—选择“营销中心”选项—选择“店铺营销工具”选项—选择“优惠券”选项，创建商品优惠券，最后复制和粘贴链接，如图15-164~图15-166所示。

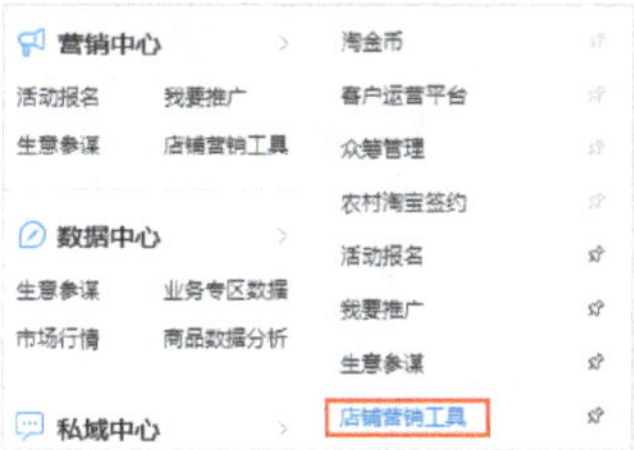

图15-164

图15-165

图15-166

TIPS

针对优惠券的转换，要注意地址栏中间不能有空格。同时，针对复制出的PC端优惠券，请按照以下方式进行转换。

把PC端这串链接taoquan.taobao.com/coupon/unify_apply.htm?在手机端替换成shop.m.taobao.com/shop/coupon.htm?

PC 端10元优惠券链接：

//taoquan.taobao.com/coupon/unify_apply.htm?seller_id=385828991&activity_id=7c6470e893cc4c0786f6a485e5148acd

转换成无线端10元优惠券链接：

//shop.m.taobao.com/shop/coupon.htm?seller_id=385828991&activity_id=7c6470e893cc4c0786f6a485e5148acd

PC 端20元优惠券链接：

//taoquan.taobao.com/coupon/unify_apply.htm?seller_id=385828991&activity_id=eeaea2e4162c4b789fadb0b756ab3243

转换成无线端20元优惠券链接：

//shop.m.taobao.com/shop/coupon.htm?seller_id=385828991&activity_id=eeaea2e4162c4b789fadb0b756ab3243

PC 端50元优惠券链接：

//taoquan.taobao.com/coupon/unify_apply.htm?seller_id=385828991&activity_id=a5c2bd060ca54f789b38320f5852d10a

转换成无线端50元优惠券链接：

//shop.m.taobao.com/shop/coupon.htm?seller_id=385828991&activity_id=a5c2bd060ca54f789b38320f5852d10a

15.3.6 页尾图的制作、安装与发布

01 新建文档。在菜单栏中执行“文件>打开”命令，在“新建”对话框中设置文件“名称”为“页尾模块”、“宽度”和“高度”为640像素×240像素、“分辨率”为72像素/英寸、“颜色模式”为“RGB颜色 8位”、“背景内容”为“白色”，单击“确定”按钮，完成新建，如图15-167所示。

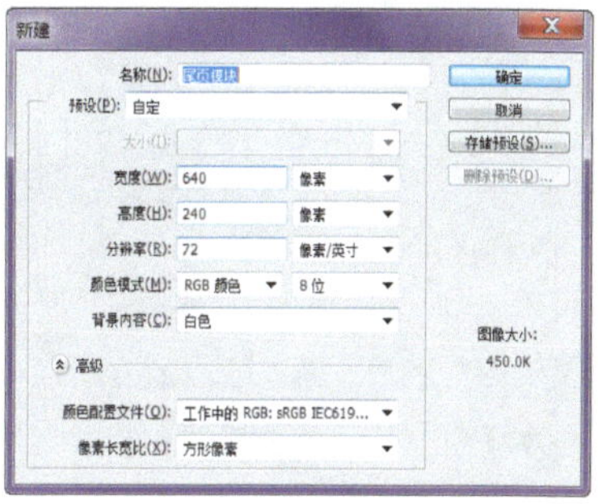

图15-167

02 填充背景色。在工具栏中设置“前景色”为浅蓝色（R:185、G:225、B:243），按快捷键Ctrl+Delete填充背景色，如图15-168所示。

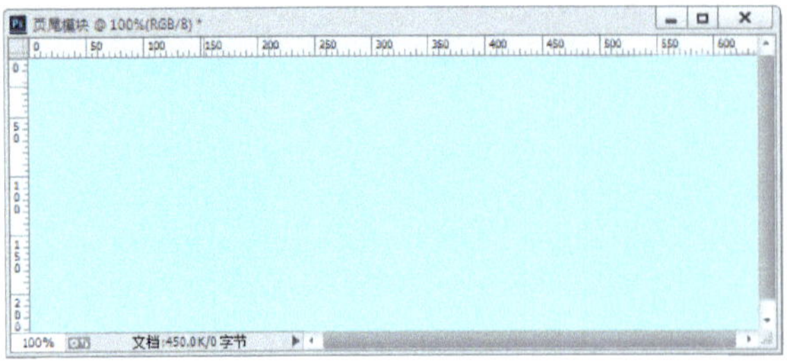

图15-168

03 添加按钮信息。在工具栏中选择“圆角矩形工具”，在画布中间位置绘制一个圆角矩形图形，并填充紫红色（R:231、G:57、B:103）。选择“文字工具”，在画布中输入“返回顶部TOP”字样，并设置“字体颜色”为白色（R:255、G:255、B: 255）、“字体大小”为30点，如图15-169所示。

图15-169

04 选中上一步绘制好的按钮图层，并按快捷键Ctrl+Enter将其载入选区。在菜单栏中执行“选择>修改>收缩”命令，在弹出的“收缩选区”对话框中设置“收缩量”为3像素，单击“确定”按钮，如图15-170和图15-171所示。

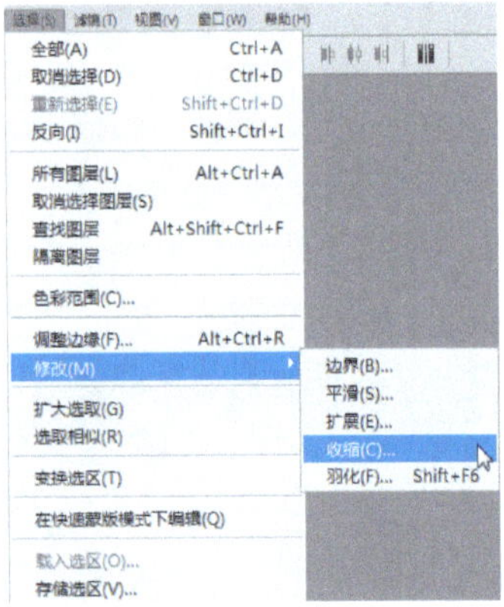

图15-170

图15-171

05 在“返回顶部”图层上方新建一个图层，并将其命名为“描边”。在菜单栏中执行“编辑>描边”命令，在弹出的“描边”对话框中设置“宽度”为2像素、“颜色”为白色（R:255、G:255、B:255），单击“确定”按钮，再按快捷键Ctrl+D取消选区，如图15-172和图15-173所示。

图15-172

图15-173

06 添加叶子素材。按快捷键Ctrl+O打开一张PSD格式的叶子素材图片，使用“移动工具”将该图片拖动到“返回顶部TOP”按钮的左上方位置。按快捷键Ctrl+G将所有图层进行编组，并命名为“尾页”模块。完成后的效果如图15-174~图15-176所示。

图15-174

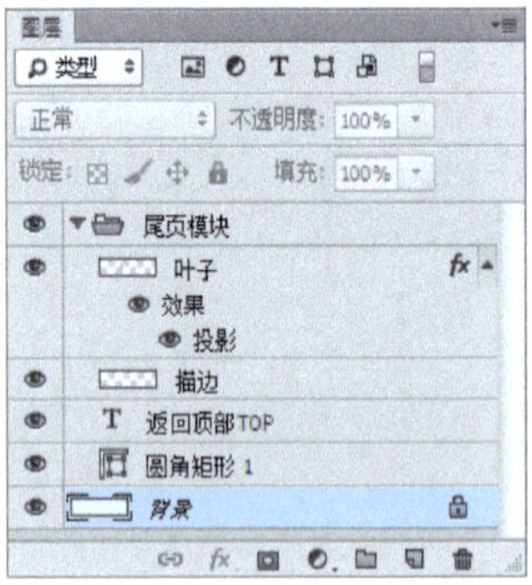

图15-175

图15-176

07 创建模块。在手机店铺的装修页面，单击页面左侧的“自定义模块”，将“自定义模块”拖动至手机淘宝装修编辑区中，双击鼠标右键，创建一个60像素×152像素的模块，如图15-177和图15-178所示。

图15-177

图15-178

08 将图片进行上传。单击“编辑模块”页面“上传图片”下方的“+”图标，将尾页图片进行上传，上传完成后单击“确定”按钮，如图15-179和图15-180所示。

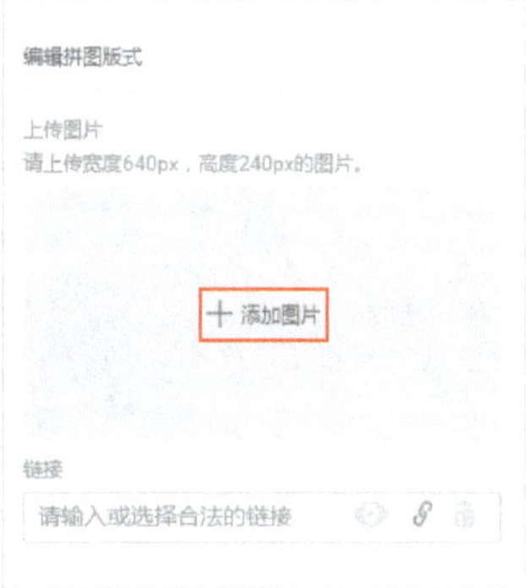

图15-179

图15-180

09 添加链接。单击“链接”下方的“链接”图标，出现“链接小工具”对话框，此时选择“常用链接”选项，单击“选择链接”按钮，给尾页图片添加一个链接，完成添加后单击页面最下方的“确定”按钮，如图15-181~图15-184所示。

图15-181

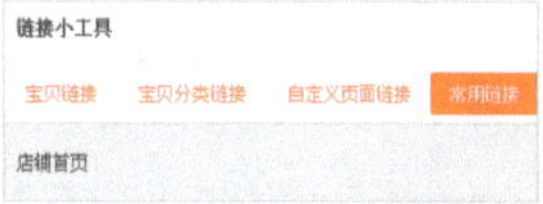

图15-182

图15-183

图15-184

15.3.7 保存、发布与备份

01 保存并发布。当我们完成“所有模块”的安装，并添加好各模块的链接后，单击编辑页面右上方的“保存”按钮进行保存，然后单击“立即发布”按钮进行发布，最后单击页面右上方的“预览”按钮，查看手机淘宝女鞋店铺首页的整体装修效果，如图15-185和图15-186所示。

图15-185

图15-186

02 备份。在无线端装修后台右上方的“保存”下拉列表中单击“备份”选项，在弹出的“备份当前页面”对话框的“备份名称”文本框中输入备份文件的名称（这里输入的备份文件名称为“2017初春”），完成后单击“确定”按钮，此时弹出一个“备份成功”的提示信息，说明备份成功，如图15-187所示。

图15-187

03 当将首页文件备份好之后，单击首页右侧的“备份”按钮，可以看到我们刚才备份的“2017初春”文件。单击该文件，可以看到中间编辑区的装修效果，如图15-188和图15-189所示。

图15-188

图15-189